귀로 듣다가 눈으로 뵈오니

욥기 강해

귀로 듣다가 눈으로 뵈오니

김흥규 지음

kmc

| 추천의 글 |

신학적 깊이와 목회적 현장성을 겸비한

모범적 욥기 강해 설교

김홍규 목사님과 저는 시간차만 있을 뿐 욥기라는 책에 대하여 거의 같은 생각을 가지고 접근했고, 역시 같은 참회를 체험했고, 결국 같은 기쁨을 누리게 된 것이 일치하기 때문에 이 책의 원고를 보고 무척 기뻤습니다. 역시 제자가 스승보다 훌륭하다고 하는 청출어람(靑出於藍)의 고사를 이 책을 보면서 확인하게 됩니다. 그가 나처럼 되지 않고 나를 극복한 것을 축하합니다.

저자는 자신이 새벽 시간에 내리교회 교인들과 함께 욥기와 씨름을 하면서 얍복강 나루터에서 야곱이 천사와 싸워 이긴 것과 같은 유사한 체험을 한 것 같습니다. 그는 욥기를 정독하고 강해하면서 욥기 독자로서 많이 부서지고 새롭게 거듭나는 독자 체험을 한 것 같습니다. 무엇보다 이 일을 우리 독자들과 함께 축하하며 기뻐합니다.

저자는 또 하나 기념비적 공헌을 하였습니다. 강해 설교의 새로운 모범을 보여준 것에 대하여 이 책의 독자들과 함께 기뻐합니다. 지금도 설교자들 사이에서는 강해설교를 가장 이상적인 설교라고 생각하여 때에 맞는 강해설교를 시도해 보려고 노력하는 이들이 적지 않은데 이 욥기 강해 설교는 그러한 이들의 강해 설교를 발전시키는 데 큰 도움이 될 것 같습니다. 저자는 독자를 가르치려 하기보다는 저자 자신이 욥기

본문 앞에서 체험하고 깨달은 바를 진지하게 고백하고 있는데, 이것이 독자들에게 감동을 불러일으킵니다. 게다가 신학적 깊이와 목회적 현장성을 겸비한 설교이기에 신학생이나 평신도 누가 읽어도 좋을 것이라는 사실이 큰 장점입니다.

욥기 강해 설교 본문으로 〈성경전서 새번역〉을 사용하신 것에 대해서도 감사와 축하를 동시에 드립니다. 욥기가 유대교와 기독교의 경전일 뿐 아니라 문학계에서는 세계적 명작으로 알려진 책인데, 〈성경전서 개역한글판〉이나 〈성경전서 개역개정판〉으로는 그 문학성을 접하기가 아주 어렵습니다. 옛 우리말 번역인데다가 문자적인 직역 번역이 가지는 의사소통의 한계가 있기 때문입니다. 그런데 이 책은 현대어로 번역된 〈성경전서 새번역〉의 본문을 사용하고 있습니다. 〈성경전서 새번역〉은 욥기가 지닌 문학으로서의 특징과 독자의 이해를 쉽게 하는 의사소통의 용이함을 둘 다 지니고 있어서 독자들에게 크게 도움을 주고 있습니다.

마지막으로, 저자의 문장력 또한 돋보입니다. 명확한 표현과 독자를 끌어들이는 문장 솜씨는 이 책이 친독자(親讀者 reader friendly) 저서임을 다시 한 번 입증하고 있습니다.

독자 여러분께서는 이 책을 읽고 욥이라는 사람을 다시 만나시고 그를 통해서 일하시는 하나님을 다시 발견하시고, 욥기라는 책의 신비한 새 세계로 비로소 들어가 보시기를 바랍니다.

2007년 3월

민영진 목사(대한성서공회 총무)

나를 기죽인 책, 욥기

애당초부터 욥기를 만만하게 본 것이 탈이었습니다. 의로운 사람이 불의한 고난을 당할 때, 그럼에도 불구하고 어떻게 의로우신 하나님을 여전히 믿을 수 있는가? 뭐 이런 물음이 욥기의 전부가 아닌가 생각했었습니다. 이러한 단견은 악과 고난의 문제를 주제 삼아 대학원 석사 논문을 썼던 전력이 있기 때문에 더욱 더 단정적으로 다가왔습니다. 욥기에 대해서 뭘 좀 안다는 시건방짐 때문이었지요. 그러나 막상 욥기를 열고 매일 심층적으로 파고들어가 보니 절대로 만만한 책이 아니었습니다. 1~2장까지는 그런대로 쉬웠는데 3장부터가 문제였습니다. 아주 복잡한 이슈들을 도처에 깔고 있는 아주 난해하기 이를 데 없는 책이었습니다. 그때부터 저는 회개하기 시작했습니다. 지난날 욥기를 너무 가볍게 생각했던 오만의 죄 하며, 부당한 고난을 비롯한 악과 고통 일반에 대해서 좀 더 치열하게 사색하지 못했던 죄, 무엇보다도 교인들이 감당할 수 없는 고통을 당할 때 꼭 욥의 세 친구들처럼 말했던 죄 등등을 날마다 새벽 제단 앞에 무릎을 꿇고 뉘우쳤습니다. 그리하여 욥기에 대한 저의 인식은 날이 갈수록 깊어지고 날카로워졌습니다.

물론 욥기에 대한 여러 책들이 저의 이해와 통찰력을 확대 심화시켜 주는 데 큰 도움이 되었습니다. 그 중에서도 J.Gerald Janzen의 *Job, Interpretation: A Bible Commentary for Teaching and Preaching* (Atlanta: John Knox Press, 1985), Gustavo Gutiérrez의 *On Job: God-talk and the Suffering of the Innocent,* translated from the Spanish by Matthew J. O'Connell(Maryknoll, New York: Orbis Books, 1987), 우리말 번역은 *욥에 관하여: 하느님 이야기와 무죄한 이들의 고통*, 김수복/성찬성 옮김(경북 칠곡군: 분도 출판사, 1990), 그리고 하경택 교수님의 *질문과 응답으로서의 욥기연구*(서울: 한국 성서학 연구소, 2006)가 특히 좋았습니다. 무엇보다도 하 박사님의 책을 통해 많은 깨달음을 얻은 제가 교파도 다르고 일면식도 없는 처지에 서평을 부탁했더니 기꺼이 응해 주셨습니다. 고마울 뿐입니다. 저의 욥기 강해서는 이러한 학자들과 대화하면서 제 나름대로의 해석을 창조적으로 발전시켜온 책이라고 보면 좋을 것입니다.

이 책의 추천서를 써 주신 민영진 박사님께도 감사의 인사를 올려야 할 것입니다. 민 박사님은 저의 신학교 은사로서 근 20년이 넘도록 뵙지 못했는데 욥기와 관련해 불쑥 전화를 드렸더니 금방 저를 알아보셨습니다. 한 번도 찾아뵙지 못한 불초 제자를 금세 알아주신 은혜도 클 진데 선생님이 쓰신 *설교자와 함께 읽는 욥기*(서울: 한국 성서학 연구소, 2002)를 선물로 보내 주시기까지 했습니다. 선생님의 책이 욥기에 대한 저의 시야와 지평을 크게 넓혀 준 것은 두말할 필요가 없습니다.

또한 이 책을 다듬고 기획하는 일에 수고를 아끼지 않은 내리교회 김경호 목사님께도 감사를 표합니다. 아울러 새로이 홍보출판국 총무로 피선되셔서 업무 파악에도 분주하실 터인데 이 책의 출판을 선뜻 허락해 주신 김광덕 목사님과 실무자들에게도 고마움을 전합니다. 존 웨슬리의 아버지 사무엘 웨슬리는 장장 25년에 걸쳐서 방대한 분량의 욥기 주석서(*Dissertationes in Librum Jobi*)를 쓴 적이 있습니다. 사무엘 사후에 존은 캐롤라인 왕비에게 아버지의 책을 헌정했습니다. 그러나 왕비는 책의 장정은 칭찬했지만 정작 그 내용에는 무관심했습니다. 더욱이 독자들의 반응도 탐탁지 않았던 것 같습니다. 긴 세월 동안 심혈을 다한 그의 노작은 그렇게 각광을 받지 못한 채 기억의 뒤편으로 사라져 갔습니다. 저 역시 이 책이 그렇게 되지 않을까 적이 염려가 됩니다. 그러나 이 욥기 강해는 책으로 나오기 이전, 말씀으로 미리 육화되어 선포되었다는 사실에는 일말의 여한도 없습니다.

이런 맥락에서 저는 욥기 강해설교 태동의 구체적 장(場)이 된 내리교회와 내리교인들을 잊을 수가 없습니다. 욥기는 웃으면서 시작했다가 오랫동안 울다가 마지막으로 웃는 책이라고 할 수 있습니다. 이것은 내용상으로 볼 때에도 그렇거니와 무엇보다도 그 해석의 난이도에 있어서 그렇다고 볼 수 있습니다. 지난 2006년 10월 11일부터 11월 19일까지 제가 섬기는 내리교회에서 욥기 강해설교를 시도했는데 목사인 저도 힘들고 어려웠으니 교인들이야 오죽했겠습니까? 날이 갈수록 본문 말씀, 그것도 개역 성경을 사용했으니 점점 더 어려워진데다가 설교 내용까지도 복잡다단한 신학적 이슈들을 다루었으니 교인들은 새벽 기도 나올 때 마치 신학교 강의를 들으러 나오는 느낌이었을 것입니다. 저의 난해한 설교를 끝까지 경청해 주신 내리교인들이 고마울 뿐입니다. 돌아보매 그럼에도 한 가지 소중한 자부심은 한국 교회들 중에 욥기를 이토록 심도 있게 다룬 교회는 내리교회 외에 몇 교회 안 될 것이라는 생각입니다. 새삼 새벽 4시 30분에 교회로 달려와 졸리는 눈을 비벼가며 저의 설교를 들어준, 내 사랑 내리교우들에게 이 책을 바칩니다!

주후 2007년 3월

丹村 김홍규

| 차례 살펴보기 |

Ⅰ 서막

Ⅱ 욥과 세 친구들 사이의 첫째 마당 논쟁

Ⅳ 욥과 세 친구들 사이의 셋째 마당 논쟁

Ⅴ 세 마당 논쟁을 끝낸 후 욥의 독백

Ⅵ 혜성같이 출현한 엘리후의 연설

Ⅶ 욥을 향한 하나님의 말씀과 욥의 응답

I 서막

욥기는 경건하고 의로운 사람이 당하는 애매한 고난, 까닭을 알 수 없는 신비한 고난의 문제를 다루고 있습니다. 도무지 이유를 알 수 없는 부당한 고난을 당하면서도 끝까지 의로우신 하나님을 신뢰할 수 있는가 하는 질문이지요. 그러나 욥기에 깊이 들어가면 들어갈수록 이보다 훨씬 더 의미심장한 질문들이 제기되고 있습니다. 우리는 지금부터 그 심층적인 의미를 파헤치는 일에 함께 나설 것입니다.

욥을 사이에 둔, 하나님과 사탄의 첫 번째 내기

아무 바라는 것도 없이?

| 욥 1:1~22 |

1장

1 우스라는 곳에 욥이라는 사람이 살고 있었다. 그는 흠이 없고 정직
하였으며, 하나님을 경외하며 악을 멀리하는 사람이었다. **2** 그에게는 아들 일곱과 딸 셋이 있고,
3 양이 칠천 마리, 낙타가 삼천 마리, 겨릿소가 오백 쌍, 암나귀가 오백 마리나 있고, 종도 아주
많이 있었다. 그는 동방에서 으뜸가는 부자였다. **4** 그의 아들들은 저마다 생일이 되면, 돌아가면
서 저희 집에서 잔치를 베풀고, 세 누이들도 오라고 해서 함께 음식을 먹곤 하였다. **5** 잔치가 끝
난 다음날이면, 욥은 으레 아침에 일찍 일어나서, 자식들을 생각하면서, 그들을 깨끗하게 하려고,
자식의 수대로 일일이 번제를 드렸다. 자식 가운데서 어느 하나라도, 알지 못하는 사이에라도 하
나님을 저주하고 죄를 지었을 수도 있다고 생각하여, 잔치가 끝나고 난 뒤에는 늘 그렇게 하였
다. 욥은 모든 일에 늘 이렇게 신중하였다. **6** 하루는 하나님의 아들들이 와서 주님 앞에 섰는데,
사탄도 그들과 함께 서 있었다. 또는 '천사들' '고발자'. **7** 주님께서 사탄에게 "어디를 갔다가 오
는 길이냐?" 하고 물으셨다. 사탄은 주님께 "땅을 이리저리 돌아다니다가 오는 길입니다" 하고
대답하였다. **8** 주님께서 사탄에게 말씀하셨다. "너는 내 종 욥을 잘 살펴 보았느냐? 이 세상에
는 그 사람만큼 흠이 없고 정직한 사람, 그렇게 하나님을 경외하며 악을 멀리하는 사람은 없다."
9 그러자 사탄이 주님께 아뢰었다. "욥이, 아무것도 바라는 것이 없이 하나님을 경외하겠습니
까? **10** 주님께서, 그와 그의 집과 그가 가진 모든 것을 울타리로 감싸 주시고, 그가 하는 일이면
무엇에나 복을 주셔서, 그의 소유를 온 땅에 넘치게 하지 않으셨습니까? **11** 이제라도 주님께서
손을 드셔서, 그가 가진 모든 것을 치시면, 그는 주님 앞에서 주님을 저주할 것입니다." **12** 주님
께서 사탄에게 말씀하셨다. "그가 가진 모든 것을 다 네게 맡겨 보겠다. 다만, 그의 몸에는 손을
대지 말아라!" 그 때에 사탄이 주님 앞에서 물러갔다. **13** 하루는, 욥의 아들과 딸들이 맏아들의
집에서 음식을 먹으며, 포도주를 마시고 있는데, **14** 일꾼 하나가 욥에게 달려와서, 다급하게 말

하였다. "우리가 소를 몰아 밭을 갈고, 나귀들은 그 근처에서 풀을 뜯고 있는데, 15 스바 사람들
이 갑자기 들이닥쳐, 가축들을 빼앗아 가고, 종들을 칼로 쳐서 죽였습니다. 저 혼자만 겨우 살아
남아서, 주인 어른께 이렇게 소식을 전해 드립니다." 16 이 일꾼이 아직 말을 다 마치지도 않았
는데, 또 다른 사람이 달려와서 말하였다. "하늘에서 하나님의 불이 떨어져서, 양 떼와 목동들을
살라 버렸습니다. 저 혼자만 겨우 살아 남아서, 주인 어른께 이렇게 소식을 전해 드립니다." 17
이 사람도 아직 말을 다 마치지 않았는데, 또 다른 사람이 달려와서 말하였다. "갈대아 사람 세
무리가 갑자기 낙타 떼에게 달려들어서 모두 끌어가고, 종들을 칼로 쳐서 죽였습니다. 저 혼자만
겨우 살아 남아서, 주인 어른께 이렇게 소식을 전해 드립니다." 18 이 사람도 아직 말을 다 마치
지 않았는데, 또 다른 사람이 달려와서 말하였다. "주인 어른의 아드님과 따님들이 큰 아드님 댁
에서 한창 음식을 먹으며, 포도주를 마시는데, 19 갑자기 광야에서 강풍이 불어와서, 그 집 네
모퉁이를 내리쳤고, 집이 무너졌습니다. 그 때에 젊은 사람들이 그 속에 깔려서, 모두 죽었습니
다. 저 혼자만 겨우 살아 남아서, 주인 어른께 이렇게 소식을 전해 드립니다." 20 이 때에 욥은
일어나 슬퍼하며 겉옷을 찢고 머리털을 민 다음에, 머리를 땅에 대고 엎드려 경배하면서, 21 이
렇게 말하였다. "모태에서 빈 손으로 태어났으니, 죽을 때에도 빈 손으로 돌아갈 것입니다. 주신
분도 주님이시요, 가져 가신 분도 주님이시니, 주님의 이름을 찬양할 뿐입니다." 22 이렇게 욥
은, 이 모든 어려움을 당하고서도 죄를 짓지 않았으며, 어리석게 하나님을 원망하지도 않았다.

"하나님이 전지전능하신 사랑의 하나님이시라면 이 세상에 왜 악과 고난이 존재하는가?"라는 질문은 참 심각한 문제입니다. 이 질문을 조금 더 확대하면, "왜 하나님 잘 섬겨 의로운 사람들이 고난을 당하는가?" 하는 문제입니다. 이것은 거꾸로 말해서 "왜 하나님 섬기지 않고 의롭지도 못한 사람들이 형통하느냐?" 하는 문제이기도 합니다. 두 가지 논리적 대답이 가능합니다. "첫째, 하나님께서 선하시기는 한데 무능하셔서 악과 고난을 막을 힘이 없기 때문이다. 둘째, 하나님께서 전지전능하시기는 한데 사악하신 까닭에 얼마든지 악과 고난을 막을 수 있음에도 불구하고 고의로 악과 고난을 허락하신다." 이 두 가지 가능성 중에 우리 기독교인들은 어느 것도 수용할 수 없습니다. 왜냐하면 기독교가 신봉하는 하나님은 반드시 전지전능하시면서 동시에 선하신 사랑의 하나님이시기 때문입니다.

욥기는 경건하고 의로운 사람이 당하는 애매한 고난, 까닭을 알 수 없는 신

비한 고난의 문제를 다루고 있습니다. '욥'이라는 이름의 아카드어 어원은 "하늘 아버지는 어디에 계시는가?"라는 뜻을 가지고 있습니다. 또한 '핍박당하는 자'라는 의미도 가집니다. 결국 욥기는 부당한 핍박을 받으면서 "도대체 내가 믿는 하늘 아버지는 어디에 계신가?"라는 실존적 물음을 던지는 책이라고 볼 수 있습니다. 도무지 이유를 알 수 없는 부당한 고난을 당하면서도 끝까지 의로우신 하나님을 신뢰할 수 있는가? 하는 질문이지요. 그러나 욥기에 깊이 들어가면 들어갈수록 이보다 훨씬 더 의미심장한 질문들 – 예컨대 인과응보론, 참된 우정, 상담, 하나님의 자유와 초월성, 관념과 실천적 경험의 대결 등 – 이 제기되고 있습니다. 우리는 지금부터 그 심층적인 의미를 파헤치는 일에 함께 나설 것입니다.

욥이 실존 인물인지 가공인물이었는지, 기록된 시기와 장소가 어디인지에 대해서는 학자들 가운데 수많은 논쟁이 있습니다. 이와 같이 역사적이고 신학적인 질문은 우리가 대답할 사안이 아니기에 우리는 욥이 족장시대의 실존 인물이었을 것이라는 막연한 추측만 가지고 이 책의 의미를 살펴보려고 합니다. 욥기는 1:1~2:13절까지의 서막과 42:7~17절까지의 종장 부분이 산문으로 되어 있고 그 사이에 끼어있는 욥과 세 친구들과의 논쟁, 엘리후의 발언, 그리고 욥과 하나님과의 대화 부분은 운문, 즉 시문으로 되어 있습니다. 그리고 특이하게도 거의 대부분이 질문과 응답 형식으로 엮어져 있습니다.

본문 말씀은 크게 세 단락으로 나눌 수 있습니다. 첫째 1~5절에서 욥이 어떤 사람인가에 대하여 욥의 신앙과 삶을 소개합니다. 둘째, 6~12절에서 욥에 관하여 하나님과 사탄 사이에서 일어난 천상회의가 나옵니다. 셋째, 13~22절에서 자신에게 주어진 첫 번째 시련에 대한 욥의 반응을 기술합니다.

순전한 사람 욥(1:1~5)

1절에 보면 욥은 '순전하고 정직하여 하나님을 경외하며 악에서 떠난 사람' 이었습니다. 욥은 도덕적으로 흠이 없고 정직한 사람이었습니다. 그런데 이러한 도덕성은 우연히 길러진 것이 아니고 하나님을 경외하는 믿음에서부터 온 것입니다. 잠언 1:7은 "하나님을 경외하는 것이 지식의 근본"이라고 했는데 욥이야말로 하나님을 경외해서 악을 범하지 않는 지혜를 갖춘 사람입니다. 도덕적인 사람이 항상 영적인 것은 아니지만, 영적인 사람은 반드시 도덕적인 사람이어야만 합니다. 진정한 영성, 경건성은 언제나 도덕성, 윤리성으로 나타나기 때문입니다. 욥은 영성과 도덕성, 경건성과 윤리성을 겸전한 사람이었습니다.

2~3절을 보면 욥은 큰 축복을 받은 사람이었습니다. 먼저 아들이 일곱, 딸이 셋, 자녀의 축복을 받았습니다. 성경에서 일곱 아들은 언제나 가장 이상적인 자녀 축복을 상징합니다(삼상 2:5; 룻 4:15; 렘 15:9 참조). 그런데 일곱 아들에다가 세 딸을 더 두었으니 욥은 족장으로서 큰 자녀 복을 얻은 사람이지요. 게다가 그는 경제적인 번영을 이룬 사람입니다. 고대 근동 지방에서 재산가는 단연 가축을 많이 거느린 사람입니다. 욥은 양이 7천 마리, 낙타가 3천 마리, 소가 5백 쌍, 암나귀 5백 마리에다 수많은 종들도 소유했습니다. 이렇게 자녀나 가축과 관련된 숫자를 보면 3+7=10, 5+5=10이라는 풍성함을 상징하는 숫자 10이 부각됩니다. 이렇게 해서 욥은 동방 사람들 중에서도 아주 으뜸가는 부자로 추앙받았습니다. 욥이 하나님을 경외하고 도덕적으로 무흠한 사람이었기에 이와 같은 축복을 받은 것인지 아니면 이러한 축복을 누리니까 하나님을 경외한 것인지 궁금합니다. 중요한 것은 다음에 나오는 천상회의에서 사탄은 이와 같은 축복을 받은 까닭에 욥이 하나님을 경외하는 것이 아니냐며 시비를 겁니다.

이제 4~5절을 보면 욥은 신앙과 행위, 경건성과 도덕성, 영성과 윤리성이 완벽하게 결합된 동방의 의인임을 알 수 있습니다. 이것은 그가 자신의 경건성뿐만 아니라 자녀들까지도 세심하게 챙겼다는 사실에서 드러납니다. 욥의 일곱 아들들이 돌아가면서 누이들을 초청해서 함께 생일잔치를 거나하게 베풀었습니다. 잔치가 끝난 다음 날 아침이면 욥은 일찍 일어나 어김없이 자식의 수대로 번제를 드렸습니다. 이것은 혹시라도 자식들이 잔치가 끝난 다음에 하나님 앞에 알고도 모르고도 죄를 범할 수 있기에 그 잘못을 속죄하기 위해서 그렇게 했던 것입니다. 욥은 이렇게 자신뿐만 아니라 자녀들의 경건과 윤리성까지 예민하게 살피는 신중한 가장이었습니다.

첫 번째 천상회의 : 욥에게 닥친 엄청난 시련(1:6~12)

이와 같이 분에 넘치는 복을 누리던 욥에게 어느 날 갑자기 시련의 순간이 들이닥칩니다. 불행은 소리 없이 찾아온다고 했는데 너무나 어이없이 고난은 어느 날 순식간에 욥의 가정을 덮쳤습니다. 하루는, 즉 정월 초하룻날 그 해의 길흉화복을 정하기 위해 하나님과 사탄이 천상에서 회의를 열었습니다. 하나님께서 지상 여기저기를 다녀온 사탄에게 욥에 대해서 물으십니다. 8절을 보세요. 하나님은 사탄에게 욥의 깊은 경건성과 높은 도덕성을 칭찬하십니다. "주님께서 사탄에게 말씀하셨다. '너는 내 종 욥을 잘 살펴보았느냐? 이 세상에는 그 사람만큼 흠이 없고 정직한 사람, 그렇게 하나님을 경외하며 악을 멀리하는 사람은 없다.'"

하나님께서 욥을 극찬하시자 이를 듣고 있던 사탄이 이의를 제기합니다. "그러자 사탄이 주님께 아뢰었다. '욥이, 아무것도 바라는 것이 없이 하나님을 경외하겠습니까? 주님께서, 그와 그의 집과 그가 가진 모든 것을 울타리로 감싸 주시고, 그가 하는 일이면 무엇에나 복을 주셔서, 그의 소유를 온 땅에 넘치게 하지 않으셨습니까? 이제라도 주님께서 손을 드셔서, 그가 가진 모든 것을 치시면, 그는 주님 앞에서 주님을 저주할 것입니다'"(9~11). 욥의 믿음이 아무 조건도 없고 이유도 없는 순전한 믿음인지 아닌지 한번 테스트해보라는 말씀입니다. 하나님과 사탄이 욥의 순전한 믿음에 대해서 내기를 한 것이지요.

그런데 여기서 '울타리'라는 말이 참 중요합니다. 하나님께서 친히 울타리가 되어 주셔서 복을 넘치도록 부어주시고 지켜주시니까 욥이 하나님을 경외하는 것이지 그 울타리를 허물면 욥은 하나님을 저주하고 말 것이라는 유혹입니다. 또 한 가지 매우 중요한 말이 '아무 것도 바라는 것이 없이'라는 말입니다. 어떻게 보면 욥기가 승부를 걸고 있는 주제가 바로 이 보상 없는 신앙이라고 해도 과언이 아닐 것입니다! 욥이 하나님 잘 믿고 저렇게 경건한 모습으로 사는 것은 다 하나님께서 베푸시는 가지가지 복 때문이지 아무 까닭 없이, 사욕 없이 그런 것은 아니라는 말이지요.

이것은 참 중요한 물음입니다. 우리가 아무 이유 없이 하나님을 경외할 수 있을까요? 복을 주시는 것이 아니라 악을 허락하시고 견딜 수 없는 고통거리를 주시는데도 여전히 주님을 믿고 사랑하고 순종할 수 있을까요? 아무 보답을 바라지도 않고 아무 징벌도 두려워하지 않고 자유롭고 허허로운 상태에서 하나님을 섬길 수 있을까요? 불의한 고난을 당하면서도 아무 보답을 기대하지 않고 의로우신 하나님을 한결같이 믿을 수 있을까요? '복을 받기 위해 하나님을 섬긴다' 이것은 샤머니즘이 가져다 준 기복신앙이요, 물물교환식 신앙이지 기독교 신앙이 아닙니다. 욥기가 던지는 매우 중요한 질문 중 하나가 바로 우리의 형편과 아무 상관없이, 아무 바라는 것도 없이 순전히 하나님 한 분만으로 기뻐할 수 있느냐 하는 물음입니다.

그런데 욥기에서 욥을 사이에 두고 하나님과 사탄이 내기를 걸어서 도달한 결론은 아무 바라는 것이 없이도, 아무 조건 없이도, 그럼에도 불구하고, 그리 아니하실 지라도 여전히 하나님을 경외할 수 있다는 사실입니다. 하나님 한 분만으로 즐거워할 수 있다는 것이지요! 하나님께서 이것을 긍정하셨고 실제로 욥이라는 구체적인 인물의 삶을 통하여 확증하셨습니다. 그러나 사탄은 그와 같은 사심 없는 신앙이 불가능하다고 주장했다가 내기에서 지고 맙니다. 보상 없는 신앙이 불가능하다고 두 번씩이나 시비를 걸었던 사탄은 끄떡도 하지 않고 이러한 신앙의 진수를 유감없이 보여준 욥의 실상을 확인하고서는 그 때부터 욥기에서 완전히 사라지고 맙니다. 적어도 사욕 없는 신앙의 가능성에 관해서 사탄이 내기에서 완전히 패퇴하고 만 것이지요! 이와 같이 '그리 아니 하실 지라도의 신앙' '그럼에도 불구하고의 신앙' '까닭을 따지지 않는 신앙' '실리를 추구하지 않는 신앙' 이야말로 기독교 신앙을 모든 값싼 축복의 종교들, 싸구려 샤머니즘 신앙으로부터 구별시켜주는 보배인 것입니다!

첫 번째 시련과 욥의 반응(1:13~22)

이제 천상회의가 끝나자마자 욥에게는 엄청난 시련이 찾아옵니다. 중요한 것은 이 시련이 하나님께서 허락하신 시련이라는 것입니다. 고난의 궁극적 원인은 하나님께 있지 사탄에게 있는 것이 아닙니다. 사탄은 인간 세계를 감찰하며 인간을 하나님께 고소하는 세력은 될 수 있지만 악과 고난을 허락하시는 분은 하나님 한 분이십니다. 바로 이 점에서 욥의 시련은 시종일관 하나님이 주도권을 잡고 계시며 사탄은 하나의 도구에 지나지 않는 한 편의 드라마가 됩니다. 그렇다면 욥에게 어떤 시련이 닥쳤습니까?

흥미로운 것은 2~3절에서 소개한 욥의 소유물들에 대한 서술과 정반대 순으로 재난이 닥칩니다. 소개할 때 맨 나중에 언급된 소와 나귀에게 가장 먼저 닥칩니다. 그 다음에는 작은 가축과 낙타에게, 그리고 맨 마지막으로 욥의 자녀들에게 일어납니다. 이것을 가해자의 순서대로 정리하면 첫째로, 스바 사람들이 갑자기 쳐들어 와서 가축들을 빼앗아 가고 종들을 칼로 쳐서 죽였습니다. 둘째로, 하늘에서 하나님의 불이 떨어져 양 떼와 목동들을 살라 버렸습니다. 셋째로, 갈대아 사람 세 무리가 갑자기 나타나 낙타 떼를 다 끌어가고 종들을 칼로 쳐서 죽였습니다. 이와 같이 세 가지 재앙은 항상 이중적으로 나타나는데, 먼저 가축에게 그리고 그 다음에는 사람에게 닥쳤습니다. 넷째로, 자녀들이 큰아들 집에서 한창 먹고 마시는데 갑자기 강풍이 불어와 집이 무너져

몰사하고 말았습니다.

이와 같이 욥에게 전달된 재난은 네 경우 모두 홀로 살아남은 일꾼들의 보고를 통하여 점진적으로 일어납니다. 네 명의 일꾼들이 욥에게 찾아와 보고할 때 "다 죽고 저 혼자만 살아서 주인님께 보고를 드립니다." 하면서 이 재앙이 얼마나 긴박한 것인가를 보여줍니다. 또한 이 재난은 사람과 자연, 지상과 천상이 서로 교차하면서 일어난 총체적인 재앙이었습니다. 한 마디로 말해서 욥이 당한 재앙은 지금까지 하나님께서 주신 모든 축복을 하루아침에 고스란히 잃어버린 총체적인 재앙이었습니다.

너무나 어처구니없이 창졸간에 견딜 수 없는 고난을 겪은 욥은 다음과 같이 반응했습니다. 20~21절 말씀을 보세요. "이 때에 욥은 일어나 슬퍼하며 겉옷을 찢고 머리털을 민 다음에, 머리를 땅에 대고 엎드려 경배하면서, 이렇게 말하였다. '모태에서 빈 손으로 태어났으니, 죽을 때에도 빈 손으로 돌아갈 것입니다. 주신 분도 주님이시요, 가져 가신 분도 주님이시니, 주의 이름을 찬양할 뿐입니다.'" 여기에 보면 첫째로, 욥은 일어나 슬퍼하며 겉옷을 찢고 머리털을 깎습니다. 옷을 찢는 것, 머리털 혹은 수염을 미는 것은 극한 슬픔을 표현하는 전통적인 풍습이었습니다. 옷이 찢어짐 같이 자기의 마음이 찢어진다는 것을 보이는 것이지요. 머리털을 깎음으로써 정상적인 생활에 마음을 둘 수 없을 만큼 상처가 깊다는 것 또한 보여줍니다.

둘째로, 그런 다음 욥은 머리를 땅에 대고 엎드려 경배하면서 두 가지 격언을 인용하며 하나님을 찬양했습니다. "내가 모태에서 알몸으로 나왔으니 또한 알몸이 그리로 돌아가는 것은 당연하다."는 것입니다. "주신 분도 주님이시오, 가져 가신 분도 주님이시니, 주님의 이름을 찬양할 뿐입니다." 공수래공수거(空手來空手去)라는 말처럼, 빈 손으로 왔다가 빈 손으로 가는 인생의 진리를 다시 한번 되뇌면서 비록 자신의 소유를 다 잃어버렸지만 그것이 전부가 아님을 고백합니다. 또한 욥은 자신에게 복을 주시고 거두어 가시는 복의 주체가 누군지에 대해서도 분명히 고백합니다. 그리하여 욥은 엄청난 재앙 한가운데에서도 여전히 신앙을 버리지 않고 하나님을 찬양합니다. 사탄이 시비를 걸었던 사심 없는 신앙의 테스트에 합격한 것입니다! 말씀의 결론은 22절입니다. "이렇게 욥은 이 모든 어려움을 당하고서도 죄를 짓지 않았으며, 어리석게 하나님을 원망하지도 않았다." 욥은 비록 감당하기 어려운 재앙을 만나 극한 슬픔을 나타내기는 했지만 범죄하지는 않았습니다. 어리석게 하나님을 원망하지도 않았습니다.

본문 말씀이 주는 교훈

이제 사탄이 하나님께 제기했던 물음은 실패로 끝났습니다. 욥은 아무 바라는 것이 없이, 그리 아니하실 지라도, 그럼에도 불구하고, 울타리가 다 무너져도, 여전히 하나님을 신뢰하고 찬양했습니다. 앞으로 우리가 주목할 것은 바로 이와 같은 욥의 순전한 신앙, 즉 어떤 보상을 기대하지 않는 신앙입니다. 인간의 기대 심리를 투영해서 자기의 이해관계에 따라 하나님을 조종하는 우상숭배를 배격하는 순수 신앙입니다. 하나님은 욥을 통하여 이 가능성을 시종일관 믿으셨고 사탄은 믿지 않다가 내기에서 지고 맙니다. 앞으로 살펴보겠지만 욥의 세 친구들이 줄기차게 주장하는 인과응보론이야말로 '선한 사람에게는 상을, 악한 사람에게는 징벌' 이라는 단순 원리로 이처럼 보상 없이 하나님을 믿을 수 있는 순수 신앙의 길을 방해합니다. 앞으로 우리는 욥의 신앙을 통하여 기독교가 직면한 가장 큰 위기 중 하나인 기복주의 신앙, 값싼 싸구려 신앙을 극복하는 길을 모색하려고 합니다.

욥을 사이에 둔, 하나님과 사탄의 두 번째 내기

내 아내가 맞아?

| 욥 2:1~13 |

2장

1 하루는 하나님의 아들들이 와서 주님 앞에 서고, 사탄도 그들과 함
께 주님 앞에 섰다. 2 주님께서 사탄에게 "어디를 갔다가 오는 길이냐?" 하고 물으셨다. 사탄은
주님께 "땅을 이리저리 돌아다니다가 오는 길입니다" 하고 대답하였다. 3 주님께서 사탄에게 말
씀하셨다. "너는 내 종 욥을 잘 살펴 보았느냐? 이 세상에 그 사람만큼 흠이 없고 정직한 사람,
그렇게 하나님을 경외하고 악을 멀리하는 사람이 없다. 네가 나를 부추겨서, 공연히 그를 해치려
고 하였지만, 그는 여전히 자기의 온전함을 굳게 지키고 있지 않느냐?" 4 사탄이 주님께 아뢰었
다. "가죽은 가죽으로 대신할 수 있습니다. 사람은 자기 생명을 지키는 일이면, 자기가 가진 모
든 것을 버립니다. 5 이제라도 주님께서 손을 들어서 그의 뼈와 살을 치시면, 그는 당장 주님 앞
에서 주님을 저주하고 말 것입니다!" 6 주님께서 사탄에게 말씀하셨다. "그렇다면, 그를 너에게
맡겨 보겠다. 그러나 그의 생명만은 건드리지 말아라!" 7 사탄은 주님 앞에서 물러나 곧 욥을 쳐
서, 발바닥에서부터 정수리에까지 악성 종기가 나서 고생하게 하였다. 8 그래서 욥은 잿더미에
앉아서, 옹기 조각을 가지고 자기 몸을 긁고 있었다. 9 그러자 아내가 그에게 말하였다. "이래도
당신은 여전히 신실함을 지킬 겁니까? 차라리 하나님을 저주하고서 죽는 것이 낫겠습니다." 10
그러나 욥은 그에게 이렇게 대답하였다. "당신까지도 어리석은 여자들처럼 말하는구려. 우리가
누리는 복도 하나님께로부터 받았는데, 어찌 재앙이라고 해서 못 받는다 하겠소?" 이렇게 하여,
욥은 이 모든 어려움을 당하고서도, 말로 죄를 짓지 않았다. 11 그 때에 욥의 친구 세 사람, 곧
데만 사람 엘리바스와 수아 사람 빌닷과 나아마 사람 소발은, 욥이 이 모든 재앙을 만나서 고생
한다는 소식을 듣고, 욥을 달래고 위로하려고, 저마다 집을 떠나서 욥에게로 왔다. 12 그들이 멀
리서 욥을 보았으나, 그가 욥인 줄 알지 못하였다. 그들은 한참 뒤에야 그가 바로 욥인 줄을 알
고, 슬픔을 못 이겨 소리 내어 울면서 겉옷을 찢고, 또 공중에 티끌을 날려서 머리에 뒤집어썼
다. 13 그들은 밤낮 이레 동안을 욥과 함께 땅바닥에 앉아 있으면서도, 욥이 겪는 고통이 너무도
처참하여, 입을 열어 한 마디 말도 할 수 없었다.

남다른 경건과 도덕성으로 큰 복을 받던 욥에게 감당키 어려운 시련이 닥쳤습니다. 그 많던 재산을 다 잃어버리고 자녀들은 모두 비명횡사했습니다. 이와 같은 시련은 사탄의 참소 때문이었습니다. “욥이 아무 것도 바라는 것이 없이 하나님을 경외하겠습니까?”(1:9) “다 하나님께서 자녀의 복을 주시고 경제적인 번영을 주시니까 하나님 잘 섬기는 것이지 그 같은 울타리를 모조리 치워 보십시오. 욥이 틀림없이 하나님을 대면하여 욕하고 저주할 것입니다”(1:11). 여기서 우리는 사탄이 하나님의 백성을 끝없이 고발하고 참소하는 자로서 나타난다는 사실을 주목해야 합니다.

그러나 첫 번째 시험은 실패로 끝나고 말았습니다. 욥이 하나님을 저주할 줄 알았는데 오히려 찬양했습니다. 당연히 사탄은 당황했을 것입니다. 이제 2장에서는 욥에게 닥친 두 번째 시련과 욥 자신의 반응, 그리고 주변 사람들의 반응을 함께 소개합니다.

천상에서의 두 번째 회의(2:1~6)

2절을 보세요. 하나님께서 사탄에게 어디 갔다가 오는 길이냐고 묻습니다. 대화의 주도권이 하나님께 있음을 보여줍니다. 우주의 통치권자로서 사탄에게 질문을 던지시고 사탄의 보고를 받으시는 모습이지요. 이제 3절이 중요합니다. “너는 내 종 욥을 잘 살펴보았느냐? 이 세상에 그 사람만큼 흠이 없고 정직한 사람, 그렇게 하나님을 경외하고 악을 멀리하는 사람이 없다. 네가 나를 부추겨서 공연히 그를 해치려고 했지만, 그는 여전히 자기의 온전함을 굳게 지키고 있지 않느냐?” 여기서 하나님은 욥의 한결같은 신앙과 인격을 극찬하십니다. 욥이 하나님의 기대대로 사심 없이, 어떤 보상을 기대하지 않고 순수 신앙을 지켜냈다는 사실을 자랑스러워하시는 것이지요. 그러면서 욥이 겪은 엄청난 시련이 전혀 까닭 없이 사탄이 부추겨서 일어난 애매하고 부당한 고난이라는 사실도 인정하십니다.

사탄의 제일 가는 사명은 우리의 믿음을 꺾어 놓는 것입니다. 하나님을 대면하여 하나님을 저주하도록 만들기 위하여 끝없이 참소하고 고발하는 것이 사탄의 사명입니다. 우리의 신앙이 어떤 보상을 기대하는 신앙으로, 자기추구적이며 실리추구적인 신앙으로 떨어지도록 끝없이 유혹합니다. 그리고 마땅히 그럴 것이라고 의심합니다! 이제 부당한 고난을 당하고서도 여전히 하나님 섬기기를 그치지 않는 욥을 칭찬하시자 사탄은 또 다른 제안을 합니다. "사탄이 주님께 아뢰었다. '가죽은 가죽으로 대신할 수 있습니다. 사람은 자기 생명을 지키는 일이면 자기가 가진 모든 것을 버립니다. 이제라도 주님께서 손을 들어서 그의 뼈와 살을 치시면 그는 당장 주님 앞에서 주님을 저주하고 말 것입니다!'"(4~5). 여기에 보면 사탄은 한층 더 강도를 높여 이제는 욥 자신에게 치명적인 고통을 주면 하나님을 버릴 것이라고 충동질합니다. 첫 번째 시련은 재산과 자녀들을 잃어버린 것이었지만 이제 욥 자신의 뼈와 살을 치시면 바로 자신의 생명의 위협 때문에 욥이 당장 주님 앞에서 주님을 저주하고 말 것이라는 것이지요. "가죽으로 가죽을 바꾼다."는 말은 하나의 속담인데 베두인들이 동물 가죽을 중요한 교환물품으로 사용하던 시대에 생겨난 말입니다. 등가(等價), 즉 같은 가치를 가진 것을 서로 맞바꾸는 것을 의미합니다. 욥의 생명을 위협하면 자기 생명을 지키기 위해서는 무엇이든 다 버릴 수 있다는 말이지요. 6절을 보면 하나님께서는 사탄이 제시한 두 번째 제안도 받아주십니다. 그러나 언제나 욥의 생명만큼은 빼앗지 말 것을 당부하십니다. 이렇게 해서 장면은 천상에서부터 지상으로 바뀌게 되고 모든 일이 땅 위에서 전개됩니다.

욥 자신에게 닥친 두 번째 시련과 욥의 반응(2:7~10)

7절 말씀에서 하나님의 허락을 얻은 사탄은 곧바로 욥을 쳐서 발바닥에서부터 정수리까지 악성 종기가 나게 만들었습니다. 여기에서 중요한 사실이 하나 있습니다. 우리가 악과 고난을 당하는 것은 하나님께서 허락하시기 때문에 오는 것이기에 그 궁극적인 원인은 하나님 한 분에게 있습니다. 그러나 우리를 치는 것은 사탄입니다. 하나님께서 악과 고난을 허락하시는 것이 사실이지만 우리가 당하는 악과 고통은 사탄에게서 온 것입니다. 욥의 경우도 마찬가지가 아닙니까? 하나님의 허락을 받은 사탄이 곧바로 욥을 쳐서 악성 종기, 어떤 사람은 나병이라고도 말하는 피부병이 발바닥부터 머리끝까지 번져 토기 조각으로 몸을 긁게 된 것입니다. 욥의 재산과 자녀들에게 불어닥친 재앙이 마침내 욥 자신에게까지 번져 온 것입니다. 여기서 악성 종기는 얼마나 독한 피부병인지 모릅니다. 성경 말씀 그대로 토기 조각으로 긁어야 할 만큼 가렵고 남들이 알아 볼 수 없을 정도로 외모에도 손상을 입을 수 있습니다. 피부가 터지고 진물이 나며 눈물과 악취를 동반할 뿐 아니라 피부가 검게 타고 마침내 뼈만 앙상하게 남게 됩니다. 뼈만 남을 때까지 계속 헌데를 긁고 또 긁게 되니 불면증과 악몽에 시달리는 것은 당연합니다. 이런 의미에서 나병이라고 보는 것이 가장 그럴듯할 것입니다. 그런데 이와 같은 종기병은 전염성이 있기 때문에 사회로부터 격리된다는 것이 더욱 큰 아픔입니다. 일체의 공민권을 박탈당한다는 것이 더욱 견디기 어려운 고통인 것이지요. 그리하여 욥은 공동체로부터 격리되어 교외로 나가 잿더미 위에 홀로 앉아 자기 피부를 긁고 있습니다. 이것은 사회적인 죽음으로서 철저한 소외를 상징적으로 보여줍니다.

이와 같이 처절한 상황, 즉 재산과 자식들을 다 잃고 빈털터리가 되었으며 자신의 건강까지 잃어버린 마당에 욥에게 단 하나 남은 가장 가까운 가족인 아내가 입을 엽니다. 9절 말씀을 보세요. "이래도 당신은 여전히 신실함을 지킬 겁니까? 차라리 하나님을 저주하고서 죽는 것이 낫겠습니다." 이 말씀에 대한 해석은 여러 가지가 있지만 우리는 통상적인 해석을 따르려고 합니다. 이 말씀은 신기하게도 사탄의 말과 꼭 닮았습니다. "욥이 누리고 있는 모든 것을 하나님께서 치시면 하나님을 욕하고 저주하지 않겠습니까?" 이렇게 사탄의 말과 같은 맥락에서 읽을 수 있습니다. "재산도 자식들도 다 잃고 마침내 당신 자신까지도 죽게 된 마당에 그래도 신앙을 지키려고 합니까? 차라리 죽어버리세요!" 아내로서 얼마나 속이 상하면 이런 말을 다했겠습니까? 충분히 이해는 가지만 너무 했다는 생각을 지울 수 없습니다. 바로 이 때문에 어거스틴은 욥의 아내를 '악마의 보조자'라고 말했고, 칼빈 역시 '사탄의 도구'라고 혹평했습니다.

아내가 입에 담지 못할 말을 했을 때 욥의 반응은 한결 같았습니다. 10절 말씀을 보세요. "그러나 욥은 그에게 이렇게 대답하였다. '당신까지도 어리석은 여자들처럼 말하는구려. 우리가 누리는 복도 하나님께로부터 받았는데, 어찌 재앙이라고 해서 못 받는다 하겠소?' 이렇게 하여 욥은 이 모든 어려움을 당하고서도 말로 죄를 짓지 않았다." 여기 보면 욥은 먼저 아내를 꾸짖습니다. 당신도 어리석은 여자들과 조금도 다를 바 없다며 질책합니다. 그러면서 아주 중대한 말을 합니다. "우리가 누리는 복도 하나님으로부터 받은 것인데 어찌 재앙이라고 해서 못 받을 것이 있소?" 욥은 길흉화복이 다 하나님께로부터 오는 것임을 분명히 했습니다. 복을 주시고 거두시는 주체가 사람도 아니고 팔자소관 운명도 아니고 사람을 지으신 하나님이심을 다시 한번 고백하고 있는 것입니다. 이렇게 해서 욥은 두 번째로 자기 자신이 견딜 수 없이 가혹한 형벌을 받았지만 "이 모든 어려움을 당하고서도 말로 죄를 짓지 않았습니다." 하나님을 부인하거나 저주하는 일을 하지 않았다는 것이지요. 욥은 이렇게 두 번째 시련도 의연하게 믿음으로 견디어 냈습니다. 그의 보상을 바라지 않는 신앙은 일관된 것이었지요! 그리하여 두 차례에 걸친 사탄의 시도는 어이없는 실패로 끝났습니다. 욥은 자신의 재산과 가족들과 관련된 재앙뿐만 아니라 자신의 생명을 위협하는 질병에 걸렸어도 하나님을 부인하거나 저주하지 않았던 것입니다. 사심 없는 신앙의 가능성에 대한 욥의 승리이자 하나님의 완승이었으며 사탄의 완패였습니다!

본문 말씀이 주는 교훈

우리의 믿음이 순전한지 그렇지 않은지는 까닭 없이도 하나님을 섬길 수 있는지에 달려 있습니다. 우리는 무엇 때문에 하나님을 믿고 사랑합니까? 우리에게 좋은 일만 생기기 때문에 유익이 있고, 건강하기 때문에 그렇게 합니까? 아니면 징벌을 받을까봐 두려움 때문에 그리합니까? 사탄이 우리를 끝없이 걸고넘어지는 것이 바로 여기에 있습니다. "저것들이 저렇게 하나님 잘 믿고 잘 섬기는 것은 다 바라는 것이 있기 때문이다! 까닭 없이도 하나님 잘 믿는 사람은 없다." 욥에게 불같은 시험이 닥쳤던 이유도 그랬습니다.

우리는 까닭 없이 바라는 것 없이도 하나님을 잘 믿고 사랑할 수 있는지요? 그냥 하나님이기 때문에 믿고 사랑할 수는 없는지요? 복을 주실 때에만이 아니고 복을 거두어 가실 때에도 여전히 하나님을 믿고 사랑할 수 있는지요? 재산과 가족들뿐만 아니라 마침내 내 자신에까지 감당할 수 없는 시련이 닥쳐와도 주님을 의지할 수 있는지요? 욥이 위대한 것은 이와 같은 보상을 바라지 않는 순수한 신앙의 테스트를 다 통과해서 믿음의 순전함을 지켰기 때문입니다. 욥의 순전한 믿음에 도전하게 되기를 바랍니다.

Ⅱ

욥과 세 친구들 사이의 첫째 마당 논쟁

우리가 욥기를 읽을 때 가장 곤혹스러운 것은 욥과 세 친구들의 논쟁편입니다. 언뜻 보아서는 세 친구들이 훨씬 더 신앙적으로 보이고 옳은 말만 하는 것처럼 보입니다. 그러나 이들은 욥과 같은 실존적인 고통의 경험 없이 객관적인 관찰자의 입장으로 해석하고 정죄하고 해결책을 제시하려고만 합니다. 여기에 친구들과 욥 사이에는 건널 수 없는 간격이 있습니다.

욥의 탄식어린 독백

차라리 태어나지 말았을 것을

| 욥 3:1~26 |

3장

1 드디어 욥이 말문을 열고, 자기 생일을 저주하면서 2 울부짖었다. 3
내가 태어나던 날이 차라리 사라져 버렸더라면, '남자 아이를 배었다' 고 좋아하던 그 밤도 망해
버렸더라면, 4 그 날이 어둠에 덮여서, 높은 곳에 계신 하나님께서도 그 날을 기억하지 못하셨더
라면, 아예 그 날이 밝지도 않았더라면, 5 어둠과 사망의 그늘이 그 날을 제 것이라 하여, 검은
구름이 그 날을 덮었더라면, 낮을 어둠으로 덮어서, 그 날을 공포 속에 몰아넣었더라면, 6 그 밤
도 흑암에 사로잡혔더라면, 그 밤이 아예 날 수와 달 수에도 들지 않았더라면, 7 아, 그 밤이 아
무도 잉태하지 못하는 밤이었더라면, 아무도 기쁨의 소리를 낼 수 없는 밤이었더라면, 8 주문을
외워서 바다를 저주하는 자들이, 리워야단도 길들일 수 있는 마력을 가진 자들이, 그 날을 저주
하였더라면, 9 그 밤에는 새벽 별들도 빛을 잃어서, 날이 밝기를 기다려도 밝지를 않고, 동트는
것도 볼 수 없었더라면, 좋았을 것을! 10 어머니의 태가 열리지 않아, 내가 태어나지 않았어야
하는 건데. 그래서 이 고난을 겪지 않아야 하는 건데! 11 어찌하여 내가 모태에서 죽지 않았던
가? 어찌하여 어머니 배에서 나오는 그 순간에 숨이 끊어지지 않았던가? 12 어찌하여 나를 무
릎으로 받았으며, 어찌하여 어머니가 나를 품에 안고 젖을 물렸던가? 13 그렇게만 하지 않았더
라도, 지금쯤은 내가 편히 누워서 잠들어 쉬고 있을 텐데. 14 지금은 폐허가 된 성읍이지만, 한
때 그 성읍을 세우던 세상의 왕들과 고관들과 함께 잠들어 있을 텐데. 15 금과 은으로 집을 가
득 채운 그 통치자들과 함께 잠들어 있을 텐데. 16 낙태된 핏덩이처럼, 살아 있지도 않을 텐데.
햇빛도 못 본 핏덩이처럼 되었을 텐데! 17 그 곳은 악한 사람들도 더 이상 소란을 피우지 못하
고, 삶에 지친 사람들도 쉴 수 있는 곳인데. 18 그 곳은 갇힌 사람들도 함께 평화를 누리고, 노
예를 부리는 감독관의 소리도 들리지 않는 곳인데. 19 그 곳은 낮은 자와 높은 자의 구별이 없
고, 종까지도 주인에게서 자유를 얻는 곳인데! 20 어찌하여 하나님은, 고난당하는 자들을 태어나

게 하셔서 빛을 보게 하시고, 이렇게 쓰디쓴 인생을 살아가는 자들에게 생명을 주시는가? **21**이
런 사람들은 죽기를 기다려도 죽음이 찾아와 주지 않는다. 그들은 보물을 찾기보다는 죽기를 더
바라다가 **22** 무덤이라도 찾으면 기뻐서 어쩔 줄 모르는데, **23** 어찌하여 하나님은 길 잃은 사람
을 붙잡아 놓으시고, 사방으로 그 길을 막으시는가? **24** 밥을 앞에 놓고서도, 나오느니 탄식이요,
신음 소리 그칠 날이 없다. **25** 마침내 그렇게도 두려워하던 일이 밀어닥치고, 그렇게도 무서워
하던 일이 다가오고야 말았다. **26** 내게는 평화도 없고, 안정도 없고, 안식마저 사라지고, 두려움
만 끝없이 밀려온다!

욥이 그 엄청난 시련과 재앙을 겪고서도 하나님을 저주하지 않은 것은 놀라운 일입니다. 사탄이 욥 1:9~11절에서 그토록 집요하게 물었던 질문들 – "욥이 아무 바라는 것 없이 하나님을 경외할 리 있겠습니까? 하나님께서 그와 그의 집과 그가 가진 모든 것을 울타리로 감싸주시고, 그가 하는 일이면 무엇에나 복을 주셔서, 그의 소유를 온 땅에 넘치게 하지 않으셨습니까? 이제라도 주님께서 손을 드셔서, 그가 가진 모든 것을 치시면, 그는 주님 앞에서 주님을 저주할 것입니다." – 이 적어도 욥에게만큼은 무위로 끝나게 되었습니다.

그러나 욥이 그냥 인내하며 하나님을 찬양만 했다면 욥은 사람이 아닙니다. 그도 감정을 가진 인간이기에 슬퍼할 줄 알고 탄식할 줄 압니다. 욥 2:13절 말씀을 보면 욥은 밤낮 7일 동안 침묵하고 있었습니다. 본문 말씀은 7일이 지난 뒤 욥이 마침내 입을 열어 자신의 슬픔을 적극 토로하는 장면입니다. 하나님을 향하여 자신의 찢어지는 아픔과 슬픔을 절절이 탄식하고 있습니다. 욥이라고 해서 왜 감정이 없었겠습니까? 슬퍼할 줄 아니까 인간입니다. 이제 3장 말씀부터는 도무지 인간의 이성으로 이해하기 어려운 너무나 처절한 대재앙을 겪은 욥이 자신이 당한 고난의 의미가 무엇인지 적극적으로 하나님께 따지는 모습을 볼 수 있습니다.

본문 말씀은 크게 세 부분으로 나뉩니다.

태어난 날과 잉태된 날에 대한 저주(3:1~10)

1~2절은 시간의 경과뿐만 아니라 국면이 전환되었음을 알려줍니다. 가정과 자신에게 불어닥친 고난의 태풍 앞에 욥은 7일 7야를 침묵으로 일관하다가 마침내 입을 열었습니다. 입을 열었다는 말은 욥이 비로소 아픔을 느끼기 시작했다는 뜻일 것입니다. 사람은 너무나 끔찍한 일을 당하면 처음에는 말문이 콱 막혀버립니다. 아무 말도 하지 못하고 망연자실, 멍하게 됩니다. 그러다가 입을 열어 말한다는 것은 고통을 비로소 체감하기 시작하면서 왜 자기에게 이 엄청난 재앙이 찾아왔는지에 대한 이유와 의미를 적극적으로 따지기 시작하는 것으로 볼 수 있습니다.

그렇습니다. 큰 고난을 당하여 그냥 입을 닫고 멍하니 있어서는 안 됩니다. 입을 열어 말해야 합니다. 마음 깊은 곳에 있는 슬픔을 표출해야 합니다. 하나님을 향하여 탄식의 소리를 발해야 합니다. 그리할 때 우리는 진정한 치유와 회복을 향한 첫 걸음을 내디딜 수 있습니다.

이제 3절에서 욥은 자신이 '태어난 날' 과 자신이 '잉태된 그 밤' 이 차라리 사라져버렸으면 하는 바람을 보이고 있습니다. 욥이 태어난 날과 잉태된 밤은 욥이 이 땅 위에 존재하게 된 출발점인데 차라리 그 날이 없었더라면 욥이 이 고통을 보지 않았을 것이라는 탄식입니다. 너무 괴롭고 힘들면 "차라리 내가 이 세상에 태어나지 않았으면 좋았을 걸" 하고 한탄하는 것과 마찬가지 이치입니다. 또한 4~6절 말씀을 보면, 먼저 욥은 자신이 태어난 그 날이 창조 이전의 어둠 상태로 되돌아가기를 바랍니다. 어둠과 죽음의 그늘이 그 날을 자기 것이라 주장하여 하나님이 아니라 혼돈이 그 날의 주관자가 되었으면 하고 탄식합니다.

7~9절을 보면 욥은 자신이 잉태되던 그 날 밤이 차라리 아무도 잉태하지 못하는 불임의 밤이 되었으면, 차라리 날을 저주하는 자가 있어서 그 밤을 저주하기를 바랍니다. 특히 10절에서 "어머니의 태가 열리지 않아, 내가 태어나

지 않았어야 하는 건데, 그래서 이 고난을 겪지 않아야 하는 건데!" 합니다. 너무나 극심한 고난과 재앙을 겪게 될 때 흔히 하는 탄식입니다. 욥 자신의 존재의 시발점인 출생에 대해서 울부짖는 것입니다.

왜 태어나 죽지 않았던가?(3:11~19)

11~12절에서 욥은 자신이 모태에서 죽지 못한 것을 원망하며 어머니가 자신을 품에 안고 젖을 물린 것도 탄식합니다. 현재 너무나 극심한 고난을 겪게 될 때 왜 어머니가 나를 낳아서 품에 안고 젖을 물리셔서 나를 키웠을까 원망하듯이 욥 역시 이렇게 탄식합니다. 이제 13~16절을 보세요. 만일 그 때 자신이 깨끗이 죽었더라면 세상 임금들과 고관대작들과 무덤에 함께 들어가 안식을 누렸을 텐데 하며 탄식합니다. 이 땅에서 어떤 권세를 누렸든지 간에 사람이 죽으면 똑같이 한 평 땅에 들어가 안식하듯이 자기 역시 그렇게 되었더라면 이 고통을 겪지 않았을 것이라는 원망입니다.

17~19절을 보세요. 죽음의 세계, 즉 무덤에는 악한 자들이 소란을 그치고, 지친 사람들도 평강을 얻고, 노예를 함부로 부리는 감독관들의 호통 소리도 들리지 않으며, 낮은 자와 높은 자의 구별이 없으며, 노예가 주인으로부터 자유를 얻습니다. 욥이 얼마나 죽음의 세계를 갈망하는지 보여줍니다. 절대평등과 절대안식이 있는 곳, 죽음의 세계로 차라리 도피하고 싶어 하는 욥의 마음이 절절이 배어 있는 말씀이 아닐 수 없습니다.

고난 당하는 자에게 빛과 생명도 주시는 하나님(3:20~26)

욥기 3장 말씀을 분석해 보면 욥은 시간상 가장 먼 과거에서 점차 가까운 현재로 이동하면서 탄식합니다. 자신의 출생, 자신이 잉태되던 날 밤에서 시작하여 출생 이후의 성장 과정에 대해 언급한 후 마지막으로 현재 자신이 겪고 있는 상황에 대해서 언급합니다. 20~23절 말씀을 보면 욥은 평등과 안식과 평화의 영역으로 상징되는 죽음의 세계로부터 벗어나 고난과 슬픔이 가득 찬 현실 세계와 맞닥뜨리게 됩니다. 욥은 자신이 죽고 싶어도 죽을 수 없는 사람임을 탄식합니다. 그리하여 20절에서 "하나님은 어찌하여 고난 당하는 자에게 빛을 주셨으며 마음이 아픈 자에게 생명을 주셨는고" 하면서 고난의 현실을 탄식합니다. 자신이 아무리 죽고 싶어도 죽는 것 역시 마음대로 되지 않는다는 부조리한 현실을 개탄합니다. 23절 말씀이 아주 중요합니다. "어찌하여 하나님은 길 잃은 사람을 붙잡아 놓으시고, 사방으로 그 길을 막으시는가?" 하나님이 하시는 일은 이중적이고 모순적이라는 말이지요. 하나님은 사방 길이 막혀 아득한 사람에게 왜 빛과 생명도 주시는가 하고 탄식합니다. 차라리 길 잃어 아득한 사람을 그냥 죽게 만들지 않으시고 이렇게 살리셔서 빛과 생명을 주시는 이유는 또 무엇이냐고 항의하는 것이지요. 길 잃어 어쩔 줄 모르는 사람을 붙잡아 주시면서도 출구를 열어 주시는 것이 아니라 다시 사방으로 길을 막으시는 하나님이라는 것이지요! 여기에서 욥은 자신이 하나님에 의하여 완전히 포위되어 사방으로 둘러 쌓여있기 때문에 그 어떤 탈출구도 없다는 절망을 호소하고 있습니다. 마치 사방이 벽으로 막혀 있는데 뒤에서 총을 쏘는 형국이라는 것입니다!

24~25절 말씀을 보세요. 밥을 앞에 놓고서도 나오는 것은 탄식소리 뿐이요 신음소리 그칠 날이 없다는 것을 괴로워합니다. 그리하여 자신이 그토록 괴로워하던 일이 마침내 자기에게 닥치고 말았다는 것입니다. 26절이 말씀의 결론입니다. "내게는 평화도 없고, 안정도 없고, 안식마저 사라지고, 두려움만 끝없이 밀려온다!" 욥의 기막힌 현실을 이보다 더 잘 압축해주는 말씀은 없을 것입니다. 흥미로운 것은 욥이 묘사한 죽음의 세계와 욥이 당면한 현실 세계는 정반대로 표현되었다는 사실입니다. 차라리 죽었더라면 평화도 안정도 안식도 다 누릴 수 있을 텐데 욥의 현실은 그 정반대가 되어서 고난과 두려움과 불안만 있다는 것이지요.

본문 말씀이 주는 교훈

너무나 가슴 아픈 일을 당한 사람에게 "울지 마세요!" "고정하세요!"라고 위로하는 것은 좋은 위로법이 아닙니다. 울고 싶을 때에는 마음껏 울도록 내버려두는 것이 더 좋습니다. 감정을 절제해서 마음 깊은 곳에 꼭꼭 가두어두는 것은 치유와 회복을 위해 바람직하지 못합니다. 그리스도인도 슬퍼할 수 있습니다. 왜냐하면 주님도 때로는 울기도 하셨기 때문입니다. 그러나 지나친 슬픔, 계속되는 슬픔은 온당하지 않습니다. 슬픔이 장기간 계속되어 우울증까지 가져온다면 그것은 옳지 않습니다. 그러나 우리 감정의 적나라하고도 솔직한 표현인 탄식과 슬픔은 때로 우리의 상한 심령을 정화(catharsis)시키는 활력소가 됩니다.

욥이 자신의 고난을 한탄하면서 "차라리 태어나지 않았으면 좋았을걸" 하고 울부짖는 것을 우리는 이해할 수 있습니다. 죽음의 세계를 동경하면서 현실을 부정하는 것도 이해할 수 있습니다. 그러나 밤이 깊을수록 새벽도 가깝습니다. 여러분은 다 기막힌 고통의 밤을 지새운 적이 있을 것입니다. 저도 잊을 수 없는 기나긴 고통의 밤들이 있었습니다. 다섯 살 때인가, 동짓날 팥죽을 쑤던 부엌에 들어갔다가 누나의 엉덩이에 받혀 오른손으로 팥죽 끓이던 솥단지를 짚었습니다. 그 옛날 변변한 병원도 없던 시절에 그 날 밤 제가 겪은 고통은 이만저만이 아니었습니다. 지금도 제 오른 손목에는 화상으로 인해 생긴 제법 큰 흉터가 있습니다. 이 일이 있은 후 아버지는 돌아가실 때까지 팥죽을 입에 대지도 않으셨습니다. 여섯 살 때인가는 동전을 삼켜서 집안이 발칵 뒤집힌 적이 있습니다. 다행히 고구마를 많이 먹어서 동전 문제는 잘 해결된 적이 있습니다(이 때 저는 변비에 제일 좋은 약이 고구마라는 사실을 알았습니다!). 자라서는 강원도 양구에서 군목 생활을 할 때 상한 생굴을 잘못 먹어 위경련이 일어나 죽다 살아난 적이 있습니다. 거듭되는 구토에다가 설사, 위가 마비가 되는 아픔은 정말 견디기 어려웠습니다. 지금도 그 독하디 독했던 밤을 잊을 수 없습니다. 신새벽이 밝아오기까지 그 날 밤은 너무도 길고 잔인했습니다. 미국에서 개척교회를 하다가는 신장 결석증이 생겨서 또 한 차례 죽을 뻔한 적이 있습니다. 새벽 기도 끝나고 집으로 돌아오다가 차안에서 떼굴떼굴 구르기 시작했습니다. 여자들이 해산하는 아픔 그 이상이라고 하니 겪어 본 사람만이 압니다. 급히 병원에 실려가 수술을 받았는데 그 날 병원에서의 밤도 길기만 했습니다. 그러나 이러한 육신의 고통은 시간이 지남에 따라 금방 아물었는데 마음의 상처는 훨씬 더 오래 갔습니다. 1990년 미국에 유학갈 때 어머님이 갑자기 돌아가시더니만 그 이듬해에 아버님마저 돌아가셨습니다. 한 해 사이에 연이어 부모님을 여읜 아픔은 상당한 시간이 흘러서야 아물었습니다. 오랫동안 부모님에 대한 그리움과 불효에 대한 자책감 때문에 잠 못 이루는 밤이 많았습니다.

그러나 그 기나긴 고난의 밤은 어김없이 신새벽이 밀려올 때마다 자취를 감추었습니다. 어둠이 깊을수록 새벽은 가깝습니다. 고통스러운 밤은 반드시 물러가게 되어 있습니다. 고통을 겪을 때마다 예전에 겪었던 고통이 결국 다 지나갔다는 진실을 생각하면 위로가 됩니다. "어떤 고난도 결국 지나가고 내가 승리할 것이다!" 이것은 4:3으로 드라마틱하게 역전승을 거둔 축구시합을 녹화로 다시 보는 것과 같습니다. 3:0으로 지고 있어도 걱정하지 않습니다. 4:3으로 이겼다는 결과를 미리 알고 보는 경기이기 때문입니다. 욥은 지금 재산과 자식들을 다 잃고 자기 자신도 엄청난 고통을 당하면서 하나님을 향하여 울부짖고 있지만 그 잠 못 이루는 회한의 밤도 어김없이 환희와 치유와 회복의 새벽 앞에 무릎을 꿇게 될 것입니다. 우리는 욥의 고난과 울부짖음에 조금도 동요하지 않습니다. 그가 결국 승리했음을 알기 때문이지요. 정말 하나님께서 인간의 생사화복과 우주역사를 주관하시는 분으로 믿는다면 고난의 밤을 두려워하지 마십시오. 반드시 새벽이 찾아올 것입니다!

엘리바스의 첫 번째 공박

죄 없이 망한 자가 누구더냐?

| 욥 4:1~5:27 |

4장

1 데만 사람 엘리바스가 대답하였다. 2 누가 네게 말을 걸면 너는 짜
증스럽겠지. 말을 하지 않으려고 했지만 참을 수가 없다. 3 생각해 보아라. 너도 전에 많은 사람
을 가르치기도 하고, 힘없는 자들의 두 팔을 굳세게 붙들어 주기도 했으며, 4 쓰러지는 이들을
격려하여 일어나게도 하고, 힘이 빠진 이들의 무릎을 굳게 붙들어 주기도 했다. 5 이제 이 일을
정작 네가 당하니까 너는 짜증스러워하고, 이 일이 정작 네게 닥치니까 낙담하는구나! 6 하나님
을 경외하는 것이 네 믿음이고, 온전한 길을 걷는 것이 네 희망이 아니냐? 7 잘 생각해 보아라.
죄 없는 사람이 망한 일이 있더냐? 정직한 사람이 멸망한 일이 있더냐? 8 내가 본 대로는, 악을
갈아 재난을 뿌리는 자는 그대로 거두더라. 9 모두 하나님의 입김에 쓸려 가고, 그의 콧김에 날
려 갈 것들이다. 10 사자의 울부짖음도 잠잠해지고, 사나운 사자의 울부짖음도 그치는 날이 있
다. 힘센 사자도 이빨이 부러진다. 11 사자도, 늙어서 먹이를 잡지 못하면, 어미를 따르던 새끼
사자들이 뿔뿔이 흩어진다. 12 한번은 조용한 가운데 어떤 소리가 들려 오는데, 너무도 조용하여
겨우 알아들었다. 13 그 소리가 악몽처럼 나를 괴롭혔다. 14 두려움과 떨림이 나를 엄습하여, 뼈
들이 막 흔들렸다. 15 어떤 영이 내 앞을 지나가니, 온몸의 털이 곤두섰다. 16 영이 멈추어 서기
는 했으나 그 모습은 알아볼 수 없고, 형체가 어렴풋이 눈에 들어왔는데, 죽은 듯 조용한 가운데
서 나는 이런 소리를 들었다. 17 인간이 하나님보다 의로울 수 있겠으며, 사람이 창조주보다 깨
끗할 수 있겠느냐? 18 하나님은 하늘에 있는 당신의 종들까지도 믿지 않으시고, 천사들에게마저
도 허물이 있다고 하시는데, 19 하물며, 흙으로 만든 몸을 입고 티끌로 터를 삼고, 하루살이에게
라도 눌려 죽을 사람이겠느냐? 20 사람은, 아침에는 살아 있다가도, 저녁이 오기 전에 예고도
없이 죽는 것, 별수 없이 모두들 영원히 망하고 만다. 21 생명 줄만 끊기면 사람은 그냥 죽고, 그
줄이 끊기면 지혜를 찾지 못하고 죽어간다.

5장

1 어서 부르짖어 보아라. 네게 응답하는 이가 있겠느냐? 하늘에 있는
거룩한 이들 가운데서, 그 누구에게 하소연을 할 수 있겠느냐? 2 미련한 사람은 자기의 분노 때
문에 죽고, 어리석은 사람은 자기의 질투 때문에 죽는 법이다. 3 어리석은 사람의 뿌리가 뽑히
고, 어리석은 자의 집이 순식간에 망하는 것을, 내가 직접 보았다. 4 그런 자의 자식들은 도움을
받을 데가 없어서, 재판에서 억울한 일을 당해도, 구해 주는 이가 없었고, 5 그런 자들이 거두어
들인 것은, 굶주린 사람이 먹어 치운다. 가시나무 밭에서 자란 것까지 먹어 치운다. 목마른 사람
이 그의 재산을 삼켜 버린다. 6 재앙이 흙에서 일어나는 법도 없고, 고난이 땅에서 솟아나는 법
도 없다. 7 인간이 고난을 타고 태어나는 것은, 불티가 위로 나는 것과 같은 이치이다. 8 나 같
으면 하나님을 찾아서, 내 사정을 하나님께 털어놓겠다. 9 그분은 우리가 측량할 수 없는 큰 일
을 하시며, 우리가 헤아릴 수 없는 기이한 일을 하신다. 10 땅에 비를 내리시며, 밭에 물을 주시
는 분이시다. 11 낮은 사람을 높이시고, 슬퍼하는 사람에게 구원을 보장해 주시며, 12 간교한 사
람의 계획을 꺾으시어 그 일을 이루지 못하게 하신다. 13 지혜롭다고 하는 자들을 제 꾀에 속게
하시고, 교활한 자들의 꾀를 금방 실패로 돌아가게 하시니, 14 대낮에도 어둠을 만날 것이고, 한
낮에도 밤중처럼 더듬을 것이다. 15 그러나 하나님은 가난한 사람들을 그들의 칼날 같은 입과
억센 손아귀로부터 구출하신다. 16 그러니까, 비천한 사람은 희망을 가지지만, 불의한 사람은 스
스로 입을 다물 수밖에 없다. 17 하나님께 징계를 받는 사람은, 그래도 복된 사람이다. 그러니
전능하신 분의 훈계를 거절하지 말아라. 18 하나님은 찌르기도 하시지만 싸매어 주기도 하시며,
상하게도 하시지만 손수 낫게도 해주신다. 19 그는 여섯 가지 환난에서도 너를 구원하여 주시며,
일곱 가지 환난에서도 재앙이 네게 미치지 않게 해주시며, 20 기근 가운데서도 너를 굶어 죽지
않게 하시며, 전쟁이 벌어져도 너를 칼에서 구해 주실 것이다. 21 너는 혀의 저주를 피할 수 있
어, 파멸이 다가와도 두려워하지 않을 것이다. 22 약탈과 굶주림쯤은 비웃어 넘길 수 있고, 들짐
승을 두려워하지도 않을 것이다. 23 너는 들에 흩어진 돌과도 계약을 맺으며, 들짐승과도 평화
롭게 지내게 될 것이다. 24 그래서 너는 집안이 두루 평안한 것을 볼 것이며, 가축 우리를 두루
살필 때마다 잃은 것이 없는 것을 볼 것이다. 25 또 자손도 많이 늘어나서, 땅에 풀같이 많아지
는 것을 보게 될 것이다. 26 때가 되면, 곡식단이 타작 마당으로 가듯이, 너도 장수를 누리다가
수명이 다 차면, 무덤으로 들어갈 것이다. 27 이것은 우리가 지금까지 살펴본 것이니 틀림없는
사실이다. 부디 잘 듣고, 너 스스로를 생각해서라도 명심하기 바란다.

욥기의 본론은 3장부터 시작됩니다. 욥이 하나님께 자기 신세를 한탄하는 독백에서 시작하여 연이어 욥의 세 친구들과의 논쟁이 나옵니다. 특히 욥기의 몸통 부분이라고 할 수 있는 4~31장은 욥과 세 친구들이 벌이는 설전이 매우 중요한 위치를 차지합니다. 욥과 엘리후를 포함한 네 친구들이 나눈 논쟁은

욥기 전체, 즉 42장 가운데 35개의 장에 걸쳐서 나타나는데 이것은 장수로만 따져서도 83%에 해당되는 분량입니다. 친구들은 욥을 위로하고 격려한다는 명목으로 찾아와서 이야기를 나누지만 언제나 철학자요, 신학자 즉 지혜의 교사로서 자처하며 그렇게 합니다. 그리하여 이들은 처음에는 순수한 의도로 위로자의 역할을 하지만 시간이 지날수록 자기들이 전수 받은 전통적인 지혜와 인생 경험 등을 통해 욥을 정죄하고 심판하는 교사로 둔갑하게 됩니다.

욥이 세 친구들, 즉 엘리바스, 빌닷, 소발과 대화를 나누는 장면을 읽게 될 때 한 가지 유념할 것이 있습니다. 언뜻 보기에 이들이 욥보다 훨씬 더 지혜롭고 모범적인 신앙인처럼 보일 수가 있다는 사실입니다. 이들은 탄식하는 욥을 설득해서 혹시라도 하나님 앞에 몰래 범한 죄가 있으면 다 회개하고 하나님께로 돌아가 하나님과 온전한 관계를 맺게 하려고 온갖 이론을 구사합니다. 그런데 이들은 철두철미 자기들이 예로부터 전수받은 지혜 전통에 충실합니다. 그 지혜 전통이라는 것이 인과응보(因果應報), 즉 인간이 현재 당하는 고통은 어디까지나 과거에 지은 죄악의 결과라는 입장입니다. 그리하여 욥이 이와 같이 참담한 고난을 당하는 것은 절대로 까닭 없이 생긴 일이 아니고, 다 욥이 지은 죄의 결과로 이루어졌다는 것입니다. 그 결과 이들은 언제나 욥을 심문하고 정죄하는 선생의 입장에 서 있습니다. 그러나 지금 욥에게 필요한 것은 이와 같은 신학적인 해석이나 윤리적인 정죄가 아니라 참된 위로입니다. 이런 의미에서 욥과 세 친구들이 벌이는 설전은 '실존적인 고난의 현실' 대(對) '고난에 대한 신학적인 해석'의 대결이라고도 볼 수 있습니다.

이제 우리는 욥과 세 친구들이 나눈 설전을 통하여 중요한 진리 하나를 먼저 염두에 두어야 합니다. 야고보서 3:1절은 "내 형제들아 너희는 선생 된 우리가 더 큰 심판을 받을 줄을 알고 선생이 되지 말라."고 말씀합니다. 남을 가르치려고 할 때 우리는 하나님으로부터 더 큰 심판을 받을 수 있습니다. 욥의 세 친구들도 마찬가지였습니다. 참혹한 고통을 겪는 친구를 찾아와 그냥 위로만 해주면 되는데 자기의 지혜와 지식과 경험을 총동원하여 그 고통을 해석하고 정죄하려고 합니다. "염장을 지른다, 허파를 뒤집는다."는 말도 있듯이 이와 같이 선생의 입장이 되어 해석하고 설교하고 가르치려는 것은 마치 장작불에 기름을 붓듯이 고통당하는 사람에게 더 큰 고통을 가중시킬 수 있습니다. 경미한 고통을 당한 사람에게는 혹 이해가 될 수 있을지 모르지만 엄청난 고통을 겪고 있는 사람에게는 피 흘리는 개구리에게 다시 돌멩이를 던지는 행위일 수 있습니다. 그러므로 고통으로 몸부림치는 친구가 있을 때 가장 좋은 위로법은 함께 있어주는 것이며 정직한 침묵으로 슬픔에 동참하는 것뿐입니다. 어설픈 논리로 더 큰 슬픔에 빠지게 해서는 안 될 것입니다.

본문 말씀은 세 친구들 중에 제일 먼저 엘리바스가 욥에게 던진 말이 기록되어 있습니다. 엘리바스는 욥과 더불어 세 차례씩이나 뜨거운 설전을 벌입니다. 엘리바스는 여러 가지 정황으로 볼 때 세 친구들 중에서 가장 연장자요, 지도자급에 있었던 사람 같습니다. 이제 우리는 엘리바스가 욥에게 어떤 말을 했는지 살펴보려고 합니다.

인과응보의 도덕적 질서를 가지고 욥의 고난을 해석하다(4:1~11)

먼저 4:1~11절 말씀을 보면, 엘리바스는 인과율을 가지고 욥의 고난을 해석합니다. 모든 결과는 다 원인이 있기 때문에 생겨난 것으로 욥이 이와 같이 고난받는 것도 그냥 일어난 것이 아니고 고난받을만한 원인이 다 있기 때문이라는 것이지요. 6~8절 말씀을 보세요. "하나님을 경외하는 것이 네 믿음이고, 온전한 길을 걷는 것이 네 희망이 아니냐? 잘 생각해 보아라. 죄 없는 사람이 망한 일이 있더냐? 정직한 사람이 멸망한 일이 있더냐? 내가 본 대로는 악을 갈아 재난을 뿌리는 자는 그대로 거두더라."

여기 보세요. 엘리바스가 욥의 고난을 해석하는 첫 번째 입장은 고전적인 지혜 그대로입니다. 심는 대로 거둔다는 추수의 법칙이지요. 죄 없는 사람이 망한 예, 정직한 사람이 멸망한 예가 어디 있느냐는 것입니다. 자기가 지금까지 인생을 살아오면서 경험한 진리는 악을 갈아 재난을 뿌리는 자는 반드시 그대로 거둔다는 것입니다. 이 말이 틀린 말은 아닙니다. 이것은 자연 세계는 물론이고 인간의 도덕 생활에 있어서도 일반적인 법칙입니다. 우리가 무엇을 뿌리는가에 따라서 그 열매가 결정됩니다. 그러나 이것이 항상 100% 필연적으로 옳은 것만은 아닙니다. 선을 뿌렸는데 악의 열매를 거둘 수도 있고, 신앙과 경건의 씨앗을 뿌렸는데 고난과 재앙의 열매를 거둘 수도 있습니다. 욥의 경우가 바로 그런 경우이지요. 욥은 동방의 의인으로서 어디 하나 나무랄 데 없는 반듯한 사람이었지만 순전히 사탄의 시기와 참소로 어이없는 재앙을 당했습니다. 그러므로 엘리바스가 내건 인과응보의 법칙, 혹은 추수의 법칙을 욥의 경우에도 똑같이 적용할 수는 없습니다.

그렇습니다. 고난에는 자기의 잘못 때문에 생기는 고난이 있는가 하면, 자기의 고난과 상관없이 일어나는 신비한 고난도 있습니다. 9·11 테러가 일어났을 때 사상자들의 거의 대부분은 무고한 사람들이었습니다. 그들이 그렇게 백주 대낮에 죽어야 할 이유가 없었습니다. 인간이 죄인이라는 보편적인 진리를 내걸 때 왜 하필이면 그들이었는가를 설명할 길이 없습니다. 왜냐하면 죄인인 우리는 누구든지 다 그런 고난을 당해야지 그 사람들만 선택된 이유를 알 수 없습니다. 이렇게 우리는 죄의 결과로 고난을 당한다는 일반적인 법칙을 모든 사람의 경우에 적용할 수 없음을 기억해야 합니다. 이 경우 엘리바스의 논리는 욥을 위로하는 것이 아니라 욥을 더욱 큰 실의로 내모는 비수가 됨을 알아야 합니다.

자신의 영적 경험에 입각해 욥을 정죄하다(4:12~5:7)

4:12~5:7절 말씀을 보면, 엘리바스는 자신의 신비한 체험을 언급합니다. 한번은 조용한 가운데 어떤 소리가 들려왔다는 것입니다. 그 때 온몸의 뼈마

디가 흔들렸으며 온몸의 털이 주뼛주뼛 섰는데 이런 소리를 들었다는 것입니다. 17~21절 말씀을 보세요. 그 때 들은 음성은 분명히 엘리바스에게 주신 하나님의 계시처럼 보이는데 "인간이 하나님보다 의로울 수 없으며 사람이 창조주보다 깨끗할 수 없다."는 메시지였습니다. 여기서 엘리바스는 욥이 의롭다고 변론하는 것에 대해서 아예 쐐기를 박습니다. 오직 하나님 한 분만 의롭지 감히 네가 어떻게 의로움을 주장할 수 있느냐는 것입니다. 언뜻 보면 이 말이 틀린 말은 아닙니다. 그러나 엘리바스의 이 같은 발언에는 두 가지 중대한 교만이 숨겨져 있습니다.

첫째로, 엘리바스는 이 메시지를 신비한 영적 체험을 통하여 들은 말이라고 했습니다. 다시 말해 하나님께서 자기에게 주신 계시의 말씀이라는 것이지요. 누구든지 믿음이 깊은 사람은 하나님께서 주시는 신비한 음성을 들을 수 있기에 엘리바스의 체험이 가짜라고 단언할 수는 없습니다. 그러나 그 받은 신비 체험을 덕을 세우고 이웃을 격려하는 데 써야지 이웃의 꼭대기 위에 서서 심판하고 정죄하는 데 쓴다면 그것은 그 출처를 의심할 수밖에 없습니다. 다시 말해 엘리바스가 들었다는 신비한 음성은 하나님의 말씀이 아니라 사탄의 목소리일 수도 있다는 것입니다. 그렇습니다. 우리는 우리의 신비 체험이 얼마나 하나님께 영광을 돌리고 이웃을 세울 수 있는지 그 열매를 주의해서 봐야 합니다. 왜냐하면 사탄 마귀도 우리에게 가지가지의 신비 체험을 할 수 있도록 이끌 수 있기 때문입니다.

둘째로, 인간이 하나님보다 더 의로울 수 없고, 사람이 창조주보다 더 깨끗할 수 없는 것은 너무나 자명한 진리이지만 욥의 경우에는 적절치 않은 말입니다. 물론 욥도 피조물이기에 창조주 하나님보다 의로울 수 없으며 죄인에 불과하겠지만 욥의 태생적인 연약함, 본래적 죄성 때문에 이와 같은 불행이 찾아온 것은 아니기 때문입니다. 원죄와 자범죄가 있듯이 원죄는 모든 인류가 함께 공유하는 죄악이며 자범죄는 개개인이 특수하게 저지른 죄악의 결과입니다. 지금 욥이 당하는 고난은 인간이 하나님보다 의롭지 못하다는 인류의 보편적 죄악 때문에 당하는 고난이 아니라 욥이 개별적으로 저지른 자범죄의 결과가 되어야 마땅합니다. 그렇지 않을 경우 단지 인간이 하나님보다 의롭지 못하다는 태생적인 한계 때문에 욥이 고난을 겪고 있다면 엘리바스는 물론이고 모든 사람들이 욥과 동일한 고난을 당해야 옳지 않습니까? 결국 엘리바스는 욥을 가르치는 선생의 입장에 서서 어떤 일반 원리를 가지고 욥의 고난을 해석하려는 잘못을 범하고 있습니다.

도덕률을 따라 이루어지는 '하나님의 교수법'(divine pedagogy) (5:8~27)

이제 5:8~27절 말씀을 보면, 엘리바스는 다시 한번 하나님의 도덕률이 한 치도 오차가 없다는 사실을 되뇌며 인간이 고난받는 것은 다 자기 잘못 때문에 생기는 하나님의 징벌이라는 쪽으로 몰고 갑니다. 다시 말해 하나님은 선한 사람은 반드시 상을 주시고 악한 사람은 반드시 징벌하시는 상벌관계에 철저하신 분이라는 것이지요. 그리하여 17절에서 이렇게 선언합니다. "하나님께 징계를 받는 사람은 그래도 복된 사람이다. 그러니 전능하신 분의 훈계를 거절하지 말아라." 너무나 쉽게 욥을 정죄하는 모습이 역력하지 않습니까? 지금 네가 이렇게 징계받는 것도 다 너를 사랑하셔서 깨닫게 하시고 바로 잡기 위해서 그렇게 하시는 것이니 징계받는 것을 복으로 알고 하나님이 너에게 주시는 징계를 가볍게 여기지 말라는 충고입니다. 이른바 욥의 고난을 하나님의 교육적인 고난으로서 해석하는 것입니다. 그리하여 8절 말씀처럼 "자기 같으면 하나님을 찾아서 하나님께 자기 사정을 다 털어놓을 텐데" 너도 고집 부리지 말고 혹시 잘못한 일이 있으면 다 하나님께 뉘우치고 하나님께로 돌아가라는 것입니다. 그리할 때 18절의 말씀, 즉 "하나님은 찌르기도 하시지만 싸매어 주기도 하시며, 상하게도 하시지만 손수 낫게도 해주시는" 분인데 너의 모든 상처를 낫게 해주실 것이라는 말씀입니다.

본문 말씀이 주는 교훈

앞으로 우리는 엘리바스를 비롯한 세 명의 친구들이 욥과 나누는 대화를 오랫동안 살펴보게 될 것입니다. 이들은 틀림없이 욥의 좋은 친구들로서 처음에는 욥을 위로하기 위해 찾아온 사람들입니다. 이와 같은 친구들의 순수성은 욥 2:11~13절 말씀에 여실히 나타나 있습니다. 세 친구들은 욥이 재앙을 만나 고생한다는 소식을 들었을 때 저마다 집을 떠나 먼 길을 달려 욥에게 찾아왔습니다. 그들은 한참만에 욥을 발견한 뒤 소리내어 울면서 겉옷을 찢고 공중에 티끌을 날려 머리에 뒤집어썼습니다. 그러면서 밤낮 7일 동안이나 욥과 함께 땅바닥에 앉아 욥의 슬픔을 함께 나누었습니다. 좋은 친구들임에 틀림이 없습니다.

그러나 그들의 알량한 지식과 전통적인 지혜, 즉 신학과 철학이 문제였습니다. 지금 친구가 얼마나 감당할 수 없는 무게로 짓눌려 있는가보다 욥이 당하는 현재의 고난을 자신이 전수받은 신학과 지혜, 심지어 영적인 체험까지 총동원하여 해석하고 심판하고 정죄하면서 자기 나름의 해결책까지 제시하는 교만과 무분별성이 문제입니다. 본문 말씀을 통해 본 엘리바스의 경우가 꼭 그랬습니다. 욥이 당하는 고난은 원인이 다른 곳에 있는 것이 아니라 욥 자신이 지은 죄에 있다는 것입니다. 그리하여 이 고난에서 벗어나려면 죄를 다 뉘우치고 하나님께 겸손히 되돌아가야 한다는 충고를 줍니다. 틀린 말은 아니지만 결코 적절한 말은 아닙니다. 옳은 말이라고 해서 다 시의적절한 말은 아닙니다. 엘리바스의 말이 구구절절 다 옳은 말이기는 하지만 지금 욥에게 필요한 말은 이런 류의 신학적인 해석이나 도덕적인 정죄가 아닙니다. 차라리 입을 꾹 다물고 함께 있어주고 함께 아파하는 것이 욥이 이 고난을 하루 빨리 벗어날 수 있는 더 좋은 위로법입니다. 우리도 우리의 알량한 지식과 경험과 신앙으로 이웃을 함부로 재단하는 일이 없어야 할 것입니다.

엘리바스의 첫 번째 공박에 대한 욥의 응답

나를 과녁으로 삼고 활을 쏘시니

| 욥 6:1~7:21 |

6장

1 욥이 대답하였다. 2 아, 내가 겪은 고난을 모두 저울에 달아 볼 수
있고, 내가 당하는 고통을 모두 저울에 올릴 수 있다면, 3 틀림없이, 바다의 모래보다 더 무거울
것이니, 내 말이 거칠었던 것은 이 때문이다. 4 전능하신 분께서 나를 과녁으로 삼고 화살을 쏘
시니, 내 영혼이 그 독을 빤다. 하나님이 나를 몰아치셔서 나를 두렵게 하신다. 5 풀이 있는데
나귀가 울겠느냐? 꼴이 있는데 소가 울겠느냐? 6 싱거운 음식을 양념도 치지 않고 먹을 수 있
겠느냐? 달걀 흰자위를 무슨 맛으로 먹겠느냐? 7 그런 것들은 생각만 해도 구역질이 난다. 냄새
조차도 맡기가 싫다. 8 누가 내 소망을 이루어 줄까? 하나님이 내 소원을 이루어 주신다면, 9
하나님이 나를 부수시고, 손을 들어 나를 깨뜨려 주시면, 10 그것이 오히려 내게 위로가 되고,
이렇게 무자비한 고통 속에서도 그것이 오히려 내게 기쁨이 될 것이다. 나는 거룩하신 분의 말
씀을 거역하지 않았다. 11 그러나 내게 무슨 기력이 있어서 더 견뎌 내겠으며, 얼마나 더 살겠다
고, 더 버텨 내겠는가? 12 내 기력이 돌의 기력이라도 되느냐? 내 몸이 놋쇠라도 되느냐? 13 나
를 도와줄 이도 없지 않으냐? 도움을 구하러 갈 곳도 없지 않으냐? 14 내가 전능하신 분을 경외
하든 말든, 내가 이러한 절망 속에서 허덕일 때야말로, 친구가 필요한데, 15 친구라는 것들은 물
이 흐르다가도 마르고 말랐다가도 흐르는 개울처럼 미덥지 못하고, 배신감만 느끼게 하는구나.
16 얼음이 녹으면 흙탕물이 흐르고, 눈이 녹으면 물이 넘쳐흐르다가도, 17 날이 더워지면 쉬 마
르고, 날이 뜨거워지면 흔적조차 없어지고 마는 개울. 18 물이 줄기를 따라서 굽이쳐 흐르다가
도, 메마른 땅에 이르면 곧 끊어지고 마는 개울. 19 데마의 대상들도 물을 찾으려 했고, 스바의
행인들도 그 개울에 희망을 걸었지만, 20 그들이 거기에 이르러서는 실망하고 말았다. 그 개울
에 물이 흐를 것이라는 기대를 했던 것을 오히려 부끄러워하였다. 21 너희가 이 개울과 무엇이
다르냐? 너희도 내 몰골을 보고서, 두려워서 떨고 있지 않느냐? 22 내가 너희더러 이거 내놓아

라 저거 내놓아라 한 적이 있느냐? 너희의 재산을 떼어서라도, 내 목숨 살려 달라고 말한 적이
있느냐? 23 아니면, 원수의 손에서 나를 건져 달라고 하길 했느냐, 폭군의 세력으로부터 나를
속량해 달라고 부탁하기라도 했느냐? 24 어디, 알아듣게 말 좀 해 보아라. 내가 귀기울여 듣겠
다. 내 잘못이 무엇인지 말해 보아라. 25 바른 말은 힘이 있는 법이다. 그런데 너희는 정말 무엇
을 책망하는 것이냐? 26 너희는 남의 말 꼬투리나 잡으려는 것이 아니냐? 절망에 빠진 사람의
말이란, 바람과 같을 뿐이 아니냐? 27 너희는, 고아라도 제비를 뽑아 노예로 넘기고, 이익을 챙
길 일이라면 친구라도 서슴지 않고 팔아 넘길 자들이다. 28 내 얼굴 좀 보아라. 내가 얼굴을 맞
대고 거짓말이야 하겠느냐? 29 너희는 잘 생각해 보아라. 내가 억울한 일을 당하지 않게 해야
한다. 다시 한 번 더 돌이켜라. 내 정직이 의심받지 않게 해야 한다. 30 내가 혀를 놀려서, 옳지
않은 말을 한 일이라도 있느냐? 내가 입을 벌려서, 분별없이 떠든 일이라도 있느냐?

7장

1 인생이 땅 위에서 산다는 것이, 고된 종살이와 다른 것이 무엇이
냐? 그의 평생이 품꾼의 나날과 같지 않으냐? 2 저물기를 몹시 기다리는 종과도 같고, 수고한
삯을 애타게 바라는 품꾼과도 같다. 3 내가 바로 그렇게 여러 달을 허탈 속에 보냈다. 괴로운 밤
은 꼬리를 물고 이어 갔다. 4 눕기만 하면, 언제 깰까, 언제 날이 샐까 마음 졸이며, 새벽까지 내
내 뒤척거렸구나. 5 내 몸은 온통 구더기와 먼지로 뒤덮였구나. 피부는 아물었다가도 터져 버리
는구나. 6 내 날이 베틀의 북보다 빠르게 지나가니, 아무런 소망도 없이 종말을 맞는구나. 7 내
생명이 한낱 바람임을 기억하여 주십시오. 내가 다시는 좋은 세월을 못 볼 것입니다. 8 어느 누
구도 다시는 나를 볼 수 없을 것입니다. 주님께서 눈을 뜨고 나를 찾으려고 하셔도 나는 이미 없
어졌을 것입니다. 9 구름이 사라지면 자취도 없는 것처럼, 스올로 내려가는 사람도 그와 같아서,
다시는 올라올 수 없습니다. 10 그는 자기 집으로 다시 돌아오지도 못할 것이고, 그가 살던 곳에
서도 그를 몰라볼 것입니다. 11 그러나 나는 입을 다물고 있을 수 없습니다. 분하고 괴로워서, 말
을 하지 않고는 견딜 수 없습니다. 12 내가 바다 괴물이라도 됩니까? 내가 깊은 곳에 사는 괴물
이라도 됩니까? 어찌하여 주님께서는 나를 감시하십니까? 13 잠자리에라도 들면 편해지겠지,
깊이 잠이라도 들면 고통이 덜하겠지 하고 생각합니다만, 14 주님께서는 악몽으로 나를 놀라게
하시고, 무서운 환상으로 저를 떨게 하십니다. 15 차라리 숨이라도 막혀 버리면 좋겠습니다. 뼈
만 앙상하게 살아 있기보다는, 차라리 죽는 것이 낫겠습니다. 16 나는 이제 사는 것이 지겹습니
다. 영원히 살 것도 아닌데, 제발, 나를 혼자 있게 내버려 두십시오. 내 나날이 허무할 따름입니
다. 17 사람이 무엇이라고, 주님께서 그를 대단하게 여기십니까? 어찌하여 사람에게 마음을 두
십니까? 18 어찌하여 아침마다 그를 찾아오셔서 순간순간 그를 시험하십니까? 19 언제까지 내
게서 눈을 떼지 않으시렵니까? 침 꼴깍 삼키는 동안만이라도, 나를 좀 내버려 두실 수 없습니
까? 20 사람을 살피시는 주님, 내가 죄를 지었다고 하여 주님께서 무슨 해라도 입으십니까? 어
찌하여 나를 주님의 과녁으로 삼으십니까? 어찌하여 나를 주님의 짐으로 생각하십니까? 21 어
찌하여 주님께서는 내 허물을 용서하지 않으시고, 내 죄악을 용서해 주지 않으십니까? 이제 내
가 숨져 흙 속에 누우면, 주님께서 아무리 저를 찾으신다 해도, 나는 이미 없는 몸이 아닙니까?

욥기 6장과 7장은 엘리바스의 발언에 대한 욥의 응답입니다. 좀 더 정확하게 말해서 엘리바스를 비롯한 친구들을 향하여(6:1~30), 청중을 향하여(7:1~6), 그리고 하나님을 향하여(7:7~21) 각각 대답합니다. 엘리바스의 말이 구구절절이 다 옳은 말이기는 했지만 욥이 겪고 있는 처절한 상황에 부합되는 말은 아니었습니다. 지금 견딜 수 없는 고통을 당하여, 차라리 죽었으면 좋겠다고 탄식하는 사람에게 아무리 좋은 이론도 소용없습니다. 무엇보다도 원인 없는 결과가 없으며, 뿌린 씨앗대로 열매를 거두는 법인데 욥이 이렇게 고난 받는 이유가 다 죄 때문이니 빨리 회개하고 하나님께 돌아가라는 엘리바스의 충고는 욥을 더욱 힘들게 했습니다. 심지어 하나님께서 죄 지은 사람에게 징벌을 주셔서 다시 바로 서게 하신다는, 이른바 고난의 교육적 해석은 더더욱 욥의 형편에 맞지 않았습니다. 이제 욥은 이러한 친구들과 하나님을 향하여 가슴 가득 찬 슬픔과 억울함을 절절히 토해내고 있습니다.

이런 것들이 친구들이라고(6:1~30)

6장 말씀을 읽어보면 욥은 먼저 친구들을 향하여 자신의 결백과 억울함을 호소합니다. 4절에 보면 전능하신 하나님께서 욥을 과녁으로 삼고 마구 독화살을 쏘아대셔서 자신의 영혼이 그 독을 빨고 있다고 탄식합니다. 그러면서 5~7절에서는 자신의 입맛이 다 떨어졌다고 하소연합니다. 7절에 보면 음식들은 생각만 해도 구역질이 나며 냄새조차도 맡기 싫다고 말합니다. 사람이 고난에 처하면 제일 먼저 입맛부터 떨어집니다. 그래서 입맛이 있느냐 없느냐에 따라서 그 사람의 고난의 정도를 가늠할 수 있지요. 욥이 당한 그 엄청난 재앙을 생각할 때 일체의 입맛이 떨어진 욥의 처지를 충분히 상상할 수 있지 않습니까?

8~13절에서 욥은 차라리 죽었으면 좋겠다고 하나님께 부르짖습니다. 9~10절 말씀을 보면 "하나님이 자신을 부수시고 손을 들어 자기를 깨뜨려 주

시면 그것이 오히려 위로가 되고, 이렇게 무자비한 고통 속에서도 그것이 오히려 자기에게 기쁨이 될 것"이라고 말합니다. 얼마나 고난이 극심했으면 이런 말을 할까요? 동방의 의인으로서 순전한 믿음을 가졌던 욥이라고 해서 왜 감정이 없겠습니까? 우리는 여기서 가장 인간적이며 솔직한 욥의 진면목을 만나게 됩니다.

14~30절 말씀은 친구들에 대한 욥의 서운함이 적나라하게 드러납니다. 이미 가장 연장자요, 지도급 위치에 있었던 엘리바스에게 조금도 위로가 되지 않는, 심문하고 정죄하는 충고를 들었습니다. 욥이 이런 말을 듣고 자기의 결백을 내세우며 격앙해서 외치는 말입니다. 이렇게 절망스런 상황에서 가장 필요한 것은 친구인데 친구라는 것들이 도무지 믿을 수 없다는 것이지요. 15절 말씀 이하에 보면 이 믿지 못할 친구들을 개울의 물살로 비유했습니다. 중동의 개울물이라는 것이 얼음이 녹으면 흙탕물이 흐르고 눈이 녹으면 물이 넘쳐 흐르다가도 날이 더워지면 쉬 말라버리고 날이 뜨거워지면 흔적조차도 없어지지 않습니까? 이렇게 변화무쌍한 개울물에 기대를 걸지만 결국 나중에 낙심하고 만다는 것입니다. 욥은 그 당시 낙타를 타고 사막을 여행하는 대상(隊商)들이 실제로 개울물에 기대를 걸었다가 난감한 일을 당하는 예를 들고 있습니다. 21절에 보면 욥의 친구들이 이와 같이 변덕스럽고 믿지 못할 개울물과 조금도 다를 바 없다는 것입니다. 욥은 이들에게 진정한 위로를 기대했지만 오히려 욥의 꼭대기에 서서 선생을 자처해서 전수받은 지혜와 지식, 경험 등을 총동원하여 욥의 고난을 해석하고 심문하고 정죄하려 하지 않습니까? 이들이야말로 중동 지역의 개울물이 대상들을 실망시키고 배신하듯이 도무지 믿지 못할 무리라는 것이지요.

그러면서 욥은 자신의 서운한 감정을 막 퍼붓습니다. 22~23절 말씀을 보세요. "내가 너희더러 이거 내놓아라 저거 내놓아라 한 적이 있느냐? 너희의 재산을 떼어서라도 내 목숨을 살려 달라고 말한 적이 있느냐? 아니면 원수의 손에서 나를 건져 달라고 하길 했느냐, 폭군의 세력으로부터 나를 속량해 달라고 부탁하기라도 했느냐?" 이게 무슨 말입니까? 욥 자신이 친구들에게 뭘 요구한 것이 하나도 없다는 말이지요. 이거 내놓아라 저거 내놓아라 한 적도 없으며 친구들의 재산을 뚝 떼어서 목숨을 살려달라고 한 적도 없으며 원수나 폭군의 손에서 건져 달라고 구원을 요청한 적도 없다는 것입니다. 이렇게 어느 하나라도 친구에게 신세진 일이 없거늘 친구들은 함부로 욥을 심문하고 판단하는 것을 못내 섭섭하게 생각하는 것입니다. 그러면서 친구들에게 던진 욥의 폭탄선언과도 같은 결론이 27절 말씀입니다. "너희는 고아라도 제비를 뽑아 노예로 넘기고 이익을 챙길 일이라면 친구라도 서슴지 않고 팔아넘길 자들이다." 이 말은 굉장히 과격한 말입니다. 서운함이 얼마나 가슴에 사무쳤으면 이런 말을 다 내뱉었겠습니까? 자신은 하나님과 사람들 앞에 결백하다고 믿고 있는데 객관적인 관찰자의 입장에서 욥의 고난을 해석하고 정죄하고 심판만 하니 욥의 심기가 뒤틀려 버린 것이지요!

그 뒤척거렸던 불면의 밤이여(욥 7:1~6)

너무나 괴롭고 고통스러운 일을 당하여 밤새 뒤척거리며 새벽이 밝아 오기까지 잠 못 이룬 경험이 있으십니까? 이제 7:1~6절은 욥이 그 대상을 친구들로부터 지금의 우리와 같은 일반 청중으로 바꾸어서 자신의 아픔을 호소합니다. 얼마나 괴롭고 고통스러운 밤이었던지 눕기만 하면 언제 깰까, 언제 날이 샐까, 마음 졸이며 새벽까지 내내 뒤척거렸다는 것입니다. 그리하여 아무 소망도 없이 종말로 치달리는 자신의 절망스러운 상황을 토로하고 있습니다.

차라리 죽는 것이 낫겠구나(7:7~21)

마침내 욥은 하나님을 향하여 자신의 아픔을 토해 냅니다. 적어도 욥 자신이 생각하기에 아무 잘못도 없이 무고하게 이 엄청난 고난을 당하는데 왜 이와 같은 고통을 주시는지 항의합니다. 11절을 보세요. 욥은 이제 더 이상 입을 다물고 있을 수 없다는 것입니다. 참는 것도 한계가 있지 분하고 억울해서 자기의 불평불만을 다 주님께 토로하겠다는 것입니다. 신앙 생활할 때 이런 자세가 때로 필요합니다. 이해할 수 없는 일을 당할 때 가만히 묵종하는 것보다 때로 이와 같은 격렬한 항의를 통하여 하나님께 더욱 가까이 다가설 수 있습니다.

15~16절 말씀을 보세요. "차라리 숨이라도 막혀 버리면 좋겠습니다. 뼈만 앙상하게 살아 있기보다는 차라리 죽는 것이 낫겠습니다. 나는 이제 사는 것이 지겹습니다. 영원히 살 것도 아닌데, 제발 나를 혼자 있게 내버려 두십시오. 내 나날이 허무할 따름입니다." 여기 보세요. 욥은 뼈만 앙상해서 살아있기 보다는 차라리 죽는 것이 낫겠다고 하소연합니다. 엘리야가 로뎀 나무 아래에서 차라리 죽었으면 좋겠다고 하나님께 절규하는 모습(왕상 19:4)과 너무 닮지 않았습니까? 20~21절 말씀을 보세요. 비록 욥이 죄를 지었다고 할지라도 하나님께서 용서해주시면 될 터인데 왜 이렇게 과녁으로 삼아서 독화살을 쏘아 대냐는 절규입니다. 이렇게 해서 엘리바스의 첫 번째 발언에 대한 욥의 대응은 끝이 납니다.

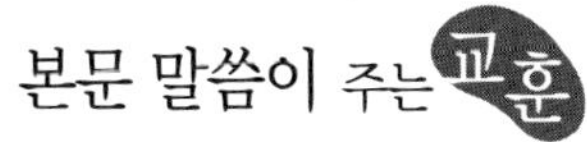
본문 말씀이 주는 교훈

여기에서 우리는 두 가지 교훈을 생각해 볼 수 있습니다. 첫째로, 어려움에 처한 친구를 어떻게 돕느냐 하는 문제입니다. 엘리바스를 비롯한 세 친구들은 욥에게 선생인 양 욥의 고난을 해석하고 심문하는 형태의 우정을 보이고 있습니다. 이와 같이 선생인 척 하는 조언은 정말 극심한 고통을 당하는 사람에게는 참기 어려울 수 있습니다. 만일 욥의 세 친구들이 욥과 비슷한 고난을 당해 본 경험이 있었다면 아마 그렇게 하지 않았을 것입니다.

이들은 지혜 전승이라는 전통적인 입장, 제 3자라는 객관적인 관찰자의 입장에서 욥의 고난을 해석하고 설교하려고 하는 것이 문제였습니다. 지금도 우리의 좋은 친구들이 극심한 고난을 겪고 있을 때, 우리 역시 엘리바스와 같은 입장을 보이지는 않았는지 반성해봐야 할 것입니다.

둘째로, 애매한 고난, 부당한 고통을 당할 때 우리는 좀 더 하나님 앞에 솔직해질 필요가 있습니다. 본문 말씀은 욥이 인내하고 겸손했던 초기 반응과는 사뭇 다릅니다. 물론 우리는 그 때에도 욥의 의연함, 한결같이 순전한 믿음 등에 적지 않게 감동을 받은 것이 사실이지만 그 때보다 지금 욥의 모습에 훨씬 더 인간미를 느끼지 않습니까? “아, 욥도 우리와 마찬가지로 자신의 신세를 한탄할 수 있구나? 하나님과 이웃들을 향하여 자신의 억울한 신세를 마음껏 토로할 수 있구나?” 하면서 더 큰 친근감을 느끼게 됩니다. 하나님 앞에서는 우리가 더욱 솔직해져야 합니다. 사람들을 속일 수 있을지 모르지만 하나님은 속일 수 없기 때문에 어떤 일을 당하여도 우리의 속마음에 솔직한 것만이 더욱 더 깊고 성숙한 믿음으로 나아가는 첩경이 될 것입니다.

빌닷의 첫 번째 공박

네가 과연 하나님께 잘못한 것이 없는지?

| 욥 8:1~22 |

8장

1 수아 사람 빌닷이 대답하였다. 2 언제까지 네가 그런 투로 말을 계
속할 테냐? 네 입에서 나오는 말 거센 바람과도 같아서 걷잡을 수 없구나. 3 너는, 하나님이 심
판을 잘못하신다고 생각하느냐? 전능하신 분께서 공의를 거짓으로 판단하신다고 생각하느냐? 4
네 자식들이 주님께 죄를 지으면, 주님께서 그들을 벌하시는 것은 당연한 일이 아니냐? 5 그러나
네가 하나님을 간절히 찾으며 전능하신 분께 자비를 구하면, 6 또 네가 정말 깨끗하고 정직하기
만 하면, 주님께서는 너를 살리시려고 떨치고 일어나셔서, 네 경건한 가정을 회복시켜 주실 것이
다. 7 처음에는 보잘 것 없겠지만 나중에는 크게 될 것이다. 8 이제 옛 세대에게 물어 보아라. 조
상들의 경험으로 배운 진리를 잘 생각해 보아라. 9 우리는 다만 갓 태어난 사람과 같아서, 아는
것이 없으며, 땅 위에 사는 우리의 나날도 그림자에 지나지 않는다. 10 조상들이 네게 가르쳐 주
며 일러주지 않았느냐? 조상들이 마음에 깨달은 바를 말하지 않았느냐? 11 늪이 아닌 곳에서 왕
골이 어떻게 자라겠으며 물이 없는 곳에서 갈대가 어떻게 크겠느냐? 12 물이 말라 버리면, 왕골
은 벨 때가 아직 멀었는데도 모두 말라 죽고 만다. 13 하나님을 잊는 모든 사람의 앞길이 이와
같을 것이며, 믿음을 저버린 사람의 소망도 이와 같이 사라져 버릴 것이다. 14 그런 사람이 믿는
것은 끊어질 줄에 지나지 않으며, 의지하는 것은 거미줄에 지나지 않는다. 15 기대어 살고 있는
집도 오래 서 있지 못하며, 굳게 잡고 있는 집도 버티고 서 있지 못할 것이다. 16 비록 햇빛 속에
서 싱싱한 식물과 같이 동산마다 그 가지를 뻗으며, 17 돌무더기 위에까지 그 뿌리가 엉키어서
돌 사이에 뿌리를 내린다고 해도, 18 뿌리가 뽑히면, 서 있던 자리마저 '나는 너를 본 일이 없다'
고 모르는 체할 것이다. 19 살아서 누리던 즐거움은 이렇게 빨리 지나가고, 그 흙에서는 또 다른
식물이 돋아난다. 20 정말 하나님은, 온전한 사람 물리치지 않으시며, 악한 사람 손 잡아 주지 않
으신다. 21 그분께서 네 입을 웃음으로 채워 주시면, 네 입술은 즐거운 소리를 낼 것이니, 22 너
를 미워하는 사람은 부끄러움을 당할 것이며, 악인의 장막은 자취도 없이 사라질 것이다.

본문 말씀은 욥의 두 번째 친구인 빌닷이 욥을 향하여 퍼부은 공박입니다. 빌닷도 엘리바스와 마찬가지로 세 차례씩이나 욥과 논쟁을 합니다. 그런데 빌닷 역시 엘리바스와 별 차이가 없는 태도를 취했습니다. 욥이 지금 당하는 고난은 필경 욥이 저지른 죄악의 결과라는 주장이지요. 이른바 인과율과 추수 법칙론을 다시 한번 욥에게 적용하고 있습니다. 빌닷 역시 엘리바스 못지않게 지혜로운 사람이며 높은 경륜을 갖춘 사람입니다. 그러나 그 역시 욥에게 선생이나 된 양 과거의 전통으로부터 이어받은 지혜와 지식과 경험, 관찰 등을 총동원하여 욥이 저지른 잘못과 죄악을 깨우치게 하여 빨리 하나님께 회개한 뒤 이 고통으로부터 벗어나게 하려는 목적을 가지고 있습니다. 우리는 이러한 태도가 엄청난 고통을 겪는 욥에게 조금도 도움이 되지 않는다는 사실을 강조했습니다.

수많은 재산과 열 명의 자녀들을 잃고 마침내 자신의 건강까지 잃고 빈사 상태에 빠진 욥을 이렇게 코너로 몰고가는 모습은 친구가 취할 태도가 아닙니다. 엘리바스나 빌닷은 친구가 지금 얼마나 극한 슬픔과 아픔에 빠져 있는가 하는 상황적 이해가 너무 부족합니다. 게다가 여러 세대를 거쳐 전수받은 빌닷의 지혜가 적어도 겉보기에는 하나도 나무랄 데가 없지만 그 일반 원리를 교조화하여 기계론적으로 적용시키려는 데 문제가 있습니다. 그렇다면 빌닷의 요점은 무엇입니까?

욥뿐만 아니라 그 자녀들에게까지도 적용된 인과율(8:1~7)

2절 말씀을 보면 엘리바스와 달리 빌닷의 발언은 굉장히 공격적이고 비판적으로 시작됩니다. "언제까지 네가 그런 투로 말을 계속 할 테냐? 네 입에서 나오는 말 거센 바람과도 같아서 걷잡을 수 없구나." 욥이 엘리바스에게 대꾸할 때 자신의 결백을 강조하자 욥을 힘껏 다그치는 모습이 역력합니다. 빌닷은 욥이 분명히 지은 죄가 있기 때문에 현재의 고난을 당한다는 부동의 전제를 가지고 욥을 몰아붙입니다. 그러면서 3절을 보면 "너는, 하나님이 심판을 잘못하신다고 생각하느냐? 전능하신 분께서 공의를 거짓으로 판단하신다고 생각하느냐?"라는 질문으로 욥의 결백 주장에 대해 반론을 제기합니다. 하나님은 반드시 의로운 사람을 상주시고 죄있는 사람을 벌주시는데, 네가 이와 같이 고난을 당하는 것은 분명히 네 죄 때문이라는 주장이지요.

더욱 기가 막힌 것은 인과응보의 법칙, 추수의 법칙을 이미 비극적으로 목숨을 잃은 욥의 열 자녀들에게도 그대로 적용시키는 비정함입니다. 4절 말씀을 보세요. "네 자식들이 주님께 죄를 지으면, 주님께서 그들을 벌하시는 것은 당연한 일이 아니냐?" 이게 무슨 말입니까? 욥의 자식들이 죄를 범하였기 때문에 죽임을 당했다는 말이 아닙니까? 죄지은 결과로서 욥의 자녀들이 목숨을 잃었다는 해석이지요. 얼마나 가혹한 해석인지 모릅니다. 이런 논리가 아무리 옳은 말이라고 할지라도 욥의 상처 난 가슴을 헤집고 후비는 폭언이 아닐 수 없습니다!

그러면서 빌닷은 5~7절에서 목회자들이 심방 가서 자주 인용하는 유명한 말씀을 합니다. 자식들은 죄악의 결과로 이미 죽었으니 아직 회복의 가능성이 있는 욥은 이 말씀을 듣고 빨리 하나님께 회개해서 구원받으라는 충고입니다. "그러나 네가 하나님을 간절히 찾으며 전능하신 분께 자비를 구하면, 또 네가 정말 깨끗하고 정직하기만 하면, 주님께서는 너를 살리시려고 떨치고 일어나 셔서 네 경건한 가정을 회복시켜 주실 것이다. 처음에는 보잘 것 없겠지만 나중에는 크게 될 것이다." 저는 이 말씀을 잘못 설교했다가 낭패를 당한 적이 있습니다. 어느 교우님 가정이 개업을 해서 그저 보통 목회자들이 하듯이 깊은 생각 없이 이 본문을 선택해서 설교했습니다. 그랬더니 그분이 전화를 해서 과연 이 말씀이 개업 예배에 적절한 본문인지 따지는 것입니다. 저는 순간적으로 당황하면서 "야, 우리 교회에도 꽤 수준 높은 교인이 다 있구나!" 생각하면서 사과했습니다.

사실 다른 성경 말씀이 다 마찬가지이겠지만 욥기, 욥기 중에서도 특히 욥과 세 친구들 사이의 대화 내용은 어느 한 부분만을 싹둑 잘라서 쉽게 설교할 수 있는 내용이 아닙니다. 전후문맥을 잘 따져봐야 합니다. 사실 이 말씀 하나만 놓고 생각하면 구구절절이 옳은 말씀이요, 새로 시작하는 성도의 사업이나 가정을 축복하기에 안성맞춤인 말씀입니다. 그러나 빌닷이 이런 말씀을 욥에게 던지는 배경이 중요합니다. 이것은 결코 욥을 위로하고 격려하기 위하여 던진 말씀이 아니라 정죄하고 심판하기 위한 말씀이라는 문맥이 문제입니다! "네 시작은 미약하였으나 네 나중은 심히 창대하리라." 이 말씀은 빌닷이 살고 있던 당대에 매우 잘 알려진 지혜의 격언이었습니다. 그런데 지금 빌닷이 이 말씀을 욥에게 던진 배경이 중요합니다. 빌닷이 말하는 '미약한 시작'은 죄를 지은 욥에 대한 하나님의 심판의 결과로 나타난 '고난받는 현재의 상황'을 의미합니다. 그리하여 욥이 하나님을 간절히 찾고 전능하신 하나님께 자비를 구하면, 또 욥이 정말 깨끗하고 정직하게 살기만 하면 비록 현재는 미약해서 고난을 받지만 그 나중은 심히도 창대한 복을 받게 된다는 것입니다. 언뜻 보기에 옳은 말이고 욥기의 결론부를 보면 욥이 실제로 그런 복을 받습니다. 그런데 이 말씀이 욥에게 얼마나 위로가 되고 도움이 되는가가 문제이지요. 빌닷이 미약한 욥의 현실을 욥이 하나님께 지은 죄악의 결과로서 해석하는 한, 이 말씀은 욥에게 고통만 가중시킬 뿐 그 어떤 위로도 되지 못합니다. 이렇게 전후문맥을 충분히 고려하지 않은 채 성경의 어느 한 구절만 적당히 발췌해서 어떤 상황에 함부로 적용하는 것이 큰 문제가 될 수 있음을 기억해야 합니다.

왕골과 진펄, 갈대와 물(8:8~19)

8~10절 말씀을 보면 빌닷은 욥이 과거에 지은 죄의 결과로서 현재의 고난을 당한다는 사실을 강조하기 위하여 선조들의 경험을 끌어들입니다. 선조들의 지혜가 오늘을 사는 우리에게 큰 도움이 되는 것이 사실이지만 항상 유익

한 것만은 아닙니다. 이른바 선대로부터 내려오는 정통 신학이라는 것이 도그마가 되어서 기계적으로 아무 구별 없이 무차별적으로 적용될 때 사람을 얽어매는 또 하나의 사슬이 될 수가 있습니다.

11~19절 말씀을 보면, 빌닷은 선조들로부터 물려받은 지혜 가운데 몇 가지 비유를 제시합니다. 먼저 왕골과 진펄을 비유로 듭니다. 왕골, 즉 골풀은 식물의 일종인데 반드시 진펄, 즉 늪지대에서 자랍니다. 갈대도 마찬가지로 물 있는 곳에서만 자랍니다. 물이 빠진 상태에서 왕골이나 갈대는 살아남을 수 없다는 것입니다. 이 두 가지 비유의 핵심은 13절 말씀입니다. "하나님을 잊는 모든 사람의 앞길이 이와 같을 것이며, 믿음을 저버린 사람의 소망도 이와 같이 사라져 버릴 것이다." 하나님 없이 살아가는 사람은 갑작스레 물이 빠져 때가 되기도 전에 말라비틀어지는 왕골이나 갈대와 마찬가지라는 것이지요. 또한 14~15절 말씀을 보면 하나님 없이 살아가는 사람은 금방 끊어지고 말 거미줄을 의지하는 사람같고 쉽게 부서질 집을 보호막으로 삼는 사람과 마찬가지라는 것입니다.

결국 빌닷의 비유는 또 하나의 인과율에 대한 비유입니다. 욥이 명백히 불의한 자였기에 물이 다 빠져 말라가는 왕골이나 갈대와 마찬가지로 비참한 신세가 되었다는 것이지요. 빌닷의 비유가 틀린 말은 아니지만 참혹한 고난을 겪고 있는 욥에게는 결코 시의적절한 말이 아니라는 데 문제가 있습니다. 지금 욥에게 필요한 것은 신학적 지식과 지혜를 총동원하여 인과응보의 논리로 욥의 죄성을 파헤치는 것이 아닙니다. 정직한 침묵, 아니면 따뜻한 위로 한 마디입니다.

새로운 미래에 대한 약속(8:20~22)

이제 빌닷의 첫 번째 발언의 결과는 20~22절 말씀입니다. "정말 하나님은, 온전한 사람 물리치지 않으시며, 악한 사람 손 잡아 주지 않으신다. 그분께서 네 입을 웃음으로 채워 주시면, 네 입술은 즐거운 소리를 낼 것이니, 너를 미워하는 사람은 부끄러움을 당할 것이며, 악인의 장막은 자취도 없이 사라질 것이다."

이게 무슨 말일까요? 하나님은 공의로운 분이시기에 욥이 미래에 웃고자 한다면 자신의 잘못을 깨끗이 인정하고 하나님께 돌아와 올바른 삶을 회복해야 한다는 것입니다. 그렇지 않을 경우 욥은 악인의 장막과 마찬가지로 자취도 없이 사라지고 말 것이라는 경고입니다. 희망찬 미래에 대한 설계도 이와 같이 욥이 죄인이라는 사실을 전제한 상태에서 욥이 지은 죄를 뉘우치고 하나님께 돌아가야만 된다는 조건부적인 것입니다. 이런 일반 논리가 모든 사람에게 차이 없이 다 적용되는 것은 아닙니다. 욥은 순전한 사람이요, 하나님을 경외하며 악에서 떠난 사람으로서 자기의 죄악과 상관없이 무고한 고난을 당하고 있기에 인과율이 욥에게도 그대로 적용될 수 있는 것은 아닙니다.

본문 말씀이 주는 교훈

고난당하는 자는 누구나 다 반드시 죄를 범했기 때문이라는 일반 원리가 문제입니다. 이 원리는 거꾸로 말해서 "현재 모든 것이 형통하는 사람은 죄가 없다."는 말도 되기에 더 큰 문제입니다. 물론 고난이 우리가 지은 죄에 대한 하나님의 징벌로서 일어나기도 하지만 항상 그런 것은 아닙니다. 예외도 있습니다. 자신의 잘못과 상관없이 당하는 무고한 고통이 있습니다. 그러므로 우리는 이른바 정통 신학, 정통 교리를 도그마화해서 무비판적으로 아무 때에나 함부로 적용하는 우(愚)를 범해서 안 됩니다. 하나님께서 원하시는 것은 인자와 긍휼이지 우리의 지식과 지혜와 경험에 의거한 정죄와 심판이 아닙니다. 우리는 하나님의 영역을 침범해 우리 스스로 심판자의 자리에 올라서지 않도록 조심해야 합니다.

하나님과 사람 사이가 너무 멀구나!

| 욥 9:1~35 |

9장

1 욥이 대답하였다. 2 그것이 사실이라는 것은 나도 잘 알고 있다. 그
러나 사람이 어떻게 하나님 앞에서 의롭다고 주장할 수 있겠느냐? 3 사람이 하나님과 논쟁을
한다고 해도, 그분의 천 마디 말씀에 한 마디도 대답하지 못할 것이다. 4 하나님이 전지전능하시
니, 그를 거역하고 온전할 사람이 있겠느냐? 5 아무도 모르는 사이에 산을 옮기시며, 진노하셔
서 산을 뒤집어엎기도 하신다. 6 지진을 일으키시어 땅을 그 밑뿌리에서 흔드시고, 땅을 받치고
있는 기둥들을 흔드신다. 7 해에게 명령하시어 뜨지 못하게도 하시며, 별들을 가두시어 빛을 내
지 못하게도 하신다. 8 어느 누구에게 도움을 받지도 않고 하늘을 펼치시며, 바다 괴물의 등을
짓밟으신다. 9 북두칠성과 삼성을 만드시고, 묘성과 남방의 밀실을 만드시며, 10 우리가 측량할
수 없는 큰 일을 하시며, 우리가 헤아릴 수 없는 기이한 일을 행하시는 분이시다. 11 하나님이
내 곁을 지나가신다 해도 볼 수 없으며, 내 앞에서 걸으신다 해도 알 수 없다. 12 그가 가져 가
신다면 누가 도로 찾을 수 있으며, 누가 감히 그에게 왜 그러시느냐고 할 수 있겠느냐? 13 하나
님이 진노를 풀지 아니하시면 라합을 돕는 무리도 무릎을 꿇는데, 14 내가 어찌 감히 그분에게
한 마디라도 대답할 수 있겠으며, 내가 무슨 말로 말대꾸를 할 수 있겠느냐? 15 비록 내가 옳다
해도 감히 아무 대답도 할 수 없다. 다만 나로서 할 수 있는 일은 나를 심판하실 그분께 은총을
비는 것뿐이다. 16 비록 그분께서 내가 말하는 것을 허락하신다 해도, 내가 부르짖는 소리를 귀
기울여 들으실까? 17 그분께서 머리털 한 오라기만한 하찮은 일로도 나를 이렇게 짓눌러 부수시
고, 나도 모를 이유로 나에게 많은 상처를 입히시는데, 18 숨돌릴 틈도 주시지 않고 쓰라림만 안
겨 주시는데, 그분께서 내 간구를 들어 주실까? 19 강한 쪽이 그분이신데, 힘으로 겨룬다고 한
들 어떻게 이기겠으며, 재판에 붙인다고 한들 누가 그분을 재판정으로 불러올 수 있겠느냐? 20
비록 내가 옳다고 하더라도, 그분께서 내 입을 시켜서 나를 정죄하실 것이며, 비록 내가 흠이 없

다고 하더라도, 그분께서 나를 틀렸다고 하실 것이다. **21** 비록 내가 흠이 없다고 하더라도, 나도
나 자신을 잘 모르겠고, 다만, 산다는 것이 싫을 뿐이다. **22** 나에게는 모든 것이 한 가지로만 여
겨진다. 그러므로 나는 "그분께서는 흠이 없는 사람이나, 악한 사람이나, 다 한 가지로 심판하신
다" 하고 말할 수밖에 없다. **23** 갑작스러운 재앙으로 다들 죽게 되었을 때에도, 죄 없는 자마저
재앙을 받는 것을 보시고 비웃으실 것이다. **24** 세상이 악한 권세자의 손에 넘어가도, 주님께서
재판관의 눈을 가려서 제대로 판결하지 못하게 하신다. 그렇지 않다고 하면, 그렇게 하는 이가
누구란 말이냐? **25** 내 일생이 달리는 경주자보다 더 빨리 지나가므로, 좋은 세월을 누릴 겨를이
없습니다. **26** 그 지나가는 것이 갈대 배와 같이 빠르고, 먹이를 덮치려고 내려오는 독수리처럼
빠릅니다. **27** 온갖 불평도 잊어버리고, 슬픈 얼굴빛을 고쳐서 애써 명랑하게 보이려고 해도, **28**
내가 겪는 이 모든 고통이 다만 두렵기만 합니다. 그러나 주님께서 나를 죄 없다고 여기지 않으
실 것임을 압니다. **29** 주님께서 나를 정죄하신다면, 내가 무엇 때문에 이렇게 애써서 헛된 수고
를 해야 합니까? **30** 비록 내가 비누로 몸을 씻고, 잿물로 손을 깨끗이 닦아도, **31** 주님께서 나
를 다시 시궁창에 처넣으시니, 내 옷인들 나를 좋아하겠습니까? **32** 하나님이 나와 같은 사람이
기만 하여도 내가 그분께 말을 할 수 있으련만, 함께 법정에 서서 이 논쟁을 끝낼 수 있으련만,
33 우리 둘 사이를 중재할 사람이 없고, 하나님과 나 사이를 판결해 줄 이가 없구나! **34** 내게
소원이 있다면, 내가 더 두려워 떨지 않도록, 하나님이 채찍을 거두시는 것. **35** 그렇게 되면 나
는 두려움 없이 말하겠다. 그러나 나 스스로는, 그럴 수가 없는 줄을 알고 있다.

9~10장은 빌닷의 첫 번째 발언에 대한 욥의 응답인데 해석하기가 쉽지 않습니다. 무엇보다도 신학적인 훈련을 받지 않은 평신도들이 이해하기 어려운 여러 가지 난해한 신학적 주제들을 포함하고 있습니다. 여기에서 욥은 하나님의 정의에 대해서 매우 어려운 주제들을 펼치고 있습니다.

인간의 힘으로 판단할 수 없는 하나님의 정의(9:2~31)

욥 8:3절에서 빌닷은 '하나님의 공의'를 무기로 해서 욥을 공박했습니다. "하나님이 어찌 정의를 굽게 하시겠으며 전능하신 이가 어찌 공의를 굽게 하시겠는가?" 빌닷에게 있어서 '하나님 = 정의의 집행자'라는 도식은 너무나 확고했습니다. 이것은 이미 엘리바스에게서도 마찬가지였습니다. 욥 4:17절에서 엘리바스는 욥이 죄 있고 깨끗하지 못한 까닭에 고난을 당한다는 확신에서 하나님의 정의를 힘써 강조했습니다. "인간이 하나님보다 의로울 수 있겠으

며, 사람이 창조주보다 깨끗할 수 있겠느냐?" 바로 이와 같은 친구들의 주장에 대해서 욥은 반론을 제기합니다.

2절을 보세요. "그것이 사실이라는 것은 나도 잘 알고 있다. 그러나 사람이 어떻게 하나님 앞에서 의롭다고 주장할 수 있겠느냐?" 죄인인 인간이 어떻게 하나님 앞에서 의롭다고 주장할 수 있느냐? 인간이 아무리 의롭고 정직하고 순전하다해도 하나님 앞에서는 감히 의롭다 주장할 수 없다는 것이지요! 이것은 사도 바울이 로마서에서 주장하는 오직 믿음으로 말미암아 의로워진다는 주장과도 연결됩니다. 바울은 로마서 3:10~18절에서 의인은 하나도 없으며 자연 상태에 있는 인간은 모조리 죄인이라고 선언했습니다. 오직 예수 그리스도를 믿을 때 인간의 행위나 공로와 상관없이, 값없이 주시는 하나님의 은혜 때문에 의로워진다고 주장합니다. 인간 편에서 의로워질 수 있는 길이 없다는 것이지요. 그런데 엘리바스는 인간이 하나님 앞에 의롭다 주장할 수 없는 이유를 전적으로 인간의 연약함 탓으로 돌렸습니다. 사람은 지혜도 부족하고(4:21), 연약하고(4:19~20), 오류와 죄가 있기 때문에(5:6~7) 의롭다 말할 수 없다는 것입니다. 이렇게 인간이 하나님 앞에서 의롭다 주장할 수 없는 이유를 사람 쪽에서 찾는 엘리바스와 달리 욥은 그 책임을 하나님께 묻고 있습니다. 하나님의 힘과 지혜가 도무지 인간의 힘과 지혜와 비교가 안 될 정도로 무한하고 막강하기 때문에 하나님과 인간은 아예 비교가 되지 않고, 따라서 사람이 하나님 앞에 의롭다 주장하는 것은 아예 싹수가 없는 일이라는 절망이지요.

그런데 여기서 아주 중요한 신학적 질문이 하나 제기됩니다. 정의의 문제를 논하는 것 자체, 즉 욥이 과연 자기가 저지른 죄악 때문에 이 고통을 당하는지 아니면 아무 잘못 없이 무고하게 이 고통을 겪는지를 판단하기 위해서는 어떤 공통 기반이 있어야 하는데 하나님과 인간 사이에는 그와 같은 공통 기반을 설정하기가 어렵다는 것입니다. 하나님의 힘과 지혜는 인간의 힘과 지혜와는 도무지 비교가 되지 않기 때문에 인간 편에서 자기의(自己義)를 주장하거나 무죄성을 변호할 길이 완전히 차단되었다는 탄식이지요.

이런 맥락에서 3~4절 말씀을 보세요. "사람이 하나님과 논쟁을 한다고 해도, 그 분의 천 마디 말씀에 한 마디도 대답하지 못할 것이다. 하나님이 전지전능하시니, 그를 거역하고 온전할 사람이 있겠느냐?" 또한 11~14절 말씀도 보세요. "하나님이 내 곁을 지나가신다 해도 볼 수 없으며, 내 앞에서 걸으신다 해도 알 수 없다. 그가 가져가신다면 누가 도로 찾을 수 있으며, 누가 감히 그에게 왜 그러시냐고 할 수 있겠느냐? 하나님이 진노를 풀지 아니하시면 라합[혼돈과 악의 세력을 대표하는 바다괴물]을 돕는 무리도 무릎을 꿇는데, 내가 어찌 감히 그분에게 한 마디라도 대답할 수 있겠으며, 내가 무슨 말로 말대꾸를 할 수 있겠느냐?" 한 마디로 하나님과 인간 사이가 너무 멀기 때문에 인간이 하나님 앞에 자기의를 주장하기에는 도저히 역부족이라는 탄식입니다.

이와 같이 하나님과 인간 사이의 간격이 너무 멀기 때문에 욥이 할 수 있는 유일한 방법은 하나님께 비는 수밖에 없습니다. 15절 말씀을 보세요. "비록 내가 옳다 해도 감히 아무 대답도 할 수 없다. 다만 나로서 할 수 있는 일은 나를 심판하실 그분께 은총을 비는 것뿐이다." 여기 보세요. 바로 여기에 욥의 갑갑함, 하릴없는 절망이 묻어 있습니다. 분명 욥은 자신의 결백과 무죄를 확신하고 있었습니다. 그러나 자신이 아무리 옳아도 하나님의 정의는 도무지 측량할 수 없기 때문에 인간편에서 변명할 길이 없다는 것입니다. 바로 이런 맥락에서 19절 말씀을 보면 자기의와 무죄성을 입증하기 위해 자기 문제를 재판에 부치고 싶어도 하나님을 재판정으로 불러 올 방법이 막연하다고 탄식하고 있습니다. 그리하여 욥은 마침내 절망에 빠집니다. 20~22절 말씀을 보세요. 비록 욥이 옳다고 할지라도 하나님은 자기를 정죄하실 것이며, 흠이 없다고 할지라도 자기를 틀렸다고 말하실 것이며, 결국 하나님은 흠이 없는 사람이나 악한 사람이나 다 한가지로 심판하시는 불공평한 분이라는 비관적 결론에 도달하고 맙니다.

욥은 위에서 말씀드린 것처럼 하나님의 '찾을 수 없음', '헤아릴 수 없음'에 깊은 곤혹과 좌절감을 느낍니다. 10절 말씀을 보세요. 하나님은 우리가 측량할 수 없는 큰 일을 하시며, 우리가 헤아릴 수 없는 기이한 일을 행하시는 분으로서 사람의 힘과 지혜로서는 어찌할 수 없는 분이라는 것이지요. 이제 이와 같이 인간이 자기의와 무죄성을 입증하기 위해서 하나님과 변론하려고 해도 양자 사이에는 그 어떤 공통 기반도 가지지 못했다는 절망감은 다음과 같은 결론으로 이끕니다.

불가능한 재판에 대한 탄식(9:32~35)

사람이 억울한 일을 당하면 법정으로 가면 됩니다. 고소해서 법적인 심판을 받으면 됩니다. 욥의 경우, 자기 자신은 죄가 없음에도 불구하고 무고하게 고난을 받고 있다고 생각합니다. 반면에 친구들은 욥이 현재 당하는 고난이라는 결과는 반드시 그 원인이 있기 마련인데 욥이 죄를 지었기 때문이라는 것입니다. 이제 이런 딜레마에 빠진 욥이 만일 하나님이 자기와 마찬가지로 하나의 사람이라면 함께 법정에 가서 재판관 앞에서 공정한 재판을 받으면 해결이 됩니다. 그 때 욥이 피고가 되고 하나님이 원고가 되든지 아니면 거꾸로 하든지 간에, 검사와 변호사의 공방을 거쳐, 여러 증인들의 증언을 청취한 후 과연 욥이 죄를 지었기 때문에 그 대가로 이 고난을 당하는지 아니면 아무 잘못 없이 무고한 형벌을 당하는지 가려낼 수 있을 것입니다. 거기에는 쌍방간이 다 받아들일 수 있는 합의된 기준이 있고 공정한 절차가 있을 것입니다. 그런데 문제는 하나님은 사람이 아닌 까닭에 그렇게 할 수 없다는 것입니다. 하나님과 사람 사이가 너무 멀어 자기나 하나님이 법정에 가서 공방을 펼칠 길이 없다는 탄식이지요. 그리하여 자기는 도무지 헤아릴 수 없는 바 전지전능하신 하나님의 일방적인 폭력에 의해 이해할 수 없는, 부당하고 억울한 고통을 겪을 수밖에 없다는 것입니다.

바로 이런 맥락에서 32~33절 말씀을 보세요. "하나님이 나와 같은 사람이기만 하여도 내가 그분께 말을 할 수 있으련만, 함께 법정에 서서 이 논쟁을 끝낼 수 있으련만, 우리 둘 사이를 중재할 사람이 없고, 하나님과 나 사이를 판결해 줄 이가 없구나!" 욥은 자신의 정의 이해는 인간적인 이해이고 하나님의 정의 이해는 하나님의 헤아릴 수 없는 마음 깊은 곳에 감추어져 있기 때문에 자신은 그저 부당하기 짝이 없는 이 고통을 꼼짝없이 당할 수밖에 없다는 것입니다.

본문 말씀이 주는 교훈

이 말씀을 읽으면서 신학자 칼 바르트의 말이 생각났습니다. 하나님은 전적인 타자로서 하나님과 인간 사이에는 단순히 양적인 차이뿐만 아니라 질적인 차이가 있다는 것입니다. 그리하여 인간편에서 그 어떤 유비(analogia)를 통하여 하나님을 설명해도 그것은 참 하나님이 아니라고 했습니다. 욥도 바로 이와 같이 하나님과 인간 사이에 도저히 건너뛸 수 없는 간격, 즉 질적 차이 때문에 고뇌하고 있습니다. 자기가 지금 인간으로서 견디기 어려운 처절한 고난을 당한다면 이유라도 알아야 할 터인데 그 이유를 알 수 없습니다. 어디서 날아오는지 출처를 알 수 없는 기관단총에 집중 포화를 맞고 있는 형국이지요. 하나님이 사람이라면 욥이 왜 이 고난을 당하는지 설명해줄 수 있을 터인데, 또 서로 입장차이가 있으면 법정에 가서 하나님과 자기 사이를 판단해줄 수 있는 재판관의 판결을 받으면 끝날 터인데 그럴 길이 없다는 것입니다. 그리하여 욥은 경건과 선행의 사람에게 복을 주시고 불의와 악행의 사람에게는 벌을 내리시는 공의의 하나님이라는 전통 견해를 선뜻 받아들이기 어렵습니다. 욥에게 있어서 하나님은 죄 없는 자기를 일방적으로 괴롭히는 가해자일 뿐이라며 절규하고 있습니다.

다행히 우리는 하나님과 우리 사이에 억울한 일이 생길 때마다 양쪽의 입장을 다리 놓아줄 수 있는 아주 좋은 중재자를 모셨습니다. 예수 그리스도입니다. 예수님은 하나님과 우리 사이의 긴장과 간격을 메우기 위하여 이 땅에 오셨습니다. 100% 참 하나님이시며, 100% 참 인간이 우리 주 예수 그리스도입니다. 오늘 우리는 예수 그리스도를 통하여 감추어져 숨어 계신, 그리하여 도무지 헤아리기 어렵고 접근하기도 어려운 하나님에 대해서 알 수 있게 되었습니다. 만일 욥이 예수 그리스도 오신 후에 이와 같은 고난을 당했더라면 그의 물음은 전혀 다른 방향으로 갔을 것입니다. 욥에게는 중재자가 없었지만 우리에게는 하나님과 우리 사이에 참 의로운 중재자 예수님이 계십니다. 힘든 일이 있을 때마다 예수 그리스도께 간구하기를 바랍니다.

빌닷의 첫 번째 공박에 대한 욥의 응답 Ⅱ

산다는 것이 이렇게도 괴로우니

| 욥 10:1~22 |

10장

1 산다는 것이 이렇게 괴로우니, 나는 이제 원통함을 참지 않고 다 털
어놓고, 내 영혼의 괴로움을 다 말하겠다. **2** 내가 하나님께 아뢰겠다. 나를 죄인 취급하지 마십
시오. 무슨 일로 나 같은 자와 다투시는지 알려 주십시오. **3** 주님께서 손수 만드신 이 몸은 학대
하고 멸시하시면서도, 악인이 세운 계획은 잘만 되게 하시니 그것이 주님께 무슨 유익이라도 됩
니까? **4** 주님의 눈이 살과 피를 가진 사람의 눈이기도 합니까? 주님께서도 매사를 사람이 보듯
이 보신단 말입니까? **5** 주님의 날도 사람이 누리는 날처럼 짧기라도 하단 말입니까? 주님의 햇
수가 사람이 누리는 햇수와 같이 덧없기라도 하단 말입니까? **6** 그렇지 않다면야, 어찌하여 주님
께서는 기어이 내 허물을 찾아내려고 하시며, 내 죄를 들추어내려고 하십니까? **7** 내게 죄가 없
다는 것과, 주님의 손에서 나를 빼낼 사람이 없다는 것은, 주님께서도 아시지 않습니까? **8** 주님
께서 손수 나를 빚으시고 지으셨는데, 어찌하여 이제 와서, 나에게 등을 돌리시고, 나를 멸망시
키려고 하십니까? **9** 주님께서는, 진흙을 빚듯이 몸소 이 몸을 지으셨음을 기억해 주십시오. 어
찌하여 주님께서는 나를 티끌로 되돌아가게 하십니까? **10** 주님께서 내 아버지에게 힘을 주셔서,
나를 낳게 하시고, 어머니가 나를 품에 안고 젖을 물리게 하셨습니다. **11** 주님께서 살과 가죽으
로 나를 입히시며, 뼈와 근육을 엮어서, 내 몸을 만드셨습니다. **12** 주님께서 나에게 생명과 사랑
을 주시고, 나를 돌보셔서, 내 숨결까지 지켜 주셨습니다. **13** 그러나 지금 생각해 보니, 주님께서
는 늘 나를 해치실 생각을 몰래 품고 계셨습니다. **14** 주님께서는, 내가 죄를 짓나 안 짓나 지켜
보고 계셨으며, 내가 죄를 짓기라도 하면 용서하지 않으실 작정을 하고 계셨습니다. **15** 내가 죄
를 짓기만 하면 주님께서는 가차없이 내게 고통을 주시지만, 내가 올바른 일을 한다고 해서 주
님께서 나를 믿어 주시지는 않으셨습니다. 그러니 나는 수치를 가득 덮어쓰고서, 고통을 몸으로
겪고 있습니다. **16** 내 일이 잘 되기라도 하면, 주님께서는 사나운 사자처럼 나를 덮치시고, 기적

을 일으키면서까지 내게 상처를 주려고 하셨습니다. 17 주님께서는 번갈아서, 내게 불리한 증인들을 세우시며, 내게 노여움을 키우시고, 나를 공격할 계획을 세우셨습니다. 18 주님께서 나를 이렇게 할 것이라면 왜 나를 모태에서 살아 나오게 하셨습니까? 차라리 모태에서 죽어서 사람들의 눈에 띄지나 않았더라면, 좋지 않았겠습니까? 19 생기지도 않은 사람처럼, 모태에서 곧바로 무덤으로 내려갔더라면, 좋았을 것입니다. 20 내가 살 날도 이제 얼마 남지 않았습니다. 나를 좀 혼자 있게 내버려 두십시오. 내게 남은 이 기간만이라도, 내가 잠시라도 쉴 수 있게 해주십시오.
21 어둡고 캄캄한 땅으로 내려가면, 다시는 돌아오지 못합니다. 그리로 가기 전에 잠시 쉬게 해 주십시오. 22 그 땅은 흑암처럼 캄캄하고, 죽음의 그늘이 드리워져서 아무런 질서도 없고, 빛이 있다 해도 흑암과 같을 뿐입니다.

본문 말씀은 빌닷의 첫 번째 발언에 대한 욥의 두 번째 대꾸입니다. 여기서 욥은 두 가지 주제를 가지고 하나님을 향하여 절규합니다. 첫째로, 욥은 하나님을 향하여 왜 당신이 손수 창조하신 자기를 괴롭히시는지 항의합니다. 신학적으로 말해서 창조의 목적과 의미를 묻는 것이지요. 욥은 현재 당하는 고난이 너무나 부당하고 극심해서 자기 존재의 기원, 즉 자기가 태어난 날과 잉태된 날 밤이 차라리 사라졌기를 바랍니다. 우리도 너무나 힘든 일을 당할 때 "차라리 내가 이 세상에 태어나지 않았으면 좋을 텐데!" 하고 탄식하는 것과 마찬가지이지요. 지금 욥이 견디기 어려운 고통을 당할 때 당연히 자기를 만드신 하나님을 향하여 원망할 수밖에 없습니다. 왜냐하면 하나님께서 본래 자기를 만드실 때에는 좋은 의도로 그리하셨는데 지금은 정반대로 까닭을 알 수 없는 무고한 고난을 당하고 있으니 자기를 지으신 창조의 목적과 의미를 의심하지 않을 수 없기 때문입니다.

둘째로, 욥은 또 한번 죽음을 희구하며 차라리 하나님이 자기를 떠나 달라고 간구합니다. 적어도 욥이 생각하기에 하나님은 욥을 원수로 대하셔서 지속적으로 괴롭히고 계시기에 하나님이 자기 곁을 떠나시지 않고서는 쉴 수 없다고 믿기 때문입니다. 이와 같은 창조와 죽음에 대한 질문은 존재의 출발점과 종점에 대한 질문이며 극심한 고통을 겪는 사람들이 흔히 집착하는 문제이기도 합니다. 또한 이 두 물음은 역설적으로 욥이 얼마나 하나님을 깊이 신뢰하고 있는가를 보여줍니다. 다시 말해 욥은 하나님께서 자기를 만드신 창조주이시며 자신의 존재를 마감시킬 수 있는 주님이심을 철두철미 믿기에 이렇게 청원할 수 있다는 것이지요.

선하게 창조할 때는 언제고 지금 고통을 주시는 이유는?(10:1~17)

우리가 견디기 어려운 고통을 당할 때 우리를 낳고 길러주신 부모님을 원망할 때가 많지 않습니까? "어버이 왜 나를 낳으셔서 이 고생하게 하셨지?" 욥도 마찬가지입니다. 하나님께서 자기를 선한 목적을 가지고 창조하셨다면 끝까지 보호해주셔야 마땅하지 창조 때와 달리 고통을 주시는 까닭이 무엇이냐는 것입니다. 욥은 선한 의도와 목적을 가지고 정성을 다하여 자기를 창조하신 하나님의 과거행위와 부당한 고통을 안겨주시는 하나님의 현재행위 사이의 괴리와 모순을 견딜 수 없어 하는 것이지요.

기독교는 하나님께서 우주 만물을 창조하셨을 뿐 아니라 다스리시고 보호하시고 완성하시는 주님이심을 믿습니다. 하나님은 우주만물을 하나 둘 만드신 후 연거푸 보시기에 좋으셨다고 말씀하셨습니다. 이렇게 기독교는 하나님 창조의 선성(善性)을 확신합니다. 이제 욥은 창조의 선성을 기초로 해서 창조 때와 현재 자신의 모습 사이의 너무나 달라진 간격에 대해서 괴로움을 쏟아냅니다. 생명의 수여자로서의 창조주께서 지금은 자기 삶을 위협하는 생명의 파괴자로서 행동하시는 것을 이해할 수 없다는 것이지요.

3절 말씀을 보세요. "주님께서 손수 만드신 이 몸은 학대하고 멸시하시면서도, 악인이 세운 계획은 잘만 되게 하시니 그것이 주님께 무슨 유익이라도 됩니까?" 여기서 우리는 하나님이 정교한 작품을 만드는 장인(匠人)이라는 개념을 만나게 됩니다. 예레미야 18장은 하나님을 진흙으로 그릇을 빚는 토기장이로 비유했습니다. 욥 역시 하나님이 자기를 만드셨을 때 정성을 다하여 아주 선하고 아름다운 작품을 만드신 장인이라고 봅니다. 그리하여 10장에서 자주 등장하는 표현 중 하나가 욥을 빚을 때 정성을 다한 '주님의 손' 입니다(3a, 7b, 8a). 그런데 이렇게 선한 목적을 가지고 온갖 정성을 다해 자기를 만들어 주신 하나님이 지금 욥에게 어떤 태도를 보이십니까? 8~9절 말씀을 보세요. "주님께서 손수 나를 빚으시고 지으셨는데, 어찌하여 이제 와서 나에게 등을 돌리시고 나를 멸망시키려고 하십니까? 주님께서는 진흙을 빚듯이 몸소 이 몸을 지으셨음을 기억해 주십시오. 어찌하여 주님께서는 나를 티끌로 되돌아가게 하십니까?" 하나님께서 자기를 지으실 때의 모습과 현재의 모습이 너무나 차이가 난다는 말씀이 아닙니까?

계속해서 11~12절 말씀을 보세요. "주님께서 살과 가죽으로 나를 입히시며 뼈와 근육을 엮어서 내 몸을 만드셨습니다. 주님께서 저에게 생명과 사랑을 주시고 나를 돌보셔서 내 숨결까지 지켜 주셨습니다." 주님은 욥을 정성껏 빚어 만드신 장인, 즉 창조주일 뿐 아니라 지키고 보호해주시기까지 했다는 것입니다. 그런 하나님이 지금 욥에게 어떤 태도를 보이고 있다는 말입니까? 13~17절 말씀을 보면 예전의 선하디 선한 창조주 모습은 온데간데없이 욥을 해치실 생각을 품고, 그 어떤 죄도 용서치 않으시며, 사나운 사자처럼 욥을 덮치고 상처를 주시며 욥을 공격할 계획까지 세우셨다는 것입니다. 이렇게 욥이 탄식하는 것은 하나님께서 자기를 지으실 때의 장인의 모습과 지금의 모습이 너무나 다르다는 데 있습니다. 하나님은 왜 당신이 선한 목적을 가지고 그토록 정성을 다해 만든, 위대한 작품인 자기를 지금은 해치고 계시냐는 것이지요. 이렇게 하는 것이 주님의 뜻이요, 섭리라면 왜 굳이 자기를 이 세상에 태어나게 하셨느냐고 항의합니다. 선한 목적으로 정성을 다해 진흙으로 좋은 그릇을 빚으셨다면 끝까지 책임을 지셔야지 다시 깨부수어서 티끌로 돌아가게 하시는 뜻을 이해할 수 없다는 탄식이지요.

제발 나를 홀로 있게 해주세요!(10:18~22)

자기를 지으신 장인으로서의 하나님이 당신의 작품을 내치시는 모순을 탄식하며 욥은 3장에서 이미 피력했던 죽음으로의 퇴행을 다시금 생각하게 됩니다. 18~19절 말씀을 보세요. "주님께서 나를 이렇게 할 것이라면 왜 나를 모태에서 살아 나오게 하셨습니까? 차라리 모태에서 죽어서 사람들의 눈에 띄지나 않았더라면 좋지 않았겠습니까? 생기지도 않은 사람처럼 모태에서 곧바로 무덤으로 내려갔더라면 좋았을 것입니다." 여기 보세요. 장인이 온갖 정성을 다해 작품을 만들었습니다. 그런데 그 작품에 어떤 위해를 가하면서 내친다면 왜 힘써 그 작품을 만들 이유가 어디에 있느냐는 항변이지요. 차라리 모태에서 죽어버려 곧바로 무덤으로 갔더라면 이 꼴을 보지 않고 얼마나 좋았겠느냐며 한탄합니다.

이제 이와 같은 죽음으로의 퇴행 의식은 욥으로 하여금 제발 자기를 혼자 내버려두라는 청원으로까지 이어집니다. 20절을 보세요. "내가 살 날도 이제 얼마 남지 않았습니다. 나를 좀 혼자 있게 내버려 두십시오. 내게 남은 이 기간만이라도 내가 잠시라도 쉴 수 있게 해 주십시오." 욥은 자기를 극한 고난으로 내몰고 있는 하나님이 계시는 한 자기에게 안식이 없다고 믿습니다. 그리하여 욥은 21~22절에서 하나님이 자기 곁을 떠나가심으로써 스올, 즉 다시 돌아오지 못할 죽음의 세계로 내려가기 전에 잠시 안식을 누리게 해달라고 호소합니다. 욥의 고난이 얼마나 극심한 가를 보여주는 대목입니다.

본문 말씀이 주는 교훈

"하나님이 정성을 다해 빚은 선한 피조물을 왜 끝까지 잘 돌보지 못하시고 내치시는가?" 하는 문제는 하나님의 주권과 자유와 관계된 문제입니다. 예레미야 18:1~6절은 '토기장이와 진흙의 비유'를 통하여 하나님의 절대 주권과 자유를 강조합니다. 토기장이가 진흙을 가지고 잘못 빚을 경우 그 그릇을 깨뜨리고 다른 그릇을 빚을 주권과 자유가 있듯이 유다 백성들이 하나님 마음에 어긋날 경우 깨뜨리실 수 있다는 것입니다. 욥은 견디기 어려운 부당한 고난을 당하면서 자기를 창조하신 하나님을 향하여 원망을 토로합니다. 그렇게 선한 목적으로 정성을 다해 손수 빚으셨다면 끝까지 자기를 선대하여 아름다운 모양으로 간수하셔야지 왜 되려 원수가 되어서 자기를 이토록 괴롭히냐는 것입니다. 물론 이와 같은 항의와 절규는 욥이 의미 없는 고난을 당하면서 그 의미를 파헤쳐나가는 과정에서 던질 수 있는 일시적 질문이며 아직 욥의 최종적인 입장은 아닙니다. 그러나 이 단계에서 우리가 욥의 문제 제기에 대하여 두 가지로 응답해볼 수 있을 것입니다.

첫째로, 예레미야가 말씀한 것처럼 하나님은 진흙으로 작품을 빚을 수도 있고 깨부실수도 있는 절대 주권과 자유를 가진 분이라는 입장입니다. 그러므로 욥을 지금과 같이 험하고 아프게 다루는 것도 욥을 지으신 작가로서의 하나님 마음이라고 풀이할 수 있지요. 그러나 이 경우 욥이 험하고 아프게 취급받아야 할 아무런 신앙적 윤리적 이유 없이 부당하게 그렇게 된다면 욥을 지으신 작가, 장인으로서의 하나님의 윤리성이 심각하게 흔들릴 수 있습니다. 사람인 경우 어떤 조각가가 고상한 목적을 가지고 지극 정성을 다해 작품을 만들었다고 할지라도 자기 맘에 들지 않을 경우 발로 차고 깨뜨리고 해서 완전히 파괴시킬 수도 있지 않습니까? "엿장수 마음대로"라는 말처럼 순전히 작가의 자유이기 때문이지요. 그러나 조각가와 작품의 경우와 달리 하나님과 인간의 경우 인격적인 관계를 맺고 있기에 납득할 수 있는 정당한 이유 없이 하나님이 지으신 인간을 괴롭힌다는 것은 용납하기 어렵다는데 문제가 있습니다.

둘째로, 고난에 대한 교육 훈련적 해석입니다. 하나님께서 욥에게 고난을 허락하시는 것은 정금과같이 연단시켜서 더욱 훌륭한 신앙인으로 만드시기 위함으로 해석하는 것이지요. 욥의 경우 아직 목숨이 끊어지지 않았기 때문에 다시 회복될 가능성이 있기 때문에 이러한 해석은 설득력이 높습니다. 다시 말해 장인으로서의 하나님은 지금 당신이 손수 만드신 작품으로서의 욥에게 여러 가지 위해를 허락하시지만 이것은 어디까지나 일시적이고 부분적일 뿐 욥의 신앙 인격이 합격점에 이르렀다고 판단될 경우에 모든 고통은 끝이 나고 욥은 그 옛날 이상으로 회복될 것이라고 보는 견해입니다. 이 경우 고난은 '변장된 축복' 이요 '축복에 이르는 통로' 가 됩니다. 어떻게 보면 이러한 해석이 욥기가 취할 자연스러운 결론처럼 보이지만 여기에도 문제가 없는 것은 아닙니다. 'Divine Pedagogy,' 즉 하나님의 교육 훈련용으로 보기에 도저히 정도가 지나친 악과 고난의 경우 어떻게 해석해야 하는가 하는 것입니다. 욥의 경우도 비슷하지만 제 2차 세계 대전 당시 독일의 히틀러 나치 정권에 의해 멸절당한 6백만 명의 유대인들의 경우 하나님의 교육 훈련으로서 해석하기에 지나치게 가혹하고 비대칭적인 악과 고난을 당했기 때문입니다. 이 두 가지 해석을 뛰어넘을 수 있는 제 3의 대답이 있을지 계속해서 욥기를 주목해야 합니다.

소발의 첫 번째 공박

들나귀 새끼같이 미련한 이여

| 욥 11:1~20 |

11장

1 나아마 사람 소발이 욥에게 대답하였다. 2 네가 하는 헛소리를 듣고
서, 어느 누가 잠잠할 수 있겠느냐? 말이면 다 말인 줄 아느냐? 3 네가 혼자서 큰소리로 떠든다
고 해서, 우리가 대답도 하지 못할 것이라고 생각하느냐? 네가 우리를 비웃는데도, 너를 책망할
사람이 없을 줄 아느냐? 4 너는 네 생각이 옳다고 주장하고 주님 보시기에 네가 흠이 없다고 우
기지만, 5 이제 하나님이 입을 여셔서 네게 말씀하시고, 6 지혜의 비밀을 네게 드러내어 주시기
를 바란다. 지혜란 우리가 이해하기에는 너무나도 어려운 것이다. 너는, 하나님이 네게 내리시는
벌이 네 죄보다 가볍다는 것을 알아야 한다. 7 네가 하나님의 깊은 뜻을 다 알아낼 수 있느냐?
전능하신 분의 무한하심을 다 측량할 수 있느냐? 8 하늘보다 높으니 네가 어찌 미칠 수 있으며,
스올보다 깊으니 네가 어찌 알 수 있겠느냐? 9 그 길이는 땅 끝까지의 길이보다 길고, 그 넓이는
바다보다 넓다. 10 하나님이 두루 지나다니시며, 죄인마다 쇠고랑을 채우고 재판을 여시면, 누가
감히 막을 수 있겠느냐? 11 하나님은, 어떤 사람이 잘못하는지를 분명히 아시고, 악을 보시면 곧
바로 분간하신다. 12 미련한 사람이 똑똑해지기를 바라느니 차라리 들나귀가 사람 낳기를 기다려
라. 13 네가 마음을 바르게 먹고, 네 팔을 그분 쪽으로 들고 기도하며, 14 악에서 손을 떼고, 네
집안에 불의가 깃들지 못하게 하면, 15 너도 아무 부끄러움 없이 얼굴을 들 수 있다. 네 마음이
편안해져서, 두려움이 없어질 것이다. 16 괴로운 일을 다 잊게 되고, 그것을 마치 지나간 일처럼
회상하게 될 것이다. 17 네 생활이 한낮보다 더 환해지고, 그 어둠은 아침같이 밝아질 것이다. 18
이제 네게 희망이 생기고, 너는 확신마저 가지게 될 것이다. 사방을 둘러보아도 걱정할 것이 없어
서, 안심하고 자리에 누울 수 있게 될 것이다. 19 네가 누워서 쉬어도 너를 깨워서 놀라게 할 사
람이 없고, 많은 사람이 네게 잘 보이려고 할 것이다. 20 그러나 악한 사람은 눈이 멀어서, 도망
칠 길마저 찾지 못할 것이다. 그의 희망이라고는 다만 마지막 숨을 잘 거두는 일뿐일 것이다.

본문 말씀은 셋째 친구인 소발이 욥을 공박한 말입니다. 세 친구가 욥에게 말을 건네는 모습을 보면 각자의 성품을 추측할 수 있습니다. "누가 네게 말을 걸면 너는 짜증스럽겠지. 말을 하지 않으려고 했지만 참을 수가 없다"(4:2). 엘리바스가 시작한 말입니다. "언제까지 네가 그런 투로 말을 계속할 테냐? 네 입에서 나오는 말 거센 바람과도 같아서 걷잡을 수 없구나"(8:2). 빌닷의 말이지요. 그 다음에 본문 2~3절 말씀을 보세요. "네가 하는 헛소리를 듣고서, 어느 누가 잠잠할 수 있겠느냐? 말이면 다 말인 줄 아느냐? 네가 혼자서 큰소리로 떠든다고 해서, 우리가 대답도 하지 못할 것이라고 생각하느냐? 네가 우리를 비웃는데도, 너를 책망할 사람이 없는 줄 아느냐?" 소발이 한말입니다. 그 강도를 놓고 볼 때 소발이 한 말이 가장 과격합니다. 따라서 엘리바스가 비교적 점잖은 사람처럼 보이고, 빌닷은 조금은 더 정죄하는 스타일의 사람처럼 보이고, 소발의 감정이 가장 격하고 오만한 사람처럼 보입니다. 왜냐하면 욥이 하는 말을 쭉 듣고 있다가 말도 안 되는 헛소리라고 일축하고 나섰기 때문입니다. 소발이 던진 발언의 요점은 인간의 제한된 지혜로서는 감추어져 있고 무한한 하나님 지혜의 신비를 다 헤아릴 수 없으므로 쓸데없는 변론을 즉각 중단하고 하나님께 회개하면 운명을 뒤바꿀 수 있다는 것입니다.

'하나님의 무한한 지혜' 대(對) '제한된 욥의 지혜'(11:2~12)

소발이 욥이 하는 이야기를 듣고 있다가 참을 수 없는 내용이 있었습니다. 바로 욥 스스로가 죄 없다는 결백성의 주장이었습니다. 소발이 볼 때 어리석은 인간이 짧은 지혜로 하나님 앞에서 자기의와 무죄성을 주장하는 것이 주제넘는 일입니다. 4~6절을 보세요. "너는 네 생각이 옳다고 주장하고 주님 보시기에, 네가 흠이 없다고 우기지만, 이제 하나님이 입을 여셔서 네게 말씀하시고, 지혜의 비밀을 네게 드러내어 주시기를 바란다. 지혜란 우리가 이해하기에는 너무나도 어려운 것이다. 너는, 하나님이 네게 내리시는 벌이, 네 죄보다

가볍다는 것을 알아야 한다." 여기 보세요. 소발은 먼저 세 가지를 지적합니다. '첫째, 욥이 스스로 생각하기에 흠이 없다고 주장하지만 이것은 가당치 않다. 둘째, 하나님의 지혜는 인간의 아둔한 머리로 헤아리기에는 너무 어렵다. 셋째, 하나님께서는 욥이 지은 죄에 응당 받아야 할 벌보다 가벼운 벌을 내리신다.' 이것을 한 마디로 요약하면 이런 말이 될 것입니다. 욥이 아주 짧은 지혜로 자신의 결백을 주장하는데 이것은 하나님의 숨겨진 무궁무진한 지혜의 빛에서 볼 때 어이없는 짓이며, 하나님의 지혜로 조명해 볼 때에도 욥은 오히려 당연히 받아야 할 벌보다 가벼운 벌을 받고 있다는 사실입니다. 친구치고는 아주 과격하고 직설적인 언사가 아닐 수 없습니다.

이런 관점에서 7~12절 말씀을 보세요. 소발은 하나님의 무한하신 지혜의 4차원을 강조합니다. 하나님의 지혜는 하늘보다 높고(높이), 스올보다 깊고(깊이), 땅 끝까지의 길이보다 길고(길이), 바다보다 넓다(넓이)는 것입니다(8~9). 이 말씀은 에베소서 3:18절에서 언급한 그리스도 사랑의 4차원성을 연상시키지 않습니까? "모든 성도와 함께 그리스도의 사랑의 넓이와 길이와 높이와 깊이가 어떠함을 깨달을 수 있게 되고" 하나님의 지혜도 그 높이와 깊이와 길이와 넓이를 헤아릴 수 없을 정도로 무한하다는 것이지요. 그렇다면 소발이 이와 같이 무제약적인 하나님의 지혜를 강조하는 이유가 무엇일까요? 욥의 어리석은 지혜와 비교하기 위함이지요. 바로 앞장에서 욥은 빌닷에게 대꾸하면서 하나님 창조의 선한 목적과 의미에 대해 이의를 제기했습니다. 그러나 소발이 보기에 욥의 어줍잖은 지혜로 하나님 창조의 신비, 운운한다는 것이 가당치 않다는 것입니다. 바로 이런 맥락에서 7절 말씀을 보세요. "네가 하나님의 깊은 뜻을 다 알아낼 수 있느냐? 전능하신 분의 무한하심을 다 측량할 수 있느냐?" 무한하고 신비한 하나님의 지혜 앞에 감히 욥이 명함도 내밀 수 없다는 일갈이지요. 이제 하나님의 지혜 앞에 선 인간은 무엇을 알 수 있겠느냐는 물음 앞에서의 무지와 무엇을 할 수 있겠느냐는 물음 앞에서의 무능밖에는 없습니다.

이런 관점에서 11절 말씀을 보세요. "하나님은 어떤 사람이 잘못하는지를 분명히 아시고 악을 보시면 곧바로 분간하신다." 욥이 자신의 죄에 관해서 사람을 속일 수 있을지 모르지만 지혜와 분별력이 넘치는 하나님을 속일 수는 없다는 것이지요. 결국 소발이 보기에 욥은 미련하기 때문에 자기 결백을 주장하고 하나님을 원망한다는 사실입니다. 바로 이런 맥락에서 12절 말씀을 보세요. "미련한 사람이 똑똑해지기를 바라느니 차라리 들나귀가 사람 낳기를 기다려라." 소발은 욥이 미련한 사람, 원어대로 하면 골이 '텅빈 사람'으로서 이렇게 어리석은 사람이 지혜롭게 되기는 아예 들나귀가 사람을 낳는 것이 불가능하듯이 전혀 불가능한 일이라고 단정해버립니다. 욥은 선천적으로 골이 빈 사람이기에 지혜로운 사람으로 거듭나기가 아예 불가능하다는 소발의 단정은 얼마나 가혹한 말인지요?

회개냐? 고집이냐?(11:13~20)

이렇게 무섭게 욥을 몰아 부치던 소발이 이제 욥에게 미래의 회복 가능성에 대해서 권고합니다. 엘리바스나 빌닷이나 소발에게 공통점이 있다면 셋 다 욥을 심문하고 정죄한 뒤 반드시 미래에 대한 해결책도 함께 제시한다는 사실입니다(5:8 이하; 8:5~7 참조). "병주고 약준다."는 속담 그대로이지요. 무엇보다도 소발이 제시한 해결책은 빌닷이 준 충고, 이른바 "네 시작은 미약했으나 네 나중은 심히 창대하리라."는 말씀과 너무도 흡사합니다. 그러면 욥이 어떻게 해야지만 회복될 수 있습니까?

13~14절 말씀을 보세요. "네가 마음을 바르게 먹고 네 팔을 그분 쪽으로 들고 기도하며, 악에서 손을 떼고, 네 집안에 불의가 깃들지 못하게 하면" 여기 보세요. 욥이 지금 당하는 고난의 삶을 청산하고 서광이 비치는 미래의 삶을 살기 위해서는 마음 자세와 행실을 고쳐야 한다는 것입니다. 먼저 마음을

바로 정하고 하나님께 기도해야 합니다. 그런 다음에 죄악에서 떠나 불의를 청산해야 합니다. 이렇게 할 때 어떤 축복이 기다립니까? 15~19절 말씀을 보세요. 부끄럼 없이 얼굴을 들 수 있으며 편안해져서 두려움이 사라지게 될 것이며 괴로운 일을 다 잊어버리게 된다는 것입니다. 또한 어둠이 물러가고 아침 같이 환한 세상이 펼쳐질 것이며 희망에 가득차 아무 걱정거리가 없이 자리에 누울 수 있다는 것입니다. 오직 욥이 자기 죄를 통회하고 자복하기만 하면 소망과 안식을 회복할 수 있다는 말씀이지요. 그러나 만일 욥이 고집을 부리고 회개하지 않으면 어떻게 됩니까? "그러나 악한 사람은 눈이 멀어서, 도망 칠 길마저 찾지 못할 것이다. 그의 희망이라고는 다만 마지막 숨을 잘 거두는 일뿐일 것이다"(20). 만일 욥이 악인의 길을 계속 고집할 경우 눈이 어두워 도망칠 길 마저 찾지 못하고 쓸쓸히 죽고 만다는 것입니다.

본문 말씀이 주는 교훈

우리가 욥기를 읽을 때 가장 곤혹스러운 것은 욥과 세 친구들의 논쟁편입니다. 언뜻 보아서는 세 친구들이 훨씬 더 신앙적으로 보이고 옳은 말만 하는 것처럼 보입니다. 반면에 욥은 불신앙적이고 지나치게 도전적이고 불순종적인 사람처럼 비칩니다. 이러한 피상적인 느낌은 욥이 세 친구들과 더불어 세 바퀴 논쟁을 벌이는 내내 계속됩니다. 그런데 나중에 가면 하나님께서 친구들이 아닌 욥의 손을 들어주십니다(42:7 참조). 다시 말해 옳다 인정받은 사람은 욥이었습니다. 이것은 무엇을 의미할까요? 하나님께서 비록 옳은 논리를 가졌더라도 선생인 양 정죄하는 사람들이 아닌, 욥과 같이 고난당하는 사람들의 반항적이고 전투적인 탄식까지도 다 받아주시는 사랑과 자비의 하나님이라는 뜻이 아닐까요?

우리는 세 친구들에게서 교사적인 냄새, 율법주의적 취향을 강하게 느낍니다. 이들이 던지는 말은 오랫동안 전수되어 내려온 지혜의 보고에서 나온 말이기에 거의 다 옳습니다. 그러나 이들의 문제점은 친구가 얼마나 큰 아픔을 겪고 있는가에 대한 감수성이 부족하다는 데 있습니다. 이들은 인과율로 욥이 당하는 고난의 문제를 풀어보려고 했지만 욥은 자신의 고난이 그와 같은 고전적인 이론만으로 쉽게 해결되지 않는 그 무엇이 있다는 생각에서 전투적이고 공격적인 자세를 보입니다. 욥의 이러한 자세는 신앙 없는 교만과 불순종의 소치가 아니라 하나님을 진실로 대면하기 위해 반드시 거쳐야 할 과정이라는 점에서 중요합니다. 예수님 시대의 서기관들과 바리새인들도 적어도 그들의 말은 틀리지 않았습니다. 그러나 그들은 예수님께서 하나님의 자녀요, 천하와도 바꿀 수 없는 고귀한 인격 존재로 여기신 세리와 창기들을 그냥 율법적인 전통을 따라 죄인들로 보았습니다. 그들의 말은 옳았지만 그들의 시각과 삶이 하나님을 닮지 못했다는 데 문제가 있습니다. 욥의 세 친구들도 마찬가지입니다. 이들은 욥과 같은 실존적인 고통의 경험 없이 객관적인 관찰자의 입장으로 해석하고 정죄하고 해결책을 제시하려고만 합니다. 여기에 친구들과 욥 사이에는 건널 수 없는 간격이 있습니다.

소발의 말도 어디 하나 흠잡을 데 없이 옳은 말입니다. 우리가 아무리 지혜롭다 한들 어떻게 하나님의 무궁무진한 지혜를 당할 수 있단 말입니까? 욥이 아무리 하나님 앞에 자신의 결백을 주장하고 하나님의 창조와 섭리에 이의를 제기한다한들 어찌 하나님의 숨겨진, 신비한 지혜까지 다 헤아릴 수 있습니까? 그러나 이제 12장에서 드러나겠지만 소발이 지적하는 것처럼 욥이 자기 지혜의 한계를 모르는 것이 절대로 아닙니다. 다만 욥의 탄식과 저항은 견딜 수 없이 깊은 고난의 심연에서 분출되어 나온 자연스러운 반응일 뿐입니다. 그의 탄식은 어떤 지식이나 교리나 객관적 관찰에서 나온 것이 아니고 처절한 고난의 현장 한가운데에서 자연스레 쏟아져 나온 인간의 반응이라는 것이 중요합니다. 상담학에 있어서 내담자가 상담자에게 자기의 고통을 다 털어놓고 하소연만 할 수 있어도 웬만한 상처가 치유될 수 있다는 말이 있지 않습니까? 욥도 더욱 더 온전하고 성숙한 신앙 인격으로까지 올라가기 위해서 이와 같은 탄식과 항의와 절규의 과정을 거치는 것이 바람직합니다. 결국 소발의 공박을 읽으면서 어설픈 논리로 고난당하는 이웃의 아픔을 해석하고 정죄하는 것보다 진지한 공감과 정직한 침묵이 훨씬 더 낫다는 사실을 또 다시 깨닫습니다.

소발의 첫 번째 공박에 대한 욥의 응답 I

너희가 지혜를 전세라도 냈느냐?

| 욥 12:1~25 |

12장

1 욥이 대답하였다. 2 지혜로운 사람이라곤 너희밖에 없는 것 같구나.
너희가 죽으면, 지혜도 너희와 함께 사라질 것 같구나. 3 그러나 나도 너희만큼은 알고 있다. 내
가 너희보다 못할 것이 없다. 너희가 한 말을 모를 사람이 어디에 있겠느냐? 4 한때는 내 기도
에 하나님이 응답하신 적도 있지만, 지금 나는 친구들의 웃음거리가 되고 말았다. 의롭고 흠 없
는 내가 조롱을 받고 있다. 5 고통을 당해 보지 않은 너희가 불행한 내 처지를 비웃고 있다. 너
희는 넘어지려는 사람을 떠민다. 6 강도들은 제 집에서 안일하게 지내고, 하나님을 멸시하는 자
들도 평안히 산다. 그러므로 그들은, 하나님까지 자기 손에 넣었다고 생각한다. 7 그러나 이제
짐승들에게 물어 보아라. 그것들이 가르쳐 줄 것이다. 공중의 새들에게 물어 보아라. 그것들이
일러줄 것이다. 8 땅에게 물어 보아라. 땅이 가르쳐 줄 것이다. 바다의 고기들도 일러줄 것이다.
9 주님께서 손수 이렇게 하신 것을, 이것들 가운데서 그 무엇이 모르겠느냐? 10 모든 생물의 생
명이 하나님의 손 안에 있고, 사람의 목숨 또한 모두 그분의 능력 안에 있지 않느냐? 11 귀가 말
을 알아듣지 못하겠느냐? 혀가 음식맛을 알지 못하겠느냐? 12 노인에게 지혜가 있느냐? 오래
산 사람이 이해력이 깊으냐? 13 그러나 지혜와 권능은 본래 하나님의 것이며, 슬기와 이해력도
그분의 것이다. 14 하나님이 헐어 버리시면 세울 자가 없고, 그분이 사람을 가두시면 풀어 줄 자
가 없다. 15 하나님이 물길을 막으시면 땅이 곧 마르고, 물길을 터놓으시면 땅을 송두리째 삼킬
것이다. 16 능력과 지혜가 그분의 것이니, 속는 자와 속이는 자도 다 그분의 통치 아래에 있다.
17 하나님은 고관들을 벗은 몸으로 끌려가게 하시는가 하면, 재판관들을 바보로 만드시기도 하
신다. 18 하나님은 왕들이 결박한 줄을 풀어 주시고, 오히려 그들의 허리를 포승으로 묶으신다.
19 하나님은 제사장들을 맨발로 끌려가게 하시며, 권세 있는 자들을 거꾸러뜨리신다. 20 하나님
은 자신만만하게 말을 하던 사람을 말문이 막히게 하시며, 나이 든 사람들의 분별력도 거두어

가시고, 21 귀족들의 얼굴에 수치를 쏟아 부으시며, 힘있는 사람들의 허리띠를 풀어 버리신다.
22 하나님은 어둠 가운데서도 은밀한 것들을 드러내시며, 죽음의 그늘조차도 대낮처럼 밝히신
다. 23 하나님은 민족들을 강하게도 하시고, 망하게도 하시고, 뻗어 나게도 하시고, 흩어 버리기
도 하신다. 24 하나님은 이 땅 백성의 지도자들을 얼이 빠지게 하셔서, 길 없는 거친 들에서 방
황하게 하신다. 25 하나님은 그들을 한 가닥 빛도 없는 어둠 속에서 더듬게도 하시며, 술 취한
사람처럼 비틀거리게도 하신다.

소발의 시건방지고 격정적인 발언에 대해 욥은 응답을 시도합니다. 욥이 보기에 세 친구들이 도덕적 인과율의 논리로 심문하고 정죄하는 데에는 조금의 차이도 없었습니다. 그래서 소발 한 사람만이 아닌 세 사람 모두를 상대합니다. 12~14장은 소발의 공박이 끝난 뒤 욥이 한 대답입니다. 지금까지 욥이 해 온 대답치고 가장 긴 분량입니다. 이것은 엘리바스와 빌닷, 소발 세 친구들의 발언이 다 끝남으로 첫 번째 사이클의 논쟁이 종결됨으로서 결론을 내리고자 했기 때문에 길다고 볼 수 있습니다. 다시 말해 4장에서 엘리바스의 말로 시작된 친구들과의 논쟁이 11장에서 소발의 공박에 이르기까지 다양한 주제로 전개되어 왔는데, 이 1회전의 대화에 대한 결론을 피력하다보니 다소 장황하게 되었다는 것이지요.

본문 말씀은 주로 지혜 문제, 즉 친구들과 욥의 지혜, 그리고 하나님의 지혜 문제를 다루고 있습니다. 욥은 먼저 친구들이 지혜로운 척 하는 것에 대해 통박하면서 자기도 그들 못잖은 지혜를 갖추고 있다고 응수합니다. 그 다음에 우주 만물의 창조주로서의 하나님에 대한 자연 일반의 지혜를 언급합니다. 그런 뒤 욥은 그 엄청난 하나님의 지혜가 때때로 이 역사 안에서는 안정과 유지가 아닌 불안정과 파괴로 나타나는 모순과 역설, 부조리에 대해서 말합니다.

지혜의 독점자로 자처하는 친구들에 대한 반박(12:2~6)

소발은 하나님의 무궁무진한 지혜를 찬양하는 것까지는 좋았는데 욥의 미련함까지 물고 늘어졌습니다. 이것은 은근히 자기가 욥보다 훨씬 더 지혜로운

사람이라는 사실을 은연중에 과시하는 언동이었습니다. 아주 시건방지고 학자연한 태도가 아닐 수 없지요. 그런데 욥이 보기에는 소발만 그런 것이 아니고 세 명이 다 마찬가지였습니다. 욥에게 지혜를 한 수 가르치려 드는 선생으로 보았던 것입니다. 이와 같이 자기들이 마치 지혜를 전세라도 낸 양 으스대는 소발을 비롯한 친구들을 향하여 욥이 포문을 엽니다. "지혜로운 사람이라곤 너희밖에 없는 것 같구나. 너희가 죽으면 지혜도 너희와 함께 사라질 것 같구나. 그러나 나도 너희만큼은 알고 있다. 내가 너희보다 못할 것이 없다. 너희가 한 말을 모를 사람이 어디에 있겠느냐?"(2~3). 욥도 지혜에 있어서 둘째가라면 서러울 만큼 지혜가 있다는 말입니다. 친구들만 지혜의 달인이 아니라는 것이지요! 이어서 욥은 4절에서 자기도 한 때 순전하고 정직하여 하나님을 경외하고 악에서 떠난 동방의 의인으로서 하나님과 친밀한 관계를 유지하는 큰 지혜의 사람이었던 적이 있지만 지금은 친구들에게 조롱이나 받는 처지로 전락되었다고 탄식합니다.

그러면서 욥은 5절에서 대단히 중요한 말을 합니다. "고통을 당해 보지 않은 너희가 불행한 내 처지를 비웃고 있다. 너희는 넘어지려는 사람을 떠민다." 이 말은 욥과 친구들의 처지가 전혀 다르다는 사실에서 아주 중요한 말씀입니다. 친구들은 욥과 같이 극심한 고통을 당해 보지 않았기에 욥의 형편을 이해할 수 없습니다. 그리하여 공감과 위로보다는 심문과 정죄로 일관하면서 욥을 조롱하고 있습니다. 이렇게 욥과 처지가 다른 친구들은 넘어지려는 사람을 떼밀듯이, 물에 빠진 사람을 더 깊숙이 밀어 넣듯이 욥을 더욱 더 큰 고통의 나락으로 빠뜨리고 있다고 고발합니다.

처지의 차이, 고난을 이해함에 있어서 얼마나 중요한 포인트인지 모릅니다. 제가 처음 미국에 유학 가서 가장 힘든 일이 언어 문제였습니다. 듣기는 대충하겠는데 말하기와 쓰기는 정말 어려웠습니다. 교수님들 가운데 학업이나 다른 이유 때문에 외국 생활을 경험해본 분들은 저의 처지를 잘 이해해주셨습니다. 여러 가지 미흡한 점이 많았지만 항상 격려부터 먼저 해주셨습니다. 그러나 저와 같은 입장에 처해보지 않은 분들은 외국 학생이 언어 장벽을 딛고 공부를 하는 일이 얼마나 힘든지 이해를 못하셨습니다. 그래서 국내 학생들과 조금도 다를 바 없이 대했습니다. 그 때 저는 입장의 차이가 이다지도 중요하구나 하는 것을 깨달았습니다. 역지사지(易地思之)라는 말이 있지요. 처지를 바꾸어서 생각해본다는 말입니다. 빛나는 논리와 기막힌 지혜로 무장된 친구들의 말이 욥에게 하나도 도움이 되지 않은 것은 바로 양자 간의 입장 차이를 극복하지 못했기 때문입니다. 가진 자는 가지지 못한 자의 처지를 얼마나 이해하는가? 배운 사람은 배우지 못한 사람의 처지를 얼마나 고려하는가? 성공자는 실패자의 처지를 얼마나 헤아리는가? 사용주는 노동자의 권익을 얼마나 앞세우는가? 이런 물음들은 우리 사회가 건강하고 화목한 사회로 나아가기 위하여 매우 중요합니다. 친구들은 욥과 같이 가슴을 후비는 무고한 고통을 당해보지 않았습니다. 그러니 욥의 입장을 이해할 리 만무합니다. 그래서 욥이 지금 고통당한다는 현실만 주목하여 욥을 죄인으로 몰아붙일 뿐입니다. 서로 다른 위치를 극복하지 못하기에 고통 없는 자들이 고통당하는 사람을 죄인으로 실패자로 정죄할 뿐이지요! 이것이야말로 입장의 차이가 가져온 폭력이 아니고 무엇입니까?

6절 말씀도 중요합니다. 친구들이 그토록 강조한 도덕적 인과율이라는 것이 실제로는 먹혀들지 않는다는 탄식이 아닙니까? "강도들은 제 집에서 안일하게 지내고, 하나님을 멸시하는 자들도 평안히 산다. 그러므로 그들은 하나님까지 자기 손에 넣었다고 생각한다." 세 친구들의 논리대로 한다면 강도는 벌을 받아야 마땅한데 제 집에서 평안하게 지냅니다. 이 사회에 권력을 가진 사람들 중에는 뇌물로 수억씩을 꿀꺽꿀꺽 삼키면서도 존경받고 평온하게 잘 사는 사람들이 얼마나 많습니까? 또한 하나님을 부인하고 경건치 못한 사람들이 형통하는 경우는 얼마나 많습니까? 욥은 지금 세 친구가 그토록 강조한 도덕적 인과율에 부합되지 않는 사람들에 대해서 말합니다. 이것은 거꾸로 말해서 욥처럼 하나님을 경외하고 순전하게 살아도 부당한 고난을 당하는 경우가 부지기수로 많다는 냉소이기도 하지요.

창조주 하나님에 대한 삼라만상의 지혜(12:7~12)

소발은 하나님의 무궁무진한 지혜의 4차원성에 대해서 말했습니다. 하늘보다 높고, 스올보다 깊고, 땅끝보다 길고, 바다보다 넓다는 것이지요. 이제 욥은 이러한 소발의 말을 맞받아칩니다. 이러한 지혜, 즉 10절에서 말씀하는 것과 같이 일체의 생명이 하나님의 손안에 있다는 사실에 대한 지혜는 자연 세계의 4대 영역에서도 너무나 잘 알려져 있다는 것입니다. 7~10절을 보면 땅의 짐승들, 공중의 새들, 땅(지하), 바다의 물고기들도 다 알고 있다는 것이지요. 인간을 비롯한 일체의 생명이 하나님의 주권 안에 있다는 사실을 자연만물도 다 안다는 주장입니다. 그런데 문제가 있습니다. 이렇게 짐승들과 새들과 땅과 물고기들도 다 아는 창조주 하나님에 대한 지혜가 현실에서는 어떻게 나타나느냐는 사실입니다. 창조주 하나님이 현재의 세계와 역사를 주관하고 유지하시는 모습은 전혀 엉뚱한 방향으로 진행될 수 있다는, 부조리한 현실이 문제입니다.

역설과 모순, 부조리로 가득찬 세계 현실(12:13~25)

욥은 친구들은 물론이고 그 누구에게도 뒤지지 않는 하나님에 대한 지혜를 가지고 있다고 자부합니다. 이것은 짐승들과 공중의 새들과 들풀들과 물고기들조차도 알고 있는 창조주 하나님에 대한 지혜입니다. 이 지혜에 대한 구체적인 내용이 13~16절 말씀에 있습니다. "그러나 지혜와 권능은 본래 하나님의 것이며, 슬기와 이해력도 그분의 것이다. 하나님이 헐어 버리시면 세울 자가 없고, 그분이 사람을 가두시면 풀어 줄 자가 없다. 하나님이 물길을 막으시면 땅이 곧 마르고, 물길을 터놓으시면 땅을 송두리째 삼킬 것이다. 능력과 지혜가 그분의 것이니, 속는 자와 속이는 자도 다 그분의 통치 아래에 있다." 한마디로 하나님은 최고의 지혜와 권능을 가지신 분으로서 일체의 생사화복이 다 하나님의 주권 하에 있다는 사실을 인정하는 것입니다. 이 사실은 삼라만상도 다 알고 인정합니다.

그러나 문제는 17~25절까지의 말씀에 있습니다. 하나님이 통치하시는 세계와 역사는 우리가 통상적으로 알고 있는 지식과는 정반대로 작동할 때가 있다는 것입니다. 도덕적 인과율이 전혀 먹혀들지 않는 무질서와 파괴와 혼란으로 치닫는 경우가 종종 있다는 것이지요. "하나님은 그 무한한 지혜와 권능으로 고관들을 벗은 몸으로 끌려가게 하시며 재판관들을 바보로 만들기도 하십니다. 왕들이 결박하는 줄을 푸시고 거꾸로 왕들을 포박하십니다…등등." 그런데 여기 17~25절까지 욥이 예로 든 모든 경우는 거의 다 부정적인 면만 부각되어 있습니다. 하나님께서 살리시고 세우시는 예는 거의 들지 않고 모조리 죽이시고 무너뜨리시는 부정적인 경우만 들었습니다. 이것은 무엇을 의미할까요? 친구들이 일사불란하게 주장했던 도덕적 인과율이 이 세계 속에 한 치의 오차도 없이 척척 들어맞는다는 통상적인 지혜를 반박하기 위함이 아닐까요? 친구들은 하나님께서 죄를 저지른 악인들만 거기에 대한 응벌로서 고난을 주신다고 본 반면에 욥은 죄없는 사람들도 무너뜨리실 수 있다는 것입니다. 이것은 친구들에게 있어서 고통을 당하는 사람들은 필연적으로 악인들이어야 하는데 반하여, 욥이 예로 든 경우에는 악인이요 죄인이라는 이유와 설명이 일체 나오지 않는다는 사실에서 드러납니다. 그저 하릴없이 하나님의 권능의 손아래 무너지고 쓰러질 뿐입니다. 죄없는 의인도 쓰러질 수 있다는 강한 암시이지요! 여기에 이해할 수 없는 하나님의 감추어진 신비가 있습니다. 욥은 하나님의 지혜가 너무나 엉뚱한 방향으로 무질서하게 진행되는 역사의 혼돈과 부조리한 현실을 정직하게 고발합니다.

본문 말씀이 주는 교훈

'입장의 차이' 이것이 말씀의 화두가 아닌가 싶습니다. 친구들과 욥 사이에는 입장의 차이가 너무나 극명했습니다. 아무 죄도 없이 무고한 고통을 겪고 있다고 생각하는 욥과 죄를 지었기 때문에 현재의 고난을 당한다고 본 친구들은 각기 처한 형편이 달랐습니다. 그들이 만일 욥이 당하는 부당한 고난을 지금 함께 당하고 있다든지, 아니면 적어도 과거에 비슷한 경험이라도 한 적이 있었다면 욥을 그런 태도로 공박하지는 않았을 것입니다. 그들은 고통 없이 여유로운 자요, 평온한 자이기에 과거의 빛나는 지혜 전승으로 무장한 제 3자, 객관적 관찰자의 입장으로서 다가올 뿐입니다. 그리하여 역지사지가 안 되기 때문에 서로 대화의 초점을 맞추지 못하고 어긋나게 됩니다. 욥이 하나님의 우주 통치에 대한 통상적인 지혜에 거슬려 여러 가지 무질서하고 파괴적인 사례만 골라서 든 것도 입장 차이 때문일 것입니다. 지금 고통과 무관한 친구들과 같은 사람들에게는 엄격한 인과율에 따라 신상필벌(信賞必罰)이 어김없이 이루어지는 이 세상은 창조주 하나님이 통치하시는 질서와 정의가 잘 잡힌 곳으로 보일 것입니다. 그래서 열심히 권선징악(勸善懲惡)을 찬양할 것입니다. 그러나 욥과 같이 부당한 고난을 당한다고 생각하는 사람에게 세상은 납득할 만한 이유도 없이 깨지고 쓰러지는 사람들만이 눈에 들어올 것입니다. 전지전능하시고 선하신 하나님이 통치하시는 세상에 걸맞지 않는 역설과 모순과 혼돈과 부조리만 부각될 것입니다. 우리가 올바른 의사소통을 하고 조화롭고 평화로운 세상을 만들기 위해서도 입장의 차이를 메워나가야 합니다. "내가 만일 저 사람의 처지에 놓인다면?" 이런 질문을 던지며 먼저 상대방의 입장을 정중하게 헤아린다면 이 세상은 좀 더 살기 좋은 세상이 되지 않을까요?

소발의 첫 번째 공박에 대한 욥의 응답 Ⅱ

돌팔이 의사들 같으니라고

| 욥 13:1~19 |

13장

1 내가 이 모든 것을 내 눈으로 똑똑히 보고, 내 귀로 다 들어서 안
다. **2** 너희가 아는 것만큼은 나도 알고 있으니, 내가 너희보다 못할 것이 없다. **3** 그러나 나는
전능하신 분께 말씀드리고 싶고, 하나님께 내 마음을 다 털어놓고 싶다. **4** 너희는 무식을 거짓말
로 때우는 사람들이다. 너희는 모두가 돌팔이 의사나 다름없다. **5** 입이라도 좀 다물고 있으면,
너희의 무식이 탄로 나지는 않을 것이다. **6** 너희는 내 항변도 좀 들어 보아라. 내가 내 사정을
호소하는 동안 귀를 좀 기울여 주어라. **7** 너희는 왜 허튼 소리를 하느냐? 너희는 하나님을 위한
다는 것을 빌미삼아 알맹이도 없는 말을 하느냐? **8** 법정에서 하나님을 변호할 셈이냐? 하나님
을 변호하려고 논쟁을 할 셈이냐? **9** 하나님이 너희를 자세히 조사하셔도 좋겠느냐? 너희가 사
람을 속이듯, 그렇게 그분을 속일 수 있을 것 같으냐? **10** 거짓말로 나를 고발하면, 그분께서 너
희의 속마음을 여지없이 폭로하실 것이다. **11** 그분의 존엄하심이 너희에게 두려움이 될 것이며,
그분에 대한 두려움이 너희를 사로잡을 것이다. **12** 너희의 격언은 한낱 쓸모 없는 잡담일 뿐이
고, 너희의 논쟁은 흙벽에 써 놓은 답변에 불과하다. **13** 이제는 좀 입을 다물고, 내가 말할 기회
를 좀 주어라. 결과가 어찌 되든지, 그것은 내가 책임 지겠다. **14** 나라고 해서 어찌 이를 악물고
서라도 내 생명을 스스로 지키려 하지 않겠느냐? **15** 하나님이 나를 죽이려고 하셔도, 나로서는
잃을 것이 없다. 그러나 내 사정만은 그분께 아뢰겠다. **16** 적어도 이렇게 하는 것이, 내게는 구
원을 얻는 길이 될 것이다. 사악한 자는 그분 앞에 감히 나서지도 못할 것이다. **17** 너희는 이제
내가 하는 말에 귀를 기울여라. 내가 하는 말을 귀담아 들어라. **18** 나를 좀 보아라, 나는 이제
말할 준비가 되어 있다. 내게는, 내가 죄가 없다는 확신이 있다. **19** 하나님, 나를 고발하시겠습니
까? 그러면 나는 조용히 입을 다물고 죽을 각오를 하고 있겠습니다.

본문은 욥이 소발을 비롯한 친구들에게 계속해서 응답한 말씀입니다. 여기에서 욥은 매우 단호한 입장을 취하고 있습니다. 친구들과 더불어 무익한 논쟁을 하는데 지쳐버려서 하나님을 향하여 직접 항의하겠다는 것입니다. 친구라는 것들이 다 속 터지는 소리만 하는 것에 염증을 느껴서 이제 직접 하나님께 진실을 묻겠다는 것입니다. 하나님께 자신의 속사정을 다 털어놓고 이 부조리한 고난에 대한 이유와 의미가 어디에 있는지 따지고 싶다는 것이지요.

친구들에게서 하나님으로(13:1~12)

지금까지 전개되어온 첫 바퀴 논쟁을 살펴보면 친구들은 항상 일방적이었습니다. 선생인 양 훈계하고 교정하는 방식으로 욥을 마구잡이로 몰아 부쳤습니다. 어제도 말씀드린 것처럼 이들은 고통 없이 안일한 입장에서 까닭을 알 수 없이 고통당하는 욥의 처지를 헤아리지 못했습니다. 마침내 욥은 더 이상 견딜 수가 없어서 친구들을 향하여 포문을 엽니다. 1~2절을 보세요. 친구들이 말하는 것들을 욥도 자기 눈으로 똑똑히 보고 또렷이 들어서 다 아는 내용이라는 것입니다. 친구들이 이런저런 이론들을 늘어놓는데 욥도 친구들 못지 않게 다 알고 있다는 것입니다. 문제는 몰라서가 아니라 참을 수 없게 괴롭다는 실존적 현실이 문제입니다. 알기는 아는데 극심한 고통이 그 앎을 순순히 용납하지 않는다는 데 괴로움이 있는 것이지요!

이렇게 어설픈 지식으로 욥을 심문하고 정죄하는 친구들은 돌팔이 의사나 다름없습니다. 4~5절을 보세요. '친구들은 무식을 거짓말로 때우는 사람들이요 돌팔이 의사 같다는 것,' 아닙니까? 모르면 차라리 입이라도 다물고 있었으면 좋겠는데 입까지 나불거리니 도무지 진리와 거리가 멀다는 말이지요. 그렇다면 이들이 몰라서 놓치는 진실은 무엇일까요? 선대로부터 전해져 내려온 정통 신학을 모르는 것이 아닙니다. 하나님의 창조와 보존의 신비를 모르는 것이 아닙니다. 선과 악, 정의와 불의에 대해서 무지한 것도 아닙니다. 그들이 무지한 것은 이런 이론들이 자기처럼 극심한 고통을 겪는 사람에게는 도무지 적용이 되지 않는다는 복잡한 현실을 모르는 것입니다! 마치 의과대학 말년차의 수련의와 법과대학 말년차의 법률 수련생이 아직 임상 경험이 부족해 이론만 가지고 환자와 고객을 돌보는 것과 마찬가지 이치입니다. 학교에서 배운 이론과 실제 경험은 큰 차이가 있습니다. 의학이나 법률 이론이 모든 사람에게 동일하게 기계적으로 척척 적용될 수 있는 것이 아닙니다. 너무나 다양하고 복잡한 예외가 부지기수로 산재해 있습니다. 좋은 의사와 좋은 법률가는 이와 같이 다양하고 복잡한 임상 현실에 대한 매우 심층적인 이해와 경험을 통하여 점점 더 훌륭한 의사와 율사로서 성숙해집니다. 욥의 친구들은 의대에서 배운 의학 지식을 가지고 일반적인 의학 상식을 벗어난, 아주 희귀한 질병을 앓는 환자를 치료하겠다고 나선 수련의와 마찬가지입니다. 결국 그들은 욥을 이 질병에서 고친다고 호언하지만 더 큰 아픔만 안겨줄 뿐입니다! 바로 이런 의미에서 친구들은 돌팔이 의사와 진배없는 것이지요.

또한 욥이 보기에 친구들은 진리를 말하지 않습니다. 이른바 도덕적 인과율로 고난을 해석하려는 시도 자체가 훨씬 더 복잡한 이 세상의 현실을 정직하게 보지 못하는 허위요 위선이라는 것입니다. 그래서 욥은 이들의 말을 '허튼 소리'요 '하나님을 위한다는 것을 빌미 삼아 던지는 알맹이도 없는 말'이요(7), '한낱 쓸모 없는 잡담일 뿐이요' '흙벽에 써 놓은 낙서'(12)에 불과하다고 혹평합니다. 이들도 양심이 있기에 하나님을 경외하고 의로운 사람이 원치 않는 고난을 받고 하나님을 믿지 않고 불의한 사람이 형통하는 경우를 수없이 경험했을 터인데도 단지 하나님을 변호한다는 명목으로 그 엄연한 현실을 은폐하고 왜곡한다는 것이지요. 9~11절 말씀을 보세요. "하나님이 너희를 자세히 조사하셔도 좋겠느냐? 너희가 사람을 속이듯, 그렇게 그분을 속일 수 있을 것 같으냐? 거짓말로 나를 고발하면, 그분께서 너희의 속마음을 여지없이 폭로하실 것이다. 그분의 존엄하심이 너희에게 두려움이 될 것이며, 그분에 대한 두려움이 너희를 사로잡을 것이다." 친구들의 허위를 찌르는 통렬한 비판이 아닐 수 없습니다. 전능하시고 공의로우시며 선하신 하나님이 다스리시는 이 세상에 분명 부조리한 일들이 다반사로 일어납니다. 적어도 욥이 확신하는 하나의 진리는 하나님께서 바로 이러한 모순과 부조리를 역사 안에 허용하신다는 사실입니다! 그런데도 친구들은 그렇지 않은 척, 은폐하면서 마치 하나님을 대변이라도 하는 듯이 온갖 위선과 만용을 부리고 있다는 것입니다. 그래서 친구들의 속마음까지 다 살피시는 하나님께 자기가 직접 대면해서 나서겠다고 말합니다. "그러나 나는 전능하신 분께 말씀드리고 싶고, 하나님께 내 마음을 다 털어놓고 싶다"(3).

죽기를 각오하고 하나님 앞에 진실을 토로하는 욥(13:13~19)

욥은 친구들에게 자기의 운명을 맡길 것이 아니라 하나님께 직접 대면하면서 자기 운명을 자기 스스로 책임지겠다고 나섭니다. 그런데 그 모습에 매서운 결기가 있습니다. "나라고 해서 어찌 이를 악물고서라도 내 생명을 스스로 지키려 하지 않겠느냐? 하나님이 나를 죽이려고 하셔도, 나로서는 잃을 것이 없다. 그러나 내 사정만은 그분께 아뢰겠다. 적어도 이렇게 하는 것이, 내게는 구원을 얻는 길이 될 것이다. 사악한 자는 그분 앞에 감히 나서지도 못할 것이다"(14~16). 여기 보세요. 이제 재산도 가족도 다 잃어버리고 목숨 하나만 달랑 남았으니 더 이상 잃을 것이 없다는 것입니다. 그러나 자기가 죽는 한이 있더라도 두려워하지 않고 자기의 진실을 주님께 알리겠다는 결연한 태도를 보입니다. 욥은 친구들의 충고에 귀 기울 것이 아니라 하나님께 죽음을 무릅쓰고 진실을 따지는 것이 자기에게 남은 유일한 구원이라고 말합니다. 더 이상 마지막 남은 목숨까지도 친구들에게 의지할 것이 아니라 하나님께 당당히 맡기겠다는 의지이지요. 이것은 욥이 철두철미 자신의 무죄성을 확신한데서 온 양심과 용기에서부터 온 것입니다. 사악한 자는 감히 하나님 앞에 나서지도 못하겠지만 자기는 목숨을 걸고 하나님께 자기의 결백을 아뢸 만큼 떳떳하기에 도대체 무슨 까닭으로 이 신고(辛苦)를 자기에게 허락하셨는지 기어코 알아내고야 말겠다는 것이지요. "너희는 이제 내가 하는 말에 귀를 기울여라. 내가 하는 말을 귀담아 들어라. 나를 좀 보아라, 나는 이제 말할 준비가 되어 있다. 내게는 내가 죄가 없다는 확신이 있다"(17~18). 이제 친구들을 제치고 하나님께 직접 따지는 욥의 다부진 모습을 지켜볼 차례입니다.

본문 말씀이 주는 교훈

본문 말씀을 읽으면서 두 가지가 마음에 와 닿았습니다. 첫째로, 우리 자신이 돌팔이가 아닌가 자문해봐야 합니다. "선무당이 사람 잡는다."는 말처럼 어설프게 아는 우리 지식으로 이웃을 어렵게 한 적은 없는지요? 깊은 고뇌와 실제적인 경험 없이 단지 이론만 가지고 이웃을 함부로 판단한 적은 없는지요. 저 역시 옛날을 돌아보면 돌팔이라는 자괴감이 듭니다. 새파란 목회 초년병 시절 어쭙잖은 신학 지식을 가지고 목회라는 이름으로 세상을 재단하고 사람들을 판단한 적이 많았습니다. 그러나 점점 더 연륜이 쌓이다 보니 세상은 훨씬 더 복잡하고 난해하다는 것을 알았습니다. 일도양단(一刀兩斷)식 흑백논리로 판단할 수 없음을 깨달았습니다. 다양한 사람만큼이나 다양한 문제, 다양한 경험을 안고 산다는 사실을 발견했습니다. 사람마다 형편과 처지가 다르기 때문에 딱 정해진 법칙은 없다는 것을 저절로 알게 되었습니다. 그리하여 한 부분만 보고 그 사람이 "믿음이 있다, 없다," "좋은 사람이다, 나쁜 사람이다." 판단하는 일을 점점 더 유보하게 되었습니다. 점점 모호해진 것은 사실이지만 섣부른 오만과 편견은 거둘 수 있게 되었습니다. 욥의 친구들이 그랬던 것처럼 조금 더 알고 더 의롭다는 교만과 착각으로 이웃을 오도하는 돌팔이, 우리는 돌팔이가 되어서 안 될 것입니다!

둘째로, 진리를 알기까지 결사각오로 하나님께 자기 사정을 아뢰고야 말겠다는 욥의 치열한 정신을 배워야 합니다. "아침에 도를 들으면 저녁에 죽어도 좋다."는 말이 있습니다. 살신성인(殺身成仁)이라는 말도 있지요. 옳은 일을 위해 목숨까지 버린다는 말이지요. 욥은 자신이 왜 이렇게 부당한 고난을 당해야 하는가에 대해서 친구들로부터는 아무런 도움도 기대할 수 없었습니다. 마치 예레미야 시대의 거짓 선지자들이 백성들의 상처를 치료한다고 공언하면서 "괜찮다! 괜찮다!"고 거짓말을 외치듯이(렘 6:4; 8:11) 친구들의 말이란 욥의 고통과는 아랑곳없이 내뱉는 쓸모없는 잡담이요, 흙벽에 갈겨 쓴 낙서일 뿐이었습니다. 이제 욥은 마지막 하나 남은 목숨마저 잃더라도 자신이 걸어온 발자취를 하나님께 낱낱이 털어놓겠다는 결단을 내립니다. 우리도 사느냐 죽느냐 하는 우리 운명의 문제를 다른 사람의 지식이나 경험에 의존할 것이 아니라 직접 하나님과 대면해 깨달을 수 있는 정직과 용기가 있어야 할 것입니다!

소발의 첫 번째 공박에 대한 욥의 응답 Ⅲ

물이 말라버린 강바닥처럼

| 욥 13:20~14:22 |

13장

20 내가 하나님께 바라는 것은 두 가지밖에 없습니다. 그것을 들어주
시면, 내가 주님을 피하지 않겠습니다. **21** 나를 치시는 그 손을 거두어 주시고, 제발 내가 이렇
게 두려워 떨지 않게 해주십시오. **22** 하나님, 하나님께서 먼저 말씀하시면, 내가 대답하겠습니
다. 그렇지 않으시면 내가 먼저 말씀드리게 해주시고, 주님께서 내게 대답해 주십시오. **23** 내가
지은 죄가 무엇입니까? 내가 무슨 잘못을 저질렀습니까? 내가 어떤 범죄에 연루되어 있습니까?
24 어찌하여 주님께서 나를 피하십니까? 어찌하여 주님께서 나를 원수로 여기십니까? **25** 주님
께서는 줄곧 나를 위협하시렵니까? 나는 바람에 날리는 나뭇잎 같을 뿐입니다. 주님께서는 지금
마른 지푸라기 같은 나를 공격하고 계십니다. **26** 주님께서는 지금, 내가 어릴 때에 한 일까지도
다 들추어 내시면서, 나를 고발하십니다. **27** 내 발에 차꼬를 채우시고, 내가 가는 모든 길을 낱
낱이 지켜 보시며, 발바닥 닿는 자국까지 다 조사하고 계십니다. **28** 그래서 저는 썩은 물건과도
같고, 좀먹은 의복과도 같습니다.

14장

1 여인에게서 태어난 사람은 그 사는 날이 짧은데다가, 그 생애마저
괴로움으로만 가득 차 있습니다. **2** 피었다가 곧 시드는 꽃과 같이, 그림자 같이, 사라져서 멈추
어 서지를 못합니다. **3** 주님께서는 이렇게 미미한 것을 눈여겨 살피시겠다는 겁니까? 더욱이 저
와 같은 것을 심판대로 데리고 가셔서, 심판하시겠다는 겁니까? **4** 그 누가 불결한 것에서, 정결
한 것이 나오게 할 수 있겠습니까? 아무도 그렇게 할 수 없습니다. **5** 인생이 살아갈 날 수는 미
리 정해져 있고, 그 달 수도 주님께서는 다 헤아리고 계십니다. 주님께서는 사람이 더 이상 넘어
갈 수 없는 한계를 정하셨습니다. **6** 그러므로 사람에게서 눈을 돌리셔서 그가 숨을 좀 돌리게

하시고, 자기가 살 남은 시간을 품꾼만큼이라도 한 번 마음껏 살게 해주십시오. 7 한 그루 나무
에도 희망이 있습니다. 찍혀도 다시 움이 돋아나고, 그 가지가 끊임없이 자라나고, 8 비록 그 뿌
리가 땅 속에서 늙어서 그 그루터기가 흙에 묻혀 죽어도, 9 물기운만 들어가면 다시 싹이 나며,
새로 심은 듯이 가지를 뻗습니다. 10 그러나 아무리 힘센 사람이라도 한 번 죽으면 사라지게 되
어 있고, 숨을 거두면 그가 어디에 있는지도 모르게 됩니다. 11 물이 말라 버린 강처럼, 바닥이
드러난 호수처럼, 12 사람도 죽습니다. 죽었다 하면 다시 일어나지 못합니다. 하늘이 없어지면
없어질까, 죽은 사람이 눈을 뜨지는 못합니다. 13 차라리 나를 스올에 감추어 두실 수는 없으십
니까? 주님의 진노가 가실 때까지만이라도 나를 숨겨 주시고, 기한을 정해 두셨다가 뒷날에 다
시 기억해 주실 수는 없습니까? 14 아무리 대장부라 하더라도 죽으면 그만입니다. 그러므로 나
는 더 좋은 때를 기다리겠습니다. 이 고난의 때가 지나가기까지 기다리겠습니다. 15 그 때에 주
님께서 나를 불러 주시면, 내가 대답하겠습니다. 주님께서도 손수 지으신 나를 보시고 기뻐하실
것입니다. 16 그러므로 지금은 주님께서 내 모든 걸음걸음을 세고 계시지만, 그 때에는 내 죄를
살피지 않으실 것입니다. 17 주님께서는 내 허물을 자루에 넣어 봉하시고, 내 잘못을 덮어 주실
것입니다. 18 산이 무너져 내리고, 큰 바위조차 제자리에서 밀려나듯이, 19 물이 바위를 굴려 내
고 폭우가 온 세상 먼지를 급류로 씻어 내듯이, 20 주님께서는 연약한 사람의 삶의 희망도 그렇
게 끊으십니다. 주님께서 사람을 끝까지 억누르시면, 창백하게 질린 얼굴로 주님 앞에서 쫓겨날
것입니다. 21 자손이 영광을 누려도 그는 알지 못하며, 자손이 비천하게 되어도 그 소식 듣지 못
합니다. 22 그는 다만 제 몸 아픈 것만을 느끼고, 제 슬픔만을 알 뿐입니다.

친구들과의 대화에서 기대할 것이 없다고 생각한 욥은 하나님께 자기 문제를 들고 갑니다. 하나 남은 목숨, 죽기를 각오하고 하나님께 자신의 억울한 사정을 털어놓겠다고 다짐합니다. 부당하게 당하는 고난의 이유와 의미를 친구들이 아닌, 이 고난의 궁극적 원인자가 되시는 하나님께 직접 따지겠다는 것이지요. 본문 말씀은 욥이 하나님께 자신의 속사정을 토로하는 기도문 형식을 띠고 있습니다. 욥은 하나님께서 자기를 감싸주시던 모든 울타리가 쓰러졌고 일체의 희망이 사라진 현실을 고발하는 동시에 회복과 갱신의 가능성을 조심스럽게 묻고 있습니다.

욥의 두 가지 기도(13:20~14:6)

욥은 하나님과 다투기 전에 사전의 안전보장 형태로서의 두 가지 기도를

주님께 드립니다. "나를 치시는 그 손을 거두어 주시고, 제발, 내가 이렇게 두려워 떨지 않게 해 주십시오"(13:21). 하나님께 자기 문제를 토로하려면 건강을 비롯한 모든 것을 잃고 극한 고난에 빠진 자기를 더 이상 괴롭히지 말아야 하며 두려움에 빠진 자기를 건져 주셔야 한다는 것입니다. 여기서 우리는 욥이 하나님과 대면하여 따지겠다는 태도가 결코 용기만으로 이루어진 것이 아니고 두려움도 함께 섞인 것임을 알 수 있습니다. 이런 기도와 더불어 욥은 하나님께 자신의 죄가 무엇인지 묻습니다. "내가 지은 죄가 무엇입니까? 내가 무슨 잘못을 저질렀습니까? 내가 어떤 범죄에 연루되어 있습니까?"(13:23). 욥은 하나님이 전능하시고 의로우신 분이라면 도대체 자기가 무슨 죄를 저질렀기에 이 고통을 당해야만 하는지 묻습니다. 이러한 물음을 신학적으로는 부당한 고난에 대한 하나님의 정의를 따진다는 뜻에서의 신정론(神正論, theodicy)이라고 부릅니다.

욥이 친구들을 제치고 하나님께 직접 따지게 된 동기는 자신의 결백성에 대한 확신 때문입니다. 지금 당하는 고통이 자신이 지은 죄와 상관없이 일어나는 부조리하고 부당한 고통이라고 하는 사실이 견딜 수 없었던 것입니다. 물론 욥은 자신이 태생적으로 죄가 없다고 주장하지는 않습니다. 인간이 천사와 달리 완벽하지 못한, 그리하여 피조물로서 숙명적으로 안고 살 수밖에 없는 선천적 연약함까지 부인하지는 않습니다. 그도 인간이기에 허물이 있음을 자인합니다(7:21; 13:26 참조). 하나님 앞에 의로운 사람은 아무도 없습니다. 욥이 이것을 모르는 바가 아닙니다! 요점은 욥이 당하는 고난이 자기가 지은 죄와 전혀 비례하지 않는다는 이른바 비대칭적인 고난이라는 사실이지요! 그 당시 보편적으로 통용되었던 도덕적 인과율에 비추어보더라도 상대적으로 더 경건하고 의롭게 산다고 자부하던 욥만이 구태여 다른 사람들과 달리 과도한 고통을 당해야 하는지가 도무지 이해가 되지 않는 것입니다! 그리하여 친구들의 이야기를 들을수록 욥은 "이게 아니다!"라는 확신만 더 해 갔으며 마음 깊은 곳에 반발심만 커져갔습니다. 이렇게 욥이 하나님 앞에 무죄를 주장할 때 인간의 선천적 한계성에서부터 오는 원죄성까지 부인하는 것이 아님을 알아야 합니다.

그런데 하나님은 결백한 욥을 지금 어떻게 대하십니까? 13:25절을 보세요. 하나님은 욥을 '바람에 날리는 나뭇잎' 같이 대하시고 '마른 지푸라기' 같이 욥을 공격하신다는 것입니다. 그리하여 줄곧 자기를 위협하는 원수처럼 대하신다는 것이지요. 또한 28절을 보세요. 욥은 하나님 앞에 '썩은 물건' 과도 같고 '좀 먹은 의복' 과도 같다고 탄식합니다. 욥의 일거수일투족을 다 조사하시더니만 마침내 쓰레기처럼 천대하신다는 푸념이지요. 또한 14:2절을 보세요. 하나님은 욥을 '시드는 꽃' 같이, '사라지는 그림자' 처럼 여기십니다. '낙엽,' '마른 지푸라기,' '썩은 물건,' '좀 먹은 의복,' '시들어버린 꽃,' '사라지는 그림자,' 등의 이미지들은 하나님에 의해 저 밑바닥에까지 내동댕이쳐진 욥의 처참한 모습을 여지없이 드러냅니다. 이와 같이 막다른 골목에까지 내몰린 욥은 하나님을 향하여 소망을 피력합니다. "그러므로 사람에게서 눈을 돌리셔서 그가 숨을 좀 돌리게 하시고, 자기가 살 남은 시간을 품꾼만큼이라도 한 번 마음껏 살게 해 주십시오"(14:6). 조금이라도 안식할 수 있는 여유를 달라고 간청합니다.

욥이 꿈꾸는 한 줄기 희망(14:7~22)

처절한 고통 속에서도 욥은 그러나 이제 한 줄기 희망을 버리지 않습니다. 14:7~9절에서 욥은 나무의 경우를 희망의 본보기로 들고 있습니다. "한 그루 나무에도 희망이 있습니다. 찍혀도 다시 움이 돋아나고, 그 가지가 끊임없이 자라나고, 비록 그 뿌리가 땅 속에서 늙어서 그 그루터기가 흙에 묻혀 죽어도, 물기운만 들어가면 다시 싹이 나며, 새로 심은 듯이 가지를 뻗습니다." 우리는 욥기를 읽으면서 저자가 동물이나 식물 등 자연세계에 아주 해박한 지식을 가지고 있다는 사실에 놀랍니다. 나무도 찍혀서 다 죽게 생겼어도 다시 살아날 수 있는 가능성이 있습니다. 어린 가지를 뻗어 물기운만 빨아들일 수 있다면 다시 소생할 수 있습니다. 죽은 것처럼 보여도 다시 싹이 트고 가지를 내어 살아납니다. 물기운만 있으면! 여기서 욥도 모든 것을 다 잃어버리고 마침내 목숨까지도 깜빡깜빡 기울어 가는 자신의 운명 앞에 수액의 영양분으로 다시 소생하는 나무 이미지에 희망을 겁니다.

아, 그러나 인간은 나무와 다릅니다! 여기에 욥의 희망은 다시 사그라지기 시작합니다. 14:10~12절을 보세요. "그러나 아무리 힘센 사람이라도 한 번 죽으면 사라지게 되어 있고, 숨을 거두면 그가 어디에 있는지도 모르게 됩니다. 물이 말라 버린 강처럼, 바닥이 드러난 호수처럼, 사람도 죽습니다. 죽었다 하면 다시 일어나지 못합니다. 하늘이 없어지면 없어질까, 죽은 사람이 눈을 뜨지는 못합니다." 죽은 것처럼 보이던 나무는 수액을 통해 잘도 살아나는데 인간은 그게 아니라는 것이지요. 천하장사라 할지라도 한번 죽으면 다시 살 수 없다는 냉엄한 현실을 욥은 다시 직시합니다. 나무에게는 수액이 생명을 줄 수 있지만 인간의 경우 일단 죽은 다음에는 물이 말라버린 강처럼, 바닥이 훤히 드러난 바닥처럼 다시 소생시킬 수 있는 생명의 물이 다 소멸되고 만다는 것이지요! 설령 하늘이 없어진다 해도 죽은 사람은 소생할 방도는 없다! 그렇다면 죽음에 처한 인간이 기댈 수 있는 한 가닥 희망은 어디에 있을까요?

욥기에서 죽음은 창조와 더불어 아주 중요한 주제를 이룹니다. 창조가 존재의 출발점이라면 죽음은 존재의 귀결점이 되는 까닭에 욥이 탄식할 때마다 이 두 축을 왔다 갔다 합니다. 죽음은 인간 존재의 상황종료를 의미하기 때문에 죽음으로서 욥은 현재의 고통을 끝낼 수 있다고 생각합니다. 그렇다면 죽음으로 만사가 끝장나는 인간에게 희망은 무엇일까요? 여기에서 욥은 스올에로의 은닉을 꿈꿉니다. '스올,' 다른 말로 음부(陰府)는 구약에서만 65회나 사용되었는데 사람이 죽어서 들어가는 지하세계를 의미한다고 보면 됩니다. 스올의 개념이 신약에 가서는 무저갱(無底坑)과 지옥의 개념으로 발전해나간 것인데, 스올은 선악에 따른 형벌과는 무관한 사자(死者)의 대기 장소라고 보면 됩니다. 욥은 자신을 향한 하나님의 진노가 그칠 때까지 스올에 숨어 들어가 있기를 소원합니다. 욥의 한 가닥 희망이 있다면 하나님께서 자신을 이 지긋지긋한 고통으로부터 벗어나 스올에 숨도록 배려하시는, 그런 분이 되셨으면 좋겠다는 희망입니다. 다시 말해 하나님의 공격과 진노가 멎을 그 때까지만 한시적으로 스올에 머물러 있기를 원하는 것이지요! 욥은 스올에 숨어 있으면서 하나님이 정하신 시간에 자신을 다시 기억하여 회복하실 그 날을 손꼽아 기다리겠다는 것입니다. 하나님께서 욥을 다시 기억하시는 날, 욥은 모든 고통에서 벗어나 새롭게 될 것입니다. 욥은 이렇게 스올에서의 은닉에 희미한 기대를 겁니다.

바로 이런 맥락에서 14:13~15절을 보세요. "차라리 나를 스올에 감추어 두실 수는 없으십니까? 주님의 진노가 가실 때까지만이라도 나를 숨겨 주시고, 기한을 정해 두셨다가 뒷날에 다시 기억해 주실 수는 없습니까? 아무리 대장부라 하더라도, 죽으면 그만입니다. 그러므로 나는 더 좋은 때를 기다리겠습니다. 이 고난의 때가 지나가기까지 기다리겠습니다. 그 때에 주님께서 나를 불러 주시면, 내가 대답하겠습니다. 주님께서도 손수 지으신 나를 보시고 기뻐하실 것입니다." 이렇게 주님께서 스올에 있는 욥을 다시 기억하시는 날 14:17절의 말씀처럼 주님은 욥의 허물을 자루에 넣어 봉하시고 잘못을 덮어 주실 것이라고 기대합니다.

그러나 이런 희망은 다시 한번 냉엄한 현실로 돌아올 때 무참하게 꺾이고 맙니다. 14:18~20절에 보면 주님은 마치 "산이 무너져 내리고, 큰 바위조차 제자리에서 밀려나듯이, 물이 바위를 굴려 내고 폭우가 온 세상 먼지를 급류로 씻어 내듯이," 연약한 자신의 희망도 그렇게 사정없이 끊으신다고 탄식합니다. 물론 희망도 하나의 상상적인 가정에서 시작된 것이지만 희망의 사라짐 역시 상상 속에서 이렇게 덧없이 허물어져 갑니다.

본문 말씀이 주는 교훈

욥이 극심한 고난의 현실 앞에서 스올에 한 가닥 기대를 건다는 것은 참 흥미로운 발상이 아닐 수 없습니다. 이것을 우리는 현실이 너무 고달파서 나온 심리적 도피주의로 쉽게 치부할 수만은 없습니다. 왜냐하면 묵시록을 보면 현재 부당하게 고통당하는 성도들에 대한 종말의 날에 주어지는 보상이 약속되어 있기 때문입니다. 바로 이런 점에서 욥기는 묵시 문학의 발전 과정에도 깊은 영향을 끼쳤음에 틀림없는 것 같습니다. 하나님은 비록 오늘 우리가 이유를 모르는 부당한 고난을 당할지라도 어디까지나 일시적으로 허용하실 뿐, 의의 최후 승리를 약속하십니다. 요한계시록 22:11~12절은 말씀합니다. "이제는 불의를 행하는 자는 그대로 불의를 행하고, 더러운 자는 그대로 더러운 채로 있어라. 의로운 사람은 그대로 의를 행하고, 거룩한 사람은 그대로 거룩한 채로 있어라. 보아라, 내가 곧 가겠다. 나는 각 사람에게 그 행위대로 갚아 주려고 상을 가지고 간다." 우리는 부조리한 고난을 당할 때마다 의의 최후 승리가 이루어질 새 하늘과 새 땅에 대한 비전을 포기하지 말아야 합니다.

또 한 가지, 나무가 비록 찍혀 죽어가더라도 수액만 빨아들이면 움이 트고 잔가지가 돋아나 다시 소생하듯이 고난당하는 우리가 생수의 근원이 되시는 예수님을 의지할 때 고난은 결국 지나가고 말 것입니다.

Ⅲ

욥과 세 친구들 사이의 둘째 마당 논쟁

욥은 자신이 겪는 고통의 궁극적 기원이 하나님께 있음을 확실히 안 동시에 자신의 무죄를 다 밝혀내고 최종적으로 이 고통에서 구출해 내실 분도 하나님이라는 사실을 알았습니다. 욥은 현재를 바라보면 고통 때문에 견딜 수 없습니다. 그리하여 자신이 겪는 고통의 부당성을 하나님을 향하여 항의합니다. 그러다가 이 지긋지긋한 고난에서 빠져나올 출구를 찾아보니 이 세상에는 없습니다. 그래서 다시 하나님께 소망을 걸 수밖에 없습니다. 이러한 욥의 영적 갈등과 투쟁은 욥을 점점 더 성숙한 믿음으로 이끌고 있습니다.

엘리바스의 두 번째 공박

하나님께 종주먹질을 하는 사나이여

| 욥 15:1~35 |

15장

1 데만 사람 엘리바스가 대답하였다. 2 지혜롭다는 사람이, 어찌하여 열을 올리며 궤변을 말하느냐? 3 쓸모 없는 이야기로 논쟁이나 일삼고, 아무 유익도 없는 말로 다투기만 할 셈이냐? 4 정말 너야말로 하나님을 두려워하는 마음도 내던져 버리고, 하나님 앞에서 뉘우치며 기도하는 일조차도 팽개쳐 버리는구나. 5 죄가 네 입을 부추겨서, 그 혀로 간사한 말만 골라서 하게 한다. 6 너를 정죄하는 것은 네 입이지, 내가 아니다. 바로 네 입술이 네게 불리하게 증언한다. 7 네가 맨 처음으로 세상에 태어난 사람이기라도 하며, 산보다 먼저 생겨난 존재라도 되느냐? 8 네가 하나님의 회의를 엿듣기라도 하였느냐? 어찌하여 너만 지혜가 있다고 주장하느냐? 9 우리가 알지 못하는 어떤 것을 너 혼자만 알고 있기라도 하며, 우리가 깨닫지 못하는 그 무엇을 너 혼자만 깨닫기라도 하였다는 말이냐? 10 우리가 사귀는 사람 가운데는, 나이가 많은 이도 있고, 머리가 센 이도 있다. 네 아버지보다 나이가 더 든 이도 있다. 11 하나님이 네게 위로를 베푸시는데도, 네게는 그 위로가 별것 아니란 말이냐? 하나님이 네게 부드럽게 말씀하시는데도, 네게는 그 말씀이 하찮게 들리느냐? 12 무엇이 너를 그렇게 건방지게 하였으며, 그처럼 눈을 부라리게 하였느냐? 13 어찌하여 너는 하나님께 격한 심정을 털어놓으며, 하나님께 함부로 입을 놀려 대느냐? 14 인생이 무엇이기에 깨끗하다고 할 수 있겠으며, 여인에게서 태어난 사람이 무엇이기에 의롭다고 할 수 있겠느냐? 15 바로 그것이다. 하나님은 당신의 천사들마저도 반드시 신뢰할 수 있다고 여기지는 않으신다. 그분 눈에는 푸른 하늘도 깨끗하게만 보이지는 않는다. 16 하물며 구역질 나도록 부패하여 죄를 물 마시듯 하는 사람이야 어떠하겠느냐? 17 네게 가르쳐 줄 것이 있으니, 들어 보아라. 내가 배운 지혜를 네게 말해 주겠다. 18 이것은 내가 지혜로운 사람들에게서 배운 것이고, 지혜로운 사람들도 자기 조상에게서 배운 공개된 지혜다. 19 그들이 살던 땅은 이방인이 없는 땅이고, 거기에서는 아무도 그들을 곁길로 꾀어 내서 하나님을

떠나게 하지 못하였다. 20 악한 일만 저지른 자들은 평생 동안 분노 속에서 고통을 받으며, 잔
인하게 살아온 자들도 죽는 날까지 같은 형벌을 받는다. 21 들리는 소식이라고는 다 두려운 소
식뿐이고, 좀 평안해졌는가 하면 갑자기 파괴하는 자가 들이닥치는 것이다. 22 그런 사람은, 어
디에선가 칼이 목숨을 노리고 있으므로, 흑암에서 벗어나서 도망할 희망마저 가질 수 없다. 23
날짐승이 그의 주검을 먹으려고 기다리고 있으니, 더 이상 앞날이 없음을 그는 깨닫는다. 24 재
난과 고통이, 공격할 준비가 다 된 왕처럼, 그를 공포 속에 몰아넣고 칠 것이다. 25 이것은 모두
그가, 하나님께 대항하여 주먹을 휘두르고, 전능하신 분을 우습게 여긴 탓이 아니겠느냐? 26 전
능하신 분께 거만하게 달려들고, 방패를 앞세우고 그분께 덤빈 탓이다. 27 비록, 얼굴에 기름이
번지르르 흐르고, 잘 먹어서 배가 나왔어도, 28 그가 사는 성읍이 곧 폐허가 되고, 사는 집도 폐
가가 되어서, 끝내 돌무더기가 되고 말 것이다. 29 그는 더 이상 부자가 될 수 없고, 재산은 오
래 가지 못하며, 그림자도 곧 사라지고 말 것이다. 30 어둠이 엄습하면 피하지 못할 것이며, 마
치 가지가 불에 탄 나무와 같을 것이다. 꽃이 바람에 날려 사라진 나무와 같을 것이다. 31 그가
헛것을 의지할 만큼 어리석다면, 악이 그가 받을 보상이 될 것이다. 32 그런 사람은 때가 되지도
않아, 미리 시들어 버릴 것이며, 마른 나뭇가지처럼 되어, 다시는 움을 틔우지 못할 것이다. 33
익지도 않은 포도가 마구 떨어지는 포도나무처럼 되고, 꽃이 다 떨어져서 열매를 맺지 못하는
올리브 나무처럼 될 것이다. 34 하나님을 두려워하지 않는 무리는 이렇게 메마르고, 뇌물로 지
은 장막은 불에 탈 것이다. 35 재난을 잉태하고 죄악만을 낳으니, 그들의 뱃속에는 거짓만 들어
있을 뿐이다.

15~21장까지는 세 친구들과 욥 사이의 둘째 마당 설전이 나옵니다. 3~14장까지의 1라운드의 논쟁이 끝난 뒤 다시 1번 타자 엘리바스 차례가 되었습니다. 엘리바스는 그 이름이 '하나님이 승리하신다' 는 뜻을 가지고 있는데 데만 출신으로서 에서의 후손인 에돔 족속입니다. 엘리바스는 세 친구들 중에 제일 연배가 높았으며 학식도 있고 그런 대로 점잖은 사람인 것처럼 보입니다. 그런데 욥이 첫 번째 마당의 질문에 대답하는 모습을 지켜보다가 예의 그 온유함을 잃고 점점 공세적이고 정죄하는 입장을 취하고 있습니다.

본문에 나오는 엘리바스의 논리는 4~5장에서 피력한 첫 번째 발언과 별반 차이가 없어 보입니다. 그 당시 두루 통용되었던 도덕적 인과율을 욥의 경우에도 줄기차게 적용하려고 합니다. 의롭고 선하신 하나님이 통치하시는 이 세상은 도덕 질서가 자리를 잘 잡고 있기에 반드시 심은 대로 거둔다는 것입

니다. 선인은 보상을, 악인은 응벌을 받을 수밖에 없다는 논리이지요. 엘리바스는 이러한 대원칙이 한 치의 오차도 없이 이 세상에 척척 작동한다고 확신하기에 욥의 결백성에 대한 변명을 용납할 수 없었습니다. 그리하여 욥은 반드시 자신의 죄악을 하나님께 이실직고(以實直告)하여 용서를 빌어야만 합니다. 그것만이 욥이 살 길입니다. 이렇게 엘리바스는 욥이 현재 재난의 열매를 거두고 있다는 사실이 필연적으로 과거 죄악의 씨앗을 심었음에 틀림없다는 단정적인 논리를 전개해나갑니다.

그러나 엘리바스의 맹점은 바로 여기에 있습니다! 죄없는 사람도 고난을 당할 수 있다는 우주의 신비와 하나님의 자유를 인정하지 않습니다. 과거로부터 전수받은 인과응보의 신학논리로 "죄 없는 사람도 고난당할 수 있고 죄 있는 사람도 번성할 수 있다."는 너무도 엄연한 경험적 현실을 인정하지 않습니다. 하나님께서 그 해를 악인과 선인에게 골고루 비취게 하시며 비를 의로운 자와 불의한 자에게 모두 내리신다는 사실을 진지하게 생각하지 않습니다(마 5:45 참조). 이러한 태도야말로 교조주의적, 율법주의적이며 창기와 세리같은 중죄인들까지도 하나님 나라의 식탁으로 초대하는 하나님의 포괄적인 은총과 사랑에 정면 배치되는 것입니다. 우리는 엘리바스의 논리에서 이러한 위험성을 발견할 수 있어야 합니다.

욥을 불경건하다고 공박하는 엘리바스(15:1~16)

욥은 신학 이론이 아니라 자신의 현실 체험으로부터 말했습니다. 무죄한 사람도 재앙을 만날 수 있다는 경험적 사실을 친구들과 하나님께 힘써 변증했습니다. 그러나 온화한 것처럼 보였던 엘리바스도 이렇게 집요하게 자기 결백을 주장하는 욥을 용납할 수 없었습니다. 무엇보다도 하나님께 따지는 욥을 향하여 불경건하다고 공격합니다. "정말 너야말로 하나님을 두려워하는 마음도 내던져 버리고, 하나님 앞에서 뉘우치며 기도하는 일조차도 팽개쳐 버리는

구나. 네 죄가 네 입을 부추겨서, 그 혀로 간사한 말만 골라서 하게 한다"(4~5). 욥이 하나님을 위협하여 경건성 그 자체를 손상시킨다는 비난이지요.

이제 엘리바스는 욥이 주장하는 자기만의 내밀한 지혜에 대해서도 공박합니다. "네가 맨 처음으로 세상에 태어난 사람이기라도 하며, 산보다 먼저 생겨난 존재라도 되느냐? 네가 하나님의 회의를 엿듣기라도 하였느냐? 어찌하여 너만 지혜가 있다고 주장하느냐? 우리가 알지 못하는 어떤 것을 너 혼자만 알고 있기라도 하며, 우리가 깨닫지 못하는 그 무엇을 너 혼자만 깨닫기라도 하였다는 말이냐?"(7~9). 이것은 12:2~6절에서 욥이 친구들이 마치 지혜를 전세라도 낸 것처럼 구는 것을 반박한 내용과 아주 흡사합니다. 그 때에는 욥이 친구들을 향하여 너희들만 아는 척 하지 말라고 힐난했는데 이번에는 거꾸로 엘리바스가 욥이 지혜있는 척한다고 공격의 날을 세웁니다. 나란히 달리는 철도처럼 서로 만날 수 없는 양쪽 입장을 보여주는 것이지요. 더 재미있는 것은 10절에 보면 욥이 마치 이 세상에서 제일 먼저 난 사람처럼 구는데 자기들 가운데에는 욥보다 훨씬 나이가 더 많은 머리 센 사람도 있고 욥의 아버지보다 더 연장자도 있다는 것입니다. 일반적으로 나이 많은 사람이 지혜도 많은 것은 사실이지만 항상 그런 것은 아니지요. 엘리바스는 이제 나이까지 들고나와 욥이 지혜있는 척 하는 것을 꾸짖습니다.

그러면서 엘리바스는 욥이 씻을 수 없는 죄인이라고 아예 단언합니다. 14~16절을 보세요. "인생이 무엇이기에 깨끗하다고 할 수 있겠으며, 여인에게서 태어난 사람이 무엇이기에 의롭다고 할 수 있겠느냐? 바로 그것이다. 하나님은 당신의 천사들마저도 반드시 신뢰할 수 있다고 여기지는 않으신다. 그분 눈에는 푸른 하늘도 깨끗하게만 보이지는 않는다. 하물며 구역질 나도록 부패하여 죄를 물 마시듯 하는 사람이야 어떠하겠느냐?" 여기 보세요. 엘리바스는 욥이 자신의 무죄성을 일관되게 주장하는 것을 듣고서는 천사들도 정결해지기 어려운데 인간이 깨끗해지는 것은 불가능하고 말합니다. 이미 엘리바스는 4:17절에서 인간이 하나님보다 의로울 수 없으며 사람이 창조주보다 깨끗할 수 없다고 주장했었는데 욥의 죄있음을 물고 늘어지기 위하여 다시 한번 이 진리를 힘써 강조하는 것입니다. 그러나 이러한 주장은 욥에게 적용될 수 없습니다. 왜냐하면 욥이 부인한 것은 자신의 태생적 연약함이 아니기 때문입니다. 모든 인간이 보편타당하게 지니고 있는 원죄성에는 자신도 예외가 아님을 잘 알고 있습니다. 문제는 자신의 자유의지로 짓는 윤리적 죄, 즉 자범죄가 문제입니다. 적어도 욥이 100% 확신하는 것은 자신이 의도적으로 지은 죄, 즉 자범죄에 비하여 그 형벌이 지나치게 가혹하고 불균형적이라는 사실입니다. 여기에서 또 한 번 엘리바스와 욥은 대화의 초점을 맞추지 못한 채 어긋나고 있습니다.

욥과 같은 악인의 운명(15:17~35)

엘리바스는 인과응보론이라는 정통 신학을 더욱 예리하게 갈고 닦아 욥을 죄인으로서 몰아 부치고 있습니다. "이것은 모두 그가, 하나님께 대항하여 주먹을 휘두르고, 전능하신 분을 우습게 여긴 탓이 아니겠느냐? 전능하신 분께 거만하게 달려들고, 방패를 앞세우고 그분께 덤빈 탓이다"(25~26). 하나님을 대적하여 함부로 종주먹질을 하고 우습게 여기는 사람은 반드시 거기에 상응하는 벌을 받게 된다는 말씀입니다. 이것은 엘리바스가 대대손손 현자로부터 전수받아온 한 점 오류도 없는 정통 신학이요, 진리라는 것입니다(17~18). 두말할 필요도 없이 이와 같은 악인들 중에는 욥도 포함됩니다.

그렇다면 악인이 받는 고통의 결과는 무엇입니까? 20~24절, 27~35절에 자세히 설명합니다. 평생 동안 분노 속에서 고통을 받으며 들리는 소식이라곤 다 두려운 소식뿐이고 항상 칼이 목숨을 노리고 더 이상 앞날의 희망이 없다는 것입니다. 뿐만 아닙니다. 하나님께 범죄한 악인은 사는 집이 폐가가 되며 더 이상 부자가 될 수 없으며 가지가 불에 탄 나무처럼 망하게 된다는 것입니다. 여기에서도 '가지가 불에 탄 나무,' '꽃이 바람에 날려 사라진 나무,' '마른 나뭇가지,' '익지도 않은 포도,' '꽃이 다 떨어져서 열매를 맺지 못하는 올리브 나무' 등의 이미지를 통하여 악인의 비참한 최후를 회화적으로 묘사합니다. 이렇게 엘리바스는 욥이 악인이기 때문에 악인이 받을 수밖에 없는 모든 고통을 지금 다 받는다고 믿는 것입니다.

본문 말씀이 주는 교훈

엘리바스의 말은 참 화 나게 만듭니다. 가족도 잃고 재산도 잃고 건강마저 잃어서 빈사 상태에 빠진 사람을 이렇게까지 코너로 몰 수 있나, 자괴감이 듭니다. 엘리바스의 인과응보론이 결코 틀린 이론은 아닙니다. 대부분의 경우에 맞아떨어지는 우주의 한 법칙입니다. 그러나 모든 경우에 다 적용될 수는 없습니다. 예외가 있습니다. 헤아릴 수 없는 신비의 심연 속에 계신 하나님이 통치하시는 이 우주도 인과율로만 설명할 수 없는 수수께끼로 가득 차 있습니다. 이러한 신학적 이론이 비록 옳다고 할지라도 극심한 고통을 당하는 사람에게는 아무 도움도 줄 수 없습니다. 욥은 고통의 경험으로부터 생각하고 엘리바스를 비롯한 세 친구들은 전통과 교리로부터 출발합니다. 우리는 여기에서 인간의 구체적인 경험을 반영하지 않는 추상적인 이론 신학이 고난당하는 인간에게 아무런 희망도 제시하지 못한다는 아이러니를 발견하게 됩니다.

또 하나, 오늘 기막힌 고통을 당하는 사람은 누구든지 다 죄를 지었기 때문에 그렇다는 논리는 그 반대편에 있는 논리, 즉 오늘 떵떵거리며 잘 사는 사람은 다 선을 쌓았기 때문에 그렇다는 논리와 마찬가지로 100% 받아들이기 어렵습니다. 이렇게 교조주의적 눈으로 세상을 바라볼 경우 세상은 참 이해할 수 없는 일들로 가득 차 있습니다. 적어도 우리 현실 경험은 이와 같이 기계적으로 돌아가는 도덕적 질서를 부인하기 때문이지요. 가난한 사람, 병든 사람, 실패한 사람 등등 주변으로 밀려난 모든 사람들을 당신이나 당신 조상이 지은 죄로 인해 이 고통을 당한다고 설명하는 방식으로는 그들을 구원할 수 없습니다. 역으로 부자, 건강한 사람, 성공한 사람 등등 중심부에서 떵떵거리는 사람들을 당신이 과거에 선을 쌓았기 때문에 지금의 복락을 누린다고 말하는 것도 항상 진실은 아닙니다. 결국 우리는 엘리바스를 비롯한 친구들이 바리새인들이나 서기관들과 같은 율법주의자들과 비슷하고 욥은 무고하게 고난을 당하신 예수님을 썩 닮은 것처럼 생각이 들지 않습니까? 죄있기 때문에 이 고통을 당한다고 몰아붙이는 세 친구들이나 과거의 전통을 따지며 현실의 모든 고통스런 경험을 율법이라는 좁은 문자 속에 가두어 해석하고 심판하는 율법주의자는 공히 깊은 고통의 나락에 빠져 신음하는 사람들에게 희망을 줄 수 없습니다.

엘리바스의 두 번째 공박에 대한 욥의 응답 I

너희 재난을 주는 위로자들이여

| 욥 16:1~17:5 |

16장

1 욥이 대답하였다. 2 그런 말은 전부터 많이 들었다. 나를 위로한다
고 하지만, 오히려 너희는 하나같이 나를 괴롭힐 뿐이다. 3 너희는 이런 헛된 소리를 끝도 없이
계속할 테냐? 무엇에 홀려서, 그렇게 말끝마다 나를 괴롭히느냐? 4 너희가 내 처지가 되면, 나
도 너희처럼 말할 수 있을 것이다. 나도 너희에게 마구 말을 퍼부으며, 가엾다는 듯이 머리를 내
저을 것이다. 5 내가 입을 열어 여러 가지 말로 너희를 격려하며, 입에 발린 말로 너희를 위로하
였을 것이다. 6 내가 아무리 말을 해도, 이 고통 줄어들지 않습니다. 입을 다물어 보아도 이 아
픔이 떠나가지 않습니다. 7 주님께서 나를 기진맥진하게 하시고, 내가 거느리고 있던 자식들을
죽이셨습니다. 8 주님께서 나를 체포하시고, 주님께서 내 적이 되셨습니다. 내게 있는 것이라고
는, 피골이 상접한 앙상한 모습뿐입니다. 이것이 바로 주님께서 나를 치신 증거입니다. 사람들은
피골이 상접한 내 모습을 보고, 내가 지은 죄로 내가 벌을 받았다고 합니다. 9 주님께서 내게 분
노하시고, 나를 미워하시며, 내게 이를 가시며, 내 원수가 되셔서, 살기 찬 눈초리로 나를 노려보
시니, 10 사람들도 나를 경멸하는구나. 욕하며, 뺨을 치는구나. 모두 한패가 되어 내게 달려드는
구나. 11 하나님이 나를 범법자에게 넘겨 버리시며, 나를 악한 자의 손아귀에 내맡기셨다. 12 나
는 평안히 살고 있었는데, 하나님이 나를 으스러뜨리셨다. 내 목덜미를 잡고 내던져서, 나를 부
스러뜨리셨다. 그가 나를 세우고 과녁을 삼으시니, 13 그가 쏜 화살들이 사방에서 나에게 날아든
다. 그가 사정없이 내 허리를 뚫으시고, 내 내장을 땅에 쏟아 내신다. 14 그가 나를 갈기갈기 찢
고 또 찢으시려고 용사처럼 내게 달려드신다. 15 내가 맨살에 베옷을 걸치고 통곡한다. 내 위세
를 먼지 속에 묻고, 여기 이렇게 시궁창에 앉아 있다. 16 하도 울어서, 얼굴마저 핏빛이 되었고,
눈꺼풀에는 죽음의 그림자가 덮여 있다. 17 그러나 나는 폭행을 저지른 일이 없으며, 내 기도는
언제나 진실하였다. 18 땅아, 내게 닥쳐온 이 잘못된 일을 숨기지 말아라! 애타게 정의를 찾는

내 부르짖음이 허공에 흩어지게 하지 말아라! 19 하늘에 내 증인이 계시고, 높은 곳에 내 변호인
이 계신다! 20 내 중재자는 내 친구다. 나는 하나님께 눈물로 호소한다. 21 사람이 친구를 위하
여 변호하듯이, 그가 하나님께 내 사정을 아뢴다. 22 이제 몇 해만 더 살면, 나는 돌아오지 못하
는 길로 갈 것이다.

17장

1 기운도 없어지고, 살 날도 얼마 남지 않고, 무덤이 나를 기다리고
있구나. 2 조롱하는 무리들이 나를 둘러싸고 있으니, 그들이 얼마나 심하게 나를 조롱하는지를
내가 똑똑히 볼 수 있다. 3 주님, 주님께서 친히 내 보증이 되어 주십시오. 내 보증이 되실 분은
주님 밖에는 아무도 없습니다. 4 주님께서 그들의 마음을 마비시키셔서 다시는 내게 우쭐대지
못하게 해주십시오. 5 옛 격언에도 이르기를 '돈에 눈이 멀어 친구를 버리면, 자식이 눈이 먼다'
하였다.

엘리바스를 비롯한 세 친구들은 이중적인 모습을 가집니다. 처음에 그들은 순수한 마음으로 욥을 위로하려했습니다. 그러나 시간이 지날수록 적대자로 바뀌어져갔습니다. 더 이상 욥을 위로하는 것이 아니라 욥을 심문하고 정죄하는 심판자가 되어 갔습니다. 지금까지의 대화만 종합해봐도 고난은 죄의 결과로서 온다는 원리가 이들에게 하나의 도그마로 확고하게 자리잡고 있음을 알 수 있습니다. 이들에게 하나님은 공의로우신 분이기에 죄 없는 사람이 고난당하도록 방치하실 수 없습니다. 욥이 오늘 재앙을 당하는 것은 반드시 어제 욥이 지은 죄의 결과이지 않으면 안 됩니다. 바로 이러한 사실을 욥에게 줄기차게 알리고 가르치려고 한다는 사실에서 이들은 예언자들이나 파수꾼들로 자처한다고 볼 수 있습니다. "사람아, 내가 너를 이스라엘 족속의 파수꾼으로 세웠다. 그러므로 너는 내가 하는 말을 듣고, 나를 대신하여 그들에게 경고하여라"(겔 3:17). 친구들은 욥으로 하여금 죄지어서 이 고통을 당한다는 사실을 빨리 깨닫고 회개하도록 만들어서 예전의 경건자, 행복자로 되돌아가도록 외쳐야 하는 파수꾼의 사명을 자임한다고 볼 수 있습니다.

그러나 이렇게 예언자적이요, 파수꾼적인 사명을 수행하다보니 이들은 어

는 새 위로자의 모습은 잃어버리고 심문자와 심판자의 모습으로 탈바꿈해갔습니다. 욥이 더욱 더 견딜 수 없었던 것은 이들이 하나님의 공의와 지혜를 변호한다는 명목으로 하나님의 대변자로 자처한다는 사실이었습니다. 엘리바스의 두 번째 발언에 대한 욥의 응답은 자신의 고통은 아랑곳하지 않고 주제 넘는 책망과 훈계로 일관하는 친구들에 대한 저항입니다.

재난을 주는 위로자들(16:1~6)

3장 이후부터 전개되어온 담화를 살펴보면 욥의 응답은 친구들에게 먼저 한 뒤, 하나님께 호소하는 식으로 끝을 맺어왔습니다(6:7~21; 10:2~22; 13:20~14:22). 그런데 16~17장에 나타난 엘리바스의 두 번째 발언에 대한 욥의 응답은 조금 다릅니다. 친구들에 대하여 간간이 언급하는 가운데 독백으로 결론을 맺기 전(17:11~16), 주로 하나님께 간략히 말하는 형식으로 되어 있습니다.

욥은 친구들이 자신을 위로하기는커녕 공모자가 되어서 자기 고통을 가중시킨다고 생각합니다. "그런 말은 전부터 많이 들었다. 나를 위로한다고 하지만, 오히려 너희는 하나같이 나를 괴롭힐 뿐이다. 너희는 이런 헛된 소리를 끝도 없이 계속할 테냐? 무엇에 홀려서, 그렇게 말끝마다 나를 괴롭히느냐?"(2~3). 욥이 죄를 지어서 이 고난을 당하니 빨리 회개하고 주님께 돌아오라는 친구들의 말이 견딜 수 없다는 말이지요. 이들은 개역 성경에서는 '번뇌케 하는 안위자들,' 개역 개정판에서는 '재난을 주는 위로자들' 이라는 것입니다. '재난을 주는 위로자들,' 이런 말을 'oxymoron,' 즉 모순어법이라고 합니다. 서로 정반대되는 단어를 결합시켜 삶의 부조리를 통렬하게 지적하는 언어형식이지요. 예컨대 '침묵의 소리,' '깨끗한 혼란,' '지독한 친절,' '창조적 파괴,' '똑똑한 바보,' 등등을 들 수 있습니다.

노년의 뉴턴이 어느 날 난로 앞에 앉아있었는데 불이 너무 뜨거워 하인을 불러 벌겋게 단 석탄을 꺼내도록 했습니다. 이 때 하인 왈, "석탄을 꺼내는 대신 왜 의자를 난로에서 조금만 옮겨 떨어져 앉지 않으십니까?" 라고 물었답니다. 또 뉴턴은 크고 작은 고양이 두 마리를 길렀는데 서재에 들어오려고 서로 다투는 모양을 보고서는 자기 딴에 기발한 아이디어를 하나 냈습니다. 문짝에다가 큰 놈을 위해서는 큰 구멍을, 작은 놈을 위해서는 작은 구멍을 각각 뚫어 놓았습니다. 그러나 상식으로 볼 때 큰 고양이가 큰 구멍으로만, 작은 고양이가 작은 구멍으로만 들어온다는 보장은 없습니다. 이 경우 뉴턴을 '우둔한 천재' 라고 부를 수 있지 않을까요? 이렇게 모순어법은 대립적인 사실이나 상반된 생각을 상호 모순되게 표현함으로써 아이로니컬한 상황을 날카롭게 드러내는 언어표현법입니다. 친구들은 욥을 위로한다고 갖가지 말을 쏟아 놓는데 실상은 다 재난만 안겨주는 말이 되고 말았다는 것이지요. 입에 발린 말로 욥의 아픈 마음을 더욱 후벼팠던 것입니다!

이런 맥락에서 16:6절 말씀은 욥의 참담한 처지를 유감 없이 드러냅니다. "내가 아무리 말을 해도, 이 고통 줄어들지 않습니다. 입을 다물어 보아도 이 아픔이 떠나가지 않습니다." 아, 얼마나 재치 있는 표현인지요! 우리가 극심한 고통을 당할 때 고함을 질러봐도 입을 꼭 다물고 깊은 침묵 속에 잠겨 들어가도 아픔이 조금도 줄어들지 않을 때가 있지 않습니까? 웃어봐도 울어봐도 소리쳐봐도 입을 꾹 다물어봐도 비수처럼 가슴을 도려내는 아픔은 영영 사라지지 않습니다. 겪어 본 사람만이 알 수 있는, 도무지 어찌할 수 없는 아픔이지요.

하늘에 계신 증인(16:7~17:5)

이 부분에서 욥은 하나님이 자기를 인정 사정없이 다루시는 원수라고 묘사합니다. 이렇게 함으로써 욥은 친구들이 이 처절한 고통에 대해 증언해주기를 바랍니다. 8~10절을 보세요. "주님께서 나를 체포하시고, 주님께서 내 적이 되셨습니다. 내게 있는 것이라고는, 피골이 상접한 앙상한 모습뿐입니다.

이것이 바로 주님께서 나를 치신 증거입니다. 사람들은 피골이 상접한 내 모습을 보고, 내가 지은 죄로 내가 벌을 받았다고 합니다. 주님께서 내게 분노하시고, 나를 미워하시며, 내게 이를 가시며, 내 원수가 되셔서, 살기 찬 눈초리로 나를 노려보시니, 사람들도 나를 경멸하는구나. 욕하며, 뺨을 치는구나. 모두 한패가 되어 내게 달려드는구나." 16:12~14절을 보면 군사적인 용어까지 동원해가면서 하나님이 욥을 얼마나 가혹하게 공격하시는지에 대해서 말합니다. 욥을 과녁 삼아 사방에서 화살을 날리시며 욥을 갈기갈기 찢으신다는 것입니다. 그런데 이와 같은 하나님의 집중포화 한가운데에서도 욥은 여전히 자신의 결백을 확신합니다. "그러나 나는 폭행을 저지른 일이 없으며 내 기도는 언제나 진실하였다"(16:17). 아무 죄없이 하나님으로부터 이 고통을 당하고 있다는 것이지요.

이제 욥은 6:18~22절에서 친구들이 욥이 지금 당하고 있는 이 부당한 고통을 하나님께 증언해 달라고 요구합니다. 욥이 하나님을 상대로 무죄 소송을 벌일 때 친구들이 자기가 지금 아무 잘못한 것이 없이 견디기 어렵고 부조리한 고통을 당한다는 이 엄연한 사실을 양심껏 증언해주기를 바랍니다. 그러나 지금까지 살펴 본 것처럼 친구들은 욥의 기대를 저버리고 거꾸로 욥이 지은 죄에 응당한 벌을 받고 있다고 코너로 몹니다. 그리하여 욥은 땅이 이 억울한 고통을 숨기지 말아달라고, 정의를 찾는 자신의 부르짖음이 허공에 산산조각 흩어지지 않게 해달라고 절규합니다.(16:22)

20절에 보면 친구들이 자기를 조롱하니 욥은 하나님을 향하여 눈물지을 수밖에 없습니다. 사람들은 아무도 욥의 억울한 고통에 귀 기울이지 않으니 욥이 호소할 분은 하나님 한 분밖에 없다는 것입니다. 19절과 21절을 보세요. "하늘에 내 증인이 계시고, 높은 곳에 내 변호인이 계신다!" "사람이 친구를 위하여 변호하듯이, 그가 하나님께 내 사정을 아뢴다." 여기서 욥은 하나님이 자기를 부당하게 핍박하시는 원수 같은 하나님인 동시에 결정적인 순간에 자기를 변호해주실 분이라는 사실을 고백합니다. 욥에게 하나님은 원수인 동시에 자신의 무죄함을 옹호해주시는 벗입니다! 그런데 이 말씀은 읽을수록 예수 그리스도를 연상하게 만듭니다. 예수님은 우리의 중보자가 되셔서 우리의 억울한 사정을 하나님께 증언하고 변호해주십니다. 욥도 지상에서 자기의 무죄를 입증해주고 결백을 변호해 줄 증인을 찾지만 조롱만 돌아올 뿐 찾을 수 없습니다. 결국 17:3절의 말씀처럼 욥은 자신의 보증이 되실 분은 주님 한 분밖에 없다고 확신합니다. 이와 같이 결국 주님께 되돌아 갈 수밖에 없는 것은 주님께서 친구들의 마음을 마비시키셔서 다시는 욥에게 우쭐대지 못하게 해달라는 이유 때문입니다.

그런데 17:5절에 흥미로운 격언이 하나 소개되어 있습니다. "옛 격언에도 이르기를 돈에 눈이 멀어 친구를 버리면, 자식이 눈이 먼다 하였다." 보증은 경제적인 행위이기 때문에 손해 보지 않도록 함부로 할 수 있는 것이 아닙니다. 친구들이 욥의 무고한 고난에 대해서 보증 서기를 꺼려하는 이유도 혹시 부주의하게 끼어 들었다가는 낭패를 당할지도 모른다는 두려움 때문이지요. 친구들이 마치 돈에 눈이 멀어 친구를 버리는 사람들처럼 손해 보지 않으려고 욥의 무죄함을 증언하지 않으려 한다는 것입니다. 결국 하나님을 보증 삼게 될 때 친구들의 이기적이고 약삭빠른 처신, 즉 손해 보지 않기 위하여 욥의 보증이 되지 않으려는 행위는 그 대가를 치를 수밖에 없다는 뜻입니다.

본문 말씀이 주는 교훈

이 말씀을 읽으면서 '재난을 주는 위로자'라는 말이 가슴에 와 닿습니다. 이 말은 욥이 친구들에게 '돌팔이 의사들'(13:4)과 마찬가지라고 힐난한 말과도 연결됩니다. 우리는 이웃을 위로한다는 명목으로 이 말 저 말 내뱉다가 실제로는 더 큰 고통을 가중시키는 일은 없는지요. 어설픈 지식과 쓸데없는 우월감으로 고통당하는 이웃을 심문하고 정죄한 적은 없는지요. 그저 겸손히 상대방의 아픔을 나의 아픔으로 알고 따뜻하게 품어주면 얼마나 좋을까요? 이것은 다시 지식과 실천, 이론과 경험의 문제로 넘어갑니다. 비슷한 경험을 당해본 사람만이 상대방의 아픔을 조금이라고 이해할 수 있을 것입니다. 욥의 친구들은 욥이 당하는 고통의 실제적 경험이 아닌 인과율이라는 낡은 도그마, 이데올로기의 입장에서 말을 걸기 때문에 욥에게 전혀 도움이 되지 않습니다.

그렇다면, 욥이 그토록 목말라 찾는 증인, 변호자는 어디 있을까요? 오늘 우리의 억울한 사정을 있는 그대로 대변해 줄 증인, 변호자는 또 어디 있을까요? 예수님이 바로 그 증인이요, 변호자이십니다. 예수님도 아무 죄도 없이 부당한 고통을 당하실 때 "나의 하나님, 나의 하나님 왜 나를 버리시나이까?" 절규했지만, 결국 그 하나님이 당신의 무죄성을 변호해주심을 경험했습니다. 그러므로 욥과 같이 부조리한 고통을 직접 겪으신 우리 주 예수님이시기에 우리가 억울한 일을 만나 하염없는 눈물을 뿌릴 때 우리와 하나님 사이의 중재자가 되셔서 우리를 변호해주십니다.

지옥은 하나님이 안 계신 곳이라고 했습니다. 사르트르는 지옥이 "서로 싫은 사람이 함께 있어야 할 곳"이라고도 했습니다. 그렇다면 오늘 우리가 하나님을 모시고 서로 사랑하는 사람끼리 함께 있다면 언제 어느 곳이든지 천국이 될 것입니다. 시간과 공간을 천국으로 만들어 보시지 않으렵니까?

엘리바스의 두 번째 공박에 대한 욥의 응답 Ⅱ

내가 희망을 둘 곳은 어디에?

| 욥 17:6~16 |

17장

6 사람들이 이 격언을 가지고 나를 공격하는구나. 사람들이 와서 내
얼굴에 침을 뱉는구나. **7** 근심 때문에 눈이 멀고, 팔과 다리도 그림자처럼 야위어졌다. **8** 정직하
다고 자칭하는 자들이 이 모습을 보고 놀라며, 무죄하다고 자칭하는 자들이 나를 보고 불경스럽
다고 규탄하는구나. **9** 자칭 신분이 높다는 자들은, 더욱더 자기들이 옳다고 우기는구나. **10** 그러
나 그런 자들이 모두 와서 내 앞에 선다 해도, 나는 그들 가운데서 단 한 사람의 지혜자도 찾지
못할 것이다. **11** 내가 살 날은 이미 다 지나갔다. 계획도 희망도 다 사라졌다. **12** 내 친구들의 말
이 '밤이 대낮이 된다' 하지만, '밝아온다' 하지만, 내가 이 어둠 속에서 벗어나지 못한다는 것
을, 나는 알고 있다. **13** 내 유일한 희망은, 죽은 자들의 세계로 가는 것이다. 거기 어둠 속에 잠
자리를 펴고 눕는 것뿐이다. **14** 나는 무덤을 '내 아버지'라고 부르겠다. 내 주검을 파먹는 구더
기를 '내 어머니, 내 누이들'이라고 부르겠다. **15** 내가 희망을 둘 곳이 달리 더 있는가? 내가 희
망을 둘 곳이 달리 어디 있는지, 아는 사람이 있는가? **16** 내가 죽은 자들이 있는 곳으로 내려갈
때에, 희망이 나와 함께 내려가지 못할 것이다.

욥기는 아직 내세신앙이 생겨나기 전에 기록되었기 때문에 죽음을 모든 상황이 종결되는 끝으로 봅니다. 욥의 경우 현재의 고난이 극심하므로 자주 죽었으면 하는 희망을 피력합니다. 다시 말해 죽음은 욥이 절망스런 상황에서 빠져나올 수 있는 유일한 출구로서 인식됩니다. 창조와 출생은 이미 이루어졌

기에 자신이 손을 쓸 수가 없지만 죽음은 아직 한 가닥 희망의 가능성으로 남아 있습니다. 죽음은 욥이라는 존재 전체의 종말을 의미하지만 무엇보다도 현재 당하는 부당한 고난을 끝낼 수 있는 유일한 대안이 되기 때문에 욥의 탄식에 여러 차례 되풀이되고 있습니다(3:11~19; 6:8~13; 7:15~16; 10:18~22; 14:13~15; 17:11~16). 여기에서 죽음에의 희망이 자살 의도와는 상관없이 그냥 탄식의 중요한 주제로 사용된다는 사실이 중요합니다. 욥이 죽음을 언급하는 것이 스스로 목숨을 끝장내고자하는 자살 의도에서가 아니라 고난이 어서 속히 끝났으면 하는 염원의 표현으로서 그렇다는 것이지요. 그렇다면 본문에서 욥이 죽음을 희망한다는 사실의 의미는 무엇일까요?

다시 절망스러운 상황으로(17:6~10)

욥은 이제 냉정하게 다시 현실로 돌아옵니다. 다시 정신을 차리고 자기의 모습을 돌아보니 만신창이가 된 모습입니다. 7~9절을 보세요. "근심 때문에, 눈이 멀고 팔과 다리도 그림자처럼 야위어졌다. 정직하다고 자칭하는 자들이 이 모습을 보고 놀라며, 무죄하다고 자칭하는 자들이 나를 보고 불경스럽다고 규탄하는구나. 자칭 신분이 높다는 자들은, 더욱더 자기들이 옳다고 우기는구나." 이렇게 세 친구들로 대표되는 세상 사람들은 스스로 정직하고 무죄하다고 우기면서 정말 정직하고 무죄한 욥 자신을 불경하다고 몰아붙인다는 것입니다. 10절에 보면 욥은 이런 사람들이 모두 와서 자기 앞에 선다고 할지라도 단 한 사람의 지혜자도 찾을 수 없다고 말합니다. 진짜 정직하고 무죄하고 지혜로운 사람은 그들이 아니라 자기라는 주장이지요. 그렇다면 욥에게 남은 희망은 무엇입니까?

다시 유일한 희망으로 떠오른 스올(17:11~16)

욥에게 희망은 과거로부터 오지 않습니다. 또한 미래로부터 오지도 않습니다. 왜냐하면 11절에 보면 욥의 날이 이미 지나갔고, 미래에 펼칠 욥의 계획, 마음의 소원도 다 끊어졌기 때문입니다. 그리하여 욥은 과거도 현재도 미래도 다 포기하고 깊은 절망감에 빠집니다. "내 친구들의 말이 밤이 대낮이 된다 하지만, 밝아온다 하지만, 내가 이 어둠 속에서 벗어나지 못한다는 것을 나는 알고 있다"(12). 친구들은 고통의 밤이 지나가고 밝은 대낮이 찾아온다고 말하지만 욥은 믿을 수 없다는 것입니다. 얼마나 현실에 대한 상심이 컸으면 이렇게까지 절망할까요? 키에르케고르가 '절망이 죽음에 이르는 병'이라고 말했는데 욥의 경우 확실히 옳습니다. 그렇다면 욥에게 희망의 빛은 도대체 어디에서부터 밝아오는 것일까요?

13~15절을 보세요. "내 유일한 희망은, 죽은 자들의 세계[스올]로 가는 것이다. 거기 어둠 속에 잠자리를 펴고 눕는 것뿐이다. 나는 무덤을 '내 아버지'라고 부르겠다. 내 주검을 파먹는 구더기를 '내 어머니, 내 누이들'이라고 부르겠다. 내가 희망을 둘 곳이 달리 더 있는가? 내가 희망을 둘 곳이 달리 어디 있는지, 아는 사람이 있는가?" 욥은 스올, 즉 사자가 내려가는 지하세계를 한 가닥 희망으로 떠올립니다. 흥미로운 것은 이 스올을 욥은 하나의 가정(home)으로 묘사한다는 사실입니다. 잠자리, 아버지, 어머니, 누이들, 이런 표현들이 가정을 상징하지 않습니까? 또한 여기 구덩이, 즉 무덤과 구더기는 이와 같은 가족 개념과 연합되어 죽은 사람을 절대 무(無)로 돌릴 수 있음을 의미합니다. 다시 말해 욥이 죽어서 아버지로 표현된 무덤 구덩이의 자식이 된다는 것과, 욥의 시체를 파먹는 구더기들은 욥의 어머니 자매처럼 된다는 것은 욥이 죽어서 흙이나 구더기와 같이 절대 무로 돌아간다는 사실을 뜻합니다. 그러나 16절을 보면 이와 같은 한 가닥 희망마저도 욥이 죽어 스올로 내려가면 죽음과 함께 구덩이에 매장되어 구더기의 먹이감이 되고 맙니다. 희망은 산 자에게만 의미가 있을 뿐, 죽은 자는 희망까지도 '해당 무'가 되기 때문이지요.

본문 말씀이 주는 교훈

실레노스라는 사람은 "인간의 가장 큰 행복은 태어나지 않는 것이요, 일단 태어났다면 되도록 빨리 죽는 것이 상책."이라고 말했습니다. 벗어날 수 없는 고난 속에 처한 사람이 흔히 빠질 수 있는 절망감이지요. 욥에게서도 죽음에로의 바람은 현재의 부당한 고난을 벗어날 수 있는 유일한 출구로서 인식됩니다. 그만큼 절망스러운 곤경으로부터 벗어나 보려고 발버둥치는 하나의 해방구로서 죽음과 스올을 떠올린다는 것이지요. 그러나 앞에서도 말씀드린 것처럼 욥은 결코 자살하고 싶다는 충동이 아닙니다. 다만 기가 막힌 고난의 상황에 대해서 탄식하다보니 하나의 도피처로서 죽음을 떠올리게 된 것이지요. 우리도 너무나 극심한 고통을 겪을 때 "내 죽으면 이 고생 다 끝나지."라고 생각할 때가 있지 않습니까? 이렇게 죽음은 불가해한 고난을 당하는 사람이 탄식할 때 하나의 탈출구로서 흔히 그 기능을 하는 것을 잘 알지만 우리는 죽음에로의 바람이 바람직한 것인가를 반성해봐야 할 것입니다.

사망 선고를 받은 임종 환자들은 극심한 심리적 변화를 겪는다고 합니다. 제일 먼저 자기가 죽을 리가 없다며 죽음의 현실을 용납하지 않으려는 '고립' 의 단계를 시작으로 해서 '분노와 거부의 단계' 로 넘어 갑니다. 그런 뒤 지난날을 돌아보면서 이제부터는 선하게 살고 싶으니 좀 더 살게 해달라고 신과 타협하는 '거래의 단계,' 거래가 성사되지 않아 절망에 빠지게 될 때 '침울' 의 단계를 거쳐 마침내 자신의 죽음을 순순히 받아들이는 '수용' 의 단계에 이르게 됩니다. 이렇게 본다면 욥이 자신의 고통을 탄식하며 죽음을 자주 언급하는 것은 욥이 아직도 '분노와 거부의 단계' 에 처해 있다는 사실을 보여주는 듯 싶습니다. 흥미롭게도 욥의 탄식에서 중요한 주제가 되었던 죽음이 17:11~16절을 끝으로 자취를 감춥니다. 이것은 욥이 다른 국면으로 넘어간다는 사실을 암시하지는 않는지요?

이제 욥과 같이 처절한 고통을 당할 때 우리는 어떻게 해야할까요? 세 가지 가능성을 생각해봅니다. 첫째, "차라리 내 죽으면 이 고통 당하지 않지." 하면서 죽음이라는 상상의 날개를 펼쳐 고난에 찬 현실로부터 피해 가는 방법이 있을 것입니다. 욥의 경우가 이에 해당되는 듯이 보입니다. 둘째, "누구나 다 이런 고통 당하지. 나라고 예외인가?" 하면서 포기하는 방법이 있을 것입니다. 셋째, 고통의 의미를 물으면서 고통을 적극적으로 뛰어넘으려는 자세가 있습니다. 이해되지 않는 고통은 참기가 정말 어렵습니다. 욥의 경우에도 친구들의 말도 들어보고 탄식하고 절규를 해봐도 도무지 이해가 되지 않기에 죽음에로까지 상상의 날개를 펼치는 것입니다. 그러나 고통을 피해가든, 포기하든, 뛰어넘든 반드시 끝이 있습니다. 욥이 절망하듯이 죽음으로 고통이 끝난다는 발상은 너무나 가혹한 것이고 지나친 우려입니다. 그 전에 고통은 종결될 것입니다!

끝으로 메멘토 모리(memento mori)라는 말을 하나 가르쳐 드립니다. "죽음을 기억하자."라는 의미인데 아주 엄격하기로 소문난 시토 수도회에서 인사말 대신 쓰도록 한 말입니다. 중세 시대의 성화를 보면 토굴 속에서 해골을 앞에 두고 관상 기도에 빠진 수도사를 볼 수 있습니다. 또 유럽의 성당 가운데에는 제단 앞 지하에 망자(亡者)의 해골과 뼈를 차곡차곡 쌓아두어 위에서 내려다보게 했습니다. 이것을 보고 너의 죽음도 기억하라는 뜻이지요. 욥은 죽어서 들어가는 무덤이 잠자리를 펴고 눕는 것으로, 구덩이가 자기 아버지요, 자기 시신을 파먹는 구더기를 자기 어머니요 자매들이라고 불렀습니다. 그만큼 죽음에 친숙하다는 표시이지요. 우리도 다른 사람의 죽음이 아닌 나 자신의 죽음을 기억하면서 남은 생애를 살아가야 합니다.

빌닷의 두 번째 공박

악한 자는 필경 망하리

| 욥 18:1~21 |

18장

1 수아 사람 빌닷이 대답하였다. 2 너는 언제 입을 다물 테냐? 제발
좀 이제라도 눈치를 채고서 말을 그치면, 우리가 말을 할 수 있겠다. 3 어찌하여 너는 우리를 짐
승처럼 여기며, 어찌하여 우리를 어리석게 보느냐? 4 화가 치밀어서 제 몸을 갈기갈기 찢는 사
람아, 네가 그런다고 이 땅이 황무지가 되며, 바위가 제자리에서 밀려나느냐? 5 결국 악한 자의
빛은 꺼지게 마련이고, 그 불꽃도 빛을 잃고 마는 법이다. 6 그의 집 안을 밝히던 빛은 점점 희
미해지고, 환하게 비추어 주던 등불도 꺼질 것이다. 7 그의 힘찬 발걸음이 뒤뚱거리며, 제 꾀에
제가 걸려 넘어지게 될 것이다. 8 제 발로 그물에 걸리고, 스스로 함정으로 걸어 들어가니, 9 그
의 발뒤꿈치는 덫에 걸리고, 올가미가 그를 단단히 죌 것이다. 10 땅에 묻힌 밧줄이 그를 기다리
고 길목에 숨겨진 덫이 그를 노린다. 11 죽음의 공포가 갑자기 그를 엄습하고, 그를 시시각각으
로 괴롭히며, 잠시도 그를 놓아 주지 않을 것이다. 12 악인이 그처럼 부자였어도, 이제는 굶주려
서 기운이 빠지며, 그 주변에 재앙이 늘 도사리고 있다. 13 그의 살갗은 성한 곳 없이 썩어 들어
가고, 마침내 죽을 병이 그의 팔다리를 파먹을 것이다. 14 그는, 믿고 살던 집에서 쫓겨나서, 죽
음의 세계를 통치하는 왕에게로 끌려갈 것이다. 15 그의 것이라고는 무엇 하나 집에 남아 있지
않으며, 그가 살던 곳에는 유황이 뿌려질 것이다. 16 밑에서는 그의 뿌리가 마르고, 위에서는 그
의 가지가 잘릴 것이다. 17 이 땅에서는 아무도 그를 기억하지 못하고, 어느 거리에서도 그의 이
름을 부르는 이가 없을 것이다. 18 사람들이 그를, 밝은 데서 어두운 곳으로 몰아넣어, 사람 사
는 세계에서 쫓아낼 것이다. 19 그의 백성 가운데는, 그의 뒤를 잇는 자손이 남아 있지 않을 것
이다. 그의 집안에는 남아 있는 이가 하나도 없을 것이다. 20 동쪽 사람들이 그의 종말을 듣고
놀라듯이, 서쪽 사람들도 그의 말로를 듣고 겁에 질릴 것이다. 21 악한 자의 집안은 반드시 이런
일을 당하며, 하나님을 알지 못하는 자가 사는 곳이 이렇게 되고 말 것이다.

본문 말씀은 빌닷의 두 번째 발언입니다. 빌닷은 수아 사람으로서 '하닷의 아들' 이란 이름뜻을 가지고 있습니다. 그는 주로 선대로부터 전해 받은 지혜 학문에 기반을 둔 전통주의자라 할 수 있습니다. 이미 8장에서 빌닷은 인과응보론이라는 전통 학문에 기초해서 하나님께서 온전한 사람은 복 주시고 악한 사람은 벌 주신다는 단순 논리를 전개했습니다. 이런 논리는 더욱 과격하고 철저하게 두 번째 발언에서도 유감 없이 되풀이됩니다. 그것도 욥이 자신의 무죄성을 일관되게 주장하자 더욱 더 신경질적으로, 그리고 원색적으로 욥을 악인으로 공박합니다. 흥미롭게도 첫 번째 발언에서 언급되었던 욥의 회복 가능성에 대한 희망(8:5~7)이 두 번째 말에서부터는 일체 나오지 않습니다. 이것은 엘리바스의 경우에도 마찬가지인데 점차 설전이 격렬해지기 시작하자 친구들은 첫째 바퀴 때와는 달리 아예 둘째 바퀴부터는 욥이 악인이라는 사실을 기정 사실화하는 듯이 보입니다. 그만큼 친구들의 입장도 강경해졌다는 것이지요. 빌닷의 요점은 아주 분명합니다. 하나님은 악인을 반드시 벌하시는 공의로운 분이신 까닭에 욥은 악인이 필연적으로 당해야 할 응벌을 운명처럼 받고 있다는 것입니다.

욥을 향한 빌닷의 적개심(18:1~4)

빌닷은 욥이 한치의 양보도 없이 자신의 결백성을 주장하는 광경을 지켜보고서는 참을 수가 없습니다. "너는 언제 입을 다물 테냐? 제발 좀 이제라도 눈치를 채고서 말을 그치면, 우리가 말을 할 수 있겠다. 어찌하여 너는 우리를 짐승처럼 여기며, 어찌하여 우리를 어리석게 보느냐?"(2~3). 세 친구들이 한통속이 되어서 욥을 죄인으로 몰고 가도 욥은 요지부동이었습니다. 고통받아야 할 만큼 죄가 없다며 하나님과 사람 앞에서의 결백성을 주장했습니다. 이제 빌닷은 이런 욥을 향하여 입을 닥치라고 윽박지릅니다. 그러면서 친구들의 응보론을 받아들이지 않는 것은 자기들을 어리석은 짐승처럼 여기는 것과 다를 바 없다고 힐난합니다. 약이 오를 대로 오른 것이지요.

영구추방으로 끝나는 악인의 운명(18:5~21)

고난당하는 욥이 자신의 무죄를 주장하는 것은 빌닷의 전통적인 종교 윤리관과 정면으로 충돌하는 것이었습니다. 공의로우신 하나님이 통치하시는 이 세상은 선한 사람이 복을 받고 악한 사람이 벌을 받는 도덕적 질서가 빈틈없이 작동하는 윤리적 장소입니다. 그러므로 욥이 고통받고 있다는 이 엄연한 사실은 욥이 악인이라는 사실을 확고하게 입증하는 것입니다. 그러므로 욥이 회복될 수 있는 유일한 가능성은 자기 죄를 뉘우치고 행실을 고쳐 주님께 돌아가는 데 있습니다. 그런데도 욥이 이것을 줄기차게 거부합니다. 빌닷은 이러한 욥의 옹고집이 하나님이 정하신 창조 질서를 뒤집는 죄라고 분개합니다. 그러면서 악인은 필경 망하고 만다는 주장을 펼침으로써 회개치 않는 욥의 멸망당할 운명을 예단합니다.

빌닷은 하나님께서 악인을 멸망시키시는 방식을 우주로부터의 영구 축출이라는 비유를 통하여 이야기합니다. 먼저 5~6절을 보세요. "결국 악한 자의 빛은 꺼지게 마련이고, 그 불꽃도 빛을 잃고 마는 법이다. 그의 집 안을 밝히던 빛은 점점 희미해지고, 환하게 비추어 주던 등불도 꺼질 것이다." 빛과 등불은 하나님 앞에서 의인이 누리는 번영과 축복을 상징하는데 악인은 집안의 불빛이 꺼지듯이 누리던 번영과 축복이 사라지고 만다는 것입니다. 다음 7~10절을 보세요. 여기서 빌닷은 짐승을 사냥하기 위해 고안된 다양한 도구들, 즉 그물, 함정, 덫(창애), 올가미, 밧줄(동일 줄) 등을 언급합니다. 욥과 같은 악인은 제 꾀에 빠져 스스로 그물에 걸리고 함정에 빠진 우둔하고 포악한 사냥꾼과도 같다는 것입니다. 11~14절에서 빌닷은 악인이 결국은 장막, 즉 집에서 쫓겨나 '무서움의 왕,' 즉 죽음의 세계를 통치하는 왕, 불교에서 말하는 염라대왕에게로 끌려간다고 했습니다. 그것도 그냥 성한 몸으로 죽음의 왕 앞에 끌려가는 것이 아닙니다. "그의 살갗은 성한 곳 없이 썩어 들어가고, 마침내 죽을 병이 그의 팔다리를 파먹을 것이다"(13). 이것이야말로 욥의 형편을 그대로 적시하는 말이 아닐 수 없습니다. 지독한 악성 피부병을 앓는 욥이 갈 곳은 결국 죽음의 세계밖에 없다는 말이지요.

이제 15~19절에서 빌닷은 악인의 최후가 철저한 망각으로 이어져 그와 관련된 일체의 기억이 말살될 것이라고 주장합니다. "그의 것이라고는 무엇 하나 집에 남아 있지 않으며, 그가 살던 곳에는 유황이 뿌려질 것이다"(15). "이 땅에서는 아무도 그를 기억하지 못하고, 어느 거리에서도 그의 이름을 부르는 이가 없을 것이다"(17). "그의 백성 가운데는 그의 뒤를 잇는 자손이 남아 있지 않을 것이다. 그의 집안에는 남아 있는 이가 하나도 없을 것이다"(19). 이 세상에서 가장 불행한 사람은 잊혀진 사람이라는 말도 있듯이 악인은 단지 육체의 죽음으로 끝나는 것이 아니라 그와 관련된 모든 기억과 흔적, 후손들까지도 단절되는 비극을 겪게 된다는 것입니다. 욥이 10명의 자녀들을 잃어버린 현재를 생각할 때 악인의 후손이 끊어진다는 지적은 다분히 욥을 겨냥한 독설임에 틀림없습니다. 이렇게 자기 의식만 사라지는 것이 아니라 다른 사람들의 의식 속에서도 악인에 대한 일체의 기억이 소멸된다는 것이지요. 역모죄를 저지른 사람은 그 3족을 멸할 뿐만 아니라 그와 관련된 모든 흔적을 도말시켰던 조선 시대의 역사를 생각하면 이 말씀은 이해가 될 것입니다. 대역죄를 범한 죄인은 그 개인의 죽음뿐만 아니라 그의 가문에 대한 죽음, 그의 기억 일체에 대한 죽음 등으로 이어져 완전멸실이 되고 만다는 것입니다. 결국 악인은 하나님의 공의가 지배하는 이 도덕적 우주로부터 영구 추방이 된다는 것이지요! 그리하여 20절에 보면 이와 같은 악인의 비참한 최후에 대한 소식을 접한 사방 사람들이 두려워 떨게 된다는 것입니다. 옛날 역모죄에 연루되어 온 족척이 다 죽임을 당하고 마침내 효수되어 거리에 시신을 매달아 온 세상 사람들을 놀라게 하는 경우와 똑같은 것이지요. 빌닷의 결론은 21절입니다. "악한 자의 집안은 반드시 이런 일을 당하며, 하나님을 알지 못하는 자가 사는 곳이 이렇게 되고 말 것이다."

본문 말씀이 주는 교훈

빌닷은 악인의 최후에 대해서 아주 생생하게 회화적으로 묘사했습니다. 왜일까요? 충격과 공포심을 주어서 욥과 같은 악인으로 하여금 경계로 삼기 위해서입니다. 저는 이 말씀을 읽다가 조나단 에드워즈가 1741년에 했던 「성난 하나님의 손 아귀에 있는 죄인들」이라는 설교가 생각났습니다. 그 때 에드워즈가 지옥에 대해서 얼마나 생생하게 묘사했던지 청중들은 마치 지옥에 직접 빠져 들어가는 것처럼 느껴 예배당 기둥을 끌어안고 울부짖었다고 합니다. 사람들로 하여금 지옥 형벌에 대해서 경각심을 심어주기 위해서 충격요법을 썼던 것이지요. 빌닷도 마찬가지입니다. 악인의 비참한 최후에 대해서 생생하게 묘사함으로 욥에게 경각심을 심어주려는 의도가 있습니다. 두말할 필요도 없이 이 같은 악인의 운명은 욥의 운명입니다. 욥은 악인으로서 집에서 쫓겨나 자기가 쳐놓은 그물에 걸렸고 성한 곳이 하나도 없이 온몸이 썩어 문드러지는 죽을 병에 걸렸고 결국 죽음의 왕 앞에 끌려가 비참한 최후를 당하게 될 터인데, 그와 관련된 일체의 기억과 후손까지도 영영 끊어지고 말 것이라는 예언입니다.

우주로부터의 영구 추방, 아, 얼마나 참혹한 말인지요! 애매한 재앙을 당해 죽어가는 사람에게 이렇게 막말을 해도 되는 것인지요! 악인은 필경 망하고 만다는 이 원리가 100% 옳은 말이라고 할지라도 이렇게 욥에게 마구잡이로 적용해도 되는 것인지요? 빌닷은 확실히 교조주의적인 사람입니다. 무궁무진하고 신비롭고 자유롭기 짝이 없는 하나님을 현세의 응보라는 작은 궤짝에 가두어 두고서는 하나님과 우주를 다 알았다고 외치는 사람입니다. 이와 같이 경직된 신관과 인간관을 가질 경우 창기와 세리 같은 죄인들은 설 자리가 없습니다. 처참하게 망해서 우주로부터 영구추방 당해야 할 대상들일뿐입니다. 하나님의 용서나 사랑을 받을 자격이 없습니다. 그러나 성서에 나타난 하나님은 악인도 사랑하십니다. 예수님은 잃어버린 영혼을 되찾기 위해 자기 목숨을 많은 사람의 대속물로 주기 위해 이 땅에 오셨습니다. 우리가 이렇게 빌닷을 비롯한 친구들의 견해에 선뜻 동의할 수 없는 이유는 인간의 편협한 윤리적 잣대로 하나님과 인간을 함부로 재단하면서 인간의 윤리적 이해를 훨씬 뛰어넘는 하나님의 절대 자유를 인정하기 않기 때문입니다.

빌닷의 두 번째 공박에 대한 욥의 응답

내 구속자가 살아 계시니

| 욥 19:1~29 |

19장

1 욥이 대답하였다. 2 네가 언제까지 내 마음을 괴롭히며, 어느 때까
지 말로써 나를 산산조각 내려느냐? 3 너희가 나를 모욕한 것이 이미 수십 번이거늘, 그렇게 나
를 학대하고도 부끄럽지도 않으냐? 4 참으로 내게 잘못이 있다 하더라도, 그것은 내 문제일 뿐
이고, 너희를 괴롭히는 것은 아니다. 5 너희 생각에는 너희가 나보다 더 낫겠고, 내가 겪는 이
모든 고난도 내가 지은 죄를 증명하는 것이겠지. 6 그러나 이것만은 알아야 한다. 나를 궁지로
몰아넣으신 분이 하나님이시고, 나를 그물로 덮어씌우신 분도 하나님이시다. 7 "폭력이다!" 하
고 부르짖어도 듣는 이가 없다. "살려 달라!"고 부르짖어도 귀를 기울이는 이가 없다. 8 하나님
이, 내가 가는 길을 높은 담으로 막으시니, 내가 지나갈 수가 없다. 내 가는 길을 어둠으로 가로
막으신다. 9 내 영광을 거두어 가시고, 머리에서 면류관을 벗겨 가셨다. 10 내 온몸을 두들겨 패
시니, 이젠 내게 희망도 없다. 나무 뿌리를 뽑듯이, 내 희망을 뿌리째 뽑아 버리셨다. 11 하나님
이 내게 불같이 노하셔서, 나를 적으로 여기시고, 12 나를 치시려고 군대를 보내시니 그 군대는
나를 치려고 길을 닦고, 내 집을 포위하였다. 13 그가 내 가족을 내게서 멀리 떠나가게 하시니,
나를 아는 이들마다, 낯선 사람이 되어 버렸다. 14 친척들도 나를 버렸으며, 가까운 친구들도 나
를 잊었다. 15 내 집에 머무르는 나그네와 내 여종들까지도 나를 낯선 사람으로 대하니, 그들의
눈에, 나는 완전히 낯선 사람이 되고 말았다. 16 종을 불러도 대답조차 안 하니, 내가 그에게 애
걸하는 신세가 되었고, 17 아내조차 내가 살아 숨쉬는 것을 싫어하고, 친형제들도 나를 역겨워
한다. 18 어린 것들까지도 나를 무시하며, 내가 일어나기만 하면 나를 구박한다. 19 친한 친구
도 모두 나를 꺼리며, 내가 사랑하던 이들도 내게서 등을 돌린다. 20 나는 피골이 상접하여 뼈
만 앙상하게 드러나고, 잇몸으로 겨우 연명하는 신세가 되었다. 21 너희는 내 친구들이니, 나를
너무 구박하지 말고 불쌍히 여겨다오. 하나님이 손으로 나를 치셨는데, 22 어찌하여 너희마저

마치 하나님이라도 된 듯이 나를 핍박하느냐? 내 몸이 이 꼴인데도, 아직도 성에 차지 않느냐?
23 아, 누가 있어 내가 하는 말을 듣고 기억하여 주었으면! **24** 누가 있어 내가 하는 말을 비망
록에 기록하여 주었으면! 누가 있어 내가 한 말이 영원히 남도록 바위에 글을 새겨 주었으면!
25 그러나 나는 확신한다. 내 구원자가 살아 계신다. 나를 돌보시는 그가 땅 위에 우뚝 서실 날
이 반드시 오고야 말 것이다. **26** 내 살갗이 다 썩은 다음에라도, 내 육체가 다 썩은 다음에라도,
나는 하나님을 뵈올 것이다. **27** 내가 그를 직접 뵙겠다. 이 눈으로 직접 뵐 때에, 하나님이 낯설
지 않을 것이다. 내 간장이 다 녹는구나! **28** 나는 너희가 무슨 말을 할지 잘 알고 있다. 너희는
내게 고통을 줄 궁리만 하고 있다. 너희는 나를 칠 구실만 찾고 있다. **29** 그러나 이제 너희는 칼
을 두려워해야 한다. 칼은 바로 죄 위에 내리는 하나님의 분노다. 너희는, 심판하시는 분이 계
시다는 것을 알아야 할 것이다.

빌닷의 두 번째 발언에 대한 욥의 응답인 19장은 3장 이후 지금까지 욥이 해온 그 어떤 대답들보다도 짧습니다. 그러나 19장은 흔히 욥기의 절정이라고 일컫습니다. 헨델의 저 유명한 메시아 제 3부의 주제로서 뿐만 아니라 찰스 웨슬리가 작사한 우리말 찬송 16장 '내 주는 살아 계시고'의 주제가 모두 19:25~27절에서 왔습니다. 무엇보다도 이 구절이 예수 그리스도의 부활을 강하게 암시한다는 사실 때문에 욥기에서 가장 중요한 부분으로 알려져 왔습니다. 우리는 이렇게 중요한 신앙고백이 빌닷의 과격하기 짝이 없는 발언 뒤에 왔다는 사실을 주목해야 합니다. 18장에서 빌닷은 공의로우신 하나님이 통치하시는, 도덕적으로 균형 잡힌 이 세계로부터 악인은 영구 추방당할 수밖에 없음을 역설했습니다. 악인은 단지 육체의 죽음으로 끝나는 것이 아니라 그와 관련된 일체의 기억과 흔적, 후손마저도 단절되는 완전멸종이 이루어진다는 것이지요. 욥의 이 구속자에 대한 희망은 이와 같이 빌닷의 참혹한 공박에 대한 대응이라는 사실이 중요합니다.

욥의 원수가 되어 핍박하시는 하나님(19:2~12)

빌닷의 가슴 후비는 말을 들은 욥은 2~3절에서 이렇게 대응합니다. "네가 언제까지 내 마음을 괴롭히며, 어느 때까지 말로써 나를 산산조각을 내려느

냐? 너희가 나를 모욕한 것이 이미 수십 번이거늘, 그렇게 나를 학대하고도 부끄럽지도 않느냐?" 개역 성경에는 열 번이라고 되어 있는데 자주 반복해서 괴롭힌다는 뜻입니다. 빌닷을 비롯한 친구들의 말이 욥의 심장에 비수를 꽂는다는 말이지요. 그러면서 6~12절에서 빌닷이 제시한 논리를 조목조목 뒤집어 반박합니다. 18장에서 빌닷은 욥이 악인인 까닭에 자기가 만든 그물에 빠지고 함정에 들어갔다고 했는데 욥은 거꾸로 하나님께서 자기를 그물에 얽어 넣으셨다고 주장합니다. "그러나 이것만은 알아야 한다. 나를 궁지로 몰아넣으신 분이 하나님이시고, 나를 그물로 덮어씌우신 분도 하나님이시다"(6). 하나님은 욥의 영광을 거두어 가시고 온 몸을 두들겨 패시며, 나무 뿌리를 뽑듯이 일체의 희망을 송두리째 빼앗아 가신 분이라는 것입니다(9~10). 또한 하나님은 자기를 적으로 여기셔서 자기를 치려고 군대를 보내시며 자기를 포위하신다는 것입니다(11~12). 여기서 욥은 자신이 고통을 겪는 것이 빌닷이 주장한 것처럼 자신이 악하기 때문에 이와 같은 악인의 운명을 자초한 것이 아님을 반박합니다. 이 모든 고통의 진원지가 하나님이라는 사실을 다시 한번 분명히 한 것이지요.

사방으로 고립된 욥의 절망적인 처지(19:13~22)

이제 욥을 절망스런 상황으로 몰고 가는 것은 하나님만이 아닙니다. 인간들까지도 이러한 적대적 음모에 총 합세해서 자신을 철저히 고립시킨다고 절규합니다. 욥은 하늘과 땅, 동서남북 사방에서 총체적으로 왕따를 당하고 있다는 것입니다. 13~19절을 보세요. 욥과 가까운 사이부터 욥을 따돌리기 시작합니다. 먼저 가족들과 가까운 지인들부터 욥을 떠나기 시작했습니다(13). 친척들과 가까운 친구들도 욥을 버렸습니다(14). 아내조차도 심한 악취를 풍기며 병을 앓고 있는 욥이 살아 숨쉬는 것을 버거워하며 친형제들조차 역겨워합니다(17). 친한 친구들도 욥을 꺼려하며 모든 사랑하는 사람들이 욥에게서 일제히 등을 돌립니다(19).

그런데 더욱더 견디기 어려운 것은 그 동안 지속되어 오던 일상적인 관계가 완전히 뒤집혀버리는 전복의 경험을 한다는 사실입니다. "내 집에 머무르는 나그네와 내 여종들까지도 나를 낯선 사람으로 대하니, 그들의 눈에, 나는 완전히 낯선 사람이 되고 말았다. 종을 불러도 대답조차 안 하니, 내가 그에게 애걸하는 신세가 되었고"(15~16). 나그네와 여종들이 욥을 존경하고 따라야 하는데 거꾸로 욥을 나그네처럼 대하며 주인과 종의 관계가 역전되어서 오히려 욥이 종들의 눈치를 살펴야 하는 신세로 전락했다는 것입니다. 뿐만 아닙니다. "어린 것들까지도 나를 무시하며, 내가 일어나기만 하면 나를 구박한다"(18). 연장자인 자기가 나이 어린 사람들에게 무시를 당한다는 것이지요. 그야말로 그 동안 누려왔던 관계가 완전히 전복되는 기막힌 경험을 하고 있다는 것이지요! 이와 같이 욥의 재앙은 전면적이고 총체적인 것입니다. 단지 육체뿐만 아니라 심신이 다 고통받고 있으며, 더욱더 견디기 어려운 것은 일체의 관계성으로부터 철저히 고립되고 소외당하는 사회적 죽음입니다. 그리하여 욥의 비극적 상황은 20절에 압축되어 있습니다. "나는 피골이 상접하여 뼈만 앙상하게 드러나고, 잇몸으로 겨우 연명하는 신세가 되었다." 여기 잇꺼풀, 즉 잇몸이라는 말은 영어로 'the skin of teeth,' 잇가죽으로 되어 있는데 이빨을 비롯한 모든 것을 다 잃어버리고 간신히 숨만 헐떡거리는 한 인간의 비참함을 여실히 보여주는 말이지요.

이제 이같이 총체적인 소외상황 속에서 욥은 빌닷을 비롯한 친구들에게 호소합니다. "너희는 내 친구들이니, 나를 너무 구박하지 말고, 불쌍히 여겨다오. 하나님이 손으로 나를 치셨는데, 어찌하여 너희마저 마치 하나님이라도 된 듯이, 나를 핍박하느냐? 내 몸이 이 꼴인데도, 아직도 성에 차지 않느냐?"(21~22). 욥은 친구들이 도와주기는커녕 하나님 자리에 올라가 자기를 심문하고 정죄하는 태도에 또 한 차례 깊이 절망합니다.

이렇게 하나님으로부터도 핍박을 당하는 신세가 되었고 믿고 의지하던 가족들, 친척들, 지인들, 친구들, 심지어 나그네와 종들, 어린 것들까지 욥을 총체적으로 따돌리는 판에 이제 욥이 기댈 수 있는 구세주는 어디에 있을까요? 여기서 우리는 욥의 놀라운 구속자에 대한 희망을 발견하게 됩니다. 욥이 완전히 밑바닥에 내동댕이쳐져 더 이상 내려갈 곳이 없는 한계상황에 봉착했을 때 구속자에 대한 찬란한 희망을 떠올리게 됩니다. 욥이 최고조의 믿음에까지 올라간 것은 이렇게 처절한 밑바닥 체험에서부터임을 기억해야 합니다!

구속자에 대한 신앙고백(19:23~29)

이제 우리는 욥기에서 가장 흥미로운 구절을 만나게 됩니다. 하나님으로부터도 사람들로부터도 완전히 버림을 받은 욥은 참 신기한 고백을 합니다. "그러나 나는 확신한다. 내 구원자가 살아 계신다. 나를 돌보시는 그가 땅 위에 우뚝 서실 날이 반드시 오고야 말 것이다. 내 살갗이 다 썩은 다음에라도, 내 육체가 다 썩은 다음에라도, 나는 하나님을 뵈올 것이다. 내가 그를 직접 뵙겠다. 이 눈으로 직접 뵐 때에, 하나님이 낯설지 않을 것이다. 내 간장이 다 녹는구나!"(25~27). 구원자, 즉 구속자에 대한 희망을 고백합니다. 7절 말씀처럼 "폭력이다!" 하고 부르짖어도 "살려 달라!"고 부르짖어도 하늘도 땅도 다 침묵하고 하나님과 사람들의 핍박과 공격은 더해져만 갔습니다. 이런 절망적인 상황 속에서 욥은 또다시 하나님이 구속자 되셔서 자기를 구원해주실 것이라는 희망의 비전을 봅니다! 살갗이 다 뭉그러지고 뼈가 다 으스러지는 한이 있더라도 하나님을 보고야 말겠다는 것이지요. 욥의 그 희망의 의지가 얼마나 강렬했던지 애간장이 다 녹을 정도였습니다! 결국 욥은 본연의 믿음으로 되돌아갑니다. 사방으로 포위당해서 도무지 출구가 보이지 않는 이 기막힌 상황 속에서 자기 희망은 역시 하나님 한 분뿐이라는 사실을 재확인했던 것입니다.

그런데 여기서 사람들은 구속자라는 말에서 메시아 예수 그리스도를 연상해서 이 말씀을 흔히 기독교의 부활 신앙과 연관시켜서 해석합니다. 이 부분에 대해서는 많은 논란이 있습니다. 진보적인 학자들이 대개 동의하는 요점은 구속자를 부활하신 예수 그리스도와 연결시키는 것은 욥기 자체의 문맥과 배경을 무시한 채 기독교적 부활 신앙의 입장에서의 일방적인 덮어씌우기 해석이 될 수 있다며 경계한다는 사실입니다. 이와 같은 신학적인 논란을 떠나서 저는 한 사람의 목회자로서 이 구절은 얼마든지 부활 신앙의 예표(豫表)로서 해석될 수 있다고 믿습니다. 저는 욥기를 읽으면 읽을수록 세 친구들이 바리새인들이나 서기관들처럼 율법주의자들과 일맥상통하고 욥은 신기하게도 예수님과 만나게 된다는 사실을 점점 더 확신하게 됩니다. 그러므로 저는 이 말씀을 욥이 극도의 신고 끝에, 다시 말해 하나님과 사람들로부터 완전히 소외당한 인생의 밑바닥에 이르게 되었을 때 믿음의 절정, 즉 자기를 대속해 주실 구속자에 대한 궁극적 비전을 가지게 되었다고 믿기에 부활 신앙과도 연결될 수 있다고 생각합니다.

그렇다면 구속자는 도대체 무엇을 뜻할까요? 구속자는 히브리말로 'go'el'인데 경제적 법적 용어입니다. 고엘은 어떤 사람이 빚을 지거나 이로 인해 종살이를 할 때 가장 가까운 친족이 토지나 몸값을 주고 건져낸다는 의미를 가지고 있습니다(레 25:47~9; 룻 2:20; 렘 32:6 이하 참고). 자유와 생명을 잃어버릴 위기에 처한 사람을 가장 가까운 혈족이 도와주는 속량제도를 일컫는 말이지요. 이와 같이 고엘은 반드시 '친족 구속자'(kin redeemer)의 의미를 가집니다. 이제 이 친족 구속자의 개념을 하나님께 확대시킬 때 하나님은 이스라엘 백성의 가장 가까운 가족이 되셔서 위기에 처한 이스라엘 백성을 건져주십니다(출 6:6; 시 72:14; 사 41:14; 43:14; 44:24 참고). 결국 구속자는 내가 종이 되거나 죽을 지경에 처할 때 가장 가까운 친족이 내 대신 몸값을 주고 나를 구출해내는 사람입니다. 욥은 아무 죄도 없이 죽게 되었을 때, 가장 밑바닥으로 내려갔을 때 눈을 들어 자기를 이 위기에서 속량해 주실 구속자를 대망합니다. 불의와 소외와 절망 속에 그냥 내팽개쳐 두시지 않고 구속해주실 하나님을 보게 된 것이지요! 욥은 죽더라도 간장이 다 녹더라도 그 구속자 하나님을 반드시 보고야 말리라고 다짐합니다!

말씀을 정리하면서 욥의 마음 속에 구속자에 대한 신앙에 이르기까지 삼단계로 발전해왔다는 사실을 지적하지 않을 수 없습니다. 다시 말해 9:33절의 '중재자' 개념에서 시작해서, 16:19~21절의 '증인' 혹은 '변호자'의 개념을 거쳐, 마침내 19:25의 '구속자' 개념에까지 이르게 되었습니다. 욥은 자신의 억울한 사정을 친구들이 들어줄 수 없음을 발견하고 하나님께 따지기로 작정합니다. 마치 법정에서 재판을 걸듯이 자기의 딱한 사정을 호소하고 싶은데 하나님과 자기 사이를 이어줄 수 있는 중재자가 필요했습니다. 친구들에게 기대를 걸었지만 결국 그 중재자는 하나님밖에 없다는 결론에 도달했습니다. 오직 하나님만이 자신의 참 사정을 알아주신다는 믿음으로 그렇게 했습니다. 그 다음에 욥은 부당하게 고통을 당하는 자신의 속사정을 증언해 줄 증인이자 변호인이 필요했는데, 그 역시 사람이 아닌 하나님일 수밖에 없다는 결론에 다다랐습니다. 오직 하나님만이 자신의 무죄와 결백을 아시기 때문이지요. 마지막으로 욥은 자신을 이 불의한 죽음의 위기에서 건져내실 고엘, 즉 구속자가 오직 하나님 한 분이심을 다시 깨달았습니다. 결코 무고한 고통을 당하는 욥을 방기하시지 않고 반드시 건져내시고야 말 사랑과 은총의 하나님을 발견하게 된 것이지요. 바로 이 점에 있어서 욥의 믿음과 희망은 '중재자'→'증인'/'변호인'→'구속자' 순으로 단계적으로 성장해왔다고 볼 수 있습니다.

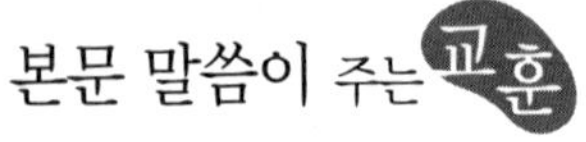

지금까지 욥기를 읽어오면서 한 가지 곤혹스러운 점이 있습니다. 욥이 하나님을 인식함에 있어서의 이중성과 모순입니다. 19장에서도 분명하게 드러났지만 욥은 하나님이 자신을 무자비하게 공격하시는 원수라고 한탄하다가, 갑자기 자기를 이 위기에서 건져내실 고엘, 즉 구속자라고 또 말합니다. 어떻게 하나님께서 욥에게 참혹한 고통을 안겨주시는 동시에 이 고통에서 구해내실 속량주가 되실 수 있을까요? 바꾸어 말하면 하나님께서 어떻게 원수인 동시에 친구, 즉 중재자요 증인이요 구속자가 되실 수 있을까요? 어떻게 욥을 인정사정 보지 않고 심판하시는 하나님인 동시에 욥의 결백을 입증하는 변호자가 되실 수 있을까요?

이러한 이중성의 물음 언저리에는 욥의 위대한 믿음이 있다는 사실을 간과해서는 안 됩니다. 욥은 자신이 겪는 고통의 궁극적 기원이 하나님께 있음을 확실히 안 동시에 자신의 무죄를 다 밝혀내고 최종적으로 이 고통에서 구출해 내실 분도 하나님이라는 사실을 알았습니다. 하나님의 양면성을 알고 있다는 것이지요! 이것은 거꾸로 역설과 모순으로 가득찬 욥의 상황적 이중성을 드러냅니다. 욥은 현재를 바라보면 고통 때문에 견딜 수 없습니다. 그리하여 자신이 겪는 고통의 부당성을 하나님을 향하여 항의합니다. 그러다가 이 지긋지긋한 고난에서 빠져나올 출구를 찾아보니 이 세상에는 없습니다. 그래서 다시 하나님께 소망을 걸 수밖에 없습니다. 이러한 욥의 영적 갈등과 투쟁은 욥을 점점 더 성숙한 믿음으로 이끌고 있습니다. 결국 욥에게 있어서 하나님은 핍박자이신 동시에 구속자라는 사실은 고통의 기원과 종결이 오직 하나님 한 분에게 있음을 인정하는 굳센 신앙에서부터 온 것입니다. 이 고통이 하나님께서 허락하셨기 때문에 오는 것이라는 믿음은 결자해지(結者解之)라는 말도 있듯이 오직 하나님만이 풀 수 있다는 사실을 믿은 까닭이지요.

소발의 두 번째 공박

꿀꺽 삼킨 것은 모두 다 토해 내리

| 욥 20:1~29 |

20장

1 나아마 사람 소발이 대답하였다. 2 입을 다물고 있으려 했으나, 네
말을 듣고 있자니 화가 나서 참을 수가 없다. 3 네가 하는 말을 듣고 있자니 모두 나를 모욕하
는 말이다. 그러나 깨닫게 하는 영이 내게 대답할 말을 일러주었다. 4 너도 이런 것쯤은 알고 있
을 것이다. 이 땅에 사람이 생기기 시작한 그 옛날로부터, 5 악한 자의 승전가는 언제나 잠깐뿐
이었으며, 경건하지 못한 자의 기쁨도 순간일 뿐이었다. 6 교만이 하늘 높은 줄 모르고, 머리가
구름에 닿는 것 같아도, 7 마침내 그도 분토처럼 사라지고 말며, 그를 본 적이 있는 사람도 그
교만한 자가 왜 안 보이느냐고 물으리라는 것쯤은, 너도 알고 있을 것이다. 8 꿈같이 잊혀져 다
시는 흔적을 찾을 수 없게 되며, 마치 밤에 본 환상처럼 사라질 것이다. 9 그를 본 적이 있는 사
람도 다시는 그를 볼 수 없으며, 그가 살던 곳에서도 다시는 그를 볼 수 없을 것이다. 10 그 자
녀들이 가난한 사람에게 용서를 구할 것이며, 착취한 재물을 가난한 사람에게 배상하게 될 것이
다. 11 그의 몸에 한때는 젊음이 넘쳤어도, 그 젊음은 역시 그와 함께 먼지 속에 눕게 될 것이다.
12 그가 혀로 악을 맛보니, 맛이 좋았다. 13 그래서 그는 악을 혀 밑에 넣고, 그 달콤한 맛을 즐
겼다. 14 그러나 그것이 뱃속으로 내려가서는 쓴맛으로 변해 버렸다. 그것이 그의 몸 속에서 독
사의 독이 되어 버렸다. 15 그 악한 자는 꿀꺽 삼킨 재물을 다 토해 냈다. 하나님은 이렇게 그
재물을 그 악한 자의 입에서 꺼내어서 빼앗긴 사람들에게 되돌려 주신다. 16 악한 자가 삼킨 것
은 독과도 같은 것, 독사에 물려 죽듯이 그 독으로 죽는다. 17 올리브 기름이 강물처럼 흐르는
것을 그는 못 볼 것이다. 젖과 꿀이 흐르는 것도 못 볼 것이다. 18 그는 수고하여 얻은 것을 마
음대로 먹지도 못하고 되돌려보내며, 장사해서 얻은 재물을 마음대로 누리지도 못할 것이다. 19
이것은, 그가 가난한 이들을 억압하고 돌보지 않았기 때문이며, 자기가 세우지도 않은 남의 집을
강제로 빼앗았기 때문이다. 20 그는 아무리 가져도 만족하지 못한다. 탐욕에 얽매여 벗어나지를

못한다. **21** 먹을 때에는 남기는 것 없이 모조리 먹어 치우지만, 그의 번영은 오래 가지 못한다.
22 성공하여 하늘 끝까지 이를 때에, 그가 재앙을 만나고, 온갖 불운이 그에게 밀어닥칠 것이다.
23 그가 먹고 싶은 대로 먹게 놓아 두어라. 하나님이 그에게 맹렬한 진노를 퍼부으시며, 분노를
비처럼 쏟으실 것이다. **24** 그가 철 무기를 피하려 해도, 놋화살이 그를 꿰뚫을 것이다. **25** 등을
뚫고 나온 화살을 빼낸다 하여도, 쓸개를 휘젓고 나온 번쩍이는 활촉이 그를 겁에 질리게 할 것
이다. **26** 그가 간직한 평생 모은 모든 재산이 삽시간에 없어지고, 풀무질을 하지 않아도 저절로
타오르는 불길이 그를 삼킬 것이며, 그 불이 집에 남아 있는 사람들까지 사를 것이다. **27** 하늘이
그의 죄악을 밝히 드러내며, 땅이 그를 고발할 것이다. **28** 하나님이 진노하시는 날에, 그 집의
모든 재산이 홍수에 쓸려가듯 다 쓸려갈 것이다. **29** 이것이, 악한 사람이 하나님께 받을 몫이며,
하나님이 그의 것으로 정해 주신 유산이 될 것이다.

본문 말씀은 소발이 욥에게 던진 두 번째 발언입니다. 엘리바스와 빌닷이 욥과 설전을 주고받는 것을 지켜보다가 소발이 끼어들었습니다. 소발은 나아마 사람으로서 '어린 새' 라는 이름뜻을 가집니다. 엘리바스의 출신지인 데만은 남쪽, 빌닷의 고향인 수아는 동쪽 지역인 까닭에 소발의 출생지인 나아마는 북쪽 지역일 확률이 높습니다. 욥기 저자는 욥이 사방에서 온 현자들과 논쟁을 벌였다고 설정했을 가능성이 있기 때문입니다. 소발은 '어린 새' 라는 이름뜻이 상징하듯이 셋 중에 나이가 가장 어린 사람이었으며 매우 시건방진 사람처럼 보입니다. 누구 말대로 그는 명문 대학을 갓 졸업한 청년이 학교에서 배운 지식을 신주단지처럼 여기며 현장에 함부로 적용하려고 달려드는 애송이와도 같습니다. 소발은 첫 번째 발언과는 다르게 시종일관 욥을 악인으로 몰아붙이며 개전의 정을 보일만한 그 어떤 희망의 여지도 남겨두지 않습니다. 이것은 엘리바스와 빌닷도 마찬가지였는데 2라운드의 논쟁에 들어가면서부터 욥을 아예 악인으로서 낙인찍고 있음이 분명합니다. 소발의 요점은 빌닷의 논리와 비슷하게 매우 단순합니다. '악인 = 필연적 멸망 = 욥의 운명' 이라는 도식으로 밀어붙입니다.

욥의 비전을 반박하는 소발(20:2~11)

자신의 무죄를 줄기차게 주장하는 욥의 발언을 듣고 있던 소발은 벌컥 화를 냅니다. "입을 다물고 있으려 했으나, 네 말을 듣고 있자니 화가 나서 참을 수가 없다. 네가 하는 말을 듣고 있자니 모두 나를 모욕하는 말이다. 그러나 깨닫게 하는 영이 내게 대답할 말을 일러주었다"(2~3). 여기서 '깨닫게 하는 영,' 즉 '슬기로운 마음' 은 소발이 선대로부터 전수받은 지혜와 지식, 교훈, 감수성 등등을 의미합니다. 욥의 결백 주장은 다 깨닫지 못하고 슬기롭지 못한 미련함에서부터 온 것임에 반해 자기는 지혜와 분별력이 뛰어나다는 것이지요.

이제 소발은 18장에서 살펴본 빌닷의 공박을 뒤이어 악인이 걷게 될 비참한 말로를 생생하게 묘사합니다. 소발은 욥이 19장에서 빌닷이 제시한 악인과 자기는 전혀 상관없을 뿐만 아니라 구속자에 대한 비전까지 품고 있는 것을 격퇴시키려고 합니다. 4절을 보면 소발은 "네가 알지 못하느냐?"라고 되뇌이면서 과거로부터 전해내려 온 경험과 지혜의 대원리, 즉 악인의 번영은 잠시 잠깐이며 필경 망하고 만다는 전제에서 출발합니다. 여기서 소발이 강조하는 것은 악인과 관련된 일체의 것이 결국 소멸하고 만다는 것입니다. 5~9절을 보면 악인의 승전가는 잠시 잠깐뿐이며 그와 관련된 모든 기억이 꿈같이 잊혀져 흔적조차 찾을 수 없게 된다는 것입니다.

흥미로운 것은 바벨탑 사건을 암시하는 듯한 말씀이 6~7절에 나옵니다. "교만이 하늘 높은 줄 모르고, 머리가 구름에 닿는 것 같아도, 마침내 그도 분토처럼 사라지고 말며, 그를 본 적이 있는 사람도 그 교만한 자가 그가 왜 안 보이느냐고 물으리라는 것쯤은, 너도 알고 있을 것이다." 자기 이름을 날리기 위하여 하늘 꼭대기까지 바벨탑을 쌓으려고 했던 교만한 사람들이 다 흩어져 똥처럼 사라지고 말았음을 상기시킵니다. 과거의 경험과 지혜를 돌아볼 때 악인은 필경 사라지며(7), 흩어지며(8), 마침내 기억에서 잊혀질 수밖에 없다는 것(9)이 소발의 확신입니다. 게다가 악인의 자녀들은 반드시 가난해져서 구걸할 수밖에 없게 되고, 부당하게 착취한 재물은 가난한 사람들에게 보상할 수밖에 없습니다(10).

11절 말씀도 흥미롭습니다. "그의 몸에 한때는 젊음이 넘쳤어도, 그 젊음은 역시 그와 함께 먼지 속에 눕게 될 것이다." 이 말씀을 곰곰이 뜯어보면 욥이 19:25~27절에서 꿈꾼 구속자의 대망에 찬물을 끼얹는 의도가 다분히 있음을 알 수 있습니다. 욥은 특히 19:26~27절에서 자기의 살갗이 다 문드러지고 육체가 다 썩은 다음에라도 하나님을 직접 뵙고야 말리라는 다부진 비전을 보였습니다. 소발은 이 희망을 뒤집는 말을 합니다. 욥과 같은 악인은 한 때 젊음을 자랑했다고 할지라도 결국 흙으로 돌아갈 수밖에 없는 운명이라는 것이지요.

악인이 받게 될 유산(20:12~29)

빌닷은 18:4~21절에서 악인의 운명을 논할 때 주로 장소 개념, 즉 좁게는 장막, 넓게는 우주로부터의 추방을 강조했습니다. 소발도 악인의 필연적 패망이라는 기본 논조에는 동조하지만 매우 색다른 이미지를 사용합니다. 음식과 재산 취득의 몫, 혹 유산이라는 아주 기발한 아이디어입니다. 이것은 악인의 끝 모르는 탐욕을 상징하는 이미지이지요. 먼저 12~16절을 보세요. "그가 혀로 악을 맛보니, 맛이 좋았다. 그래서 그는 악을 혀 밑에 넣고, 그 달콤한 맛을 즐겼다. 그러나 그것이 뱃속으로 내려가서는 쓴맛으로 변해 버렸다. 그것이 그의 몸 속에서 독사의 독이 되어 버렸다. 그 악한 자는 꿀꺽 삼킨 재물을 다 토해 냈다. 하나님은 이렇게 그 재물을 그 악한 자의 입에서 꺼내어서 빼앗긴 사람들에게 되돌려 주신다. 악한 자가 삼킨 것은 독과도 같은 것, 독사에 물려 죽듯이 그 독으로 죽는다." 또한 18절을 보세요. "그는 수고하여 얻은 것을 마음대로 먹지도 못하고 되돌려보내며, 장사해서 얻은 재물을 마음대로 누리지도 못할 것이다." 21절도 보세요. "먹을 때에는 남기는 것 없이 모조리 먹어 치우지만, 그의 번영은 오래 가지 못한다." 23절도 보세요. "그가 먹고 싶은 대로 먹게 놓아 두어라. 하나님이 그에게 맹렬한 진노를 퍼부으시며, 분노를 비처럼 쏟으실 것이다." 여기 보면 달콤한 맛, 뱃속, 쓴맛, 독, 토해 냄, 입, 꿀꺽 삼킴, 먹음 등등의 음식 섭취의 용어들이 집중적으로 나타납니다. 인생을 하나의 식욕으로 본다면 악인은 욕심 사나워서 무엇이든지 꿀꺽꿀꺽 잘 삼키지만 결국 다 토해 내야 하거나 그 삼킨 음식이 독이 되어 자기를 파멸시킨다는 것입니다. 악인의 끝 모르는 탐욕은 반드시 착취한 만큼 되돌려주거나 완전 멸망으로 귀결된다는 주장이지요.

소발은 20~29절에서 악인의 탐욕이 어떤 패망을 가져오는지에 대해서 열거합니다. 26절을 보세요. "그가 간직한 평생 모은 모든 재산이 삽시간에 없어지고, 풀무질을 하지 않아도 저절로 타오르는 불길이 그를 삼킬 것이며, 그 불이 집에 남아 있는 사람들까지 사를 것이다." 28절도 보세요. "하나님이 진노하시는 날에, 그 집의 모든 재산이 홍수에 쓸려가듯 다 쓸려갈 것이다." 결국 27절 말씀처럼 악인의 탐욕과 악행은 하늘이 그 죄악을 다 밝히 드러내며 땅이 고발해서 하나 남김 없이 다 소멸되고 만다는 것입니다. 이제 그 결론이 29절 말씀입니다. "이것이, 악한 사람이 하나님께 받을 몫이며, 하나님이 그의 것으로 정해 주신 유산이 될 것이다." 끝없는 탐욕으로 일그러진 악인이 받게 될 몫, 유산은 철저한 소멸과 결핍이 될 것이라는 뜻입니다.

그런데 20장에서 악인의 개인 윤리적인 차원뿐만 아니라 사회 윤리적인 차원까지 등장한다는 사실이 무척 흥미롭습니다. 악인이 취득한 재산을 다 토해 내야 하고 결국 완전 파산에 이르게 되는 결정적인 이유가 무엇입니까? 19절을 보세요. "이것은 그가 가난한 이들을 억압하고 돌보지 않았기 때문이며, 자기가 세우지도 않은 남의 집을 강제로 빼앗았기 때문이다." 여기에서 소발은 욥이 가난한 이웃에게도 악행을 범하는 아주 못된 사람으로 단정하고 있습니다! 비록 욥이라는 이름을 지칭하지는 않았지만 이 모든 저주와 비난은 욥을 겨냥하고 있음은 추호의 여지가 없습니다. 욥은 탐욕으로 가득 차 아무리 가져도 도무지 만족을 모르며(20), 결정적으로 가난한 이웃을 부당하게 착취했기에 지금의 고통을 응벌로서 받고 있다는 논리이지요.

소발의 논리는 빌닷의 논리와 마찬가지로 매우 선명합니다. 악인은 기필코 망하고 만다는 것입니다. 그런데 악인의 운명을 논할 때 흥미로운 차이는 빌닷이 주로 장소 이미지를 활용하여 악인이 도덕 질서가 운행하는 우주로부터 영구 추방되어 잊혀진다고 주장하는 반면에, 소발은 악인이 주로 게걸스러운 식욕으로 상징되는 바 재산 취득의 무자비한 탐욕으로 말미암아 철저한 결핍 혹은 파산이라는 유산을 받게되리라고 묘사하는 데 있습니다. 더욱 더 흥미로운 것은 두 사람의 단순 논리가 1:10절에서 사탄이 제시하는 논리와 너무나 닮았다는 사실입니다. "주님께서, 그와 그의 집과 그가 가진 모든 것을 울타리로 감싸 주시고, 그가 하는 일이면 무엇에나 복을 주셔서, 그의 소유를 온 땅에 넘치게 하지 않으셨습니까?" 빌닷이 사용했던 장소 이미지가 여기에서는 '욥과 그가 가진 집, 그리고 울타리' 와 연결되고 소발이 사용하는 식탐 이미지는 '그가 가진 모든 것' 과 '그의 소유' 와 연결되지 않습니까? 결국 사탄의 참소대로 욥은 가진 모든 것을 상실하고 그 자신까지도 치명적인 타격을 입었습니다. 이렇게 본다면 사탄이 하나님께 요구한 내용 그대로를 빌닷과 소발이 악인의 운명이라는 명목으로 정확하게 되풀이하는 셈인데, 욥은 두 사람이 주장하고 있는 내용 그대로의 완전 상실과 완전 결핍이라는 악인의 이중적 최후를 맞고 있는 셈입니다.

본문 말씀이 주는 교훈

소발은 빌닷 못지 않게 잔인하고 비열한 사람입니다. 두 사람이 악인의 운명 운운할 때에는 분명히 욥을 염두에 두고 있습니다. 욥이 이 지경에 이르게 된 것이 악인인 까닭에 악인에게 예정된 필연적 응보를 받고 있다는 것이지요. 야고보서 2:16절에서 이웃에게 "평안히 가서, 몸을 따뜻하게 하고, 배부르게 먹으라.”고 말로만 할 것이 아니라 직접 행해야 한다고 가르쳤는데 친구들은 말로 욥을 불편하게 만들고 벌거숭이 되어 벌벌 떨게 만들고 허기진 상태로 만들었습니다. 욥이야말로 악인의 예정된 행로대로 완전 망각과 완전 박탈의 말로를 걷고 있다고 몰아붙이는 것이지요.

물론 소발의 말이 옳은 부분도 있습니다. 지나친 탐욕에 사로잡혀 이웃을 괴롭히는 악인은 거기에 상응하는 벌을 받는 것이 우주의 한 법칙입니다. 끝 모르는 탐욕으로 가난한 이웃을 착취하는 불의한 세력들에게 이와 같은 윤리 법칙은 분명히 경종을 울려 이 세상을 보다 정의로운 곳으로 만드는 데 도움이 됩니다. 그러나 예외도 있습니다. 오늘 망각과 궁핍으로 고통을 겪는다고 해서 다 어제 지은 죄로 징벌을 받는 것은 아닙니다. 욥이 이 경우에 해당되며 하나님이 아시고 욥 자신의 양심이 압니다. 이렇게 빌닷이나 소발의 단순논리를 이 세상에 무조건적으로 적용할 경우, 가난하고 병들고 망각되고 박탈당한 사람들은 다 지은 죄 때문에 징벌을 받는 것이 됩니다. 역으로 잘살고 건강하고 유명해서 오래 기억되고 온갖 특권을 누리는 사람들은 선을 쌓았기에 보상을 받는 것이 됩니다. 이렇게 빌닷과 소발의 현세 응보론이 하나의 이데올로기로 굳어질 경우 기득권을 가지고 온갖 부귀영화를 누리는 사람들에게는 이론적인 자기 합리화와 체제보장을, 가난하고 병들어서 변방으로 밀려난 사람들에게는 죄책감과 열패감, 자포자기를 심어준다는 사실이 큰 문제입니다. 하나님께서 선인과 악인을 다루시는 모양은 하나님께서 신비로운 분이시기에 훨씬 더 신비롭고 이해하기 어렵습니다. 하나님은 도덕적 인과율에 얽매여 있는 좁은 하나님이 아닙니다! 하나님은 우리의 선행이나 공로 때문에 우리를 사랑하시는 것이 아니고 우리가 허물이 많고 자격 없어도 값없이 은총을 베푸시는 분입니다. 우리 기독교의 하나님은 악인도 오래 참으셔서 회개와 구원의 기회를 주시는 자비와 은총의 하나님이십니다. 하나님의 사랑은 하나님의 정의보다 훨씬 더 큽니다!

소발의 두 번째 공박에 대한 욥의 응답

어찌하여 악한 자들이 번영하느냐?

| 욥 21:1~34 |

21장

1 욥이 대답하였다. 2 너희는 내 말을 건성으로 듣지 말아라. 너희가
나를 위로할 생각이면, 내가 하는 말에 귀를 기울여라. 그것이 내게는 유일한 위로이다. 3 내게
도 말할 기회를 좀 주어라. 조롱하려면, 내 말이 다 끝난 다음에나 해라. 4 내가 겨우 썩어질 육
신을 두고 논쟁이나 하겠느냐? 내가 이렇게 초조해하는 데에는, 그럴 이유가 있다. 5 내 곤경을
좀 보아라. 놀라지 않을 수 없을 것이다. 기가 막혀 손으로 입을 막고 말 것이다. 6 내게 일어난
일은 기억에 떠올리기만 해도 떨리고, 몸에 소름이 끼친다. 7 어찌하여 악한 자들이 잘 사느냐?
어찌하여 그들이 늙도록 오래 살면서 번영을 누리느냐? 8 어찌하여 악한 자들이 자식을 낳고,
자손을 보며, 그 자손이 성장하는 것까지 본다는 말이냐? 9 그들의 가정에는 아무런 재난도 없
고, 늘 평화가 깃들며, 하나님마저도 채찍으로 치시지 않는다. 10 그들의 수소는 틀림없이 새끼
를 배게 하며, 암소는 새끼를 밸 때마다 잘도 낳는다. 11 어린 자식들은, 바깥에다가 풀어 놓으
면, 양 떼처럼 뛰논다. 12 소구와 거문고에 맞춰서 목청을 돋우며, 피리 소리에 어울려서 흥겨워
하는구나. 13 그들은 그렇게 일생을 행복하게 살다가, 죽을 때에는 아무런 고통도 없이 조용하게
스올로 내려간다. 14 그런데도 악한 자들은, 자기들을 그냥 좀 내버려 두라고 하나님께 불평을
한다. 이렇게 살면 되지, 하나님의 뜻을 알 필요가 무엇이냐고 한다. 15 전능하신 분이 누구이기
에 그를 섬기며, 그에게 기도한다고 해서 무슨 도움이 되겠느냐고 한다. 16 그들은 자기들의 성
공이 자기들 힘으로 이룬 것이라고 주장하지만, 나는 그들의 생각을 용납할 수 없다. 17 악한 자
들의 등불이 꺼진 일이 있느냐? 과연 그들에게 재앙이 닥친 일이 있느냐? 하나님이 진노하시어,
그들을 고통에 빠지게 하신 적이 있느냐? 18 그들이 바람에 날리는 검불과 같이 된 적이 있느
냐? 폭풍에 날리는 겨와 같이 된 적이 있느냐? 19 너희는 "하나님이 아버지의 죄를 그 자식들
에게 갚으신다" 하고 말하지만, 그런 말 말아라! 죄 지은 그 사람이 벌을 받아야 한다. 그래야만

그가 제 죄를 깨닫는다. **20** 죄인은 제 스스로 망하는 꼴을 제 눈으로 보아야 하며, 전능하신 분
께서 내리시는 진노의 잔을 받아 마셔야 한다. **21** 무너진 삶을 다 살고 죽을 때가 된 사람이라
면, 제 집에 관해서 무슨 관심이 더 있겠느냐? **22** 하나님은 높은 곳에 있는 자들까지 심판하는
분이신데, 그에게 사람이 감히 지식을 가르칠 수 있겠느냐? **23** 어떤 사람은 죽을 때까지도 기력
이 정정하다. 죽을 때에도 행복하게, 편안하게 죽는다. **24** 평소에 그의 몸은 어느 한 곳도 영양
이 부족하지 않으며, 뼈마디마다 생기가 넘친다. **25** 그러나 어떤 사람은 행복 하고는 거리가 멀
다. 고통스럽게 살다가, 고통스럽게 죽는다. **26** 그러나 그들 두 사람은 다 함께 티끌 속에 눕고
말며, 하나같이 구더기로 덮이는 신세가 된다. **27** 너희의 생각을 내가 다 잘 알고 있다. 너희의
속셈은 나를 해하려는 것이다. **28** 너희의 말이 "세도 부리던 자의 집이 어디에 있으며, 악한 자
가 살던 집이 어디에 있느냐?" 한다. **29** 너희는 세상을 많이 돌아다닌 견문 넓은 사람들과 말을
해 본 일이 없느냐? 너희는 그 여행자들이 하는 말을 알지 못하느냐? **30** 그들이 하는 말을 들
어 보아라. 하나님이 진노하셔서 재앙을 내리셔도, 항상 살아 남는 사람은 악한 자라고 한다. **31**
그 악한 자를 꾸짖는 사람도 없고, 그가 저지른 대로 징벌하는 이도 없다고 한다. **32** 그가 죽어
무덤으로 갈 때에는, 그 화려하게 가꾼 무덤으로 갈 때에는, **33** 수도 없는 조객들이 장례 행렬
을 따르고, 골짜기 흙마저 그의 시신을 부드럽게 덮어 준다고 한다. **34** 그런데 어찌하여 너희는
빈말로만 나를 위로하려 하느냐? 너희가 하는 말은 온통 거짓말뿐이다.

본문은 욥이 소발의 두 번째 발언에 대해서 응답한 말씀입니다. 그러나 이 말씀은 둘째 바퀴 논쟁의 결론부로서 세 친구 모두를 겨냥합니다. 빌닷과 소발은 악인이 겪게 될 비참한 말로를 묘사함으로써 어떻게 해서든지 욥을 회개시켜보려고 했습니다. 여기에 대한 욥의 논박은 친구들의 이론과는 달리 현실 경험에서부터 출발합니다. 인과응보의 논리가 이 세상에는 그대로 적용되지 않는 사례들을 조목조목 거론하면서 두 친구의 입장을 반박합니다. 빌닷과 소발은 악인이 반드시 패망한다고 했지만 현실 세상에는 정반대로 악인이 장수하고 번영하며 죽기까지 부귀영화를 누리는 경우가 허다하다는 것이지요. 욥은 이 세상이 상선벌악(賞善罰惡)의 윤리적인 법칙을 따라 정확하게 움직여 나가는 곳이 아니라 뒤죽박죽, 모순과 부조리로 가득 차 있음을 고발하며 하나님의 정의에 이의를 제기합니다.

친구들에 대한 욥의 항의(21:1~6)

"너희는 내 말을 건성으로 듣지 말아라. 너희가 나를 위로할 생각이면, 내가 하는 말에 귀를 기울여라. 그것이 내게는 유일한 위로이다"(2). 욥은 친구들이 자기를 위로한다고 내뱉는 말들이 하나 같이 가슴에 비수를 꽂는다는 사실을 절감합니다. 이들은 욥의 처지는 아랑곳하지 않고 전통적인 도그마, 이데올로기만 열심히 설파했습니다. 그것도 정확한 관찰이나 실제적인 체험이 아닌 편견과 추측에 의거해서 아예 욥을 악인으로 단정지으며 악인의 말로에 대해서 설교했습니다. 욥이 당연히 받을만한 고통을 받고 있다고 고통을 정당화 내지 합리화시키려고 했지요. 이렇게 이들과 욥은 출발점이 다릅니다. 친구들은 조상 대대로 내려온, 그 당시 가장 광범위하게 영향력을 미쳤던 인과율이라는 교리로부터 출발했습니다. 그리고 이 특정 이론을 현실에 기계적으로, 아무 비판 없이 적용하려고 했던 것이지요. 반면에 욥은 부당하고 이해할 수 없는 고통을 당하는, 너무나 리얼한 현실 경험으로부터 생각하고 말합니다. 이렇게 출발점과 처한 입장이 다르기에 친구들의 이야기가 아무리 그럴듯하고 옳다고 할지라도 욥에게는 도무지 가슴에 와 닿지 않습니다. 무엇보다도 이들이 전가의 보도인 양 줄기차게 휘두르는 악인의 필망(必亡)은 욥 자신의 경험뿐만 아니라 일반인들의 보편적인 경험과도 정확하게 합치하지 않는 공허한 이론일 뿐이었습니다. 그리하여 욥에게 이들이야말로 '돌팔이 의사들'(13:4)이요, '번뇌케 하는 안위자들'(16:2)에 불과했으며, 온갖 빈말로 위로한다고는 하나 실제로는 거짓말쟁이(21:34)에 다름 아니었습니다.

거꾸로 가는 세상 : 악인의 번성(21:7~34)

이제 욥은 친구들에게 기억에 떠올리기만 해도 소름이 끼치는 자기 경험을 들어보라고 호소합니다(6). 빌닷과 소발이 그렇게 목소리 높였던 '악인의 멸망'이 자기를 비롯한 세상 사람들의 실제 경험으로 보면 거꾸로 갈 때가 있다는 것입니다. 7절을 보세요. "어찌하여 악한 자들이 잘 사느냐? 어찌하여 그들이 늙도록 오래 살면서 번영을 누리느냐?" 욥은 '어찌하여' 라는 탄식으로 친구들이 주장한 것과는 정반대의 현실, 즉 악인이 장수하고 번영한다는 사실을 고발합니다. 악인들이 징벌을 받으면 좋으련만 그렇지 않을 때가 많다는 것이지요.

8~13절을 보세요. "어찌하여 악한 자들이 자식을 낳고, 자손을 보며, 그 자손이 성장하는 것까지 본다는 말이냐? 그들의 가정에는 아무런 재난도 없고, 늘 평화가 깃들며, 하나님마저도 채찍으로 치시지 않는다. 그들의 수소는 틀림없이 새끼를 배게 하며, 암소는 새끼를 밸 때마다 잘도 낳는다. 어린 자식들은, 바깥에다가 풀어 놓으면, 양 떼처럼 뛰논다. 소구와 거문고에 맞춰서 목청을 돋우며, 피리 소리에 어울려서 흥겨워하는구나. 그들은 그렇게 일생을 행복하게 살다가, 죽을 때에는 아무런 고통이 없이 조용하게 스올에 내려간다." 빌닷과 소발이 생생하게 묘사했던 악인의 멸망에 대해서 정면으로 맞받아치는 말씀입니다. 이 세상에서 악인들이 온갖 부귀영화를 누리다가 죽을 때에도 아무 고통 없이 조용히 사라지는 경우가 있다는 것이지요.

여기서 중요한 것은 소발은 악인의 형통이 만족을 모르는 탐욕에 있다고 지적했지만 욥의 분석은 더 예리합니다. 물론 탐욕이 중요한 요인이지만 불신앙과 불경건이 더 근원적인 이유라는 것입니다. 14~16절을 보세요. "그런데도 악한 자들은, 자기들을 그냥 좀 내버려 두라고 하나님께 불평을 한다. 이렇게 살면 되지, 하나님의 뜻을 알 필요가 무엇이냐고 한다. 전능하신 분이 누구이기에, 그를 섬기며, 그에게 기도한다고 해서 무슨 도움이 되겠느냐고 한다. 그들은 자기들의 성공이 자기들 힘으로 이룬 것이라고 주장하지만, 나는 그들의 생각을 용납할 수 없다." 이것이 정말 견딜 수 없는 것이지요! 하나님을 섬기지도 않고 기도도 하지 않고 모든 번영이 순전히 자신의 능력으로 된 것인 양 착각하며 하나님의 뜻과는 전혀 무관하게 살아가는 사람이 형통한다, 이것이 욥과 같은 순전한 신자들에게는 걸림돌이 됩니다. 이 사람들에게 교회에 가는 것은 시간 낭비고 헌금하는 행위는 바보짓이며 기도하는 것은 우스꽝스러운 미신 행위입니다. 그러나 이런 사람들이 현실에서는 부귀영화를 누립니다. 그것도 죽을 때까지 아무 징벌을 받지 않고서!

여기서 악인의 죽음을 잠시 생각해봅시다. 23~26절에서 욥은 두 종류의 죽음을 언급합니다. 악인과 선인의 죽음이지요. "어떤 사람은 죽을 때까지도 기력이 정정하다. 죽을 때에도 행복하게, 편안하게 죽는다. 평소에 그의 몸은 어느 한 곳도 영양이 부족하지 않으며, 뼈마디마다 생기가 넘친다. 그러나 어떤 사람은 행복하고는 거리가 멀다. 고통스럽게 살다가, 고통스럽게 죽는다. 그러나 그들 두 사람은 다 함께 티끌 속에 눕고 말며, 하나같이 구더기로 덮이는 신세가 된다." 빌닷과 소발이 묘사했던 악인의 비참한 최후에 대해서 반박하는 말씀입니다. 죽을 병에 걸려 죽음의 왕에게 끌려가 먼지처럼 흔적도 없이 사라지고 만다는 주장을 반격하는 것이지요. 이들의 주장과는 달리 실제로 악인은 죽을 때에도 멋지게 임종을 맞는가 하면 선인은 너무나 고통스럽게 세상을 떠날 때가 있다는 엄연한 현실을 강조합니다. 그러면서 욥은 오직 죽음만이 악인이나 선인에게 유일하게 공평한 것임을 역설합니다. 죽은 뒤에 둘 다 먼지 속에 눕고 구더기의 밥이 된다는 것이지요!

이제 욥은 이와 같이 부조리한 현실에 대해서 하나님께 항의합니다. 18:5절에서 빌닷은 악인의 빛은 꺼지게 바련이고 그 불꽃도 빛을 잃고 만다고 했는데 실제는 그렇지 않다는 것입니다. 17~18절을 보세요. "악한 자들의 등불이 꺼진 일이 있느냐? 과연 그들에게 재앙이 닥친 일이 있느냐? 하나님이 진노하시어, 그들을 고통에 빠지게 하신 적이 있느냐? 그들이 바람에 날리는 검불과 같이 된 적이 있느냐? 폭풍에 날리는 겨와 같이 된 적이 있느냐?" 하나님께서 역사 속에 직접 개입하셔서 악인을 손 좀 봐주시면 얼마나 좋겠습니까만, 그렇지 못할 때가 많다는 것이지요. 19~22절은 악인의 징벌이 자손에까지 미친다는 친구들 주장의 허구성을 반박하기 위하여 죄에 대한 책임은 반드시 본인이 져야 한다는, 율법적인 견해와는 매우 색다른 당시로서는 진보적이기까지한 견해를 제시합니다. 출애굽기 20:5절과 신명기 5:9절에 보면 아비의 죄를 자손 삼사 대까지 갚겠다는 말씀이 있습니다. 친구들 역시 이와 같은 연좌적 징벌제에 공감했는데 욥은 이를 정면으로 반박했습니다. 그 이유는 죄를 지은 사람이 벌을 받는다면 스스로 받아야지만 제 죄를 깨닫게 되지 자손들에게 이어진다는 것은 책임회피가 될 수 있기 때문입니다.

27~33절에서 욥은 친구들을 겨냥하여 직격탄을 날립니다. 친구들, 특히 빌닷은 악인의 집이 무너지며 그와 관련된 일체의 기억이 사라진다고 주장했지만, 역시 현실은 정반대라는 것입니다. 18:20절에서 빌닷은 동서남북에서 온 사람들이 악인의 말로에 대한 소식을 듣고 공포에 떤다고 했는데 29절에서 욥은 길가는 여행자들이 정반대의 소식을 전해준다고 말합니다. 즉, 빌닷은 악인의 집안을 환하게 비추던 불빛이 다 꺼지고 집에서 쫓겨나 죽음의 왕 앞에 끌려가 비참한 최후를 맞는다고 했는데(18:6, 14~15; 19:28 참고), 나그네들이 여기저기 돌아다니며 직접 겪은 풍부한 경험에 의거해서 전하는 말은 그 반대입니다. "그가 죽어 무덤으로 갈 때에는, 그 화려하게 가꾼 무덤으로 갈 때에는, 수도 없는 조객들이 장례 행렬을 따르고, 골짜기 흙마저 그의 시신을 부드럽게 덮어 준다고 한다"(32~33). 이것은 하나님과 관계에 있어서도 마찬가지입니다. 견문이 넓은 이 여행자들이 하는 말이 "하나님이 진노하셔서 재앙을 내리셔도, 항상 살아 남는 사람은 악한 자라고 한다. 그 악한 자를 꾸짖는 사람도 없고, 그가 저지른 대로 징벌하는 이도 없다고 한다"(30~31). 어쩌다 하나님이 재앙을 내려도 애꿎은 사람이 다칠 때가 많고 악인은 미꾸라지처럼 잘도 빠져나간다는 말이지요! 현실적으로 인과응보의 법칙이 잘 작동하지 않을 때가 많다는 주장입니다.

본문 말씀이 주는 교훈

말씀의 결론부인 34절에서 욥은 친구들이 하는 말이 온통 빈말이며 거짓말이라고 합니다. 여기서 '빈말' 이라는 말이 중요한데 원어로 '수증기' 혹은 '숨결' 을 의미하며 다 허망하고 부질없는 것을 지칭할 때 사용됩니다. 그런데 이러한 의미, 즉 '허무함' 혹은 '허탄함' 은 구약에서 거짓 신과 우상을 지칭할 때 사용되었습니다(신 32:21; 렘 8:19, 10:8, 14:22; 시 31:6; 욘 2:8 참조). 그렇다면 욥은 친구들의 말이 헛것을 섬기는 우상숭배와 마찬가지라고 결론을 내리고 있습니다. 욥이 보기에 이들은 하나님께서 간섭하시는 세상의 현실을 몰라도 너무 모르는 사람들입니다. 그러므로 이들은 역사 속에서 신비롭게 활동하시는 진짜 하나님을 섬기는 것이 아니라 자기들의 도그마와 이데올로기에 갇힌 우상을 섬기는 것과 마찬가지라는 것이지요. 다시 말해 선에는 반드시 상을, 악에는 반드시 벌이라는 단순 논리가 하나님의 신비를 하나의 관념적 우상으로 축소시킬 수 있다는 사실입니다.

우리가 현실 세계에서 직접 경험하는 진실은 확실히 욥의 말이 맞습니다. 빌닷이나 소발이 강조했듯이 악인이 비참하게 멸망당하는 것이 아니라 그 정반대의 경우가 더 많습니다. 사형에 해당하는 죄를 짓고서도 금력과 권력을 이용하여 요람에서 무덤까지 온갖 안일과 풍요를 누리는 악인들이 얼마나 많습니까? 이와 같이 복잡하고 부조리한 현실 경험을 인정하지 않고 정통 교리만 기계적으로 뇌까리는 행위야말로 빈말이요 거짓이며 참 신비의 하나님이 아닌 우상을 논하는 것과 마찬가지입니다! 이것은 욥기의 결론부에 가면 하나님께서 욥의 말이 옳고 친구들의 말이 틀렸다고 말씀하시면서 노를 발하시는 것으로도 확인됩니다(42:7). 이렇게 본다면 친구들이 그랬던 것처럼 세상을 '악인 = 필벌,' '선인 = 필상' 이라는 관념적인 도식으로 판단하는 일이 얼마나 위험한가를 깨닫게 됩니다. 이와 같은 이념의 렌즈를 끼고 세상을 재단할 경우 세상의 진실을 있는 그대로 보지 못하는 우에 빠지게 됩니다. 이것은 인간의 삶 속에 신비롭게 개입하시는 하나님의 진면목을 보지 못하는 것도 됩니다. 다시 되풀이되는 말이지만 악인이 형통하는 것처럼 보이고 의인이 부당하게 고통 당하는 것처럼 보이는 현실 속에서, 그럼에도 불구하고 하나님을 믿을 수 있다면 이야말로 욥기가 강렬하게 추구하는 신앙의 본질, '아무 것도 바라지 않는 신앙' 이 아닐까요? 이것은 인과응보라고 하는 인간의 윤리적 잣대가 아닌 하나님께서 스스로 움직이실 수 있는 자유를 인정하는 것이기 때문이지요.

IV

욥과 세 친구들 사이의 셋째 마당 논쟁

욥기가 중반 이후부터 주목할 만한 변화를 보인다면 욥의 날카로운 사회의식입니다. 친구들은 인과율이라는 좁은 울타리를 벗어나지 못하고 기우뚱거리는 반면에 욥은 자기 외에도 이같이 부당한 고통을 당하는 사람들이 많다는 사회 현실에 눈뜨기 시작합니다. 이제 부조리한 현실에 대한 인식은 점점 더 시야를 넓혀 마침내 착취와 수탈을 당하는 이웃들의 고통까지 끌어안고 고뇌하는 욥의 모습과 만나게 됩니다.

엘리바스의 세 번째 공박

언제까지 악한 길을 고집할 셈이냐?

| 욥 22:1~30 |

22장

1 데만 사람 엘리바스가 대답하였다. **2** 사람이 하나님께 무슨 유익을
끼쳐드릴 수 있느냐? 아무리 슬기로운 사람이라고 해도, 그분께 아무런 유익을 끼쳐드릴 수가
없다. **3** 네가 올바르다고 하여 그것이 전능하신 분께 무슨 기쁨이 되겠으며, 네 행위가 온전하다
고 하여 그것이 그분께 무슨 유익이 되겠느냐? **4** 네가 하나님을 경외한 것 때문에, 하나님이 너
를 책망하시며, 너를 심판하시겠느냐? **5** 오히려 네 죄가 많고, 네 죄악이 끝이 없으니, 그러한
것이 아니냐? **6** 네가 까닭 없이 친족의 재산을 압류하고, 옷을 빼앗아 헐벗게 하고, **7** 목마른 사
람에게 마실 물 한 모금도 주지 않고, 배고픈 사람에게 먹을 것도 주지 않았기 때문이 아니겠느
냐? **8** 너는 권세를 이용하여 땅을 차지하고, 지위를 이용하여 이 땅에서 거들먹거리면서 살았
다. **9** 너는 과부들을 빈 손으로 돌려보내고, 고아들을 혹사하고 학대하였다. **10** 그러기에 이제
네가 온갖 올무에 걸려 들고, 공포에 사로잡힌 것이다. **11** 어둠이 덮쳐서 네가 앞을 볼 수 없고,
홍수가 너를 뒤덮는 것이다. **12** 하나님이 하늘 높은 곳에 계시지 않느냐? 저 공중에 높이 떠 있
는 별들까지도, 하나님이 내려다보고 계시지 않느냐? **13** 그런데도 너는 "하나님이 무엇을 아시
겠으며, 검은 구름 속에 숨어 계시면서 어떻게 우리를 심판하실 수 있겠느냐? **14** 짙은 구름에
그가 둘러싸여 어떻게 보실 수 있겠느냐? 다만 하늘에서만 왔다갔다 하실 뿐이겠지!" 하는구나.
15 너는 아직도 옛 길을 고집할 셈이냐? 악한 자들이 걷던 그 길을 고집할 셈이냐? **16** 그들은
때가 되기도 전에 사로잡혀 갔고, 그 기초가 무너져서 강물에 떠내려가 버렸다. **17** 그런데도 그
들은 하나님께 말하기를 "우리를 좀 그냥 내버려 두십시오. 전능하신 분이라고 하여 우리에게
무슨 일을 더 하실 수 있겠습니까?" 하였다. **18** 그들의 집에 좋은 것을 가득 채워 주신 분이 바
로 하나님이신데도 악한 자들이 그런 생각을 하다니, 나는 이해할 수 없다. **19** 그런 악한 자가
형벌을 받을 때에, 의로운 사람이 그것을 보고 기뻐하며, 죄 없는 사람들이 그것을 보고 비웃기

를 **20** "과연 우리 원수는 전멸되고, 남은 재산은 불에 타서 없어졌다" 할 것이다. **21** 그러므로
너는 하나님과 화해하고, 하나님을 원수로 여기지 말아라. 그러면 하나님이 너에게 은총을 베푸
실 것이다. **22** 하나님이 친히 말씀하여 주시는 교훈을 받아들이고, 그의 말씀을 네 마음에 깊이
간직하여라. **23** 전능하신 분에게로 겸손하게 돌아가면, 너는 다시 회복될 것이다. 온갖 불의한
것을 네 집 안에서 내버려라. **24** 황금도 티끌 위에다가 내버리고, 오빌의 정금도 계곡의 돌바닥
위에 내던져라. **25** 그러면 전능하신 분이 네 보물이 되시고, 산더미처럼 쌓이는 은이 되실 것이
다. **26** 그 때가 되어야 비로소 너는, 전능하신 분을 진정으로 의지하게 되고, 그분만이 네 기쁨
의 근원이심을 알게 될 것이다. **27** 네가 그분에게 기도를 드리면 들어주실 것이며, 너는 서원한
것을 다 이룰 것이다. **28** 하는 일마다 다 잘 되고, 빛이 네가 걷는 길을 비추어 줄 것이다. **29**
사람들이 쓰러지거든, 너는 그것이 교만 때문이라고 일러주어라. 하나님은 겸손한 사람을 구원하
신다. **30** 그분은 죄 없는 사람을 구원하신다. 너도 깨끗하게 되면, 그분께서 구해 주실 것이다.

욥과 세 친구의 설전은 마치 권투 시합과 비슷합니다. 욥은 매 라운드마다 세 친구를 상대해서 힘겹게 싸워야 합니다. 친구들은 어떻게 해서라도 욥이 악인이라는 자백을 받아내서 하나님 앞에 꿇어앉히려고 어퍼컷 잽 훅 등 무수한 펀치를 사정없이 날립니다. 욥은 심신이 곯을 대로 곯아 그로기 상태에 있는데 친구들은 연방 강펀치를 날려댑니다. 그러나 욥의 반격도 만만치 않습니다. 자기가 한 대 때릴 때, 세 대씩 날아오는 펀치를 맞고서 지칠 법도 한데 맷집이 얼마나 센지 모릅니다. 목숨 하나만 달랑 남았으니 죽기를 각오하고 반격에 반격을 거듭하니 친구 셋을 거뜬히 당해낼 수 있는지도 모릅니다. 권투로 치면 이제 2라운드가 끝나고 3라운드로 접어들었습니다.

22~27장까지는 셋째 바퀴의 대화가 나옵니다. 셋째 바퀴 대화에 나오는 친구들의 공박은 1, 2차에 걸쳐 대두된 내용과 비교할 때 생소한 이슈가 별로 없습니다. 전에 했던 말들이 지루하게 반복되는 인상입니다. 그래서 그런지 소발의 말은 아예 나오지도 않고 빌닷의 말은 겨우 여섯 절에 불과합니다(25:1~6). 이에 비해 흥미롭게도 욥의 대답은 대단히 깁니다. 이것은 3회전에 걸친 혈전 끝에 친구들의 기력이 다 소진돼서 논리가 바닥이 난 반면에 욥은 아직도 하나님과 친구들 앞에 쏟아놓을 말들이 많다는 사실을 암시합니다. 억

울한 고난은 사람의 마음 속에 엄청난 한을 쌓아두기 때문이지요! 어쨌거나 3회전에 걸친 논쟁을 살펴보면 양쪽이 더 이상 타결점을 찾지 못하고 계속 공전되는 인상이 짙습니다! 이제 셋째 바퀴 논쟁에서도 예외 없이 1번 타자인 엘리바스부터 욥을 공격합니다.

하나님이 욥을 책망하시는 이유(22:2~20)

셋째 바퀴 논쟁에서 엘리바스는 하나님의 전적인 초월성을 언급함으로써 말문을 엽니다. 하나님은 너무나도 초월적이시기 때문에 욥에게 아무 관심이 없으시다는 것입니다. 사람이 아무리 지혜롭고 의로울지라도 하나님께 아무 소용이 없다는 말이지요. "사람이 하나님께 무슨 유익을 끼쳐드릴 수 있느냐? 아무리 슬기로운 사람이라고 해도, 그분께 아무런 유익을 끼쳐드릴 수가 없다. 네가 올바르다고 하여 그것이 전능하신 분께 무슨 기쁨이 되겠으며, 네 행위가 온전하다고 하여 그것이 그분께 무슨 유익이 되겠느냐?"(2~3). 인간이 쌓은 지혜와 의로움과 순전함이 하나님께는 아무 상관이 없다는 논리가 아닙니까? 그런데 이 말은 엘리바스 자신이 주장한 하나님의 상선벌악의 논리와 어긋나는 말이 아닐 수 없습니다. 공의로우신 하나님은 도덕적 질서가 자리 잡힌 세상에 의로운 사람은 반드시 상을, 불의한 사람에게는 반드시 벌을 주시는 분이라고 주장해 놓고서는 인간의 슬기와 정의와 경건이 하나님께 아무 쓸모없다고 주장하는 것은 사가당착(自家撞着)이 아닐 수 없지요!

4~5절을 보면 엘리바스는 욥이 하나님을 경외해서 책망을 받는 것이 아니라 죄악을 지었기 때문에 징벌을 받는다고 단언합니다. 이미 충분히 주장했던 논리를 되풀이하고 있지만 특이한 것은 욥이 이웃과 관계해서 지은 죄상을 마치 직접 목격이라도 한 듯이 상세하게 나열하고 있다는 사실입니다. 6~9절은 이른바 욥의 사회 윤리적인 죄목들을 낱낱이 들추어냅니다. 그런데 여기서 주목할 만한 것은 엘리바스와 두 친구들이 악인의 일반적인 운명을 논할 때

사용했던 3인칭을 쓰지 않고 아예 직접적으로 욥을 겨냥해서 직격탄을 날리고 있다는 사실입니다. "네가 까닭 없이 친족의 재산을 압류하고, 옷을 빼앗아 헐벗게 하고, 목마른 사람에게 마실 물 한 모금도 주지 않고, 배고픈 사람에게 먹을 것도 주지 않았기 때문이 아니겠느냐? 너는 권세를 이용하여 땅을 차지하고, 지위를 이용하여 이 땅에서 거들먹거리면서 살았다. 너는 과부들을 빈 손으로 돌려보내고, 고아들을 혹사하고 학대하였다."

욥이 한때 부자였을 적에 사회적인 약자인 고아와 과부, 가난하고 소외당한 사람들을 착취하고 억압했기 때문에 지금 이 고통을 받고 있다는 단정이지요! 엘리바스는 마치 욥의 일거수일투족을 지켜라도 본 듯이 욥이 사회 정의에 어긋나게 살아온 죄상들을 속속 들추어냅니다. 추측과 편견, 그리고 단정을 통하여 아무 증거도 대지 않고 욥의 가상적인 죄악들을 사실인 양 하나 둘 열거합니다. 마치 부자는 다 가난한 사람들을 수탈해서 그렇게라도 된 양, 일방적으로 매도합니다. 엘리바스는 이렇게 자기의 이론을 정당화하기 위하여, 즉 악인에게 반드시 징벌을 내리신다는 도덕적 하나님을 변호하기 위하여 욥에게 아무 증거도 없는 죄의 덤터기까지 씌웁니다! 아, 도그마와 이데올로기에 사로잡힌 인간이 얼마나 잔인해질 수 있는지요!

그러면서 엘리바스는 또한 욥이 하나님께서 자신의 악한 행실을 전혀 모르시는 분인 것처럼 능청스럽게 행동한다고 책망합니다. "하나님이 하늘 높은 곳에 계시지 않느냐? 저 공중에 높이 떠 있는 별들까지도 하나님이 내려다보고 계시지 않느냐? 그런데도 너는 '하나님이 무엇을 아시겠으며, 검은 구름 속에 숨어 계시면서 어떻게 우리를 심판하실 수 있겠느냐? 짙은 구름에 그가 둘러싸여 어떻게 보실 수 있겠느냐? 다만 하늘에서만 왔다갔다 하실 뿐이겠지!' 하는구나"(12~14). 손바닥으로 하늘을 가리듯이 하나님까지 속여 가며 가난한 이웃을 착취하는 죄악을 저질렀다는 고발이지요.

욥에게 열려 있는 미래의 희망(22:21~30)

이상과 같이 욥의 죄상을 구체적이고 생생하게 폭로한 뒤 엘리바스는 욥에게 회개를 촉구합니다. 욥이 이 재앙을 받는 것이 다 하나님과 욥 사이의 관계가 단절된 까닭이므로 하나님과의 교제를 회복하는 길만이 살 길이라고 선언합니다. 엘리바스는 이제 기력이 다 소진해서 더 이상 발언할 기회가 오지 않을 것을 예견이라도 하듯이 회유적인 제스처를 씀으로써 자기 주장에 결론을 맺습니다.

21~26절을 보세요. "그러므로 너는 하나님과 화해하고, 하나님을 원수로 여기지 말아라. 그러면 하나님이 너에게 은총을 베푸실 것이다. 하나님이 친히 말씀하여 주시는 교훈을 받아들이고, 그의 말씀을 네 마음에 깊이 간직하여라. 전능하신 분에게로 겸손하게 돌아가면, 너는 다시 회복될 것이다. 온갖 불의한 것을 네 집 안에서 내버려라. 황금도 티끌 위에다가 내버리고, 오빌의 정금도 계곡의 돌바닥 위에 내던져라. 그러면 전능하신 분이 네 보물이 되시고, 산더미처럼 쌓이는 은이 되실 것이다. 그때가 되어야 비로소 너는, 전능하신 분을 진정으로 의지하게 되고, 그분만이 네 기쁨의 근원이심을 알게 될 것이다." 하나님께 순복하기만 하면 하나님께서 은총을 베푸셔서 회복된다는 말씀이지요. 24~25절 말씀이 특히 아름답습니다. '황금'과 '오빌에서 나는 정금,' '전능하신 분,' '은'이 한 축을 이루고, '티끌,' '계곡의 돌바닥'이 정반대되는 축을 이룹니다. 황금과 은은 아주 특별한 가치를 지니는 보물인데 이 귀한 것들을 초개와 같이 버리게 될 때 하나님은 더 좋은 것으로 채워주신다는 약속이지요. "황금을 보기를 돌같이 하라."는 말도 있듯이 황금만능주의를 버리고 주님께 돌아오면 주님이 정금과 순은이 되어 주신다는 것입니다. 욥이 자기와 세상 자랑을 다 버리고 하나님께 돌아와 순복하라는 재촉이지요! 그리고 하나님께 돌아와 겸손히 복종하면 기도하는 것마다 다 이루어질 것이고(27), 하는 일마다 다 형통하며 앞길이 환하게 비취게 될 것(28)이라는 것입니

다. 하나님께 돌아와 순종해서 회복되면 비로소 욥은 하나님께 쓸모 있는 사람이 될 수 있다는 말이지요! 욥을 향한 엘리바스의 결론은 30절입니다. "그분은 죄 없는 사람을 구원하신다. 너도 깨끗하게 되면 그분께서 구해 주실 것이다." 욥이 하나님께 돌아와 죄를 다 뉘우치고 순복해서 정의롭게 깨끗해지기만 한다면 지금의 재앙에서 벗어나 구원을 받게 된다는 약속입니다.

본문 말씀이 주는 교훈

엘리바스의 말은 하나도 그른 말이 없습니다. 욥과의 대화만 아니라면 구구절절이 옳은 말이요, 상당히 복음적이기도 합니다. 그러나 이 옳은 말씀이 진행되고 있는 문맥과 배경이 중요합니다. 옳지만 시의적절한 말은 아닙니다. 욥은 하나님께서도 순전한 사람으로 인정하셨습니다. "주님께서 사탄에게 말씀하셨다. '너는 내 종 욥을 잘 살펴보았느냐? 이 세상에는 그 사람만큼 흠이 없고 정직한 사람, 그렇게 하나님을 경외하며 악을 멀리하는 사람은 없다'"(1:8). "주님께서 사탄에게 말씀하셨다. '너는 내 종 욥을 잘 살펴 보았느냐? 이 세상에 그 사람만큼 흠이 없고 정직한 사람, 그렇게 하나님을 경외하고 악을 멀리하는 사람이 없다. 네가 나를 부추겨서, 공연히 그를 해치려고 하였지만, 그는 여전히 자기의 온전함을 굳게 지키고 있지 않느냐?'"(2:3). 욥은 하나님도 믿어 주신 사람이었습니다. 사람이 하나님을 믿을 뿐 아니라 하나님도 우리를 믿으십니다. 하나님도 믿어 주신 사람, 욥을 회개하고 하나님께 돌아오라고 설득하다니요! 옳은 이야기가 모든 사람에게 무조건 다 보편타당하게 적용되는 것은 아닙니다. 이 점에서 엘리바스의 시야는 너무 좁습니다. 자기의 신앙과 인생관 하나만 옳다고 생각해서 그것을 누구에게나 아무 예외 없이 기계적으로 적용하려고 하는 데 엘리바스의 맹점이 있습니다.

그렇다면 엘리바스는 왜 욥이 가난하고 불쌍한 이웃을 착취했다고 단정하는 것일까요? 여기에 엘리바스의 안목이 좁다는 것이 다시 한번 입증됩니다. 욥이 옛날에 부자였다는 사실, 현재는 재앙을 당한다는 사실, 현재의 재앙은 반드시 과거의 악행에 뿌리를 두고 있다는 응보론 등을 종합해 볼 때, 부자였던 욥이 현재 고난을 당하는 것은 과거에 이웃을 수탈했음이 틀림없다는 추론 때문이지요! 부자가 가난해지는 것이 사회 정의를 위반했기 때문입니까? 물론 가난한 사람을 함부로 학대해서 거기에 대한 응벌로 고통을 겪는 부자도 더러 있습니다. 그러나 '부자였다가 고난을 당하는 사람 = 과거에 악당' 이라는 도식은 항상 옳은 것은 아닙니다. 이웃에게 선을 베푸는 양심적인 부자도 얼마든지 있기 때문입니다. 이렇게 엘리바스의 말이 부당한 고통을 당하는 사람 욥과 관련된 말이 아니라면 기가 막히게 훌륭한 주장이지만 욥의 경우를 비롯해서 수많은 경우에 다 적용되는 것은 아니라는 데 문제가 있습니다! 그러므로 우리는 '부자 = 탐욕과 수탈' 이라는 좁은 안경을 벗어던져야 합니다. 의로운 부자, 양심적인 부자도 얼마든지 있을 수 있기 때문이지요.

엘리바스의 세 번째 공박에 대한 욥의 응답 I

그분이 계신 곳을 알 수만 있다면?

| 욥 23:1~17 |

23장

1 욥이 대답하였다. 2 오늘도 이렇게 처절하게 탄식할 수밖에 없다니!
내가 받는 이 고통에는 아랑곳없이, 그분이 무거운 손으로 여전히 나를 억누르시는구나! 3 아,
그분이 계신 곳을 알 수만 있다면, 그분의 보좌까지 내가 이를 수만 있다면, 4 그분 앞에서 내
사정을 아뢰련만, 내가 정당함을 입이 닳도록 변론하련만. 5 그러면 그분은 무슨 말로 내게 대답
하실까? 내게 어떻게 대답하실까? 6 하나님이 힘으로 나를 억누르실까? 그렇지 않을 것이다.
내가 말씀을 드릴 때에, 귀를 기울여 들어 주실 것이다. 7 내게 아무런 잘못이 없으니, 하나님께
떳떳하게 말씀드릴 수 있을 것이다. 내 말을 다 들으시고 나서는, 단호하게 무죄를 선언하실 것
이다. 8 그러나 동쪽으로 가서 찾아보아도, 하나님은 거기에 안 계시고, 서쪽으로 가서 찾아보아
도, 하나님을 뵐 수가 없구나. 9 북쪽에서 일을 하고 계실 터인데도, 그분을 뵐 수가 없고, 남쪽
에서 일을 하고 계실 터인데도, 그분을 뵐 수가 없구나. 10 하나님은 내가 발 한 번 옮기는 것을
다 알고 계실 터이니, 나를 시험해 보시면 내게 흠이 없다는 것을 아실 수 있으련만! 11 내 발은
오직 그분의 발자취를 따르며, 하나님이 정하신 길로만 성실하게 걸으며, 길을 벗어나서 방황하
지 않았건만! 12 그분의 입술에서 나오는 계명을 어긴 일이 없고, 그분의 입에서 나오는 말씀을
늘 마음 속 깊이 간직하였건만! 13 그러나 그분이 한번 뜻을 정하시면, 누가 그것을 돌이킬 수
있으랴? 한번 하려고 하신 것은, 반드시 이루고 마시는데, 14 하나님이 가지고 계신 많은 계획
가운데, 나를 두고 세우신 계획이 있으면, 반드시 이루고야 마시겠기에 15 나는 그분 앞에서 떨
리는구나. 이런 것을 생각할 때마다, 그분이 두렵구나. 16 하나님이 내 용기를 꺾으셨기 때문이
고, 전능하신 분께서 나를 떨게 하셨기 때문이지, 17 내가 무서워 떤 것은 어둠 때문도 아니고,
흑암이 나를 덮은 탓도 아니다.

욥이 만일 친구들의 말을 듣고 입을 닫았다면 어떻게 되었을까요? 아마 욥기는 탄생하지 않았을 것입니다. 생겨났더라도 인과응보론이나 되뇌는 아주 얄팍하고 고답적인 책이 되고 말았을 것입니다. 욥기가 위대한 것은 불의한 고난을 당하면서 의로운 하나님은 어디에 계시는가를 치열하게 고뇌했다는 사실에 있습니다. 3회전에 접어들면서 엘리바스의 요점은 기존의 입장을 되풀이할 뿐 신선한 내용이 별로 없습니다. 다만 한 가지, 욥의 사회 윤리적인 죄악들을 폭로하는 것이 새로운 국면이라면 새롭다 할 수 있습니다. 그만큼 좁은 시야에서부터 벗어나지 못했기 때문에 새로운 아이디어가 동이 나고 말았지요. 그러나 욥은 할 말이 많습니다. 엘리바스가 욥이 이웃을 억압하고 수탈했다고 질타해서 그런지 욥은 자기의 고통이라는 좁은 울타리를 벗어나 부당한 고통을 당하는 모든 이웃들과 아픔을 함께 나눕니다. 이른바 고난의 연대의식을 형성하게 되는 것이지요. 욥이 부당한 고난을 당하기 전 유복했을 때에는 부자와 세도가들에게 무방비로 착취당하는 이웃의 불의한 고통을 깊이 체감하지 못했을 것입니다. 그러나 자기가 직접 겪어보니 이심전심(以心傳心)이라는 말도 있듯이 비로소 다른 사람의 처지를 헤아리게 됩니다. 24장 이후에 전개될 욥의 발언 중 가장 주목해서 지켜봐야 할 대목이 바로 이 부분입니다. 개인적인 부조리에서 공동체적인 부조리로, 실존적인 차원에서 예언자적인 차원으로 시야가 확대 심화되고 있습니다!

23~24장은 엘리바스의 세 번째 발언에 대한 욥의 응답입니다. 여기서 욥은 하나님에 대한 이해의 차원을 넘어서 하나님과의 직접적인 만남, 즉 인격적인 교제를 갈망합니다. 더 정확히 말해서 욥은 23장에서 하나님의 장소에 대해서, 그리고 24장에서는 하나님의 시간에 대해서 묻습니다. 하나님이 어디에 계신지 알 수 있다면 자신의 억울한 사정을 아뢰고 하나님의 대답을 들을 수 있을 터인데, 아무리 찾아봐도 칠흑같은 어두움밖에 보이지 않습니다. 이제 하나님께서 심판의 시간을 정해 주신다면 압제받는 이들의 울부짖는 소리

가 정당하게 해결될 터인데 언제인지 알 수가 없습니다. 이렇게 욥이 23장에서 장소와 관련해 하나님을 직접 만나기를 소원할 때 자기 문제에만 몰두하는 경향이 짙고, 24장에서 하나님의 심판의 때를 말할 때 자기처럼 부당한 고통을 당하는 모든 이들에게로 시계를 넓히는 것을 볼 수 있습니다.

하나님 계신 곳을 찾아서(23:2~12)

23~24장에서 욥은 엘리바스의 세 번째 공박에 대한 응답을 시도하지만 주로 내면의 독백 형태로 말을 이어갑니다. 깊은 자의식 속에 잠겨 하나의 기도형태로 말하고 있습니다. 욥의 이러한 모습은 어거스틴이 자기 안 깊숙이 계신 하나님을 너무 멀리 바깥에서 찾아 헤맸다는 탄식을 연상하게 합니다. 욥기에서 자주 등장하는 흐름 중에 하나는 사법적인 요소입니다. 피고가 증인을 대동해서 재판관 앞에 공정한 심판을 받듯이 욥도 재판장 되신 하나님을 만나 자기의 억울한 사정을 따지고 싶어합니다. 하나님 계신 곳을 알 수만 있다면 그곳에 가서 왜 자기가 부당한 고통을 당해야 하는지 재판을 받기 원합니다. 친구들이 자기의 결백에 대해서 증언을 해 주면 좋으련만 오히려 고통만 가중시킵니다. 그래서 정의의 심판이 이루어지는 곳, 하나님 계신 곳에 가서 하나님께 직접 호소하기를 희망합니다.

3~4절을 보세요. "아, 그분이 계신 곳을 알 수만 있다면, 그분의 보좌까지 내가 이를 수만 있다면, 그분 앞에서 내 사정을 아뢰련만, 내가 정당함을 입이 닳도록 변론하련만." 독백 형태로 된 기도문이라고 봐도 좋을 소원입니다. 욥은 자기 문제를 하나님께 들고 가 소송을 제기해 하나님께 자기 문제를 다 항변하고 자신의 정당성에 대해서 무죄 판결을 받기 원합니다. 이렇게 의로우신 재판장 하나님께 자기 사정을 입이 닳도록 변론하면 하나님이 귀를 기울이시며 무죄를 선언해 주실 것이라고 믿기 때문이지요. "내게 아무런 잘못이 없으니, 하나님께 떳떳하게 말씀드릴 수 있을 것이다. 내 말을 다 들으시고 나서

는, 단호하게 무죄를 선언하실 것이다"(7). 어떻게 보면 욥이 아무 죄없이 이 처절한 고통을 겪는다는 사실을 공정한 룰이 작용하는 재판정에서 다 털어놓을 수만 있어도 그것은 하나의 구원이 될 수 있습니다.

그러나 문제는 그토록 하나님 만나 자기의 억울한 사정을 말하고 싶어도 하나님이 보이지 않는다는 엄연한 현실입니다. "그러나 동쪽으로 가서 찾아보아도, 하나님은 거기에 안 계시고, 서쪽으로 가서 찾아보아도, 하나님을 뵐 수가 없구나. 북쪽에서 일을 하고 계실 터인데도, 그분을 뵐 수가 없구나"(8~9). 전후좌우, 동서남북 사방을 돌아봐도 하나님은 계시지 않는다는 탄식입니다. 이른바 '숨어 계신 하나님'을 절감하는 말이지요! 하나님을 만나고 싶어도 어디에 계신지 알 수 없다는 욥의 탄식은 불의한 현실에 귀를 닫으시고 입을 닫으시는 하나님의 침묵을 경험할 때 더욱 더 애절하게 됩니다. 이와 같이 욥은 하나님을 찾아 헤매지만 하나님이 어디에 계시는지 알 수 없습니다. 그런데 하나님은 욥의 모든 것을 다 알고 계십니다. 기막힌 역설이 아닙니까? "우리를 다 알고 계시는 하나님을 우리는 어디 계신지 알지 못한다." 우리와 하나님의 역설적인 관계를 이보다 더 절묘하게 표현해주는 말이 또 어디에 있을까요? 마치 승용차 유리창을 썬팅해서 차 안에 있는 사람은 밖에 있는 사람이 무엇 하는지 다 볼 수 있지만 밖에 있는 사람들은 안을 일체 볼 수 없는 이치가 아닐까요? 하나님은 욥이 무죄하다는 사실을 아십니다. 그러나 욥은 자기의 처지를 머리털같이 헤아리시는 하나님, 그분이 계신 곳을 알지 못합니다.

하나님 계신 곳을 알지 못한다는 사실에서 답답하지만, 그럼에도 불구하고 확신하는 한 가지 사실이 있습니다. 하나님께서 욥의 결백을 아실 것이라는 사실입니다! 10절을 보세요. "하나님은, 내가 발 한 번 옮기는 것을 다 알고 계실 터이니, 나를 시험해 보시면 내게 흠이 없다는 것을 아실 수 있으련만!" 그토록 욥의 발걸음 하나 둘까지 다 세고 계시는 하나님께서 순금이 불순물을 걸러내서 제련되듯이 자신을 시험하신다고 할지라도 자신의 깨끗함이 입증될 것이라는 확신입니다. 하나님께서 자신의 인성에 대한 품질 검사를 하신다면 틀림없이 합격할 것이라는 확신이지요! 욥이 이러한 확신을 하는 이유는 11~12절에 제시된 그대로 자신이 하나님이 정하신 길을 벗어난 적이 없으며 하나님의 계명을 어긴 적이 없기 때문입니다.

하나님의 주권 안에 있는 욥(23:13~17)

하나님 계신 곳을 알아보려다가 깊은 좌절감에 빠진 욥은 다시금 하나님의 절대 주권을 인정하는 자리로 돌아옵니다. 13~15절을 보세요. "그러나 그분이 한번 뜻을 정하시면, 누가 그것을 돌이킬 수 있으랴? 한번 하려고 하신 것은, 반드시 이루고 마시는데, 하나님이 가지고 계신 많은 계획 가운데, 나를 두고 세우신 계획이 있으면, 반드시 이루고야 마시겠기에 나는 그분 앞에서 떨리는구나. 이런 것을 생각할 때마다, 그분이 두렵구나." 이 말씀은 사 43:13절 말씀을 연상시킵니다. "태초부터 내가 바로 하나님이다. 내가 장악하고 있는데, 빠져 나갈 자가 누구냐? 내가 하는 일을, 누가 감히 돌이킬 수 있겠느냐?" 하나님께서 마음먹으신 것은 반드시 이루시고야 만다는 말씀이지요. 하나님은 인간의 눈으로 볼 수 없지만 인간의 생사화복에 대한 절대 주권과 자유를 가지고 계십니다. 그러므로 하나님께서 욥의 인생행로에 대한 계획을 가지고 계신다면 그 누구도 막을 수 없을 것이므로 욥은 꼼짝하지 못하고 그저 두렵고 떨 수밖에 없다는 고백이지요. 쉽게 말하면 하나님께서 자기를 이토록 치신다면 자기는 어쩔 수 없이 당할 수밖에 없다는 탄식이지요. 결국 하나님 앞에 자기 문제를 털어놓겠다는 욥의 의지는 하나님의 숨어 계심과 뜻하신 일은 반드시 이루고야 마신다는 하나님의 절대 의지를 확인하는 순간 형용할 수 없는 두려움으로 끝납니다.

본문 말씀이 주는 교훈

'우리가 볼 수 없는 하나님,' '그러나 우리의 모든 것을 보고 계시는 하나님,' '우리를 향하신 계획은 반드시 관철하고야 마시는 하나님,' 참 흥미로운 주제가 아닐 수 없습니다. 영화나 드라마를 보면 밀실에서 범인으로 추정되는 사람을 심문하는 장면이 있습니다. 그 밀실과 우두머리급, 즉 수사 반장이나 CIA 국장이 있는 방 사이에는 큰 특수 유리창이 가로막고 있어서 밀실 안에 있는 수사관이나 범인은 밀실 밖을 볼 수 없어도 밖에서는 안에서 일어나는 일을 자세히 볼 수 있도록 되어 있습니다. 욥의 경우를 이에 비유할 수 있지 않을까요? 밀실로 된 취조실 안을 훤히 들여다보는 수사반장처럼 하나님은 욥의 모든 형편을 다 아십니다. 그러나 욥은 볼 수 없습니다. 이때 억울하게 누명을 쓰고 붙잡혀 온 사람이 이 위기에서 벗어나는 방법은 무엇일까요? 형사들의 폭언과 심지어 고문으로 만신창이가 되면서도 끝까지 자기 결백을 주장할 때 취조실 밖에 있는 반장이나 국장이 석방해 주라고 명령을 내릴 수 있는 길이 무엇일까요? 증거자료이겠지요. 아무리 다그치고 강압 수사를 해도 아무 증거가 나타나지 않으면 밀실 밖에서 다 지켜보고 있던 우두머리는 풀어 주라고 지시를 내릴 것입니다.

이런 비유가 정확할지 모르지만 참 흥미롭지 않습니까? 물론 이 경우 취조실 밖에서 지켜보는 우두머리는 수사관과 한 통속이 아니라－실제로는 한 통속인 경우가 대부분이지만－반드시 의롭고 공정한 사람이어야만 한다는 조건을 전제해야 하겠지요. 욥은 하나님을 볼 수 없지만 하나님은 욥의 결백을 아십니다. 친구들은 마치 아무 죄없는 사람을 밀실로 끌고 와 온갖 폭언으로 강압 수사를 벌이는 형사들처럼 욥을 채찍으로 다그치고 당근으로 타이르며 힘들게 해도 하나님은 이 광경을 다 아시고 조용히 지켜보고 계십니다. 그러므로 결국 욥이 이 딜레마로부터 벗어나는 길은 하나님 손에 달려 있습니다. 왜냐하면 하나님은 진실을 아시기 때문이지요! 욥은 이 진리를 정확하게 파악할 줄 아는 직관의 사람입니다! 바로 이 점에 있어서 23:10절 말씀이 유달리 가슴에 와 닿지 않습니까? “나의 가는 길을 오직 그가 아시나니 그가 나를 단련하신 후에는 내가 정금같이 나오리라.”(개역판)

엘리바스의 세 번째 공박에 대한 욥의 응답 Ⅱ

어찌하여 심판날을 정하지 않으셨을까?

| 욥 24:1~25 |

24장

1 어찌하여 전능하신 분께서는, 심판하실 때를 정하여 두지 않으셨을
까? 어찌하여 그를 섬기는 사람들이 정당하게 판단받을 날을 정하지 않으셨을까? 2 경계선까지
옮기고 남의 가축을 빼앗아 제 우리에 집어 넣는 사람도 있고, 3 고아의 나귀를 강제로 끌어가
는 사람이 있는가 하면, 과부가 빚을 갚을 때까지, 과부의 소를 끌어가는 사람도 있구나. 4 가난
한 사람들이 권리를 빼앗기는가 하면, 흙에 묻혀 사는 가련한 사람들이 학대를 견디다 못해 도
망가서 숨기도 한다. 5 가난한 사람들은 들나귀처럼 메마른 곳으로 가서 일거리를 찾고 먹거리
를 얻으려고 하지만, 어린 아이들에게 먹일 것을 찾을 곳은 빈 들뿐이다. 6 가을걷이가 끝난 남
의 밭에서 이삭이나 줍고, 악한 자의 포도밭에서 남은 것이나 긁어 모은다. 7 잠자리에서도 덮을
것이 없으며, 추위를 막아 줄 이불 조각 하나도 없다. 8 산에서 쏟아지는 소낙비에 젖어도, 비를
피할 곳이라고는 바위 밑밖에 없다. 9 아버지 없는 어린 아이를 노예로 빼앗아 가는 자들도 있
다. 가난한 사람이 빚을 못 갚는다고 자식을 빼앗아 가는 자들도 있다. 10 가난한 사람들은 입지
도 못한 채로 헐벗고 다녀야 한다. 곡식단을 지고 나르지만, 굶주림에 허덕여야 한다. 11 올리브
로 기름을 짜고, 포도로 포도주를 담가도, 그들은 여전히 목말라 한다. 12 성읍 안에서 상처받은
사람들과 죽어 가는 사람들이 소리를 질러도, 하나님은 그들의 간구를 못 들은 체하신다. 13 빛
을 싫어하는 사람들이 있다. 그들은 빛이 밝혀 주는 것을 알지 못하며, 빛이 밝혀 주는 길로 가
지 않는다. 14 살인하는 자는 새벽에 일어나서 가난한 사람과 궁핍한 사람을 죽이고, 밤에는 도
둑질을 한다. 15 간음하는 자는 저물기를 바라며, 사람들이 눈치채지 못할 것이라고 생각하며,
얼굴을 가린다. 16 도둑들은 대낮에 털 집을 보아 두었다가, 어두워지면 벽을 뚫고 들어간다. 이
런 자들은 하나같이 밝은 한낮에는 익숙하지 못하다. 17 그들은 한낮을 무서워하고, 오히려 어둠
속에서 평안을 누린다. 18 악한 사람은 홍수에 떠내려간다. 그의 밭에는 하나님의 저주가 내리

니, 다시는 포도원에 갈 일이 없을 것이다. 19 날이 가물고 무더워지면 눈 녹은 물이 증발하는
것 같이, 죄인들도 그렇게 스올로 사라질 것이다. 20 그러면 그를 낳은 어머니도 그를 잊고, 구
더기가 그를 달게 먹는다. 아무도 그를 다시 기억하지 않는다. 악은 결국, 잘린 나무처럼 멸망하
고 마는 것이다. 21 과부를 등쳐 먹고, 자식 없는 여인을 학대하니, 어찌 이런 일이 안 일어나겠
느냐? 22 하나님이 그분의 능력으로 강한 사람들을 휘어 잡으시니, 그가 한번 일어나시면 악인
들은 생명을 건질 길이 없다. 23 하나님이 악한 자들에게 안정을 주셔서 그들을 평안하게 하여
주시는 듯하지만, 하나님은 그들의 행동을 낱낱이 살피신다. 24 악인들은 잠시 번영하다가 곧
사라지고, 풀처럼 마르고 시들며, 곡식 이삭처럼 잘리는 법이다. 25 내가 한 말을 부인할 사람이
누구냐? 내가 한 말이 모두 진실이 아니라고 공격할 자가 누구냐?

욥기가 중반 이후부터 주목할 만한 변화를 보인다면 욥의 날카로운 사회의식입니다. 친구들은 인과율이라는 좁은 울타리를 벗어나지 못하고 기우뚱거리는 반면에 욥은 자기 외에도 이같이 부당한 고통을 당하는 사람들이 많다는 사회 현실에 눈뜨기 시작합니다. 그리하여 욥의 안목은 점점 넓어져 개인적인 질문들을 사회적이며 예언자적인 차원으로 확대시켜 날카로운 예각을 세우게 됩니다. 이미 이러한 조짐은 악인의 필망이라는 주장을 펼쳤던 친구들에 대하여 정반대의 현실을 폭로하며 반박할 때부터 움트기 시작했습니다(21장 참조). 이제 부조리한 현실에 대한 인식은 점점 더 시야를 넓혀 마침내 착취와 수탈을 당하는 이웃들의 고통까지 끌어안고 고뇌하는 욥의 모습과 만나게 됩니다. 바로 이런 점에서 24장은 부자와 세도가에게 억압당하는 이웃들의 아픔을 매우 생생하게 그리고 있습니다.

셋째 마당의 대화에 오면 친구들과 욥의 발언이 경계선이 불분명해집니다. 긴 시간 복잡한 내용을 가지고 혈전을 벌여서 그런지 누가 무슨 말을 하는지 논점이 흐려집니다. 권투 시합에서 3회전 동안 사투를 벌여온 선수들이 시간이 갈수록 체력이 소모되어 자주 클린칭을 하고 주먹이 서로 엉겨붙어 나중에 누구의 주먹인지 알 수 없게 되는 형국처럼 되고 만 것이지요. 이런 맥락에서 24:18~25절은 상당한 논란을 불러일으키는 구절입니다. 이 부분이 욥이

엘리바스에 응답한 말씀 안에 들어가 있지만 욥의 평소 주장과 잘 맞지 않기 때문에 흔히 소발의 발언이라고 해석합니다. 이것은 셋째 바퀴의 논쟁에서 소발의 이름이 빠졌다는 사실과 이 부분의 내용이 악인의 필망에 대해서 목소리를 높였던 소발의 주장(20장 참조)과 엇비슷하기 때문입니다. 그러나 이 부분에서 주장하고 있는 악인의 일시적 번영과 급작스러운 멸망은 빌닷의 주장(18)과도 비슷하기 때문에 반드시 소발의 발언이라고 단정 짓기에는 무리가 있습니다. 다만 세 차례의 설전이 진행되는 동안 유독 소발만 빠져 있기 때문에 소발의 발언으로 유추하는 것이 조금 더 설득력이 있을지도 모릅니다. 그러나 오늘 우리 성경의 원문 그대로 욥의 발언이라고 보는 것도 틀린 견해는 아닐 것이며, 저는 이 입장을 취하고 싶습니다. 왜냐하면 욥 역시 친구들의 의견에 부분적으로 동의할 수 있는 것이고, 더욱이 친구들이 내뱉은 진리의 말을 비꼬듯이, 즉 풍자적으로 인용했다고도 볼 수 있기 때문입니다.

악인에 대한 심판의 날은 언제?(24:1)

23장에서 욥은 하나님의 장소 문제를 추적했다면, 24장은 하나님의 심판의 시간 문제를 묻습니다. 하나님께서 악인을 심판하실 때를 정하셨다면 억압받는 이들의 부르짖음을 들으실 것이라는 기대 때문입니다. "어찌하여 전능하신 분께서는 심판하실 때를 정하여 두지 않으셨을까? 어찌하여 그를 섬기는 사람들이 정당하게 판단받을 날을 정하지 않으셨을까?"(1). 하나님께서 악인을 심판하실 날을 미리 정해두셨다면 악인은 두려워서 함부로 악행을 저지를 수 없을 것이라는 희망 때문에 이 말을 하는 것 같습니다. 그러나 심판의 날은 우리가 알 수 없는 것이고 전적으로 하나님의 주권과 자유 안에 있습니다(행 1:7 참조). 또한 하나님께서 심판을 더디 하시는 것처럼 보이는 것은 우리를 오래 참으셔서 긍휼과 자비로 기다리시는 까닭임을 기억해야 합니다. 이 점에서 벧후 3:8~13절 말씀을 마음에 새겨야 합니다.

"사랑하는 여러분, 이 한 가지만은 잊지 마십시오. 주님께는 하루가 천 년 같고, 천 년이 하루 같습니다. 어떤 이들이 생각하는 것과 같이, 주님께서는 약속을 더디 지키시는 것이 아닙니다. 도리어 여러분을 위하여 오래 참으시는 것입니다. 하나님께서는 아무도 멸망하지 않고, 모두 회개하는 데에 이르기를 바라십니다. 그러나 주님의 날은 도둑같이 올 것입니다. 그 날에 하늘은 요란한 소리를 내면서 사라지고, 원소들은 불에 녹아 버리고, 땅과 그 안에 있는 모든 일은 드러날 것입니다. 이렇게 모든 것이 녹아 버릴 터인데, [여러분은] 어떠한 사람이 되어야 하겠습니까? 여러분은 거룩한 행실과 경건한 삶 속에서 하나님의 날이 오기를 기다리고, 그 날을 앞당기도록 하여야 하지 않겠습니까? 그 날에 하늘은 불타서 없어지고, 원소들은 타서 녹아 버릴 것입니다. 그러나 우리는 주님의 약속을 따라 정의가 깃들여 있는 새 하늘과 새 땅을 기다리고 있습니다."

부당한 고통을 당하는 이웃의 참상(24:2~25)

21장에서 욥은 친구들의 주장과는 달리 악인의 장수와 번성에 대해서 전율했습니다. 22장에서 엘리바스는 욥이 가난한 이웃을 착취하고 억압했기 때문에 지금의 이 고통을 당하는 것이라고 반박했습니다. 24:2~12절에서 욥은 무죄한 사람들이 악인에게 당하는 참상을 아주 생생하고 적나라하게 묘사함으로써 엘리바스의 주장을 다시 반박합니다. 여기서 무죄한 고난을 당하는 것이 자기뿐만 아니라 주변에 수없이 많다는 동료의식이 강하게 나타납니다. 더욱이 이 고통이 부자와 권세가의 조직적인 약탈과 착취 때문에 일어난다는 사회적 고발의식이 두드러집니다. 이 이야기를 듣는 순간 누구나 다 어떤 정의감 때문에 혀를 차고 주먹을 불끈 쥐게 만들 정도로 리얼합니다. 2~12절을 보세요.

"경계선까지 옮기고 남의 가축을 빼앗아 제 우리에 집어 넣는 사람도 있고, 고아의 나귀를 강제로 끌어가는 사람이 있는가 하면, 과부가 빚을 갚을 때까지, 과부의 소를 끌어가는 사람도 있구나. 가난한 사람들이 권리를 빼앗기는가 하면, 흙에 묻혀 사는 가련한 사람들이 학대를 견디다 못해 도망가서 숨기도 한다. 가난한 사람들은 들나귀처럼 메마른 곳으로 가서, 일거리를 찾고 먹거리를 얻으려고 하지만, 어린아이들에게 먹일 것을 찾을 곳은 빈 들뿐이다. 가을걷이가 끝난 남의 밭에서 이삭이나 줍고, 악한 자의 포도밭에서 남의 것이나 긁어 모은다. 잠자리에서도 덮을 것이 없으며, 추위를 막아 줄 이불 조각 하나도 없다. 산에서 쏟아지는 소낙비에 젖어도 비를 피할 곳이라고는 바위 밑밖에 없다. 아버지 없는 어린 아이를 노예로 빼앗아 가는 자들도 있다. 가난한 사람이 빚을 못 갚는다고, 자식을 빼앗아 가는 자들도 있다. 가난한 사람들은 입지도 못한 채로 헐벗고 다녀야 한다. 곡식단을 지고 나르지만, 굶주림에 허덕여야 한다. 올리브로 기름을 짜고, 포도로 포도주를 담가도, 그들은 여전히 목말라 한다. 성읍 안에서 상처받은 사람들과 죽어 가는 사람들이 소리를 질러도, 하나님은 그들의 간구를 못 들은 체하신다."

아, 억압자와 피억압자, 수탈자와 피수탈자의 물고 물리는 참상을 이보다 더 생생하게 묘사하는 말씀이 또 어디 있을까요! 이들은 부와 권력을 독점해서 가난하고 힘없는 사람들을 무차별적으로 학대합니다. 여기에서 드러나는 가장 큰 모순과 부조리는 생산자가 응당 누려야 할 생산의 이익을 제 몫으로 하지 못한다는 사실입니다. 다시 말해 식량과 포도주를 생산하는 사람이 굶주리고 목말라합니다. 집을 짓는 사람이 집 없이 떠돌아다녀야 합니다. 그런데 13~17절에 보면 이렇게 못된 짓을 골라하는 악인들은 범죄를 은폐하기 위하여 주로 한밤중에 악행을 저지른다는 것입니다. 그리하여 이들은 하나같이 한낮을 무서워하고 한밤중을 좋아한다는 것입니다. 이렇게 욥은 오늘까지도 지구촌 곳곳에서 일어나고 있는 불의한 고난의 참상을 일거에 폭로하고 있습니다!

그러면서 욥은 12절에서 상처받은 사람들이 고함을 지르고 죽어 가는 사람들이 울부짖어도 하나님은 귀와 입을 닫고 도무지 침묵만 하신다고 한탄합니다. 욥이 자기 문제를 하나님께 가지고 가 소송을 걸듯이 다 털어놓겠다는 희망에 부풀어 있다가 다시 냉정한 현실로 돌아오면 보이지 않는 하나님의 엄폐, 소리 없는 하나님의 침묵에 화들짝 놀라서 마치 하나님이 없기라도 하듯이 이와 같은 악행이 너무나 당연하게 곳곳에서 자행되고 있다는 탄식이지요! 희망에 들뜬 상승과 절망에 사로잡힌 좌초, 이것이 욥이 자신의 고통뿐만 아니라 인류의 보편적 고통의 문제를 바라볼 때마다 매번 경험하는 시소놀이의 역설입니다. 이러한 탄식은 결국 1절에서 하나님의 심판의 때가 언제냐고 묻는 욥의 울부짖음과 다시 만나게 됩니다.

이제 이러한 맥락에서 18~25절은 욥이 세 친구들의 말을 종합해서 풍자적으로 인용한다고 볼 수 있습니다. 물론 이 말씀을 자세히 분석해 보면 욥 자신의 말이라고 보기에는 힘들 정도로 친구들이 그 동안 주장했던 내용이 대거 포함되어 있습니다. 그리하여 빌닷이나, 특히 소발의 발언일 것이라고 추정할 수 있는 근거가 있지만, 이렇게 천인공노할 악인들의 범죄에 대한 하나님의 심판을 염원하는 욥의 기대를 반영한 것으로도 해석할 수도 있습니다. 다시 말해 욥이 죄없이 억압과 수탈을 당하는 모든 이웃들과 자기를 동일화할 때 이와 같은 악인의 졸속한 멸망에 대한 기대가 충분히 가능하다고 보는 것이지요. 악인은 잠시 동안 번성하는 것처럼 보이지만 잘린 나무처럼 망하고 말 것이며 결국 구더기 밥이 될 수밖에 없다는 것입니다. “하나님이 악한 자들에게 안정을 주셔서 그들을 평안하게 하여 주시는 듯하지만, 하나님은 그들의 행동을 낱낱이 살피신다. 악인들은 잠시 번영하다가 곧 사라지고, 풀처럼 마르고 시들며, 곡식 이삭처럼 잘리는 법이다”(23~24). 욥이 1절에서 염원했던 심판의 날이 반드시 오고야 말리라는 희망이지요!

본문 말씀이 주는 교훈

욥기를 읽을수록 놀라운 것은 욥의 지평이 개인적인 차원에서 사회적인 차원으로 날로 넓어지고 있다는 사실입니다. 그리하여 자기처럼 부당하게 고난 당하는 이웃들의 아픔을 본격적으로 체감하고 대담한 필치로 고발하고 있습니다. 우리 주변을 돌아보면 욥이 서술한 내용 그대로 비참한 실상에 빠진 이들이 한 둘이 아닙니다. 우리처럼 민주주의가 정착된 나라는 물론이고 공산주의와 전제주의의 억압 속에 신음하는 국민들은 훨씬 더 열악한 환경 속에 있습니다. 이 세상에 불의한 정권의 압제 하에 굶주리고 헐벗어 죽어 가는 사람들이 얼마나 많습니까? 욥이 이러한 사람들의 아픔을 자기 것으로 만들어 고발하고 있다는 사실은 놀랍기만 합니다. "가재는 게 편이다."라는 속담처럼 자기가 부당한 고난을 당하기에 동일한 고난을 당하는 사람들을 품고 옹호하는 것이 아닐까요? 앞으로 우리는 욥이 자신의 문제를 넘어서 온 인류의 보편적인 고통의 문제를 끌어안고 있다는 사실을 주시해야 할 것입니다.

또 한 가지, 욥이 불의한 자들의 악행을 가차 없이 고발할 때 우리는 어디에 서야 할까를 생각해봅니다. 두말할 필요 없이 정의 편에 서야 할 것입니다. 이웃을 부당하게 학대하는 쪽에 서서는 안 될 것입니다. 정의 없는 평화는 거짓 평화일 뿐입니다. 한문으로 '평화'(平和)라는 말을 뜯어서 분석해보면 골고루 한다는 '平' 자와 벼 '禾' 와 입 '口' 가 연합된 화목할 '和' 자로 이루어져 있습니다. 그러므로 평화는 밥이 입에 골고루 들어가게 함으로써 두루 화목해진다는 의미이지요. 정의가 뒷받침될 때 진정한 평화가 보장된다는 의미일 것입니다.

오늘 우리는 부당하게 억압받고 슬퍼하는 사람들이 없도록 애써야 할 것입니다. 무엇보다도 이사야 선지자의 비전을 잊어서 안 될 것입니다. "[거기에는] 집을 지은 사람들이 자기가 지은 집에 들어가 살 것이며, 포도나무를 심은 사람들이 자기가 기른 나무의 열매를 먹을 것이다. 자기가 지은 집에 다른 사람이 들어가 살지 않을 것이며, 자기가 심은 것을 다른 사람이 먹지 않을 것이다. '나의 백성은 나무처럼 오래 살겠고, 그들이 수고하여 번 것을 오래오래 누릴 것이다.' "(사 65:21~22)

빌닷의 세 번째 공박

어찌 사람이 하나님 앞에서

| 욥 25:1~6 |

25장

1 수아 사람 빌닷이 대답하였다. 2 하나님께는 주권과 위엄이 있으시
다. 그분은 하늘 나라에서 평화를 이루셨다. 3 그분이 거느리시는 군대를 헤아릴 자가 누구냐?
하나님의 빛이 가서 닿지 않는 곳이 어디에 있느냐? 4 그러니 어찌 사람이 하나님 앞에서 의롭
다고 하겠으며, 여자에게서 태어난 사람이 어찌 깨끗하다고 하겠는가? 5 비록 달이라도 하나님
에게는 밝은 것이 아니며, 별들마저 하나님이 보시기에는 청명하지 못하거늘, 6 하물며 구더기
같은 사람, 벌레 같은 인간이야 말할 나위가 있겠는가?

비판적인 학자들은 22~27장에 이르는 셋째 바퀴의 논쟁이 대단히 혼란스럽다는 데 의견을 같이합니다. 이것은 둘째 바퀴 논쟁까지 엘리바스→빌닷→소발 순으로 등장하던 친구들 중에 소발이 빠졌다는 사실과 욥의 입으로 한 말들 중에 그 동안 친구들이 줄기차게 주장했던 내용이 상당 부분 포함되어 있기 때문에 그렇습니다. 학자들은 이와 같은 편집적인 혼선을 우연으로 보기도 하고 욥의 주장이 지나치게 대담하고 불경스럽게 보이기에 저자가 욥의 언어를 순화시키기 위하여 일부러 그랬다고 보기도 합니다. 그 복잡한 내용을 소개하는 일은 우리의 관심 밖이므로 더 이상 언급하지 않습니다. 다만 우리

는 성경에 있는 원문 그대로 따르려고 할 뿐입니다. 그 이유는 3라운드까지의 논쟁이 지루하게 되풀이되다 보니 네 사람 모두 지쳤을 것이고, 무엇보다도 친구들의 논리가 바닥이 난 것처럼 보이기에 욥의 발언 속에는 그 동안 친구들이 주장했던 내용들을 비꼬는 투의 인용하는 형식으로 친구들의 논지를 대거 포함할 수 있다고도 볼 수 있기 때문입니다. 더욱이 소발의 발언은 아예 빠져 있고 빌닷의 말도 겨우 6구절 밖에 되지 않는다는 사실이야말로 친구들의 할 말이 다 떨어졌다는 사실을 보여주는 것이 아니고 무엇이겠습니까? 그리하여 욥이 친구들이 했던 말을 자기 입으로 정리해서 대신하고 있다는 사실이야말로 욥과 친구들의 논쟁이 막다른 골목에 이르러 더 이상 나아가지 못하고 파국으로 치닫는다는 인상을 줍니다.

하나님 앞에서 아무것도 아닌 인간(25:1~6)

'빌닷의 세 번째 말' 이라는 소제목이 붙은 본문 말씀은 욥기에서 가장 짧습니다. 총 6절 밖에 되지 않기에 겨우 서론만 말하다가 끝난 느낌이 듭니다. 거기에다가 절대적인 권능을 갖추신 하나님에 비해 인간은 지나치게 미천하다는 주제도 결코 신선하지 못하며 상투적이기까지 합니다. 빌닷은 하나님이 높은 하늘에서 우주의 질서와 안정을 주관하심으로 화평을 이루시는 하나님이시라고 주장함으로써 말문을 엽니다(2). 또한 하나님은 헤아릴 수 없는 군대를 거느리시고 하나님께로부터 나오는 빛은 어디든지 닿지 않는 곳이 없다고 주장합니다(3). 이것은 5절과 다시 연결되는데 달이 아무리 밝고, 별이 아무리 맑고 깨끗해도 결코 하나님께는 비길 수 없다는 것입니다. 그러므로 하나님은 태양 같은 분이시지요. 여기서 하늘나라 군대 빛 달 별 등은 하나님의 절대적인 주권과 위엄을 강조하는 메타포입니다.

그런데 빌닷이 그 어떤 천체와도 견줄 수 없는 하나님의 주권과 위엄을 강조하는 데는 이유가 있습니다. 하나님과 인간 사이에는 건널 수 없는 간격이 있다는 것입니다! 단지 양적인 차이가 아니라 질적인 차이가 있다는 것이지요. 그 밝기가 이루 말할 수 없는 달과 별들도 감히 하나님께 견줄 수 없는데 하물며 미천한 인간은 말해서 무엇하겠느냐는 것이지요! "그러니 어찌 사람이 하나님 앞에서 의롭다고 하겠으며, 여자에게서 태어난 사람이 어찌 깨끗하다고 하겠느냐?"(4). "하물며 구더기 같은 사람, 벌레 같은 인간이야 말할 나위가 있겠는가?"(6). 여기 보세요. 하나님의 주권과 위엄에 비해 인간은 구더기와 벌레같이 미미하기 짝이 없다는 것 아닙니까? 구더기와 벌레는 죽고 부패해서 결국 땅으로 돌아갈 수밖에 없는 인간의 유한성을 상징합니다. 그러므로 여자에게서 난, 구더기와 벌레 같은 인간은 아무리 의롭다고 한들 아무리 깨끗하다고 한들 하나님 앞에 감히 명함을 내밀 수 없다는 주장이지요.

사실 이 말씀은 빌닷이 엘리바스의 첫 번째 발언과 두 번째 발언에서 빌려온 말이라고 볼 수 있습니다. "인간이 하나님보다 의로울 수 있겠으며, 사람이 창조주보다 깨끗할 수 있겠느냐? 하나님은 하늘에 있는 당신의 종들까지도 믿지 않으시고, 천사들에게마저도 허물이 있다고 하시는데, 하물며, 흙으로 만든 몸을 입고 티끌로 터를 삼고, 하루살이에게라도 눌려 죽을 사람이겠느냐?"(4:17~19). "인생이 무엇이기에 깨끗하다고 할 수 있겠으며, 여인에게서 태어난 사람이 무엇이기에 의롭다고 할 수 있겠느냐? 바로 그것이다. 하나님은 당신의 천사들마저도 반드시 신뢰할 수 있다고 여기지는 않으신다. 그분 눈에는 푸른 하늘도 깨끗하게만 보이지는 않는다. 하물며 구역질 나도록 부패하여 죄를 물 마시듯 하는 사람이야 어떠하겠느냐?"(15:14~16). 이렇게 빌닷이 엘리바스의 발언에 의존하고 있다는 사실은 엘리바스가 가장 연장자일 뿐 아니라 가장 예리한 통찰력을 가진 지도급 인사라고 말할 수 있는, 한 근거가 될 것입니다.

그렇다면 빌닷이 하나님과 인간을 비교하는 이유는 무엇일까요? 두말할 필요도 없이 욥의 기를 팍 죽여서 하나님께 꼼짝 말고 죄를 다 털어놓고 빌라는 의도이지요! 욥이 아무리 의롭고 깨끗하다고 주장한들 감히 구더기와 벌레 같이 미천한 몸이 어찌 하나님 앞에 설 수 있느냐는 일갈입니다! 하나 새로울 것이 없는 친구들의 상투적인 주장이지요.

본문 말씀이 주는 교훈

3라운드에 접어들어 논리가 다 바닥이 나자 빌닷이 선배인 엘리바스가 말했던 내용을 다시 끌어들여 진부한 주장을 펼치고 있는 것은 보기 좋지 않습니다. 욥이라고 해서 더러운 인간이 하나님 앞에 깨끗하지 못하다는 사실을 왜 모르겠습니까? 이것은 26장에서 빌닷의 발언에 대해 응답할 때 확연하게 드러납니다. 아예 욥은 하나님 앞에서 인간이 얼마나 왜소한가에 대해서 빌닷이 미처 다 발설하지 못한 내용까지 자기가 다 대신해서 정리해 주는, 보충설명의 친절까지 보입니다. 욥이라는 아주 특이한 상황에 놓여 있는 인간과 상관없는 말이라면 빌닷의 말은 옳습니다. 인간의 원죄와 전적 부패성을 강조하는 기독교의 인간관과도 합치합니다. 예레미야 17:9절은 만물보다 더 거짓되고 아주 썩은 것이 사람의 마음이라고 했습니다. 사도 바울도 로마서 3장에서 사람은 다 거짓되며 의인은 하나도 없다고 선언하지 않았습니까? 그러므로 절대적으로 의롭고 깨끗한 하나님 앞에 선 인간의 미천함, 이것은 결코 새로운 주제가 아닙니다. 그러나 이러한 주장이 겨냥하는 대상과 상황이 중요합니다. 욥에게 이러한 진리를 선언해서 아예 입을 봉쇄하겠다는 태도는 친구로서는 물론이고 논쟁자로서도 올바르지 않습니다.

저는 욥기 25장을 시편 8편과 비교하면서 아주 흥미로운 사실을 발견했습니다. 하나님의 주권과 위엄을 찬양하는 데는 양자가 일치하지만 창조 질서내에서의 인간의 위치에 대한 견해는 매우 다릅니다. 아마도 빌닷은 하나님을 태양쯤으로 설정해 놓고 달이나 별들의 빛이 결코 미칠 수 없다는 사실을 강조하면서, 인간은 구더기와 벌레 같은 존재로서 달이나 별들보다도 형편없이 못하다고 비관했습니다. 그러나 시편 8:4~8절을 보세요. "사람이 무엇이기에 주님께서 이렇게까지 생각하여 주시며, 사람의 아들이 무엇이기에 주님께서 이렇게까지 돌보아 주십니까? 주님께서는 그를 하나님보다 조금 못하게 하시고, 그에게 존귀하고 영화로운 왕관을 씌워 주셨습니다. 주님께서 손수 지으신 만물을 다스리게 하시고, 모든 것을 그의 발 아래에 두셨습니다. 크고 작은 온갖 집짐승과 들짐승까지도, 하늘을 나는 새들과 바다에서 놀고 있는 물고기와 물길 따라 움직이는 모든 것을, 사람이 다스리게 하셨습니다."

여기 보면 인간의 부패함과 미천함 대신에 피조 세계에서 인간이 아주 독보적인 위치를 점유하고 있다는 사실을 찬양합니다. 인간은 하나님께서 지으신 만물을 관리하고 보호하는 특별한 사명을 위탁받았습니다. 이렇게 영화와 존귀로 관을 씌워주셨는데 빌닷은 사정없이 그 관을 벗겨내려고 합니다! 이것이 문제입니다. 죽을 수밖에 없다는 인간의 선천적 한계성과 고통은 분명히 관계가 있습니다. 그러나 그렇다고 해서 부당한 고통을 당하고 있는 한 인간에게 "너, 구더기 같고 벌레 같으니 입 닥쳐라!" 하는 말은 가당치 않지요. 인간은 분명히 하나님께 비길 수 없이 미천한 존재이지만 동시에 하나님의 형상대로 지음을 받고(창 1:26~27) 모든 만물을 다스릴 수 있도록 영화와 존귀로 관을 쓴, 특별한 존재이기도 합니다. 그러므로 인간을 지나치게 부정적이고 비관적으로 보아서 일방적으로 깎아내리는 것도 기독교적 인간관의 전부가 아닙니다. 바로 이 점에 있어서 라인홀드 니이버가 인간의 두 가지 근본적인 죄로서 '교만'과 '나태'를 든 것은 옳습니다. 피조물인 인간이 창조주 하나님 자리를 넘보는 것은 교만이고 하나님께서 인간이 자기를 초월할 수 있는 선천적 능력을 주셨음에도 이를 적극 활용하지 않는 것은 나태의 죄입니다. 교만도 문제이지만 나태 역시 작지 않은 죄입니다!

제가 미국에 있을 때 국제 결혼한 자매들이 모이는 교회 중에 제일 큰 교회에서 목회했습니다. 딱했던 것 중에 하나는 자매들 중에 일부가 지나친 죄책감과 낮은 자존감으로 자기를 학대하는 모습이었습니다. 이런 모습은 아예 인생을 포기하는 쪽이나, 아니면 다른 부류의 사람들, 예컨대 국제 결혼하지 않은 사람들을 의식적으로 피하거나 따돌리는 쪽으로 나가기 일쑤였습니다.

우리는 하나님의 형상대로 지음을 받은 아주 특별한 존재입니다. 빌닷은 이 점을 간과했습니다! 하나님 앞에서 지나치게 자기를 비하하는 것도 죄악입니다. 물론 아담과 하와의 원죄로 인간의 원초적 형상은 상당 부분 훼손된 것이 사실입니다. 그러나 정통주의 신학자들이 주장하듯이 하나님과 자연인의 접촉점이 완전히 단절될 정도는 아니라고 생각합니다. 왜냐하면 이성과 양심이 아직 살아 있다는 것이 하나님 형상의 잔존을 보여주는 것이 아니고 또 무엇이겠습니까? 중요한 것은 아담과 하와의 원죄로 손상된 하나님의 형상을 회복시키기 위하여 예수님께서 이 땅에 오셨습니다. 그러므로 예수님을 구주로 믿는 이마다 잃어버린 하나님의 형상을 되찾습니다. 하나님이 인간에게 씌워 주신 영광과 존귀의 관을 되쓸 수 있습니다! 그러므로 하나님은 구더기와 벌레 같이 무기력한 우리를 위하여 일방적으로 문제를 해결해 주시는 분이 아니라 하나님의 형상을 입어 모든 피조물 중에 아주 특별한 능력을 부여받은 우리와 함께 문제를 풀어 주십니다.

빌닷의 세 번째 공박에 대한 욥의 응답

누가 권능에 찬 우렛소리를 헤아린다 하는가?

| 욥 26:1~14 |

26장

1 욥이 대답하였다. 2 나를 그렇게까지 생각하여 주니, 고맙다. 나처
럼 가난하고 힘없는 자를 도와주다니! 3 너는 우둔한 나를 잘 깨우쳐 주었고, 네 지혜를 내게 나
누어 주었다. 4 그런데 누가, 네가 한 그런 말을 들을 것이라고 생각하느냐? 너는 누구에게 영감
을 받아서 그런 말을 하는거냐? 5 죽은 자들이 떤다. 깊은 물 밑에서 사는 자들이 두려워한다.
6 스올도 하나님께는 훤하게 보이고, 멸망의 구덩이도 그분의 눈에는 훤하게 보인다. 7 하나님
이 북쪽 하늘을 허공에 펼쳐 놓으시고, 이 땅덩이를 빈 곳에 매달아 놓으셨다. 8 구름 속에 물을
채우시고, 물이 구름 밑으로 터져 나오지 못하게 막고 계시는 분이 바로 하나님이시다. 9 하나님
은 보름달을 구름 뒤에 숨기신다. 10 물 위에 수평선을 만드시고, 빛과 어둠을 나누신다. 11 그
분께서 꾸짖으시면, 하늘을 떠받치는 기둥이 흔들린다. 12 능력으로 '바다'를 정복하시며, 지혜
로 라합을 쳐부순다. 13 그분의 콧김에 하늘이 맑게 개며, 그분의 손은 도망 치는 바다 괴물을
찔러 죽인다. 14 그러나 이런 것들은, 그분이 하시는 일의 일부에 지나지 않고, 우리가 그분에게
서 듣는 것도 가냘픈 속삭임에 지나지 않는다. 하물며 그분의 권능에 찬 우레 소리를 누가 이해
할 수 있겠느냐!

본문은 욥이 빌닷의 세 번째 발언에 대해서 응답한 말씀입니다. 학자들 중에는 특히 26:5~14절의 말씀을 빌닷의 말로 해석하기도 합니다. 그 이유는 25장에서 빌닷이 주장했던 하나님의 권능과 위엄에 대한 찬양이 여기에서도 되풀이되고 있기 때문입니다. 다시 말해 욥이 말한 것으로 되어 있는 오늘 말

씀이 전후문맥으로 봐서 빌닷의 말로 보는 것이 더 자연스럽다는 것입니다. 그러나 반어법이라는 논리 형식도 있기에 욥이 빌닷의 말을 인용해서 빌닷이 해야 할 말을 비꼬는 투로 대신 할 수도 있습니다. 그러므로 이 말씀을 원문 그대로 욥의 발언으로 보고자 합니다.

빌닷의 발언에 대한 욥의 비꼼(26:1~4)

빌닷은 욥이 미천한 주제에 하나님 앞에 감히 자신의 의로움과 깨끗함을 내세우는 것이 어불성설이라고 핀잔을 주었습니다. 하나님의 권능을 내세우며 욥이 부당한 고통을 그냥 체념하고 받아들이라는 일갈이지요. 여기에 대해 욥은 야유로 대꾸합니다. "나를 그렇게까지 생각하여 주니, 고맙다. 나처럼 가난하고 힘없는 자를 도와주다니! 너는 우둔한 나를 잘 깨우쳐 주었고, 네 지혜를 내게 나누어 주었다. 그런데 누가, 네게 한 그런 말을 들을 것이라고 생각하느냐? 너는 누구에게 영감을 받아서 그런 말을 하는 거냐?"(2~4). 빌닷의 핀잔에 대해서 빈정거리는 투로 맞받아치는 것이지요. 그가 욥을 잘 지도해 주어서 고맙다고 비꼬면서 자기 말을 덧보태기까지 합니다. 욥을 여자의 몸에서 태어난, 구더기와 벌레 같은 존재라고 했는데, 자기는 거기에 더해서 '가난하고,' '힘없고,' '우둔하기'까지 하다는 것입니다. 식당에 갔더니 반찬을 인색하게 아주 조금 줍니다. 그때 반어법으로 "참, 푸짐하게도 준다!" 이렇게 말하는 것과 마찬가지이지요. 빌닷이 욥의 비천함을 들먹거리자, "그래, 그렇게 좋은 말 해 주어서 고맙다. 그래, 나는 구더기 같고 벌레 같아. 네 말이 다 맞아. 어디 그뿐인지 알아. 나는 가난하고 힘없고 우둔하기까지 해!" 뭐, 이런 식으로 비꼬는 것입니다.

그런데 4절 후반부에 보면 욥은 "너는 누구에게서 영감을 받아서 그런 말을 하느냐?"며 다그치는 말씀이 중요합니다. 4:12~17절에서 엘리바스가 욥을 공박할 때에도 신비한 체험 운운한 적이 있습니다. 빌닷이 영적인 체험을 직접 언급한 적은 없지만 혹시 계시라도 받아서 자기에게 이 말을 한다면 용납할 수 없다는 태도입니다. 영 분별은 중요합니다. 성령을 받았다고 주장하는 사람들 중에는 악령을 받은 사람도 적지 않습니다. 그래서 요한1서 4:1절은 말씀합니다. "사랑하는 여러분, 어느 영이든지 다 믿지 말고, 그 영들이 하나님에게서 났는가를 시험하여 보십시오. 거짓 예언자가 세상에 많이 나타났기 때문입니다." 중요한 말입니다. 욥이 보기에 친구들의 말은 하나님의 영감을 받아서 나온 말이 아닙니다. "하나님의 권능과 영광이 심히 위대하니 너 구더기와 벌레 같은 욥아, 입 닥치고 잠잠히 있어라!" 이 말은 하나님이 주시는 계시의 말씀이라 할 수 없습니다. 바로 이런 맥락에서 5~14절의 말씀을 읽으면 훨씬 더 쉽게 이해가 됩니다. "'빌닷, 네가 하나님의 권능과 위엄에 대해서 말했는데 나라고 모를쏘냐? 어디 내가 한 번 읊어 볼 테니 들어볼래!" 이 부분은 이렇게 빌닷의 빈 말에 대한 욥의 반어법적인 대응으로 나온 말로 봐야 합니다.

욥의 우주론 찬양(26:5~14)

이 부분에서 욥이 말한 내용은 하나님의 위대하심에 대한 찬양 그 자체로서는 조금도 문제가 없습니다. 다만 이러한 말이 나오게 된 배경이 빌닷에 대한 욥의 반발이라는 사실을 염두에 두어야 할 것입니다. 욥은 하나님이 우주 만물의 운행은 물론이고 죽은 사람들이 가는 스올의 세계까지 주관하시는 분임을 역설합니다. 하늘과 땅, 바다, 지하 세계까지 다 하나님의 주권 하에 있다는 것이지요. 5~13절을 보면 하나님께서 우주를 관장하시는 권능이 잘 나타나 있습니다. 하나님은 스올의 세계도 훤히 꿰뚫고 보시며(6), 하늘을 허공에 펼쳐 놓으시고 땅덩이를 빈 곳에 매달아 놓으셨습니다(7). 구름 속에 물을 채우셔서 비를 관장하시는데 빗물이 터지지 못하도록 막으십니다(8). 보름달을 띄우시고(9), 빛과 어둠을 나누십니다(10). 하나님께서 한 번 성을 내시면 하늘을 떠받치는 기둥도 흔들립니다(11). 하나님은 변화무쌍한 바다도 정복하시고 이 바다를 혼돈과 악으로 몰고 가는 바다 괴물 라합도 쳐부수십니다(12). 하나님이 콧김을 한 번 훅 불면 흐렸던 하늘이 금방 맑게 개입니다(13). 하나님은 혼돈과 변덕으로 가득찬 우주 자연을 확실히 장악하고 계신 분이시라는 것이지요!

이렇게 하나님의 권능을 찬양하던 욥이 14절에서 내린 결론이 매우 중요합니다. "그러나 이런 것들은, 그분이 하시는 일의 일부에 지나지 않고, 우리가 그분에게서 듣는 것도 가냘픈 속삭임에 지나지 않는다. 하물며 그분의 권능에 찬 우레 소리를 누가 이해할 수 있겠느냐!" 빌닷도 하나님의 주권을 언급했고 자신도 빌닷의 말을 연이어 하나님의 그 엄청난 권능에 대해서 열거했지만 이것은 다 빙산의 일각에 지나지 않는다는 것이지요. 또한 하나님께로부터 어떤 계시나 영감의 말씀을 듣는다고 할지라도 그것은 아주 미약한 속삭임밖에 되지 않는다는 것입니다. 이것은 4절 후반부에서 욥이 "누구의 영감을 받아서 나를 가르치려느냐?" 하고 따진 말씀과 직결됩니다. 빌닷을 비롯한 친구들이 혹 하나님께로부터 영감을 받아서 하나님의 권능에 대하여 자기를 가르치려고 한다면 그것은 터무니없다고 일축하는 것이지요. 여기서 아주 흥미로운 말이 '하나님의 권능에 찬 우레 소리' 인데 '가냘픈 속삭임' 과 잘 대조가 됩니다. 친구들이 영감을 받는다면 순전히 이론적이고 추상적으로 하나님이 가냘프게 속삭이는 정도일테지만 자기는 너무나 생생한 고통의 체험 한 가운데에서 우레 소리 마냥 훨씬 더 구체적이고 직접적인 하나님의 음성을 듣는다는 말이 아닐까요? '관념과 이론' 속에서 주님의 음성을 듣는 것과 '경험과 실천' 속에서 듣는 주님의 음성은 '가냘픈 속삭임' 과 '거대한 우레 소리' 의 차이만큼 크다는 외침이 아닐까요?

본문 말씀이 주는 교훈

하나님께로부터 영감을 받아서 누구를 가르친다는 것은 위험한 일입니다. 영감의 진정성 여부는, 즉 하나님께로부터 왔는지 아니면 사탄에게서 왔는지는 그 열매를 통해 가려집니다. 예수님도 나무는 그 열매로 안다고 말씀하셨으며(마 7:20 참조), 사도 바울 역시 성령 체험은 그 열매를 통해서 진실성이 입증된다고 했습니다(갈 5:22~23). 그렇다면 불의한 고통으로 몸부림치는 욥에게 "하나님의 계시를 받아 너에게 한 수 가르친다."는 언행은 진실한 것이 되기 어렵습니다. 하나님은 욥의 상처를 쓰다듬고 위로하라고 말씀하시지 훈계하고 충고하라고 하시지 않을 것이기 때문입니다. 이런 각도에서 본다면 욥이 말한 것처럼 친구들의 영감은 하나님께로부터 겨우 가냘픈 속삭임 정도를 들은 것 밖에는 되지 않습니다. 저도 그런 적이 있지만 우리는 "내가 기도해 보니…" 혹은 "내가 꿈에 환상과 계시를 받았는데…" 하는 식으로 고통 당하는 사람들에게 접근할 때가 있습니다. 이것은 참 조심해야 할 태도입니다. 영감과 계시라는 이름으로 더 큰 고통을 안겨 줄 수 있기 때문입니다!

또 하나, 욥이 제시한 우주관이 현대의 자연과학적 우주관과 충돌할 수 있다는 사실을 생각해 봅니다. 진화론에 영향을 받은 현대인들은 욥이 그리고 있는 우주가 다분히 시인의 상상력에서 나온 신화적인 산물이라며 비웃을 수 있습니다. 하나님께서 예측 불허인, 혼돈과 악으로 점철된 하늘과 땅과 바다, 심지어 지하 세계까지 자유자재로 통제하신다는 말에 냉소를 보낼 수 있습니다. 그래서 마르크스가 했던 유명한 말이 있지요. "피뢰침이 나온 시대에 제우스의 벼락이 무슨 소용이 있는가?" 과학이 나오면 종교적인 영역이 꼬리를 감춘다는 말이겠지요. 그러나 과학기술이 발달할수록 인간은 더 많은 문제 속에 빠져들었고 종교가 사라지기는커녕 점점 더 융성해집니다. 무엇을 말합니까? 과학 기술로만 인간의 문제, 세계의 수수께끼를 다 풀 수 없습니다!

천체를 연구하는 천문학자들이 해와 달과 무수한 위성들에 대해서 아무리 연구를 했다고 할지라도 "그렇다면 그 다음에는 무엇이?"라는 미지의 숙제는 여전히 따라붙습니다. 욥이 한 편의 회화처럼 묘사했듯이, 하나님이 구름 속에 물을 채우시고 물이 밑으로 터져 나오지 못하도록 막고 계신다는 이야기는 구름과 비의 생성 원인을 아는 과학도들이 들을 때 우스울 것입니다. 그러나 아무리 구름에서 비가 내리는 과정을 과학적으로 설명한다고 할지라도 궁극적인 물음은 여전히 풀리지 않습니다.

저는 욥의 세 친구들이 그토록 붙들려고 했던 세계관, 즉 인과율이 바로 과학 법칙이라는 사실을 깨닫고서는 놀랐습니다. 과학의 제일가는 전제가 "원인 없이 결과가 없다."는 것이 아닙니까? 그리하여 우주의 신비에 대해서 여러 가지 과학적 가설을 세우고 관측과 실험을 통해 어떤 결과에 대한 원인을 합리적으로 설명해 주려고 하는 것이 과학의 세계이지요. 친구들은 바로 이러한 합리적 인과율을 가지고 욥의 고통을 해석합니다. 이것이 문제이지요! 욥의 고통은 과학적인 합리성으로만 해명될 수 없습니다. 하나님은 정해진 인과율의 법칙을 뛰어넘어 전혀 우발적인 일도 하실 수 있는 자유를 가지신 분입니다! 인과성과 합리성만으로 움직이는 세계, 즉 결정론에 의해 지배되는 그런 세계는 질서는 있고 예측 가능할지는 모르지만 참 숨 막히게 단조롭고 삭막한 곳이 되고 말 것입니다. 어떻게 보면 욥기가 사력을 다해 저항하는 것도 바로 이와 같이 인과성과 합리성으로 다 설명할 수 있다는 과학적 세계관의 오만이 아닐까요! 그런즉 욥이 제시하고 있는 신앙적 우주관은 과학기술이 대답할 수 없는 영역 너머에 있는 인간의 궁극적 신비를 지시하는, 여전히 유효한 말씀이라고 봅니다.

세 친구들에 대한 욥의 마지막 응답

내 양심은 깨끗하니

| 욥 27:1~23 |

27장

1 욥이 비유로 말하였다. 2 내가 살아 계신 하나님 앞에서 맹세한다.
그분께서 나를 공정한 판결을 받지 못하게 하시며, 전능하신 분께서 나를 몹시 괴롭게 하신다. 3
내게 호흡이 남아 있는 동안은, 하나님이 내 코에 불어 넣으신 숨결이 내 코에 남아 있는 한, 4
내가 입술로 결코 악한 말을 하지 않으며, 내가 혀로 거짓말을 하지 않겠다. 5 나는 결코 너희가
옳다고 말할 수 없다. 나는 죽기까지 내 결백을 주장하겠다. 6 내가 의롭다고 주장하면서 끝까지
굽히지 않아도, 내 평생에 양심에 꺼림칙한 날은 없을 것이다. 7 내 원수들은 악한 자가 받는 대
가를 받아라. 나를 대적하는 자는 악인이 받을 벌을 받아라. 8 하나님이 경건하지 않은 자의 생
명을 끊고, 그의 영혼을 불러 가실 때에, 그의 희망이란 과연 무엇이겠느냐? 9 환난이 그에게
닥칠 때에, 하나님이 그의 부르짖음을 들어주시겠느냐? 10 그들은 전능하신 분께서 주시는 기쁨
을 사모했어야 했고 그분께 기도했어야 했다. 11 날더러도 하나님의 응답이 얼마나 큰지 가르치
라고 해 보아라. 전능하신 분께서 계획하신 바를 설명하라고 해 보아라. 12 그러니 그만두겠다.
이런 일은 너희도 이미 알고 있는 것이 아니냐? 그런데 너희는, 어찌하여 그처럼 터무니없는 말
을 하느냐? 13 하나님이 악한 자에게 주시는 벌이 무엇인지, 전능하신 분께서 폭력을 행하는 자
에게 주시는 벌이 무엇인지 아느냐? 14 비록 자손이 많다 해도, 모두 전쟁에서 죽고 말 것이다.
그 자손에게는 배불리 먹을 것이 없을 것이다. 15 살아 남은 사람은 또 염병으로 죽어 매장되니,
살아 남은 과부들은 기가 막혀서 울지도 못할 것이다. 16 돈을 셀 수도 없이 긁어 모으고, 옷을
산더미처럼 쌓아 놓아도, 17 엉뚱하게도 의로운 사람이 그 옷을 입으며, 정직한 사람이 그 돈더
미를 차지할 것이다. 18 악한 자들이 지은 집은 거미집과 같고 밭을 지키는 일꾼의 움막과 같다.
19 부자가 되어서 잠자리에 들지만, 그것으로 마지막이다. 다음날에 눈을 떠 보면, 이미 알거지
가 되어 있다. 20 두려움이 홍수처럼 그들에게 들이닥치며, 폭풍이 밤중에 그들을 쓸어 갈 것이

다. 21 동풍이 불어와서 그들을 그 살던 집에서 쓸어 갈 것이다. 22 도망 치려고 안간힘을 써도, 동쪽에서 오는 폭풍이 사정없이 불어 닥쳐서, 그들을 날려 버릴 것이다. 23 도망 가는 동안에 폭풍이 불어 닥쳐서, 무서운 파괴력으로 그들을 공포에 떨게 할 것이다.

이제 27장으로 지루했던 3라운드의 논쟁이 실질적으로 종지부를 찍게 됩니다. 친구들의 말은 엎치락 뒤치락 뭔가 새로운 것이 없이 종전의 주장을 되풀이했습니다. 친구들이 해야 할 말을 욥이 풍자적으로 대신 해 주어야 할 만큼 바닥이 난 것이지요. 본문은 세 차례에 걸친 논쟁을 종합해서 세 친구 모두를 겨냥한 욥의 대답이라고 보면 됩니다. 욥의 요점은 두 가지입니다. 자기는 죽기까지 자신의 결백을 굽히지 않겠다는 맹세와, 자기를 괴롭히는 원수들이 대가를 치르고야 말 것이라는 저주입니다.

문제는 27:13~23절입니다. 이 부분을 소발의 말로 단정하는 학자들이 적지 않습니다. 이른바 악인의 필망이라는 이 주제가 소발이 20장에서 피력했던 악인의 최후와 비슷하다는 이유 때문입니다. 사실 악인이 반드시 망하고야 만다는 주장은 빌닷도 끈질기게 물고 늘어진 단골 메뉴이기 때문에(18장) 인과응보론을 고수하는 친구들 모두의 말이라고 봐도 무방할 것입니다. 그러나 제 입장은 여전히 보수적입니다. 성경에 있는 원문 그대로 욥의 입에서 나온 말로 보자는 것이지요. 그 이유는 설전이 막바지에 이르렀을 때 욥이 소발이 할 말 혹은 이미 했던 말을 자기가 풍자적으로 대신 말할 수도 있기 때문입니다. 적어도 욥의 양심이, 죽기까지 자신이 악인이 아니라고 보증한다면 친구들이 몰아가는 것처럼 욥이 악인이 아닌 것은 분명하므로, 욥이 말하는 악인의 필망은 자기의 운명을 두고 말하는 모순이 아니기 때문에 설득력이 높지 않을까요?

욥의 결백에 대한 맹세(27:1~6)

욥은 세 친구를 향하여 자신의 결백을 또 다시 주장합니다. 이제 논쟁이 막바지에 이르렀다고 봐서 그런지 아주 비장한 각오로 무죄를 맹세합니다. "내가 살아 계신 하나님 앞에서 맹세한다. 그분께서 나를 공정한 판결을 받지 못하게 하시며, 전능하신 분께서 나를 몹시 괴롭게 하신다. 내게 호흡이 남아 있는 동안은, 하나님이 내 코에 불어 넣으신 숨결이 내 코에 남아 있는 한, 내가 입술로 결코 악한 말을 하지 않으며, 내가 혀로 거짓말을 하지 않겠다. 나는 결코 너희가 옳다고 말할 수 없다. 나는 죽기까지 내 결백을 주장하겠다. 내가 의롭다고 주장하면서 끝까지 굽히지 않아도, 내 평생에 양심에 꺼림칙한 날은 없을 것이다"(2~6).

여기 보면 욥은 맹세할 때 흔히 쓰는 용어들, 즉 "내가 살아 계신 하나님 앞에서"(2), "나는 죽기까지"(5) 등의 말을 내세우며 자신의 결백을 천명합니다. 여기서 '호흡'과 '숨결'이라는 말이 신체 기관인 '코'와, '악한 말'과 '거짓 말'이 '입술'과 각각 연결되고 있습니다. 그의 양심과 신체 기관까지도 하나가 되어서 자신의 결백을 호소한다는 뜻이지요. 욥의 결백에 대한 맹세는 하나님과 친구들과 자기의 양심을 겨냥합니다. 더 자세히 말하면, 2~3절은 하나님께 초점을 맞추어 자신이 정의로움에도 불구하고 공정한 판결을 받지 못하게 하신다는 사실을 개탄합니다. 4~5절은 친구들을 향하여 자기가 지금까지 한 말이 결코 악한 말이나 거짓말이 아니며 오히려 친구들이 내뱉은 말이 그러하다고 주장합니다. 6절은 욥 자신의 내면 깊은 곳을 향하여 자신이 의롭다는 주장이 조금도 양심에 거리끼는 일이 아니라고 주장합니다. 만일 욥이 하나님이 자기에게 부당한 징벌을 주시는 것을 인정하거나 친구들이 악인이라고 몰아붙이는 주장을 수용할 경우, 욥이 지금까지 사력을 다해 펼쳐온 무죄 주장은 다 악한 말이요, 거짓말이 되고 맙니다. 그리하여 욥은 '맹세'라는 아주 엄중한 형식을 통하여 하나님과 친구들과 자신의 양심을 향하여 자신의 무죄를 선언합니다.

욥의 원수들에 대한 저주(27:7~12)

7~12절 말씀은 동방의 의인으로서 하나님을 경외하고 악을 멀리하는 사람 욥의 발언이라고 믿기 어려울 정도로 신랄합니다. 7~10절을 보세요. "내 원수들은 악한 자가 받는 대가를 받아라. 나를 대적하는 자는 악인이 받을 벌을 받아라. 하나님이 경건하지 않은 자의 생명을 끊고, 그의 영혼을 불러 가실 때에, 그의 희망이란 과연 무엇이겠느냐? 환난이 그에게 닥칠 때에, 하나님이 그의 부르짖음을 들어주시겠느냐? 그들은 전능하신 분께서 주시는 기쁨을 사모했어야 했고 그분께 기도했어야 했다."

착한 사람 욥에게 나온 말로 보기에 어려울 정도로 아주 심한 독설로 느껴지지 않습니까? 그런데 여기서 말하는 원수는 도대체 누구를 지칭할까요? 친구들, 아니면 하나님? 하나님은 아닌 것이 분명해 보입니다. 그렇다면 친구들? "생쥐도 궁지에 몰리면 고양이를 문다."는 속담도 있듯이 친구들이 해도 너무 하니까 욥이 이렇게 극단적인 저주를 퍼붓는 것일까요? 친구라는 것들이 낡은 이론인 인과율만 가지고 자기를 아예 악인으로 단정하고 죄인 심문하듯이 다루는 모습에 진절머리가 나서 이런 독설을 내뿜는 것일까요? 학자들은 대개 욥이 말하는 저주받을 원수가 친구들이라고 해석하지만, 그냥 자기 탄식으로 볼 수는 없을까요? 다시 말해 실질적으로 세 친구들과 같이 어떤 특정 그룹을 향하여 내뱉는 독설이 아니라 대화가 막다른 골목에 다다랐고 친구들도 더 이상 믿지 못하겠고 해서 욥이 내뱉은 분노의 탄식, 즉 독백으로 볼 수 있지 않느냐는 말입니다. 이것은 욥이 직접 '너희 친구놈들!' 이라고 말하지 않고 3인칭을 주어로 해서 막연하게 '내 원수들,' '대적하는 자,' '그' 라고 빗댄 것에서도 드러나지 않습니까? 저의 이러한 해석은 어디까지나 욥의 신실한 인격과 이러한 저주가 조화되지 않는다는 사실에서 시도해 본 완곡한 해석일 뿐입니다. 아무리 자기를 심문하고 정죄하는 친구들이라고 해도 욥이 그 친구들을 모조리 싸잡아 저주받을 원수로 매도하는 모습은 상상하기 어렵기 때문이지요. 물론 전후문맥으로 봐서 친구들을 염두에 둔 발언인 것은 그럴듯한데, 참 해석하기가 난감합니다.

욥은 이렇게 죄없는 자기를 죄인으로 몰아가는 친구들을 비롯한 모든 가상의 원수들에게 준엄한 심판이 있음을 탄식조로 규탄한 뒤 이제 친구들을 직접 겨냥합니다. 11~12절에서 친구들이 걸핏하면 하나님의 권능과 지혜 운운하며 자기를 가르치려고 하는데 자기더러 설명하라고 해도 얼마든지 할 수 있다는 것입니다. 그러나 친구들도 다 알고 있는, 이같이 공허한 말을 해 봤자 아무 소용이 없기에 하지 않겠다는 것입니다. 친구들처럼 부당한 고통을 정당화하기 위하여 하나님만 일방적으로 변호하는 공허한 이론을 자기는 피하겠다는 것이지요!

악인의 비참한 최후(27:13~23)

13~23절은 빌닷과 소발이 이미 했던 말들이기에 새롭지 않습니다. 악인은 그 많던 자손이 전쟁에서 죽을 것이고 살아남더라도 가난과 질병을 벗어나기 어렵다는 것입니다(14~15). 아무리 재산을 많이 긁어모아도 의로운 사람 차지가 되고 말 것이며 결국 알거지가 되고 만다는 것입니다(16~19). 악인은 두려움에서 떠나지 못하며 순식간에 재앙을 만나서 모든 것을 날리게 된다는 것입니다(20~23). 욥을 악인이라고 단정 지으며 친구들이 주장했던 말들이 거의 큰 변화 없이 반복되고 있습니다. 저는 앞에서 이 말이 소발이나 빌닷이 직접 욥에게 한 말이 아니라 욥이 친구들이 했던 말을 풍자적으로 대신 되풀이한 것으로서 해석하자고 말씀드렸습니다.

그러나 여기서 중요한 것은 이 말이 욥 자신이 친구들의 주장을 그대로 반복한 말이라고 할 경우, 그 내용이 친구들이 욥을 악인으로 단정해서 쏟아놓은 말들이 되기 때문에 결국은 다 욥 자신의 필연적인 멸망에 관한 발언이 되어서 자가당착에 빠질 수 있습니다. 그렇지만 조금 더 깊이 생각해 보면 여기에서도 역설적인 혹은 반어법적인 진리를 발견할 수 있습니다. 다시 말해 욥이 악인은 기필코 망한다는 사실을 자기 입으로 발설한다고 할 경우, 자기야말로 이 같이 멸망당할 악인이 아니라는 사실을 가장 역설적으로 보여 주기 때문에 더욱 더 자신의 결백성을 강조할 수 있는 한 방법이 됩니다. 자기 입으로 자기가 필경 망한다고 주장할 사람은 없기 때문이지요!

이렇게 해석할 경우 위에서 살펴본 7~10절 말씀과도 연결되어 쉽게 풀릴 수 있습니다. 비록 욥이 저주받을 원수로서 자기 친구들을 명시적으로 지목하지는 않았지만 만일 욥의 결백에 이의를 제기하는 사람들은, 친구든 누구든 아무나 다 잠재적인 대상이 될 수 있으므로, 친구들이 이미 주장했던 그 악인들의 비참한 최후를 자기 입으로 말하면서 자기는 악인이 아니라는 사실을 역설적으로 강조할 수도 있는 동시에 자기는 비껴나가고 그 대신 친구들을 비롯한 모든 사람들을 이 악인의 범주 속에 포함시킬 수 있다는 것이지요! 만일 우리가 편집 비평을 따르지 않고 좀 더 보수적으로 성서 원문에 나타난 그대로를 존중한다면 이런 해석도 가능하리라고 봅니다. 그러나 이것은 히브리 원문에 나타난 문학 양식을 검토해 본 다음에 신중하게 말해야 할 사안이기에 제 해석이 100% 옳다고 보지는 않습니다.

본문 말씀이 주는 교훈

이 말씀을 읽으면서 양심에 따른 맹세의 문제를 한번 생각해 봤습니다. 욥은 살아 계신 하나님과 자기 양심의 이름으로 죽기까지 자기가 결백하다는 사실을 맹세했습니다. 이제 친구들과의 논쟁이 아무 결말 없이 파국으로 치달리니까 최후통첩 형식으로 자신의 무죄를 이렇게 엄숙한 맹세의 방법으로 선언한다고 볼 수 있겠지요. 양심은 하나님이 주신 선물입니다. 우리가 하나님의 형상대로 지음을 받았다는 전형적인 특징 중 하나가 양심입니다. 신학자 조셉 버틀러는 양심은 '내면의 존재 안에서 하나님의 음성을 들을 수 있는 마음의 이해 또는 지각의 경향'이라고 정의했습니다. 이 세상에는 양심이 화인 맞고 부패해서 하나님의 음성을 듣지 못하는 사람들이 많습니다. 우리의 선한 양심은 하나님이 아시고 혹 사람들은 몰라도 내 자신이 압니다.

사실 욥의 경우만 두고 보더라도 '하나님께서 아시는 욥,' '사탄이 아는 욥,' '친구들이 아는 욥,' 그리고 '욥 자신의 양심이 아는 욥,' 네 가지의 욥이 서로 다툽니다. 독자들은 하나님과 욥 자신이 알고 있는 욥과 사탄과 친구들이 아는 욥 사이에 큰 괴리가 있음을 압니다. 신기하게도 하나님과 욥의 양심이 알고 있는 욥은, 욥 자신이 결론에 이르기까지 몰라서 그렇지, 서로 일치하는가 하면, 사탄이 알고 있는 욥과 친구들이 알고 있는 욥 또한 서로 엇비슷합니다. 결국 욥기는 이와 같은 양 진영의 대결 구도로 전개된다고도 볼 수 있지요. 그러나 하나님과 욥 자신이 알고 있는 욥이 사탄과 친구들이 알고 있는 욥을 마침내 이깁니다. 오늘 우리도 하나님이 아시는 나와 내 양심이 아는 나, 그리고 사람들이 아는 나가 일치할 수만 있다면 나름대로 성공한 삶이라고 할 수 있을 것입니다. 반대로 세상 사람들이 아는 나와 하나님과 내가 아는 나 사이에 괴리가 심하다면 아무리 칭찬과 존경을 한 몸에 받는다고 할지라도 우리의 인생은 분열된 인생이요 실패한 것이 될 수 있습니다. 보통 사람의 경우, 욥처럼 하나님과 자기의 양심이 아는 나와 사탄과 친구들이 아는 나 사이가 서로 달라서 많은 오해와 상처를 받을 수 있지만 결국 진리와 양심은 승리할 것입니다. 여기서 여전히 중요한 것은 양심의 근원이 되시는 하나님이 아는 나와 내가 아는 나 사이에 과연 어느 정도까지의 일치가 가능할까 하는 물음이겠지요! "나는 그리스도 안에서 참말을 하고, 거짓말을 하지 않습니다. 내 양심이 성령 안에서 이것을 증언하여 줍니다."(롬 9:1)

V

세 마당 논쟁을 끝낸 후 욥의 독백

욥은 단지 자기 홀로 고난 받는다는 생각을 뛰어넘어 자기처럼 부당한 고통을 당하는 이름 없는 다수를 생각합니다. 이른바 고통의 연대의식, 연합전선을 형성하는 것이지요. 거기에다가 자신의 무죄는 단지 하나님을 경외하고 양심적으로 사는 개인적인 면에서뿐만 아니라, 대사회적인 입장에서 가난하고 불쌍한 이웃에 대한 무죄여야 한다는 확신을 굳히게 됩니다.

욥의 독백 I

지혜는 어디에서 오는가?

| 욥 28:1~28 |

28장

1 은을 캐는 광산이 있고, 금을 정련하는 제련소도 있다. 2 철은 흙에
서 캐어 내며, 구리는 광석을 녹여서 얻는다. 3 광부들은 땅 속을 깊이 파고 들어가서, 땅 속이
아무리 캄캄해도 그 캄캄한 구석 구석에서 광석을 캐어 낸다. 4 사람이 사는 곳에서 멀리 떨어
진 곳, 사람의 발이 가 닿지 않는 곳에, 사람들은 갱도를 판다. 줄을 타고 매달려서 외롭게 일을
한다. 5 땅 위에서는 먹거리가 자라지만, 땅 속은 같은 땅인데도 용암으로 들끓고 있다. 6 바위
에는 사파이어가 있고, 돌가루에는 금이 섞여 있다. 7 솔개도 거기에 이르는 길을 알지 못하고,
매의 날카로운 눈도 그 길을 찾지 못한다. 8 겁 없는 맹수도 거기에 발을 들여놓은 일이 없고,
무서운 사자도 그 곳을 밟아 본 적이 없다. 9 사람은 굳은 바위를 깨고, 산을 그 밑 뿌리까지 파
들어 간다. 10 바위에 굴을 뚫어서, 각종 진귀한 보물을 찾아낸다. 11 강의 근원을 찾아내고, 땅
에 감추어진 온갖 보화를 들추어낸다. 12 그러나 지혜는 어디에서 얻으며, 슬기가 있는 곳은 어
디인가? 13 지혜는 사람에게서 발견되는 것이 아니다. 사람은 어느 누구도 지혜의 참 가치를 알
지 못한다. 14 깊은 바다도 "나는 지혜를 감추어 놓지 않았다" 하고 말한다. 넓은 바다도 "나는
지혜를 감추어 놓지 않았다" 하고 말한다. 15 지혜는 금을 주고 살 수 없고, 은으로도 그 값을
치를 수 없다. 16 지혜는 오빌의 금이나 값진 루비나 사파이어로도 그 값을 치를 수 없다. 17 지
혜는 금보다 값진 것, 금잔이나 값진 유리잔보다 더 값진 것이다. 18 지혜의 값은 산호보다, 수
정보다 비싸다. 지혜를 얻는 것은 진주를 가진 것보다 값지다. 19 에티오피아의 토파즈로도 지혜
와 비교할 수 없고, 정금으로도 지혜의 값을 치를 수 없다. 20 그렇다면 지혜는 어디에서 오며,
슬기가 있는 곳은 어디인가? 21 모든 생물의 눈에 숨겨져 있고, 공중의 새에게도 감추어져 있다.
22 멸망의 구덩이와 죽음도 지혜를 두고 이르기를 "지혜라는 것이 있다는 말은 다만 소문으로
만 들었을 뿐이다" 하고 말한다. 23 그러나 하나님은, 지혜가 있는 곳에 이르는 길을 아신다. 그

분만이 지혜가 있는 곳을 아신다. 24 오직 그분만이 땅 끝까지 살피실 수 있으며, 하늘 아래에 있는 모든 것을 보실 수 있다. 25 그분께서 저울로 바람의 강약을 달아 보시던 그 때에, 물의 분량을 달아 보시던 그 때에, 26 비가 내리는 규칙을 세우시던 그 때에, 천둥 번개가 치는 길을 정하시던 그 때에, 27 바로 그 때에 그분께서, 지혜를 보시고, 지혜를 칭찬하시고, 지혜를 튼튼하게 세우시고, 지혜를 시험해 보셨다. 28 그런 다음에, 하나님은 사람에게 말씀하셨다. "주님을 경외하는 것이 지혜요, 악을 멀리하는 것이 슬기다."

28장은 참 흥미롭습니다. '지혜의 송가' 라 할 만치 지혜를 높이 찬양합니다. 또한 채광 작업과 광물에 대한 풍부한 정보를 제공해 주고 있습니다. 비판적인 학자들은 친구들과의 3라운드 논쟁이 끝난 뒤 뜬금 없이 갑자기 지혜 이야기가 튀어나온다고 해서 본문을 욥의 변론에 포함시킬 수 없다고 주장합니다. 그러나 28장의 지혜에 대한 언급이야말로 저자의 치밀한 의도에서부터 나온 욥의 발언이라고 볼 이유가 있습니다. 무엇보다도 친구들과의 세 바퀴 논쟁은 다람쥐 쳇바퀴 돌리듯이 공전이 계속됐습니다. 서로 신경이 날카로워져 피폐해졌을 뿐 뭔가 획기적인 돌파구를 찾지 못했습니다. 욥이 왜 이 부당한 고통을 당해야 하는지 친구들도 설명해 주지 못했고, 하나님도 침묵하셨으며, 욥 자신도 갈수록 의문만 쌓이고 갑갑해져 갔습니다. 이렇게 논쟁이 막다른 골목에 이르렀을 때 새로운 국면 전환이 절실해졌습니다. 뭔가 분위기를 일신할 필요가 생겼습니다. 바로 이런 맥락에서 저자는 욥에게 지혜 이야기를 하도록 만듭니다. 지금까지의 치열한 논쟁이 한계에 부닥쳐서 더 이상 나아가지 못하는 것은 순전히 '지혜의 부재' 에서 온 것임을 깨달은 것이지요! 그리하여 욥은 친구들에 대한 일말의 기대를 완전히 포기하면서, 그리하여 그들과의 논쟁을 접으면서 보다 근원적인 질문, 즉 자기가 당면한 사느냐 죽느냐 하는 문제에 결정적인 빛을 던져줄 수 있는 지혜의 추구에 대한 입장을 밝히는 것입니다. 오직 지혜를 얻는 길만이 현재의 궁지를 벗어나 어떤 결정적 해결의 길로 나설 수 있다고 생각한 것이지요. 그러므로 28장은 욥이 잠시 멈추어 서서 지금까지 진행되어 온 논쟁을 반성하는 동시에 자기가 지금까지 씨름해온 실존적 질문이 앞으로 어떻게 타개될 것인가에 대해 전망을 하기 위한 모색의 시간이요, 전환점이라고 봐야 할 것입니다.

그렇다면 지혜는 어디에서 어떻게 찾을 수 있을까요? 28장의 주제는 분명합니다. 인간이 지혜를 찾아 헤매지만 지혜는 감추어져 있다는 것입니다. 인간은 광물과 보석을 캐내기 위하여 갖가지 수고를 다하며 마침내 찾아내고야 맙니다. 그러나 지혜는 그렇게 채광하듯이 고생한다고 해서 찾을 수 있는 성질의 것이 아닙니다! 더욱이 지혜는 금은보석을 사고 팔 듯이 할 수 없으며 값을 따질 수 없을 만큼 귀하다는 것입니다. 아무리 노력해도 찾을 수 없고 어떤 값을 지불해도 살 수 없는 것이 욥이 찾는 지혜라고 한다면, 그 지혜는 도대체 어디에서 발견할 수 있을까요? 욥의 대답은 주님을 경외하고 악에서부터 떠날 때 지혜를 얻을 수 있다는 것입니다(28). '하나님 경외,' 즉 수직적이고 영적인 차원의 신앙과 '악에서부터 떠남,' 즉 수평적이고 윤리적인 차원의 덕성을 다 붙들 때 지혜로워질 수 있다는 말씀이지요! 이것은 욥이 '하나님을 경외하고 악을 멀리하는 사람' 이었다고 기록한 욥기 1:1, 1:8, 그리고 2:3절과 다시 만나는 말씀이기에 아주 중요한 대목입니다.

찾기 어렵고 사고 팔기도 어려운 지혜(28:1~19)

1~11절에서 욥은 그 당시 채광과 제련 기술에 대한 지식을 동원하여 지혜 찾기를 광물 캐내기에 비유하고 있습니다. 광부들은 광물, 즉 금이나 은 철 구리 청옥(사파이어) 사금 등을 찾아내기 위하여 별의 별 방법과 기술을 고안하여 기필코 찾아냅니다. 땅 속에 보물이 있다는 사실을 알기에 그 땅이 집에서 아무리 멀리 떨어져 있고, 또 그 땅 속이 아무리 캄캄해도 거기에 갱도를 파고 줄을 타고 외롭게 매달려 광물 찾기에 골몰합니다. 심지어 그 땅 속에는 부글부글 끓는 용암이 있지만 그 위험을 다 무릅쓰고 기어코 각종 진기한 보물을 찾

아냅니다. 날쌔고 매서운 눈매를 가진 매나 독수리, 사납기 이를 데 없는 사자 같은 맹수도 밟아 본 적이 없는 산과 강의 근원에서 광맥을 찾아내 바위를 깨고 뚫고 산 밑뿌리를 파고 들어가 각종 진귀한 보물을 채굴해 내고 맙니다. 이렇게 채광 작업에서 주목되는 것이 '장소'와 '거기에 이르는 길'과 '발견'이라는 세 가지 용어입니다. 보물이 있는 장소는 사람 사는 곳에서부터 멀리 떨어진, 사람의 발이 닿지 않는 곳입니다(4). 그 광맥에 이르는 길은 솔개나 독수리나 사자 같은 야생 짐승들도 알지 못하는 감추어진 길입니다(7~8). 그리고 오직 숙달된 광부들만이 그 장소와 그 길을 찾아내 아주 특별한 채굴 기술로 각종 보물들을 캐냅니다(9~11).

그렇다면 욥이 광부와 광산과 채광 기술을 통하여 그 힘든 광물 찾기의 과정을 설명한 이유는 무엇일까요? 12~14절을 보세요. "그러나 지혜는 어디에서 얻으며, 슬기가 있는 곳은 어디인가? 지혜는 사람에게서 발견되는 것이 아니다. 사람은 어느 누구도 지혜의 참 가치를 알지 못한다. 깊은 바다도 나는 지혜를 감추어 놓지 않았다 하고 말한다. 넓은 바다도 나는 지혜를 감추어 놓지 않았다 하고 말한다." 지혜가 광물 찾듯이 쉽게 찾을 수 있는 것이 아니라는 사실을 강조합니다! 금이나 은 철 구리 사파이어 사금 등등 각종 진귀한 보물을 찾듯이 찾을 수 없다는 것이지요. 광부는 광물 있는 장소와 그 곳에 이르는 길을 용케도 알아 각종 채굴 채광 기술을 총동원하여 보물을 잘도 발견해 내지만, 지혜는 그 장소도 길도 도무지 발견될 수 없는 깊은 심연 속에 감추어져 있다는 것입니다. 욥은 이렇게 지혜가 땅 속이나 바다와 같은 자연 속에 감추어져 있는 것도 아니고 사람의 노력이나 기술로 발견되는 것도 아니라고 주장합니다.

지혜가 감추어진 장소와 길을 찾기 어렵다는 사실을 적시한 뒤, 욥은 15~19절에서 지혜는 그 어떤 값을 치르고도 살 수 없다는 사실을 강조합니다. "지혜는 금을 주고 살 수 없고, 은으로도 그 값을 치를 수 없다. 지혜는, 오빌의 금이나 값진 루비나 사파이어로도, 그 값을 치를 수 없다. 지혜는 금보다 값진 것, 금잔이나 값진 유리잔보다 더 값진 것이다. 지혜의 값은 산호보다, 수정보다 비싸다. 지혜를 얻는 것은 진주를 가진 것보다 값지다. 에티오피아의 토파즈로도 지혜와 비교할 수 없고, 정금으로도 지혜의 값을 치를 수 없다."

아, 얼마나 아름다운 표현인지요! 여기 그 당시로서는 구하기 어렵고 엄청나게 비싼 귀금속이 모두 13개나 언급이 되어 있습니다. 이른바 그 당시 통용되던 최고의 보석 카탈로그인 셈이지요. 금, 은, 오빌의 금, 루비, 사파이어, 금, 금잔, 유리잔, 산호, 수정, 진주, 에티오피아의 토파즈, 정금입니다. 그런데 이런 보물들은 서로 비교해서 값을 계산하고 사고 팔 수 있지만 지혜는 값을 따질 수 없고 그 어떤 보물로도 사고 팔 수 없다는 것입니다. 그 당시 최고의 가치를 지녔던 13개의 보물과 아예 상대가 되지 않는 최고의 보배가 지혜라는 것이지요! 최고의 과학 기술과 최대의 장삿술로도 도무지 그 값을 매길 수 없어서 아예 사고 파는 것이 불가능하다는 지혜, 얼마나 귀한 지요! 욥의 이러한 주장은 잠언서의 말씀들을 생각나게 합니다. "지혜를 얻는 것이 금을 얻는 것보다 낫고, 명철을 얻는 것이 은을 얻는 것보다 낫다"(잠 16:16). "세상에 금도 있고 진주도 많이 있지만, 정말 귀한 보배는 지각 있게 말하는 입이다"(잠 20:15). 사실 친구들과 욥이 지금까지 벌여온 설전도 말로 지혜를 장사한 것으로 볼 수 있다면 아직 진정한 지혜를 발견하지 못해 소강 상태에 빠진 것 아닙니까? 친구들이 자기에게 제공한다고 생각하는 지혜는 욥이 정말로 얻기 원하는 지혜에 훨씬 못 미쳤습니다. 그러므로 진정한 지혜는 값으로 환산할 수 없다는 주장은 다분히 친구들을 겨냥한 것으로 보입니다!

오직 하나님께로부터 오는 지혜(28:20~28)

지혜는 인간이 발견할 수 없고 그 가치도 인간의 계산으로 따질 수 없다면,

이제 또 다시 제기되는 질문은 지혜가 도대체 어디에서 오는가 하는 것입니다. "그렇다면 지혜는 어디에서 오며, 슬기가 있는 곳은 어디인가? 모든 생물의 눈에 숨겨져 있고, 공중의 새에게도 감추어져 있다. 멸망의 구덩이와 죽음도 지혜를 두고 이르기를 지혜라는 것이 있다는 말은 다만 소문으로만 들었을 뿐이다 하고 말한다"(20~22). 지혜의 출처, 행방이 오리무중이라는 것이지요. 우주 그 어느 곳, 피조 세계 그 어떤 곳에서는 발견할 수 없다는 말입니다. 그렇다면 지혜는 어디에서 옵니까?

욥은 지혜가 하나님께로부터 온다고 단언합니다. "그러나 하나님은, 지혜가 있는 곳에 이르는 길을 아신다. 그분만이 지혜가 있는 곳을 아신다. 오직 그분만이 땅 끝까지 살피실 수 있으며, 하늘 아래에 있는 모든 것을 보실 수 있다"(23~24). 땅과 하늘은 창 1:1절에서처럼 우주 만물 전체를 지칭합니다. 땅 끝까지 살피시고 하늘 아래 모든 것을 보신다는 말은 온 우주 전체를 통틀어 지혜로 꿰뚫고 계신다는 말이지요. 지혜의 장소, 그 지혜 있는 장소에 이르는 길, 그 장소와 길을 발견할 수 있는 방법은 사람이나 자연이 아니라 하나님께로부터 온다는 것입니다. 채광과 제련 등으로 상징되는 인간의 과학 기술로는 참된 지혜에 이를 수 없으며 오직 만물을 두루 다 통찰하고 계시는 하나님께 참된 지혜가 있다는 것입니다.

그런데 욥은 지혜의 원천을 하나님의 창조 능력에서 찾습니다. 25~27절을 보면, 욥은 지혜가 인간이 헤아릴 수 없는 방법으로 신비하게 존재한다는 사실을 강조하기 위해 네 가지 하나님의 창조 행위를 언급합니다. 바람의 강약을 달아 보시고, 물의 분량을 달아 보시며, 비가 내리는 규칙을 세우시며, 천둥 번개가 치는 방법을 정하신 바로 그때, 즉 하나님께서 우주 만물을 창조하셨을 그때에 지혜도 함께 내셨다는 것입니다. 그리하여 하나님은 이와 같은 창조 행위를 통하여, 27절의 말씀처럼 지혜를 보셨고 지혜를 칭찬하셨고 지혜를 튼튼하게 세우셨고 지혜를 시험해 보셨다는 것입니다. 이렇게 여기서 중요한 것은 하나님의 지혜가 공허한 관념이나 이론에서 나온 것이 아니고 하나님의 구체적인 창조 행위에서 나왔다는 사실입니다! 바로 여기에서 요한복음 1:1~3절이 생각나지 않습니까? "태초에 '말씀' 이 계셨다. 그 '말씀' 은 하나님과 함께 계셨다. 그 '말씀' 은 하나님이셨다. 그는 태초에 하나님과 함께 계셨다. 모든 것이 그로 말미암아 창조되었으니, 그가 없이 창조된 것은 하나도 없다." 말씀, 로고스, 하나님의 지혜가 우주 만물을 창조했다는 것이지요!

참된 지혜가 하나님께로부터 온다면 이 지혜는 채광 기술이나 장사와 같은 인위적인 방법으로 얻을 수 없고 관념이나 이론에서 오는 것도 아니고 오직 하나님의 구체적인 창조 행위를 통한 선물로 받을 수 있을 뿐입니다. 그리하여 결론부인 28절에서 하나님은 사람에게 이렇게 말씀하십니다. "그런 다음에, 하나님은 사람에게 말씀하셨다. '주님을 경외하는 것이 지혜요, 악을 멀리하는 것이 곧 슬기다.'" 인간이 지혜 그 자체에 도저히 접근할 수 없지만 가장 근사치로 도달할 수 있는 길은 '하나님 경외' 와 '악을 멀리함' 에 달려 있다는 것입니다. 하나님과 인간 사이의 수직적인 차원, 즉 종교 영성적인 차원과, 이웃 사이의 수평적인 차원, 즉 윤리 도덕적인 차원을 함께 아우를 때 인간은 지혜로울 수 있다는 것이지요. 이것은 욥기 서두에서 여러 차례 되풀이해서 욥이 '하나님을 경외하고 악에서 떠난 사람' 이라고 칭찬한 것과 일맥상통합니다(1:1; 1:8; 2:3). 욥이 이러한 결론에 도달한 것은 이미 앞에서도 지적했듯이 욥 자신이야말로 참 지혜를 간직한 사람이라는 사실을 보여줍니다. 전통적인 신학이나 어떤 도그마, 이데올로기에 뿌리박고 있는 아래에서부터 온 인간의 지혜, 즉 인과응보론으로 대표되는 친구들의 지혜와 자신의 지혜를 차별화 하는 것입니다! 이렇게 해서 3회전에 걸친 친구들과의 혈전을 끝낸 뒤 욥은 친구들과 달리 참된 지혜의 사람으로서 전열을 정비해 새로운 국면으로 뛰어 들 채비를 갖춘 셈입니다. 인간의 교조적 신념과 이론, 즉 아래에서부터 지혜를 찾는 친구들과 달리 자기는 위, 즉 하나님께로부터 오는 지혜를 구하겠다고 각오를 다집니다. 결국 28장은 궁지에 빠진 욥이 27장에서 29장으로 넘어가는 징검다리 역할을 톡톡히 해내고 있습니다!

본문 말씀이 주는 교훈

민영진 박사님께서 '지혜는 소프트웨어이고 우리는 하드웨어' 라고 하신 말씀이 참 좋습니다. 지혜가 우리 안에 들어와 있는 동안은 지혜로울 수 있으나 우리를 떠날 경우 다시 어리석어진다는 말씀이지요. 지혜는 우리를 소유할 수 있으나 우리가 지혜를 영구히 사유화할 수 없다는 뜻이기도 하지요. 사울 같은 사람이 한때 지혜롭기로 말하면 둘째가면 서러울 정도였으나 지혜가 떠나가니 어리석기 짝이 없어졌습니다. 노아, 아브라함, 에서, 야곱, 삼손, 다윗도 지혜롭다가 일순간 다시 어리석어진 적이 있으며 성경 안에 이런 사람들을 수없이 만날 수 있습니다. 한 번 지혜로워졌다고 해서 영원히 지혜로운 것이 아닙니다. 인생을 살아보니, 목회를 해보니 지혜보다 더 중요한 것은 없습니다. 또한 어떤 순간에는 지혜가 있는 듯이 느껴지다가 또 어떤 순간에는 형편없이 어리석은 사람으로 추락할 때도 있습니다. 아, 그리하여 또 다시 깨닫는 진리는 지혜는 죽을 때까지 끝없이 겸손한 마음으로 사모하고 또 사모해야 할 최고의 선물이라는 사실입니다. 하나님, 오늘도 지혜를 사모하오니 지혜를 주시옵소서!

욥의 독백 Ⅱ

아, 행복했던 옛날이여!

| 욥 29:1~25 |

29장

1 욥이 다시 비유를 써서 말을 하였다. 2 지나간 세월로 되돌아갈 수
만 있으면, 하나님이 보호해 주시던 그 지나간 날로 되돌아갈 수 있으면 좋으련만! 3 그 때에는
하나님이 그 등불로 내 머리 위를 비추어 주셨고, 빛으로 인도해 주시는 대로, 내가 어둠 속을
활보하지 않았던가? 4 내가 그처럼 잘 살던 그 시절로 다시 돌아가서 살 수 있으면 좋으련만!
내 집에서 하나님과 친밀하게 사귀던 그 시절로 되돌아갈 수 있으면 좋으련만! 5 그 때에는 전
능하신 분께서 나와 함께 계시고, 내 자녀들도 나와 함께 있었건만. 6 젖소와 양들이 젖을 많이
내어서, 내 발이 젖으로 흠뻑 젖었건만. 돌짝 밭에서 자란 올리브 나무에서는, 올리브 기름이 강
물처럼 흘러 나왔건만. 7 그 때에는 내가 성문 회관에 나가거나 광장에 자리를 잡고 앉으면, 8
젊은이들은 나를 보고 비켜 서고, 노인들은 일어나서 내게 인사하였건만. 9 원로들도 하던 말을
멈추고 손으로 입을 가렸으며, 10 귀족들도 혀가 입천장에 달라붙기나 한 것처럼 말소리를 죽였
건만. 11 내 소문을 들은 사람들은 내가 한 일을 칭찬하고, 나를 직접 본 사람들은 내가 한 일을
기꺼이 자랑하고 다녔다. 12 내게 도움을 청한 가난한 사람들을 내가 어떻게 구해 주었는지, 의
지할 데가 없는 고아를 내가 어떻게 잘 보살펴 주었는지를 자랑하고 다녔다. 13 비참하게 죽어
가는 사람들도, 내가 베푼 자선을 기억하고 나를 축복해 주었다. 과부들의 마음도 즐겁게 해주었
다. 14 나는 늘 정의를 실천하고, 매사를 공평하게 처리하였다. 15 나는 앞을 못 보는 이에게는
눈이 되어 주고, 발을 저는 이에게는 발이 되어 주었다. 16 궁핍한 사람들에게는 아버지가 되어
주고, 알지도 못하는 사람들의 하소연도 살펴보고서 처리해 주었다. 17 악을 행하는 자들의 턱뼈
를 으스러뜨리고, 그들에게 희생당하는 사람들을 빼내어 주었다. 18 그래서 나는 늘 '나는 죽을
때까지 이렇게 건장하게 살 것이다. 소털처럼 많은 나날 불사조처럼 오래 살 것이다. 19 나는,
뿌리가 물가로 뻗은 나무와 같고, 이슬을 머금은 나무와 같다. 20 사람마다 늘 나를 칭찬하고,

내 정력은 쇠하지 않을 것이다' 하고 생각하였건만. **21** 사람들은 기대를 가지고 내 말을 듣고, 내 의견을 들으려고 잠잠히 기다렸다. **22** 내가 말을 마치면 다시 뒷말이 없고, 내 말은 그들 위에 이슬처럼 젖어들었다. **23** 사람들은 내 말을 기다리기를 단비를 기다리듯 하고, 농부가 봄비를 기뻐하듯이 내 말을 받아들였다. **24** 내가 미소를 지으면 그들은 새로운 확신을 얻고, 내가 웃는 얼굴을 하면 그들은 새로운 용기를 얻었다. **25** 나는 마치 군대를 거느린 왕처럼, 슬퍼하는 사람을 위로해 주는 사람처럼, 사람들을 돌보고, 그들이 갈 길을 정해 주곤 하였건만.

29~31장은 욥의 독백입니다. 3장에서 독백으로 세 친구들과의 논쟁이 시작되었다면 여기에서의 독백으로 세 친구들과의 논쟁은 완전히 끝납니다. 그런데 3장과는 뚜렷이 대조가 됩니다. 그때 욥은 자신이 태어난 날을 저주했고, 차라리 죽기를 갈망해 스올에서 안식 얻기를 소원했습니다. 참담한 고통의 현실에 대해서 여과되지 않은 탄식과 울부짖음으로 일관했습니다. 그때 그는 재산과 자식과 자기 건강까지 잃은 참담한 고통을 용납하지 못했습니다. 그리하여 그 논조가 매우 반항적이고 전투적이었습니다. 그러다가 세 바퀴 논쟁이 다 끝난 뒤 29~31장에 오면 그 톤과 분위기가 사뭇 달라집니다. 깊은 고뇌와 성찰과 대화를 통하여 한결 정화되고 절제된 감정이 역력합니다. 자신의 고통에 대해서 감정이 상당히 누그러져 현실을 있는 그대로 담담하게 수용하기 시작합니다. 물론 이것은 욥이 자신의 죄를 인정해서 부당한 고통을 승인했다는 말은 아닙니다.

이런 관점에서 본다면, 29장에서 욥은 고통을 당하기 이전의 행복했던 시절, 이웃에게 정의와 선익을 베풀었던 옛날을 아름다운 필치로 회상합니다. 그리고 30장에 가서는 현재의 비참한 상황을 언급함으로써 그때의 행복과 대비시킵니다. 그러다가 31장에 가서 다시 하나님 앞과 사람 앞에서 자신의 결백을 엄숙히 선언합니다. 이것을 '왕족 의식'과 '노예 의식'이라는 정반대의 렌즈를 통해 보면 더욱 선명해집니다. 29장–욥이 과거에 하나님의 분에 넘치는 축복을 받았을 때에는 왕과 같았습니다(29:5); 30장–하나님께서 욥이 누리던 왕과 같은 존영을 다 빼앗아 가셔서 진흙이나 쓰레기처럼, 즉 노예처럼 되고 말았습니다(30:19); 31장 – 그럼에도 불구하고 욥은 여전히 왕족 의식을 버릴 수 없습니다(31:35~37).

이제 이와 같은 욥의 최후 독백에서 28장의 지혜 이야기가 중요한 전환점이 되고 있다는 사실이 더욱 분명해집니다. 세 신학자 친구들과의 논쟁이 아무 소득 없이 끝나자 갑자기 지혜의 중요성을 뼈저리게 인식했습니다. 지혜의 부재로 3라운드에 걸친 논쟁이 결렬되었다면, 지혜는 인간이 노력해서 얻을 수 있는 것도, 이 우주 자연 어디에서 찾을 수 있는 것도, 금은보화로 사고 팔 수 있는 것도 아님을 깨달았습니다. 오직 지혜의 근원이신 하나님에 의해 무상의 선물로 얻을 수 있을 뿐입니다! 그리고 '하나님 경외'와 '악을 멀리 하는 것'이 바로 하나님께로부터 오는 지혜의 양축임도 확인했습니다. 그런데 놀랍게도 바로 그 지혜는 욥의 지금까지의 삶을 요약해 주는 것이었습니다! 그리하여 이제 28장에서 지혜 이야기를 통해 잠시 호흡을 고른 욥은 행복으로 충만했던 옛날을 조용히 관조합니다. 그랬더니 욥의 과거는 지혜로운 삶 그 자체였습니다! 위로 하나님을 경외하고 아래로 악을 멀리하며 윤리 정의를 실천하는 지혜로 충만한 삶이었습니다. 이제 29장을 읽으면서 우리가 놀라는 것은 예리하기 짝이 없는 욥의 사회 윤리의식입니다. 욥은 아마도 엘리바스의 마지막 공격, 즉 가난하고 불쌍한 이웃에 대하여 욥이 수탈과 착취를 일삼았다는 비난(22:5~11)을 매우 예민하게 받아들인 것 같습니다. 그리하여 욥은 과거에 자기가 고아와 과부로 상징되는 소외자들을 어떻게 사랑과 정의로 돌봤는지 담담한 필치로 회고하고 있습니다.

욥의 행복했던 옛날에 대한 향수(29:2~11)

여기에서 욥은 두 가지 차원에서의 행복했던 과거를 그리워합니다. 첫째, 하나님께서 함께하셔서 누렸던 개인적인 차원의 행복입니다. 그때 전능하신 하나님께서 욥과 함께하셨으므로 욥은 자녀들과 함께 있었고 젖소와 양들이 얼마나 젖을 많이 내는지 발이 그 젖으로 흥건히 젖을 정도였고 올리브 기름도 강물처럼 흘러나왔습니다(2~6). 둘째, 욥이 공동체 안에서 누리던 명성과 존경, 즉 사회적인 차원의 축복입니다. "그 때에는 내가 성문 회관에 나가거나, 광장에 자리를 잡고 앉으면, 젊은이들은 나를 보고 비켜 서고, 노인들은 일어나서 내게 인사하였건만. 원로들도 하던 말을 멈추고, 손으로 입을 가렸으며, 귀족들도, 혀가 입천장에 달라붙기나 한 것처럼 말소리를 죽였건만. 내 소문을 들은 사람들은 내가 한 일을 칭찬하고, 나를 직접 본 사람들은 내가 한 일을 기꺼이 자랑하고 다녔다"(7~11). 모든 입과 귀가 욥에게 쏠릴 만큼 욥이 신망과 존경을 한 몸에 받고 있었다는 것이지요.

이웃에게 베풀었던 욥의 은덕과 정의 실천(29:12~17)

거듭 말씀드리지만 어느 순간부터 욥에게 주목할 만한 변화가 일어나는데 이른바 날카로운 사회 윤리의식입니다. 욥은 하나님과 사람 앞에서 자신의 무죄함이 이웃과의 관계, 무엇보다도 가난하고 소외된 사람들과의 관계를 통해서 입증해야 한다는 부담감을 느끼기 시작합니다. 자신의 의로움과 결백은 개인적인 차원이나 어떤 추상적인 영역에서가 아닌, 가난하고 불쌍한 이웃들과의 구체적인 관계 속에서 결정될 문제인 것을 깨달았습니다. 그리하여 욥은 자신이 그 옛날 고아와 과부로 대변되는 약자층에 어떤 자비와 정의를 베풀었는가를 회상합니다. "내게 도움을 청한 가난한 사람들을 내가 어떻게 구해 주었는지, 의지할 데가 없는 고아를 내가 어떻게 잘 보살펴 주었는지를 자랑하고 다녔다. 비참하게 죽어 가는 사람들도, 내가 베푼 자선을 기억하고 나를 축복해 주었다. 과부의 마음도 즐겁게 해 주었다. 나는 늘 정의를 실천하고, 매사를 공평하게 처리하였다. 나는 앞을 못 보는 이에게는 눈이 되어 주고, 발을 저는 이에게는 발이 되어 주었다. 궁핍한 사람들에게는 아버지가 되어 주고,

알지도 못하는 사람들의 하소연도 살펴보고서 처리해 주었다. 악을 행하는 자들의 턱뼈를 으스러뜨리고, 그들에게 희생당하는 사람들을 빼내어 주었다"(12~17).

여기서 욥은 단지 고와와 과부로 대변되는 불쌍하고 가난한 이들에게 자선을 베풀었을 뿐 아니라 높은 정의감을 가지고 그들을 불의한 압제에서부터 적극적으로 건져내기까지 했다는 것입니다. 더 놀라운 사실은 장애우들의 인권까지도 지켜 주었다는 것입니다! 그러므로 욥이 현재의 이 고통을 당하는 것이 과거에 가난하고 소외된 이들을 억압하고 수탈했기 때문이라는 엘리바스의 비난은 온당하지 않습니다! 왜냐하면 바로 이와 같은 욥의 약자에 대한 자선과 정의 실천 내용을 동네 사람들은 하나같이 칭찬하고 자랑하고 다녔기 때문이지요(11절 참고).

왕 같았던 날들에 대한 향수(29:18~25)

18~20절에서 욥은 힘없고 불행한 이웃에 대하여 자비를 베풀고 정의를 실천하는 일을 계속할 것임을 다짐했었다는 사실을 기억합니다. 그렇게 할 때 욥의 인생은 뿌리가 물가로 뻗은 나무같이, 이슬 머금은 나무같이 풍요로워질 뿐 아니라 많은 사람들이 자신의 덕행을 칭송해 줄 것이라고 기대했었기 때문이지요(18~20).

이제 21~25절에서 욥은 다시 공동체 안에서 자기가 정신적 지주요 왕 같은 역할을 했다는 사실을 회상합니다. 여기서는 욥이 주로 언론 중재인으로서 지혜로운 조언과 높은 감화력을 끼쳤다는 사실을 되뇝니다. "사람들은 기대를 가지고 내 말을 듣고, 내 의견을 들으려고 잠잠히 기다렸다. 내가 말을 마치면 다시 뒷말이 없고, 내 말은 그들 위에 이슬처럼 젖어들었다. 사람들은 내 말을 기다리기를 단비를 기다리듯 하고, 농부가 봄비를 기뻐하듯이 내 말을 받아들였다. 내가 미소를 지으면 그들은 새로운 확신을 얻고, 내가 웃는 얼굴을 하면 그들은 새로운 용기를 얻었다. 나는 마치 군대를 거느린 왕처럼, 슬퍼하는 사람을 위로해 주는 사람처럼, 사람들을 돌보고, 그들이 갈 길을 정해 주곤 하였건만"(21~25).

거의 나르시시즘에 빠졌다고 할 정도로 자신이 누렸던 존영을 자화자찬하고 있습니다. 욥은 지혜로운 조언자요 청취자로서 그의 일거수 일투족이 모든 사람의 기쁨과 용기와 소망의 원천이 되었다는 것입니다. 그리하여 욥은 그들에게 한 사람의 왕이었습니다! 이 말씀은 시 72편의 '왕을 위한 기도문'과 매우 닮았습니다. 욥은 그 백성을 정의로 판결하고 불쌍한 백성을 공의로 판결하는 왕이었습니다(시 72:2). 그의 통치가 백성에게 풀밭에 내리는 비처럼, 땅에 떨어지는 단비 같은 왕이었습니다(시 72:6). 그는 가난한 백성과 불쌍한 백성을 도와주고 건져 주는 자비와 정의의 왕이었습니다(시 72:12~14). 한 마디로 말해서 욥은 단순히 자비와 사회 정의를 실천하는 사람이었던 것에 그치지 않고, 모든 슬픈 사람을 위로하는 대자대비의 사람이었다는 것입니다. 그러나 과거에 이렇게 왕과 같이 존귀와 영광을 한 몸에 받던 스타 중의 스타가 어떻게 형편없이 추락해서 상황이 180도 역전되었는지, 30장 말씀을 통해서 살펴보겠습니다.

본문 말씀이 주는 교훈

욥기를 읽을수록 도전 받게 되는 것은 욥의 날카로운 사회 의식입니다. 저는 욥기를 깊이 읽기 전에 욥기가 대단히 개인주의적인 책일 것이라고 생각했습니다. 순전히 부당한 고통을 당하는 욥이라는 개인에 초점을 맞춘 책일 것이라고 지레 짐작을 했던 것이지요. 그러나 욥기는 대단히 사회주의적인 책이요, 해방 신학의 아버지 구스따보 구띠에레스가 예리하게 갈파하듯이 가난하고 억눌린 자들에 대한 해방의 영성을 품고 있는 책입니다. 욥은 단지 자기 홀로 고난받는다는 생각을 뛰어넘어 자기처럼 부당한 고통을 당하는 이름 없는 다수를 생각합니다. 이른바 고통의 연대의식, 연합전선을 형성하는 것이지요. 거기에다가 자신의 무죄는 단지 하나님을 경외하고 양심적으로 사는 개인적인 측면에서뿐만 아니라, 대 사회적인 입장에서 가난하고 불쌍한 이웃에 대한 무죄여야 한다는 확신을 굳히게 됩니다. 그리하여 욥은 자신이 가난한 이들을 비인간적으로 억압하고 착취하는 일에 조금도 관여한 일이 없었으며, 정반대로 그들을 보호하고 억압의 사슬에서 풀어내는 데 앞장섰다는 사실을 누누이 증언합니다. 심지어 그는 그 당시 가장 소외되기 쉬웠던 장애우들의 인권을 보호하는 일에도 앞장을 섰으며, 앞으로 살펴보겠지만 생태학적 정의를 실천하는 일에도 앞장섰다고 주장합니다 (31:38~40 참조).

욥기를 읽으면서 옛날 배고프고 힘들었던 시절을 잊지 않았는지 깊이 반성하게 됩니다. 나도 모르게 가진 자, 배부른 자의 입장에서 없는 자, 헐벗고 굶주린 자들의 아픔을 잊고 살지는 않았는지 옷깃을 여미게 됩니다. 누구 말대로 진정한 영성은 배고픈 창자에서부터 온다고 했는데 혹시라도 배고픔을 느끼지 못하는 영적 비만증에 걸려 있지는 않은지 두려운 마음이 앞섭니다. 이런 점에서 1991년에 나온 「의사」라는 영화가 문득 생각납니다. 이 영화에서 윌리엄 허트는 아주 교만하고 냉담하기 짝이 없는 심장외과 의사 역으로 나옵니다. 이 의사는 마치 무엇인가 막혀 있어서 뚫어야 하는 부엌의 싱크대처럼 그저 기계적으로 무관심하게 자기 환자들을 대합니다. 그러던 어느 날 의사인 자기가 식도암에 걸린 것을 발견하고서 다른 의사에게 치료를 받습니다. 이제 치료하던 의사에서 치료받는 환자로 입장이 역전되고 보니 과거에 자기가 환자들을 기계 다루듯이 무관심하게 대했던 일들이 주마등처럼 떠올랐습니다. 그러면서 자기가 막상 환자가 되어 치료를 받아 보니까 진정한 치유가 일어나기 위해서는 단지 환자의 신체만 기계적으로 다루어서 안 되고 그의 영혼까지 사랑으로 어루만져야 된다는 사실을 깨닫게 된다는 줄거리입니다. 저는 욥기를 읽으면서 제가 바로 이 허트와 같은 의사가 아니었는지 반성합니다. 고통으로 괴로워하는 교인들을 같은 크기의 아픔으로 어루만져 주지 못하고 그저 상투적인 위로와 형식적인 기도를 해 주지는 않았는지 깊이 성찰해 보는 것입니다.

욥의 독백 Ⅲ

하나님이 나를 진흙 속에 던지시니

| 욥 30:1~31 |

30장

1 그런데 이제는 나보다 어린 것들까지 나를 조롱하는구나. 내 양 떼
를 지키는 개들 축에도 끼지 못하는 쓸모가 없는 자들의 자식들까지 나를 조롱한다. **2** 젊어서
손에 힘이 있을 듯하지만, 기력이 쇠하여서 쓸모가 없는 자들이다. **3** 그들은 가난과 굶주림에 허
덕여서 몰골이 흉하며, 메마른 땅과 황무지에서 풀뿌리나 씹으며, **4** 덤불 속에서 자란 쓴 나물을
캐어 먹으며, 대싸리 뿌리로 끼니를 삼는 자들이다. **5** 그들은 사람 축에 끼지 못하여 동네에서
쫓겨나고, 사람들이 마치 도둑을 쫓듯이 그들에게 "도둑이야!" 하고 소리를 질러 쫓아 버리곤 하
였다. **6** 그들은, 급류에 패여 벼랑진 골짜기에서 지내고, 땅굴이나 동굴에서 살고, **7** 짐승처럼
덤불 속에서 움츠리고 있거나, 가시나무 밑에 몰려서 웅크리고 있으니, **8** 그들은 어리석은 자의
자식들로서, 이름도 없는 자의 자식들로서, 회초리를 맞고 제 고장에서 쫓겨난 자들이다. **9** 그런
데 그런 자들이 이제는 돌아와서 나를 비웃는다. 내가 그들의 말거리가 되어 버렸다. **10** 그들은
나를 꺼려 멀리하며 마주치기라도 하면 서슴지 않고 침을 뱉는다. **11** 하나님이 내 활시위를 풀
어 버리시고, 나를 이렇게 무기력하게 하시니, 그들이 고삐 풀린 말처럼 내 앞에서 날뛴다. **12**
이 천한 무리들이 내 오른쪽에서 나와 겨루려고 들고 일어나며, 나를 잡으려고 내가 걷는 길에
덫을 놓고, 나를 파멸시키려고 포위망을 좁히고 있다. **13** 그들은 내가 도망 가는 길마저 막아 버
렸다. 그들이 나를 파멸시키려고 하는데도, 그들을 막을 사람이 아무도 없다. **14** 그들이 성벽을
뚫고, 그 뚫린 틈으로 물밀듯 들어와서, 성난 파도처럼 내게 달려드니, **15** 나는 두려워서 벌벌
떨고, 내 위엄은 간곳없이 사라지고, 구원의 희망은 뜬구름이 사라지듯 없어졌다. **16** 나는 이제
기력이 쇠하여서, 죽을 지경에 이르렀다. 지금까지 나는 괴로운 나날들에 사로잡혀서, 편하게 쉬
지 못하였다. **17** 밤에는 뼈가 쑤시고, 뼈를 깎는 아픔이 그치지 않는다. **18** 하나님이 그 거센 힘
으로 내 옷을 거세게 잡아당기셔서, 나를 옷깃처럼 휘어감으신다. **19** 하나님이 나를 진흙 속에

던지시니, 내가 진흙이나 쓰레기보다 나을 것이 없다. **20** 주님, 내가 주님께 부르짖어도, 주님께
서는 내게 응답하지 않으십니다. 내가 주님께 기도해도, 주님께서는 들은 체도 않으십니다. **21**
주님께서는 내게 너무 잔인하십니다. 힘이 세신 주님께서, 힘이 없는 나를 핍박하십니다. **22** 나
를 들어올려서 바람에 날리게 하시며, 태풍에 휩쓸려서 흔적도 없이 사라지게 하십니다. **23** 나
는 잘 알고 있습니다. 주님께서는 나를 죽음으로 몰아넣고 계십니다. 끝내 나를 살아 있는 모든
사람들이 다 함께 만나는 그 죽음의 집으로 돌아가게 하십니다. **24** 주님께서는 어찌하여 망할
수밖에 없는 연약한 이 몸을 치십니까? 기껏 하나님의 자비나 빌어야 하는 것밖에는 아무것도
할 수 없는 보잘것없는 이 몸을, 어찌하여 그렇게 세게 치십니까? **25** 고난받는 사람을 보면, 함
께 울었다. 궁핍한 사람을 보면, 나도 함께 마음 아파하였다. **26** 내가 바라던 행복은 오지 않고
화가 들이닥쳤구나. 빛을 바랐더니 어둠이 밀어닥쳤다. **27** 근심과 고통으로 마음이 갈기갈기 찢
어지고, 하루도 고통스럽지 않은 날이 없이 지금까지 살아왔다. **28** 햇빛도 비치지 않는 그늘진
곳으로만 침울하게 돌아다니다가, 사람들이 모여 있는 곳에 이르면 도와 달라고 애걸이나 하는
신세가 되고 말았다. **29** 나는 이제 이리의 형제가 되고, 타조의 친구가 되어 버렸는가? 내가 내
목소리를 들어 보아도, 내 목소리는 구슬프고 외롭다. **30** 살갗은 검게 타서 벗겨지고, 뼈는 열을
받아서 타 버렸다. **31** 수금 소리는 통곡으로 바뀌고, 피리 소리는 애곡으로 바뀌었다.

욥기에서 자주 발견하는 패턴 중에 하나는 과거와 현재, 혹은 미래와 현재를 왔다 갔다 하는 것입니다. 욥은 현재의 고난이 너무 참기 어려워 미래의 구속에 대한 희망을 가지고 들뜹니다. 그러다가 다시 냉엄한 현실로 돌아오면 아무것도 달라진 것이 없이 처절한 고통과 소외만 있습니다. 29장에서 욥은 지난날의 행복했던 시절을 떠올리며 향수에 젖어들었습니다. 비록 잠시 동안이기는 했지만 그 옛날 군왕과 같이 최고의 존영을 한 몸에 누렸던 시절을 돌아보니 적지 않게 위로가 되었을 것입니다. 그러나 이제 30장에서 욥은 다시 차가운 현실로 돌아옵니다. 찬란했던 과거와 참담한 현재를 대조해 보니 지금 욥은 너무도 쓸쓸한 처지에 놓여 있습니다. 그리하여 욥은 비통하기 짝이 없는 어조로 현재의 고통을 탄식하고 있습니다. 29장의 영화로웠던 옛날과 30장에 묘사된 현재의 처참한 상황은 세 차례씩이나 나타나는 '이제는'(1, 9, 16)이라는 말에 의해서 더욱 생생하게 대조가 됩니다.

부랑자들에게까지 천대받는 욥의 신세(30:1~15)

인도에 가면 4종성 계급, 즉 카스트 제도의 최하층 계급으로서 '불가촉 천민들'(Untouchables)이 있습니다. 이들과 접촉하기만 해도 부정해진다는 생각 때문에 '불가촉 천민'이라는 이름이 붙었으며 사람과 짐승의 중간쯤 되는 존재로 여겨집니다. 이들과는 그림자만 스쳐도 오염된다고 생각해서 일체 일반인들과의 접촉이 허용되지 않습니다. 이들은 자기 토지를 소유할 수 없고 남의 논밭에서 날품을 팔거나 분뇨수거, 도살, 동물 시체 치우는 일, 등 매일 혹독한 노동에 시달려야만 합니다. 이들은 마을이나 사원으로부터 멀리 떨어진 자기들만의 폐쇄된 주거 구역을 갖고 있는데 학교나 병원이 없을 뿐 아니라 수도 시설과 화장실도 열악하다고 합니다. 현재 인도에는 약 3억 정도의 불가촉 천민들이 인간 이하의 대접을 받으며 살고 있습니다. 그런데 30:1~8절 말씀을 보면 불가촉 천민들을 연상시키는 비류(匪類)들이 등장합니다. 욥이 이들을 직접 거명하는 이유는 한때 왕과 같이 존영을 한 몸에 누리던 자기가 이런 밑바닥 사람들, 그것도 그들의 어린 자식들로부터 철저히 조롱받는 신세로 전락했다는 사실을 고발하기 위함입니다.

욥을 깔보는 자들은 구체적으로 어떤 사람들입니까? 이들의 특징은 '쓸모없으며,' '사람 축에도 끼이지 못하고,' '이름도 없는 사람들'입니다. 1절에 보면 이들은 욥의 양 떼를 지키는 개들 축에도 끼이지 못하는, 도무지 쓸모가 없는 자들입니다. 이들은 가난에 찌들어 몰골이 흉하며 풀뿌리와 쓴 나물로 간신히 연명해 가는 자들입니다(3~4). 이들은 도둑질과 약탈만 일삼다가 마을에서 쫓겨나 침침한 골짜기나 땅굴, 동굴에서 짐승처럼 유랑하는 자들입니다(5~7). 이들은 어리석기 짝이 없으며 그 어떤 종교적 도덕적 분별력도 기대하기 어려운 자들입니다(8). 한 마디로 이들은 동네에서 추방되어 사람 대접을 받지 못하는 'OUTCASTS'요, 'PARIAH', 구제 불능의 버림받은 자들이지요!

29:16절에 보면 그 옛날 욥은 궁핍한 사람들에게 아버지가 되어 주고 알지

못하는 사람들의 하소연도 보살펴 보고 처리해 주었다고 자랑하지 않았습니까? 그런데 이 부랑자들은 욥이 베풀 수 있는 자선과 정의 밖에 있는, 즉 불가촉 천민들과 같은 자들이었습니다! 이렇게 욥도 자기 사회의 한 구성원으로서 사회가 정해 놓은 질서를 깨뜨리면서까지 무제한적으로 자비와 정의를 실천할 수는 없었습니다. 그러므로 그도 그 시대의 아들이었습니다! 문제는 이렇게 비열하고 천박한 인간 이하의 무리들, 그것도 그 자식들이 욥을 조롱한다는 것입니다. 이것은 무엇을 말합니까? 욥의 위상이 그 당시 최하층 천민 수준보다도 못한 밑바닥까지 추락했다는 말이 아닙니까? 불가촉 천민들보다도 못한 수준으로 굴러 떨어졌다는 뜻이지요.

9~15절을 보면, 그 어떤 종교 윤리적 분별력도 없이 사회로부터 격리된 비류들, 부랑아들, 유랑자들까지 욥을 얼마나 멸시하고 천대했는가를 알 수 있습니다. "그런데 그런 자들이 이제는 돌아와서 나를 비웃는다. 내가 그들의 말거리가 되어 버렸다. 그들은 나를 꺼려 멀리하며 마주치기라도 하면 서슴지 않고 침을 뱉는다"(9~10). "이 천한 무리들이 내 오른쪽에서 나와 겨루려고 들고 일어나며, 나를 잡으려고 내가 걷는 길에 덫을 놓고, 나를 파멸시키려고 포위망을 좁히고 있다. 그들은, 내가 도망 가는 길마저 막아 버렸다. 그들이 나를 파멸시키려고 하는데도, 그들을 막을 사람이 아무도 없다. 그들이 성벽을 뚫고, 그 뚫린 틈으로 물밀듯 들어와서, 성난 파도처럼 내게 달려드니"(12~14). 한 마디로 말해서 되는 대로 막 굴러 먹고사는 이 비류들이 마음껏 희롱하고 천대할 수 있는 대상이 욥이 되고 말았다는 것입니다. 그런데 11절을 보면 욥이 이렇게 비참한 신세로 전락한 것은 하나님께서 그렇게 하셨기 때문이라고 말합니다. 예수님이 십자가를 지실 때 원수들 앞에서 멸시 천대를 받으신 장면이 연상되지요! 15절을 보세요. "나는 두려워서 벌벌 떨고, 내 위엄은 간곳없이 사라지고, 구원의 희망은 뜬구름이 사라지듯 없어졌다." 가장 높은 자보다도 더 높았던, 왕 중의 왕과 같이 존엄으로 가득 찼던 욥이 가장 낮은 자보다

도 더 낮은 천덕꾸러기로 전락했다는 것이지요! 왕중왕 예수님이 십자가의 중죄인으로 전락하신 능욕과 일치하지 않습니까?

욥을 진흙이나 쓰레기만도 못하게 만드신 하나님(30:16~31)

16~23절에서 욥은 초점을 사회적 고립과 멸시에서부터 하나님께로 전환시킵니다. 한때 욥을 지켜 주셔서 엄청난 축복을 누리게 해 주셨던 하나님께서 지금 이 모진 고통까지도 동시에 주고 계시다는 것입니다. 19절을 보세요. "하나님이 나를 진흙 속에 던지시니, 내가 진흙이나 쓰레기보다 나을 것이 없다." 욥기를 통틀어 '진흙' 이라는 말은 약 24회 정도, '쓰레기' 혹은 '재' 라는 표현은 드문드문 나타나는데 전자는 창조 시의 하찮음, 후자는 죽음의 허무함을 각각 상징합니다. 인간이 아무것도 아니라는 곤궁함을 상징하는 말들이지요. 한때 그 엄청난 재산과 다복한 자식들을 주셨고 왕처럼 분에 넘치는 존영을 허락하셨던 하나님께서 욥의 인생을 진창에 빠지게 해서 산산조각을 내셨다는 것입니다. 죽을 지경에까지 내몰아서 밤마다 뼈를 깎는 아픔이 떠나지 않게 하셨다는 것입니다. 여기서 다시 한번 욥은 하나님이 축복의 수여자이실 뿐 아니라 고통의 궁극적 원인자라는 사실을 확인합니다. "주신 분도 주님이시요, 가져 가신 분도 주님"(1:21)이시라는 사실을 긍정하는 것이지요.

이렇게 처절한 고통의 수렁 속에 빠진 욥은 또 다시 하나님을 향하여 울부짖지만 하나님은 침묵만 지키십니다(20). 땅에서는 고통과 천대가, 하늘에서는 막막한 침묵만 있을 뿐입니다. 그리하여 욥은 하나님을 향하여 또 다시 탄식하며 절규합니다. "주님께서는 내게 너무 잔인하십니다. 힘이 세신 주님께서, 힘이 없는 나를 핍박하십니다. 나를 들어올려서 바람에 날리게 하시며, 태풍에 휩쓸려서 흔적도 없이 사라지게 하십니다. 나는 잘 알고 있습니다. 주님께서는 나를 죽음으로 몰아넣고 계십니다. 끝내 나를 살아 있는 모든 사람들이 다 함께 만나는 그 죽음의 집으로 돌아가게 하십니다. 주님께서는 어찌하여

망할 수밖에 없는 연약한 이 몸을 치십니까? 기껏 하나님의 자비나 빌어야 하는 것밖에는, 아무것도 할 수 없는 보잘것없는 이 몸을, 어찌하여 그렇게 세게 치십니까?"(21~24).

흥미로운 것은 25~31절에서 욥은 자기가 이웃에게 베풀었던 행위와 하나님께서 자기에게 행하신 일을 비교합니다. 25절을 보세요. "고난받는 사람을 보면, 함께 울었다. 궁핍한 사람을 보면, 나도 함께 마음 아파하였다." 이미 29장에서 살펴 본 것처럼 욥은 가난한 사람들, 의지할 데 없는 고아들, 과부들과 동고동락했습니다(29:12~16). 이러한 선행에 당연히 선으로 보상을 받아야 할 텐데 정반대로 악이 찾아왔습니다. "내가 바라던 행복은 오지 않고 화가 들이닥쳤구나. 빛을 바랐더니 어둠이 밀어닥쳤다. 근심과 고통으로 마음이 갈기갈기 찢어지고, 하루도 고통스럽지 않은 날이 없이 지금까지 살아왔다. 햇빛도 비치지 않는 그늘진 곳으로만 침울하게 돌아다니다가, 사람들이 모여 있는 곳에 이르면 도와 달라고 애걸이나 하는 신세가 되고 말았다"(26~28).

그 옛날 희망을 잃고 실의에 빠진 사람들이 욥의 미소를 통하여 용기와 희망을 회복하지 않았습니까?(29:24). 그러나 이제 욥이 빛을 기대했을 때 거꾸로 어둠이 밀어닥쳤습니다. 욥이 성문 회관에 나가면 사람들이 욥을 환영했고 그의 입에서 나오는 지혜의 말을 단비를 기다리듯이 학수고대하지 않았습니까?(29:7; 29:23). 그러나 이제 욥은 어두 침침한 곳만 피해서 떠돌아다니는 신세요, 사람들 모여 있는 곳에 가서 애걸복걸하는 신세로 바뀌었다는 것입니다(28). 그리하여 욥은 고통에 겨워 신음하듯이 울부짖는 이리의 형제처럼, 애처롭게 울어대는 타조의 친구처럼 되어서 자기가 자기 목소리를 들어봐도 구슬프고 외롭기 짝이 없습니다(29). 비통하고 애달픈 고독의 사람이 되었다는 것이지요! 단비를 몰고 다녔던 화사한 시절은 가고 살갗이 햇빛에 검게 타서 벗겨지고 뼈는 열을 받아서 다 녹아버렸습니다(30). 욥은 한때 슬퍼하는 사람들을 위로해 주었는데(29:25), 지금 수금 소리는 통곡으로 바뀌었고, 피리 소리는 애곡으로 변했습니다(31). 인생유전(人生流轉)이라 더니 이렇게 상황이 180도 바뀔 수 있을까요? 왕에서 노예로 전락했습니다! 아름다웠던 옛 시절을 추억해 본 뒤 현재의 고통을 돌아보니 그 차이가 하늘과 땅만큼이나 컸습니다!

본문 말씀이 주는 교훈

30장 말씀을 읽으면서 예수님 생각이 나는 것은 무슨 까닭일까요? 욥이 그리스도 예수의 예표(豫表)라는 말은 확실히 옳습니다. '왕같이 행복했고 존엄했던 옛날' → '견디기 어려운, 부당한 고통과 수치' → '회복과 갑절의 축복,' 이런 도식이 욥과 예수님의 생애에 동일하게 적용되지 않습니까? 욥의 인생이 지금 행복에서 고통으로 역전되었다고 해도 우리는 욥의 결말을 미리 알기에 크게 염려하지 않습니다. 하나님께서 순전한 믿음을 지킨 욥에게 더욱 큰 은총과 축복으로 또 다시 역전시켜 주실 것을 다 알고 있기 때문이지요. 예수님의 십자가 수난도 뒤이어 찾아올 부활의 영광을 미리 알기에 걱정하지 않습니다. 그러므로 인생이 고난으로 역전되었다고 너무 상심하지 마십시오. 끝까지 믿음으로 인내하십시오. 또 다른 역전이 기다리고 있습니다!

고통으로 인한 인생 역전극을 생각하니 이런 이야기가 떠오릅니다. 어느 날 한 구두 수선공이 구두를 만들려고 책상 위에 놓아두었던 작은 송곳이 그 당시 9살 먹은 아들의 눈에 떨어져 박혔습니다. 얼마 있지 않아 이 아이는 두 눈을 모두 잃고 장님이 되어서 맹인학교에 다니게 되었습니다. 맹인학교에서 이 아들은 그때까지만 해도 아직 점자책이 나오지 않았기 때문에 나무 조각에다 크게 글자를 파 새겨 놓은 것을 손으로 더듬으면서 글 읽는 법을 배웠습니다. 그러나 이 구두수선공의 아들은 점점 자라나면서 시각장애인들이 책을 읽을 수 있는 더 좋고 새로운 방법이 없을까 하고 여러 가지를 궁리했습니다. 마침내 이 사람은 새로운 점자책을 만들어 냈는데 종이에다가 송곳으로 구멍을 뚫어 글자를 새겨 넣는 방법이었습니다. 이 점자책을 발명한 사람은 루이 브라유(Louis Braille)라는 불란서 사람으로서 자기 눈에 떨어져 두 눈을 빼앗아 갔던 바로 그 원수 같은 송곳으로 시각장애인들에게 희망을 준 점자책을 만들었던 것입니다! 그래서 점자책을 영어로 'Braille Book' 이라고 부릅니다. 우리의 삶에도 우리를 괴롭히는 송곳이 분명히 있을 것입니다. 그러나 이 송곳이 우리에게 어떤 영향을 미칠 것인가에 대한 것은 순전히 우리 자신의 선택의 문제입니다. 브라유의 눈을 상하게 했던 그 송곳이 시각장애인들에게 희망을 안겨 주지 않았습니까? '성한 눈'→'송곳으로 인한 실명'→'그 송곳으로 점자책 발명'→'시각 장애인에게 희망 안겨 줌', 이런 역전에 역전을 거듭하는 도식이 우리의 삶에도 적용되지 않으리라는 법이 있습니까? 욥의 고난 속에서도 이와 같은 회복의 소망을 미리 볼 수 있어야 하지 않을까요?

욥의 독백 Ⅳ

여태까지 나는 악한 짓을 하지 않았으니

| 욥 31:1~40 |

31장

1 젊은 여인을 음탕한 눈으로 바라보지 않겠다고 나 스스로 엄격하게
다짐하였다. 2 여자나 유혹하고 다니면, 위에 계신 하나님이 내게 주실 몫이 무엇이겠으며, 높은
곳에 계신 전능하신 분께서 내게 주실 유산은 무엇이겠는가? 3 불의한 자에게는 불행이 미치고,
악한 일을 하는 자에게는 재앙이 닥치는 법이 아닌가? 4 하나님은 내가 하는 일을 낱낱이 알고
계신다. 내 모든 발걸음을 하나하나 세고 계신다. 5 나는 맹세할 수 있다. 여태까지 나는 악한
일을 하지 않았다. 다른 사람을 속이려고도 하지 않았다. 6 하나님이 내 정직함을 공평한 저울로
달아 보신다면, 내게 흠이 없음을 아실 것이다. 7 내가 그릇된 길로 갔거나, 나 스스로 악에 이
끌리어 따라갔거나, 내 손에 죄를 지은 흔적이라도 있다면, 8 내가 심은 것을 다른 사람이 거두
어 먹어도, 내가 지은 농사가 망하더라도, 나는 할 말이 없을 것이다. 9 남의 아내를 탐내서, 그
집 문 근처에 숨어 있으면서 그 여인을 범할 기회를 노렸다면, 10 내 아내가 다른 남자의 노예
가 되거나, 다른 남자의 품에 안긴다 해도, 나는 할 말이 없을 것이다. 11 남의 아내를 범하는 것
은, 사형선고를 받아야 마땅한 범죄다. 12 그것은 사람을 파멸시키는 불, 사람이 애써서 모은 재
산을 다 태우는 불이다. 13 내 남종이나 여종이 내게 탄원을 하여 올 때마다, 나는 그들이 하는
말에 귀를 기울이고, 공평하게 처리하였다. 14 그렇게 하지 않았더라면, 내가 무슨 낯으로 하나
님을 뵈며, 하나님이 나를 심판하러 오실 때에, 내가 무슨 말로 변명하겠는가? 15 나를 창조하
신 바로 그 하나님이 내 종들도 창조하셨다. 16 가난한 사람들이 도와 달라고 할 때에, 나는 거
절한 일이 없다. 앞길이 막막한 과부를 못 본 체 한 일도 없다. 17 나는 배부르게 먹으면서 고아
를 굶긴 일도 없다. 18 일찍부터 나는 고아를 내 아이처럼 길렀으며, 철이 나서는 줄곧 과부들을
돌보았다. 19 너무나도 가난하여 옷도 걸치지 못하고 죽어 가는 사람이나, 덮고 잘 것이 없는 가
난한 사람을 볼 때마다, 20 내가 기른 양 털을 깎아서, 그것으로 옷을 만들어 그들에게 입혔다.

시린 허리를 따뜻하게 해주었더니, 그들이 나를 진심으로 축복하곤 하였다. **21** 내가 재판에서 이
길 것이라고 생각하고, 고아를 속이기라도 하였더라면, **22** 내 팔이 부러져도 할 말이 없다. 내
팔이 어깻죽지에서 빠져 나와도 할 말이 없다. **23** 하나님이 내리시는 심판이 얼마나 무서운지를
잘 알고 있었으므로, 나는 차마 그런 파렴치한 짓은 할 수 없었다. **24** 나는 황금을 믿지도 않고,
정금을 의지하지도 않았다. **25** 내가 재산이 많다고 하여 자랑하지도 않고, 벌어들인 것이 많다
고 하여 기뻐하지도 않았다. **26** 해가 찬란한 빛을 낸다고 하여, 해를 섬기지도 않고, 달이 밝고
아름답다고 하여, 달을 섬기지도 않았다. **27** 해와 달을 보고, 그 장엄함과 아름다움에 반하여 그
것에다가 절을 하는 사람들이 있다. 해와 달을 경배하는 표시로 제 손에 입을 맞추기도 한다. 그
러나 나는 그렇게 하지 않았다. **28** 그런 일은 높이 계신 하나님을 부인하는 것이므로, 벌로 사
형을 받아도 마땅하다. **29** 내 원수가 고통받는 것을 보고, 나는 기뻐한 적이 없다. 원수가 재난
을 당할 때에도, 나는 기뻐하지 않았다. **30** 나는 결코 원수들이 죽기를 바라는 기도를 하여 죄
를 범한 적이 없다. **31** 내 집에서 일하는 사람은 모두, 내가 언제나 나그네를 기꺼이 영접한다는
것을 잘 알고 있다. **32** 나는 나그네가 길거리에서 잠자도록 내버려 둔 적이 없으며, 길손에게 내
집 문을 기꺼이 열어 주지 않은 적도 없다. **33** 다른 사람들은 자기 죄를 감추려고 하지만, 그러
나 나는 내 허물을 아주 감추지 않았다. **34** 사람들이 무슨 말로 나를 헐뜯든지, 나는 그것을 전
혀 두려워하지 않았다. 남에게서 비웃음을 받을까 하여, 입을 다물거나 집 안에서만 머무르거나
하지도 않았다. **35** 내가 한 이 변명을 들어줄 사람이 없을까? 맹세코 나는 사실대로만 말하였
다. 이제는, 전능하신 분께서 말씀하시는 대답을 듣고 싶다. **36** 내 원수가 나를 고발하면서, 뭐
라고 말하였지? 내가 저지른 죄과를 기록한 소송장이라도 있어서, 내가 읽어 볼 수만 있다면, 나
는 그것을 자랑스럽게 어깨에 메고 다니고, 그것을 왕관처럼 머리에 얹고 다니겠다. **37** 나는, 내
가 한 모든 일을 그분께 낱낱이 말씀드리고 나서, 그분 앞에 떳떳이 서겠다. **38** 내가 가꾼 땅이
훔친 것이라면, 땅 주인에게서 부당하게 빼앗은 것이라면, **39** 땅에서 나는 소산을 공짜로 먹으
면서 곡식을 기른 농부를 굶겨 죽였다면, **40** 내 밭에서 밀 대신 찔레가 나거나 보리 대신 잡초
가 돋아나더라도, 나는 기꺼이 받겠다. 이것으로 욥의 말이 모두 끝났다.

본문 말씀에서 욥은 하나님과 사람들 앞에서 최종적인 무죄 맹세를 합니다. 자기의 양심을 걸고 종교적이고 윤리적인 순전함을 만천하에 선언하고 있습니다. 그 동안에도 수차례에 걸쳐서 자신의 결백에 대해서 변증했지만 31장의 맹세는 그 동안의 변증을 총 집약한다고 볼 수 있습니다. 29장에서 기억된 욥의 과거 행복과 30장에서 진술한 현재의 고통이 서로 뒤범벅이 된 채 31장의 무죄 맹세에 그대로 녹아 있습니다. 그러므로 하나님과 사람들 앞에서의 욥의 결백성에 대한 주장은 매우 개인적인 동시에 사회적인 성격을 띱니다.

욥이 결백하다고 주장하는 죄악들(31:1~34; 38~40)

본문에서 욥은 "'만일'(if)~' 그리했더라면'(then)"이라는 형식을 통하여 자기가 저지르지 않았다고 주장하는 14가지의 죄악들을 열거합니다. 만일 내가 무슨 죄를 지었다면 어떤 형벌도 달게 받으리라는 식으로 그 어떤 범죄에 대해서도 책임을 지겠다는 표시입니다. 사실 맹세라고 하는 것이 거짓이나 위증이 있을 경우 자신에게 가해지는 그 어떤 저주나 징벌도 감수하겠다는 양심 선언이기 때문에, 욥은 자신의 양심으로 이루어진 심판대 위에 서서 자기의 죄악들을 하나하나 철저히 계산해 보겠다는 각오이지요. 14가지 죄악 리스트와 관련해서는, 히브리인들이 맹세를 선언할 때 대개 숫자 7을 사용하는 경향이 있으므로 7의 배수인 14는 욥의 양심이 허락하는 모든 죄악들을 남김없이 심문해 보겠다는 의지의 표시이기도 합니다. 그러므로 욥의 맹세에서 나타난 죄악들은 어떤 추상적인 이론이 아니라 자신과 이웃과의 사회 윤리적인 관계에서의 구체적인 죄악들이 망라되어 있습니다.

그렇다면 욥은 자신이 어떤 죄악들에서 자유롭다고 맹세할까요? 놀랍게도 욥이 언급한 대부분의 죄악들은 여성이나 노예, 고아와 과부, 나그네, 소작농, 등의 사회적 약자들과 관계되어 있습니다. 첫째로, 욥은 젊은 여성과의 관계에 있어서 안목의 정욕을 갖지 않았다는 것입니다(1). 하나님께서 불꽃 같은 눈동자로 욥이 하는 일을 낱낱이 알고 계시며 모든 발걸음 하나하나 다 세고 계시는데(4), 자기가 감히 어떻게 젊은 여성들이나 유혹하고 다니겠냐고 반문합니다. 둘째로, 욥은 악한 일을 저지르지 않았고 항상 정직하려고 애썼다는 것입니다(5~6). 만일 자기가 조금이라도 죄를 지은 흔적이 있으면 자기가 심은 것을 다른 사람이 거두어 먹거나 자기가 지은 농사가 쫄딱 망해도 할 말이 없다고 했습니다(7~8). 셋째로, 욥은 남의 아내를 탐낸 적이 없다는 것입니다(9). 십계명 중에 제7계명이 간음에 대한 것인데(출 20:14) 간음으로부터 자유롭다는 것이지요. 만일 자기가 이웃의 아내를 탐낸 적이 있다면 자기 아내가 다른 남자의 노예가 되거나 그 아내가 되더라도 할 말이 없다고 말합니다(10). 넷째로, 자기의 남종이나 여종을 공평무사하고 평등하게 대했다는 것입니다(13). 그 이유로 욥은 자기를 창조하신 하나님께서 자기의 종들도 창조하셨기 때문이라고 말합니다(15). 참 놀라운 말씀이지요! "사람 위에 사람 없고 사람 밑에 사람 없다."는 만인평등론이 욥기에도 있습니다! 그리하여 욥은 만일 자기 종들을 함부로 대했더라면 하나님 앞에 뵐 낯이 없으며 하나님이 심판하러 오실 때 변명할 말이 없을 것이라고 고백합니다(14). 종을 무시하고 학대하는 것은 자기와 똑같이 그 종을 지으신 하나님을 무시하고 학대하는 것과 마찬가지이기 때문이지요(잠 14:31 참조)! 다섯째로, 욥은 자선 행위를 회피한 적이 없었다는 것입니다(16). 고아나 과부와 같이 가난한 이들이 도움의 손길을 내밀 때 기꺼이 응했다는 것이지요(17~18). 여섯째로, 가난해서 옷도 걸치지 못하고 죽어가는 사람들이 있을 때 옷을 만들어 입혔습니다(19~20). 일곱째로, 재판에서 고아와 같은 약자를 이기기 위하여 속인 적이 없었다는 것입니다(21). 하나님이 내리시는 심판을 두려워하기 때문에 그런 파렴치한 짓을 하지 않았다는 것이지요(23).

여덟째로, 욥은 황금이나 정금을 의지하지 않고 자기의 재산에 대해서도 자랑한 적이 없었다는 것입니다(24~25). 거부 중의 거부였지만(1:3), 배금주의에 빠져 자기 재산이 신이 되지 않도록 했다는 것이지요. 아홉째로, 일월성신을 섬기지 않았다는 것입니다(26~27). 십계명 중에 두 번째 계명이 우상 숭배를 금한 계명인데(출 20:4~5), 우상을 섬긴 적이 없었다는 것이지요. 그 어떤 미신적인 자연 숭배도 하지 않았다는 주장은 오직 하나님 한 분에 대한 욥의 순전한 믿음을 보여주는 대목입니다. 욥은 만일 해와 달의 아름다움에 반해 그것에 절을 하거나 경배의 표시로 자기 손에 입을 맞춘 적이라도 있다면 높이 계신 하나님을 부인하는 것이므로 사형을 받아 마땅하다고 주장합니다(28). 열째로, 원수가 고통받을 때 기뻐한 적이 없었다는 것입니다(29~30). 예수께서 네 원수를 사랑하라고 가르치셨는데(마 5:43), 욥도 원수 사랑을 이미 실천했다는 것이지요. 열한 번째로, 나그네 영접을 게을리 하지 않았습니다(31~32). 나그네에게 기꺼이 자기 집을 개방했다는 것이지요. 열두 번째로, 다른 사람들은 자기 죄를 감추려 들지만 욥은 자기 허물을 솔직히 드러냈다는 것입니다(33). 그리하여 자기 허물이 폭로될 때 이웃이 자기를 헐뜯어도 두려워하지 않았다는 것입니다(34). 열세 번째로, 타인 소유의 땅을 부당하게 빼앗은 적이 없었다는 것입니다(38). 개역 성경은 "언제 내 토지가 부르짖어 나를 책망하며 그 이랑이 일시에 울었던가"로 번역하고 있습니다. 열네 번째로, 욥은 땅에서 나는 소산을 거저 공짜로 먹으면서 곡식 기른 농부를 굶겨 죽인 적도 없었다는 것입니다(39). 만에 하나 자기가 열세 번째와 열네 번째의 죄악을 저지른 적이 있다면 자기 밭에서 밀 대신 찔레가, 보리 대신 잡초가 나더라도 유구무언이라고 말합니다(40). 마지막 두 가지 악은 땅과 땅을 가꾸는 이들에 관한 생태학적인 정의의 문제인데 이 부분에도 욥은 떳떳하다고 주장합니다.

지금까지 살펴 본 14가지 죄악들의 리스트를 보면 매우 구체적이고 사회윤리적인 성격을 가진 것들입니다. 욥이 "흠이 없고 정직하여 하나님을 경외하고 악을 멀리 했던 것"(1:1)은 추상적이고 개인적인 차원에서 그러했던 것이 아니고, 이웃과의 매우 일상적이며 구체적인 관계, 특히 여성, 노예, 고아와 과부, 나그네, 소작농, 등으로 대변되는 약자들과의 관계에서 그러했던 것입니다. 다시 말해 욥이 투명하고 결백하다면 이웃과의 관계, 특히 그 당시 엄격한 신분 질서 사회 속에서 가장 홀대받기 쉽고 취약했던 빈자와 약자와의 관계 속에서 그러했다는 것이지요! 결국 욥이 외치는 정의는 성차별주의와 황금만능주의 배격, 사회 정의와 인권 평등, 우상숭배 철폐, 임금 정의 등등의 구체적인 실천으로 확증된 정의였습니다.

욥의 맹세에 대한 자신의 서명(31:35~37)

자기의 결백성에 대하여 조목조목 변호를 한 뒤 욥은 자기 양심의 이름으로 서명을 합니다. 우리가 어떤 계약서에 우리 이름을 서명 날인할 때 모든 것이 틀림없다는 사실을 최종적으로 확인하듯이, 지금까지의 욥의 무죄에 대한 맹세가 하나도 어김없는 진실이라는 사실을 확인하는 것이지요. 35~37절을 보세요. "내가 한 이 변명을 들어줄 사람이 없을까? 맹세코 나는 사실대로만 말하였다. 이제는, 전능하신 분께서 말씀하시는 대답을 듣고 싶다. 내 원수가 나를 고발하면서, 뭐라고 말하였지? 내가 저지른 죄과를 기록한 소송장이라도 있어서, 내가 읽어 볼 수만 있다면, 나는 그것을 자랑스럽게 어깨에 메고 다니고, 그것을 왕관처럼 머리에 얹고 다니겠다. 나는, 내가 한 모든 일을 그 분께 낱낱이 말씀드리고 나서, 그분 앞에 떳떳이 서겠다."

아, 얼마나 당당한 태도인지요! 35절 말씀 중에 "맹세코 나는 사실대로만 말하였다."의 부분을 개역 성경은 "나의 서명이 여기 있으니"로 번역했습니다. 더 좋은 번역처럼 느껴집니다. 모든 맹세문을 다 기록한 뒤 서명을 해서 하나님 앞과 사람들 앞에서 "지금까지 진술한 내용은 한 점 오류도 없습니다." 라고 떳떳이 외치는 것이지요. 그러면서 욥은 혹시라도 자기의 죄악을 기록한 소송장이 있다면 그것을 왕관처럼 머리에 얹고 다니겠다고 말합니다. 자기 죄에 관한 한 그 어떤 소송도 이길 자신이 있다는 말이 아닐까요? 아, 얼마나 결백에 대한 확신이 강했으면 이렇게까지 당당할까요? 이제 욥에게 친구의 말들은 아무 소용없게 되었습니다. 물론 엘리후라는 젊은이의 발언이 아직 기다리고 있지만 결국 하나님과 욥만 남게 될 것입니다. 욥의 부당한 고난에 대한 진정한 대답은 사람의 입에서가 아니라 하나님의 입에서부터 나올 것입니다. 그리하여 욥은 잃어버렸던 왕관을 되쓰고 마침내 하나님을 대면할 채비를 갖춥니다. 욥은 하나님 앞에 모든 진실을 말하기 위하여 떳떳이 설 준비를 합니다. 흥미롭게도 31장 맨 마지막 절은 "이것으로 욥의 말이 모두 끝났다."라고 선언합니다. 욥이 할 수 있는 말은 다 한 셈입니다. 이제 공은 욥의 손에서 하나님 손으로 넘어갈 것입니다.

본문 말씀이 주는 교훈

31장을 읽으면서 또 다시 깜짝 놀라는 것은 사회 윤리성입니다. 욥이 결백을 주장한 악행 리스트를 보면 거의 다가 억압과 수탈의 대상이 되기 쉬운 소외된 자들, 약자들과의 구체적인 관계에서 일어나는 일들입니다. 불란서 혁명과 미국 독립 선언서에서 명시한 인권 평등이 이미 욥기에서부터 싹트고 있었다는 사실도 참 놀랍습니다. 더군다나 이와 같은 인간 평등의 정신이 창조론에 기반을 두고 있다는 사실이 신선합니다. 주인이나 종이나 어머니 뱃속에 있을 때부터 동일한 하나님께서 지으셨기 때문이라는 창조 신앙, 여기에 만인평등의 정신이 뿌리를 박고 있습니다. 이렇게 유대 기독교 신앙은 아주 일찍부터 사회적 약자에 대한 특별한 관심을 기울여왔다는 사실을 새삼 발견합니다.

또 하나, 욥이 열거한 자비와 정의의 실천 행위는 예수님께서 마태복음 25:31~46절에서 하신 말씀을 연상하게 만듭니다. 지극히 보잘 것 없는 사람 하나가 목 마를 때 마실 것 주고, 나그네로 있을 때에 영접해 주고, 헐벗을 때에 입을 것 주고, 병들었을 때에 돌봐주고, 감옥에 갇혔을 때 찾아 줄 때, 주님의 나라에 들어갈 수 있다는 말씀이지요. 믿음에 행함이 따르지 않는다면 그 자체가 죽은 믿음이라는 것이지요.(약 2:17)

이 말씀을 읽으면서 어떤 소아 정신과 의사의 이야기가 생각났습니다. 어린이들의 심리를 치료하는 한 정신과 의사가 자기 집에 새로운 차도를 만들게 되었습니다. 여러 시간 최선을 다해 수고한 끝에 드디어 콘크리트를 편편하게 쳐서 완벽한 수준의 드라이브웨이를 만들어 놓았습니다. 바로 그

때 갑자기 이 집 아이들이 공놀이를 하다가 새로 만들어 놓은 시멘트를 밟아서 그만 깊은 발자국을 남겨 놓았습니다. 화가 머리끝까지 난 아버지가 고래고래 소리를 지르면서 아이들을 심하게 나무랐습니다. 이 광경을 옆에서 지켜본 아내가 "여보, 당신은 아이들을 사랑해야 할 아동 정신과 의사예요. 그런 당신이 아이들에게 이렇게 화를 내시면 어떡해요." 부인의 말을 듣고서도 여전히 분을 삭이지 못한 남편이 "나는 아이들을 추상적으로 사랑하지 구체적으로 사랑하지 않아요."라고 대답했다고 합니다. 오늘 우리의 사랑과 정의도 입에서만 맴돌 뿐 행동으로 이어지지 않는 것은 아닌지요? "여러분 가운데서 누가 그들에게 말하기를 '평안히 가서, 몸을 따뜻하게 하고, 배부르게 먹으십시오' 하면서 말만 하고 몸에 필요한 것들을 주지 않는다고 하면, 무슨 소용이 있겠습니까?"(약 2:16)

VI

혜성같이 출현한 엘리후의 연설

엘리후는 생각할수록 신비한 인물입니다. 도대체 엘리후가 어떤 역할을 하기 위해 욥의 최후 발언과 하나님의 발현 사이에 끼어 있는지 궁금합니다. 어떻게 보면 엘리후는 논쟁의 모든 요점들을 한꺼번에 총정리해 주는 동시에 인간의 이성으로 고통의 의미에 대해 해명할 수 있는 가장 그럴 듯한 해석을 제시한 후 흔적도 없이 사라지고 맙니다. 그러나 중요한 과제는 엘리후의 말이 과연 하나님께서 욥에게 하시는 말씀에 얼마나 근사한지를 판단하는 일입니다.

엘리후의 첫 번째 반박

하나님이 사람보다 크시니

| 욥 32:1~33:33 |

32장

1 욥이 끝내 자기가 옳다고 주장하므로, 이 세 사람은 욥을 설득하려
고 하던 노력을 그만두었다. 2 욥이 이렇게 자기가 옳다고 주장하면서 모든 잘못을 하나님께 돌
리므로, 옆에 서서 듣기만 하던 엘리후라는 사람은, 듣다 못하여 분을 더 이상 참지 못하고 화를
냈다. 엘리후는 람 족속에 속하는 부스 사람 바라겔의 아들이다. 3 엘리후는 또 욥의 세 친구에
게도 화를 냈다. 그 세 친구는 욥을 정죄하려고만 했지, 욥이 하는 말에 변변한 대답을 하지 못
하였기 때문이다. 4 그들 가운데서 엘리후가 가장 젊은 사람이므로, 그는 다른 사람들이 말을 끝
낼 때까지 기다려야만 하였다. 5 그런데 그 세 사람이 모두 욥에게 대답을 제대로 하지 못하였
으므로, 그는 화가 났다. 6 부스 사람 바라겔의 아들 엘리후가 말하였다. 나는 어리고, 세 분께서
는 이미 연로하십니다. 그래서 나는 어른들께 선뜻 나서서 내 견해를 밝히기를 망설였습니다. 7
나는 듣기만 하겠다고 생각하였습니다. 오래 사신 분들은 살아오신 것만큼 지혜도 쌓으셨으니까,
세 분들께서만 말씀하시도록 하려고 생각하였습니다. 8 그러나 깨닫고 보니, 사람에게 슬기를
주는 것은 사람 안에 있는 영 곧 전능하신 분의 입김이라는 것을 알았습니다. 9 사람은 나이가
많아진다고 지혜로워지는 것이 아니며, 나이를 많이 먹는다고 시비를 더 잘 가리는 것도 아니라
는 것을 알았습니다. 10 그래서 나도, 생각하는 바를 말씀드리고자 합니다. 내가 하는 말을 들어
주시기 바랍니다. 11 세 분이 말씀하시는 동안에, 나는 참으며 듣기만 하였습니다. 세 분이 지혜
로운 말씀을 찾으시는 동안에, 나는 줄곧 기다렸습니다. 12 나는 세 분이 하시는 말씀을 주의 깊
게 들었습니다. 그런데 세 분께서는 어느 한 분도, 욥 어른의 말을 반증하거나 어른의 말에 제대
로 답변하지 못하셨습니다. 13 그러고서도 어떻게 지혜를 발견했다고 주장하실 수 있으십니까?
세 분께서 이 일에 실패하셨으니, 내가 이제 욥 어른으로 하여금 하나님의 대답을 들으시도록
하겠습니다. 14 욥 어른이 나에게 직접 말을 걸어온 것이 아니므로, 나는 세 분께서 말씀하신 것

과는 다른 방식으로 욥 어른께 대답하겠습니다. 15 욥 어른께서는 들으십시오. 세 분 친구가 놀
라서 말을 하지 못합니다. 그분들은 어른께 아무런 대답도 하지 못합니다. 16 그런데도 내가 그
들이 입을 다물 때까지 기다려야 합니까? 이제 그들은 할 말도 없으면서, 그냥 서 있기만 합니
다. 17 그럴 수 없습니다. 이제는 내가 대답하겠습니다. 내가 생각한 바를 말씀드리겠습니다. 18
이제는 더 이상 기다릴 수 없고, 말을 참을 수도 없습니다. 19 말할 기회를 얻지 못하면, 새 술
이 가득 담긴 포도주 부대가 터지듯이, 내 가슴이 터져 버릴 것 같습니다. 20 참을 수 없습니다.
말을 해야 하겠습니다. 21 이 논쟁에서 어느 누구 편을 들 생각은 없습니다. 또 누구에게 듣기
좋은 말로 아첨할 생각도 없습니다. 22 본래 나는 아첨할 줄도 모르지만, 나를 지으신 분이 지
체하지 않고 나를 데려가실까 두려워서도, 그럴 수는 없습니다.

33장

1 욥 어른은 부디 내가 하는 말을 잘 들어 주시기 바랍니다. 내가 하
는 말 한마디 한마디에 귀를 기울여 주시기 바랍니다. 2 이제 내 마음 속에 있는 것을 말할 준
비가 되었습니다. 내 입 속에서 혀가 말을 합니다. 3 나는 지금 진지하게 말하고 있습니다. 나는
진실을 말하려고 합니다. 4 하나님의 영이 나를 만드시고, 전능하신 분의 입김이 내게 생명을 주
셨습니다. 5 대답하실 수 있으면, 대답해 보시기 바랍니다. 토론할 준비를 하고 나서시기를 바랍
니다. 6 보십시오, 하나님이 보시기에는, 어른이나 나나 똑같습니다. 우리는 모두 흙으로 지음을
받았습니다. 7 그러므로 어른께서는 나를 두려워하실 까닭이 없습니다. 내게 압도되어서 기를 펴
지 못하는 일이 있어서도 안 될 것입니다. 8 어른께서 이런 말씀을 하셨습니다. 9 "내게는 잘못
이 없다. 나는 잘못을 저지르지 않았다. 나는 결백하다. 내게는 허물이 없다. 10 그런데도 하나님
은 내게서 흠 잡을 것을 찾으시며, 나를 원수로 여기신다. 11 하나님이 내 발에 차꼬를 채우시고,
내 일거수 일투족을 다 감시하신다" 하고 말씀하셨습니다. 12 그러나 내가 욥 어른께 감히 말합
니다. 어른은 잘못하셨습니다. 하나님은 어떤 사람보다도 크십니다. 13 그런데 어찌하여 어른께
서는, 하나님께 불평을 하면서 대드시는 겁니까? 어른께서 하시는 모든 불평에 일일이 대답을
하지 않으신다고 해서, 하나님께 원망을 할 수 있습니까? 14 사실은 하나님이 말씀을 하시고 또
하신다고 하더라도, 사람이 그 말씀에 주의를 기울이지 못할 뿐입니다. 15 사람이 꿈을 꿀 때에,
밤의 환상을 볼 때에, 또는 깊은 잠에 빠질 때에, 침실에서 잠을 잘 때에, 16 바로 그 때에, 하나
님은 사람들의 귀를 여시고, 말씀을 듣게 하십니다. 사람들은 거기에서 경고를 받고, 두려워합니
다. 17 하나님은 사람들이 죄를 짓지 않도록 하십니다. 교만하지 않도록 하십니다. 18 하나님은
사람의 생명을 파멸에 빠지지 않도록 지켜 주시며, 사람의 목숨을 사망에서 건져 주십니다. 19
하나님은 사람에게 질병을 보내셔서 잘못을 고쳐 주기도 하시고, 사람의 육체를 고통스럽게 해
서라도 잘못을 고쳐 주기도 하십니다. 20 그렇게 되면, 병든 사람은 입맛을 잃을 것입니다. 좋은
음식을 보고도 구역질만 할 것입니다. 21 살이 빠져 몸이 바짝 마르고, 전에 보이지 않던 앙상한
뼈만 두드러질 것입니다. 22 이제, 그의 목숨은 무덤에 다가서고, 그의 생명은 죽음의 문턱에 이
르게 될 것입니다. 23 그 때에 하나님의 천사 천 명 가운데서 한 명이 그를 도우러 올 것입니다.
그 천사는 사람들에게 사람이 마땅히 해야 할 일을 상기시킬 것입니다. 24 하나님은 그에게 은

혜를 베푸시고, 천사에게 말씀하실 것입니다. "그가 무덤으로 내려가지 않도록, 그를 살려 주어
라. 내가 그의 몸값을 받았다." **25** 그렇게 되면, 그는 다시 젊음을 되찾고, 건강도 되찾을 것입니
다. **26** 그가 하나님께 기도를 드리면, 하나님은 그에게 응답하여 주실 것입니다. 그는 기쁨으로
하나님을 섬기고, 하나님은 그를 다시 정상적으로 회복시켜 주실 것입니다. **27** 그는 사람들 앞
에서 고백할 것입니다. "나는 죄를 지어서, 옳은 일을 그르쳤으나, 하나님이 나를 용서하여 주셨
습니다. **28** 하나님이 나를 무덤에 내려가지 않게 구원해 주셨기에, 이렇게 살아서 빛을 즐기게
되었습니다" 하고 말할 것입니다. **29** 이 모두가 하나님이 하시는 일입니다. 하나님이 사람에게
두 번, 세 번, 이렇게 되풀이하시는 것은, **30** 사람의 생명을 무덤에서 다시 끌어내셔서 생명의
빛을 보게 하시려는 것입니다. **31** 어른은 귀를 기울여, 내 말을 들으십시오. 내가 말하는 동안은
조용히 듣기만 해주십시오. **32** 그러나 하실 말씀이 있으시면, 내가 듣겠습니다. 서슴지 말고 말
씀해 주십시오. 나는 어른이 옳으시다는 것을 드러내고 싶습니다. **33** 그러나 하실 말씀이 없으
시면, 조용히 들어 주시기만 바랍니다. 그러면 내가 어른께 지혜를 가르쳐 드리겠습니다.

31장에서 욥이 자기의 무죄를 맹세함으로써 3장에서부터 시작된 지루한 논쟁은 종지부를 찍게 되었습니다. 욥에게 남은 마지막 방법은 자기가 했던 모든 일을 하나님께 말씀드리고 나서 하나님 앞에 떳떳이 서는 일입니다. 이제 하나님이 직접 나타나셔서 해명하지 않고서 욥의 문제는 해결될 기미를 보이지 않습니다. 이렇게 해서 마침내 하나님께서 욥에게 현현(顯現)하시려는 찰나에 전혀 예상치 못한 제4의 인물이 혜성처럼 나타납니다. 엘리후라는 인물이지요. 엘리후는 욥기에서 거의 유일하게 히브리식 이름을 가진 인물로서 '그는 나의 하나님이시다.' 라는 이름뜻을 가집니다. 엘리후는 욥과 친구들에 비해 가장 연소한 사람이라는 것만 알 수 있을 뿐 수수께끼 같은 인물입니다. 그런데 이 엘리후가 하나님께서 욥에게 직접 말씀하시기 전에 나타나 욥과 친구들을 향하여 네 차례에 걸친 발언을 합니다(32:1~33:33; 34:1~37; 35:1~16; 36:1~37:24). 여섯 장에 걸친 엘리후의 발언을 후기에 첨가된 것으로 보는 비판적인 학자들이 있습니다. 그 이유는 서막이나 종장에 엘리후라는 이름이 전혀 등장하지 않으며, 문체가 산만할 뿐 아니라 다른 부분에 비해 열등하기 때문이라는 것입니다. 그리하여 엘리후의 발언은 3~31장까지에 나온 욥의 발언이

지나치게 대담하고 도전적으로 보이기에 이것을 상쇄시키기 위해 후대에 삽입된 대목이라고 보는 사람들이 있습니다.

그러나 제 입장은 보수적입니다. 엘리후의 말이 분명히 중요한 역할을 하기 때문에 현재의 욥기 안에 들어가 있다고 보는 것입니다. 그렇다면 결코 짧지 않은 엘리후의 말이 욥기 안에, 그것도 욥의 공식적인 발언이 다 끝난 다음에 갑자기 등장하는 이유가 무엇일까요? 제 생각에는 28장의 지혜 이야기와 마찬가지로 엘리후는 하나님이 욥 앞에 나타나시기 전에 정지(整地) 작업, 혹은 완충 역할을 하는 사람으로서 보고 싶습니다. 사실 그 동안 욥이 주장해 온 결백성은 지나친 감이 있습니다. 이렇게 죽기까지 자신의 결백을 주장하는 욥이 냉정해져서 어느 정도 흥분된 마음을 가라앉히기 전에 하나님을 대면할 경우 마주보는 기차와도 같이 정면충돌할 수 있습니다. 하나님의 절대 주권과 욥의 절대 무죄 주장이 서로 맞부딪히는 것을 막기 위하여, 더 정확하게 말한다면 욥의 기세를 꺾기 위하여, 욥이나 친구들의 친구도 아닌 그 출처를 알 수 없는 제4의 인물, 즉 어느 정도의 거리와 냉정함을 확보한 엘리후를 등장시켜 욥과 친구들의 발언에서 드러난 오류를 교정하게 만드는 것으로 볼 수 있지 않을까요? 숨 돌릴 공간을 확보한다는 뜻이지요. 이런 의미에서 엘리후는 마치 세례 요한이 예수님의 사역을 준비해 준 것처럼 하나님의 현현을 예비하는 다리 역할을 한다고 볼 수 있지요.

그러나 엘리후의 말이라고 해서 다 옳은 것은 아닙니다. 32~37장에 나타난 엘리후의 말을 분석해보면 친구들이 이미 했던 말을 되풀이하는 경향이 농후하고, 또한 젊은 사람으로서 오만 방자하게 보일 정도로 훈계 일변도여서 실망과 좌절감을 안겨 주기도 합니다. 바로 이런 관점에서 엘리후의 개입을 볼 경우, 제럴드 젠첸(Gerald Janzen)이 지적하듯이 마치 창세기 3장의 타락 이야기에서처럼 엘리후는 뱀의 역할을 한다고도 볼 수 있습니다. 뱀은 아담과 하와로 하여금 자기가 던진 말과 하나님이 하신 말씀 사이에 어느 것이 진실인지 판단하도록 이끄는 역할을 하지 않았습니까? 마찬가지로 이제 하나님과의 대면을 앞둔 욥이 장차 하나님이 하실 말씀과 그 이전에 엘리후가 했던 말 사이에 어떤 것이 참인지 판단하도록, 어떤 극적인 긴장감을 높이기 위하여 엘리후의 말이 소개되었다고도 볼 수 있지요.

엘리후가 논쟁에 끼어 든 이유(32:1~22)

엘리후가 욥과 세 친구 사이에 벌어지는 논쟁을 지켜봤다는 흔적은 그 어디에서도 찾을 수 없습니다. 그러나 32:2절을 보면 엘리후는 이 광경을 옆에서서 들었다는 것입니다. 그렇다면 엘리후는 왜 3차에 걸친 논쟁이 진행되는 동안 일체 함구하다가 욥의 최종 발언이 끝난 다음에서야 갑자기 등장하는 것일까요? 그 이유가 산문으로 된 1~5절에 있습니다. "욥이 끝내 자기가 옳다고 주장하므로, 이 세 사람은 욥을 설득하려고 하던 노력을 그만 두었다. 욥이 이렇게 자기가 옳다고 주장하면서 모든 잘못을 하나님께 돌리므로, 옆에 서서 듣기만 하던 엘리후라는 사람은, 듣다 못하여, 분을 더 이상 참지 못하고 화를 냈다. 엘리후는 람 족속에 속하는 부스 사람 바라겔의 아들이다. 엘리후는 또 욥의 세 친구에게도 화를 냈다. 그 세 친구는 욥을 정죄하려고만 했지, 욥이 하는 말에 변변한 대답을 하지 못하였기 때문이다. 그들 가운데서 엘리후가 가장 젊은 사람이므로, 그는 다른 사람들이 말을 끝낼 때까지 기다려야만 하였다. 그런데 그 세 사람이 모두 욥에게 대답을 제대로 하지 못하였으므로, 그는 화가 났다."

여기에 보면 엘리후가 쥐 죽은 듯 있다가 갑자기 화를 벌컥 내며 발언을 하게 된 이유는 세 가지입니다. 첫째로, 자신이 나이가 가장 어렸기 때문에 어른들이 하는 일을 그냥 들을 수밖에 없었다는 것입니다. 장유유서를 따지는 우리 사회나 유대 사회에서 흔히 있을 법한 일이지요. 둘째로, 욥이 줄기차게 자기의를 주장함으로써 하나님께 책임을 전가하는 모습을 더 이상 참을 수 없다는 것입니다. 사실 엘리후가 격분하며 발언에 나선 가장 큰 이유는 욥의 끈질긴 무죄 주장 때문이었습니다, 셋째로, 친구들이 시종 욥을 정죄하려고만 했지 욥이 던지는 질문에 대답도 제대로 못하고 끌려 다니는 모습에 실망했다는 것입니다. 그러므로 엘리후의 주장은 이제 친구들의 지혜가 다 바닥이 났으니 뒤로 물러서라는 뜻입니다. 이렇게 엘리후의 등장은 양비론(兩非論)으로부터 시작됩니다. 욥도 틀렸고 친구들도 다 잘못이라는 것이지요. 그러면서 이제 새까만 후배인 자기의 지혜 이야기를 한 번 들어보라고 주문합니다.

32장에 나타난 엘리후의 모습은 젊은이라고 보기에 어려울 정도로 유들유들한 모습을 보입니다. 적당히 어를 줄도 알고 날카로운 직격탄도 날릴 줄 아는, 노련한 화법을 구사합니다. 6~10절을 보세요. 여기서 엘리후는 자기가 까마득한 후배인 까닭에 연세 많으신 네 분들의 지혜를 그냥 경청할까 했는데 그게 아니어서 자기가 끼어들 수밖에 없다고 주장합니다. 사람이 나이가 많아진다고 해서 저절로 지혜도 많아지는 것이 아니라는 것을 알았다는 것이지요(9). 생물학적인 나이와 정신적인 나이가 정비례하는 것은 아니라는 말이 아닙니까? 그리하여 지혜가 다 바닥이 나서 아무런 해법도 제시하지 못하는 선배님들은 이제 좀 뒤로 물러나시고 후배인 자기에게 발언권을 달라고 요청합니다. 더 이상 참을 수 없을 지경까지 이르렀다는 긴박감을 표현할 때, 엘리후는 만일 자기가 말을 하지 않으면 새 술이 가득 담긴 포도주 부대가 터지듯이 자기 가슴이 터질 것 같다고 허풍을 떨기도 합니다(19). 그리고 자기는 이 논쟁에서 누구 편을 들 생각도 없고 누구 듣기 좋은 아첨을 할 의향도 없는 아주 공평한 중재자가 되겠다고 너스레까지 떱니다(21~22). 보통 능구렁이가 아니지요!

그러면서 엘리후는 매우 중요한 말을 합니다. "그러나 깨닫고 보니, 사람에게 슬기를 주는 것은 사람 안에 있는 영 곧 전능하신 분의 입김이라는 것을 알았습니다"(8). 욥의 친구들은 전통적인 지식이나 객관적인 관찰에 입각해서 말을 하지만 자기는 하나님의 영, 즉 계시를 직접 받아서 말한다는 것입니다.

자기의 발언이 친구들의 발언보다 더 지혜로울 수밖에 없는 이유는 이렇게 자신의 지혜가 영감을 받아서 나왔기 때문이라는 것이지요(11~14). 이것은 33:4절에서도 되풀이되는데 엘리후가 자신의 발언이 욥의 친구들보다 훨씬 더 지혜롭다고 주장하는 결정적 근거가 됩니다. 이와 같이 엘리후는 친구들과는 전혀 다른 방법으로, 즉 욥에게 하나님이 주시는 말씀을 자기가 직접 대언해서 욥에게서 해답을 얻도록 하겠다고 나섰습니다. 하나님의 대변자로 나서겠다, 참 대담한 젊은이지요!

다양한 방법으로 말씀을 걸어오시는 하나님(33:1~33)

32장이 엘리후가 이 논쟁판에 뛰어들 수밖에 없는 당위성을 밝힌 말씀이라면 첫 번째 논박은 33장에서 나옵니다. 여기서 엘리후가 욥을 비판하는 제일 큰 잘못은 욥의 결백성에 대한 주장입니다. "어른께서 이런 말씀을 하셨습니다. '내게는 잘못이 없다. 나는 잘못을 저지르지 않았다. 나는 결백하다. 내게는 허물이 없다. 그런데도 하나님은 내게서 흠 잡을 것을 찾으시며, 나를 원수로 여기신다. 하나님이 내 발에 차꼬를 채우시고, 내 일거수 일투족을 다 감시하신다' 하고 말씀하셨습니다. 그러나 내가 욥 어른께 감히 말합니다. 어른은 잘못하셨습니다. 하나님은 어떤 사람보다도 크십니다. 그런데 어찌하여 어른께서는, 하나님께 불평을 하면서 대드시는 겁니까? 어른께서 하시는 모든 불평에 일일이 대답을 하지 않으신다고 해서, 하나님을 원망할 수 있습니까?" (8~13). 엘리후는 욥이 자신의 무죄를 주장하면서 했던 말들을 인용하면서 하나님은 그 어떤 사람보다도 크신 분인데(12), 어떻게 감히 그 위대하신 분 앞에서 자기의를 주장할 수 있느냐고 힐문합니다.

이제 엘리후의 발언에서 아주 중요한 전환점을 하나 발견할 수 있습니다. 지금까지 세 차례에 걸친 논쟁이 난항에 난항을 거듭한 이유는 감히 사람과 비길 수 없는 하나님 앞에서 고통의 기원과 이유만 따졌기 때문인데 방향을 바꾸라는 것입니다. 고통의 원인이 되는 과거에서부터 하나님께서 이 특별한 고통을 통하여 이루시려는 목적이 어디에 있는가를 깨닫는 미래로 선회하라는 충고이지요. 이와 같은 엘리후의 입장은 친구들이 물고늘어졌던 인과응보론과는 매우 색다른 엘리후만의 공헌이라고 할 수 있기에 주목해서 봐야 할 것입니다. 이런 맥락에서 엘리후는 하나님께서 다양한 방법으로 인간에게 말을 걸어오실 수 있는데 고통도 그 중의 하나라는 사실을 강조합니다.

그러면서 엘리후는 사람이 충분히 주의를 기울이지 못해서 그렇지 하나님께서 인간에게 말 걸어오시는 두 가지 사례를 듭니다. 첫 번째로, 꿈을 통하여 하나님께서 당신을 드러내실 수 있다는 것입니다. 사람이 꿈을 꿀 때에 하나님께서 말씀을 듣게 하셔서 여러 가지 경고도 주시고 죄짓지 않게도 하시며 교만하지 않게도 하신다는 것입니다(15~18). 우리도 영몽을 통하여 이런 체험을 실제로 하기 때문에 이 말은 참말입니다. 두 번째로, 하나님은 질병과 질병의 회복을 통하여 하나님의 섭리와 경륜을 깨닫게 하십니다. 예수님 시대에 수많은 병자들이 바로 그 질병 때문에 예수님을 만나고 영혼과 육신이 구원받았던 것처럼, 또한 히스기야 왕이 죽을병에 걸렸다가 결사적으로 기도해서 회복된 것처럼(왕하 20:1~11; 사 38:1~8), 병과 치유가 하나님의 계시 수단이 될 수 있다는 것이지요. "하나님은 사람에게 질병을 보내셔서 잘못을 고쳐 주기도 하시고, 사람의 육체를 고통스럽게 해서라도, 잘못을 고쳐 주기도 하십니다"(19). 사람이 중병에 걸리면 입맛도 잃고 뼈만 앙상하게 남아 사경을 넘나들게 됩니다. 이때 하나님께서 질병을 통하여 사람과 교섭하시는데 크게 두 가지 방법의 치유를 통하여 그렇게 하십니다. 먼저 천사 하나를 파견하여서 병을 고쳐주시는데 환자가 마땅히 해야 할 일을 듣지 않으면 낫지 않습니다(23~24). 천사가 전해 주는 하나님의 말씀을 듣지 않으면 병이 낫지 않는다! 얼마나 중요한 말씀인지요. 병에 걸릴 때 하나님께서 천사의 음성을 통하여 우리가 마땅히 해야 할 주님의 뜻을 알려 주시는 것을 들으면 병이 낫습니다. 그 다음에 기도를 통하여 병이 낫습니다. "그가 하나님께 기도를 드리면, 하나님은 그에게 응답하여 주실 것입니다. 그는 기쁨으로 하나님을 섬기고, 하나님은 그를 다시 정상적으로 회복시켜 주실 것입니다. 그는 사람들 앞에서 고백할 것입니다. '나는 죄를 지어서, 옳은 일을 그르쳤으나, 하나님이 나를 용서하여 주셨습니다. 하나님이 나를 무덤에 내려가지 않게 구원해 주셨기에, 이렇게 살아서 빛을 즐기게 되었습니다' 하고 말할 것입니다"(26~28). 기도해서 병이 나은 사람들이 흔히 하는 말이 고스란히 실려 있지요. 중요한 것은 질병에서의 회복이 다 하나님이 하시는 일인데 똑같은 사람에게 두 번, 세 번 이런 일을 되풀이하신다는 것입니다(29). 질병 속에 하나님이 개입하신다는 것을 확실히 깨닫게 하시려는 뜻이지요! 그러므로 두 번 세 번, 즉 충분히 깨달을 수 있을 만큼 하나님의 은혜로 인해 질병에서부터 건짐을 받았는데 이것이 하나님 하신 일임을 깨닫지 못한다면 어떻게 될까요? 구제불능이지요!

이제 엘리후의 요점은 간단합니다. 하나님은 우리의 질병이나 고통을 통하여 우리에게 말을 건네 오시는 분이라는 것입니다. 이유 없이 그렇게 하지 않으시고 질병과 고통은 우리가 정신을 똑바로 차리고 하나님께 돌아와 하나님의 뜻을 준행하도록 이끄시는 좋은 방편이 될 수 있다는 것이지요! 이와 같이 고통에 대한 교육 훈련용 해석, 혹은 섭리 목적론적 해석이, 물론 친구들의 발언 속에 간간이 내포되어 온 것이 사실이지만, 엘리후의 발언에서 가장 눈여겨봐야 할 공헌이라 할 수 있을 것입니다. 이런 각도에서 본다면 욥이 현재 당하는 고통은 결코 불행만이 아니고 하나님의 음성에 귀 기울여 더욱 더 환한 생명의 빛(30)을 보게 하시려는 하나님의 섭리로 받아들일 수 있습니다. 고통이 하나님의 계시를 수반할 수 있다는 엘리후의 생각은 욥의 친구들과 달리 고통에 대한 미래지향적이고 더욱더 긍정적인 해석의 문을 열어 놓았다는 점에서 고무적입니다.

본문 말씀이 주는 교훈

엘리후는 등장 인물들 중에서 최연소자로 보기에는 너무도 의뭉스러운 모습을 보여줍니다. 속에 구렁이가 몇 마리가 들어 있는지 모를 정도로 네 사람의 선배들을 들었다 놓았다 하면서 교훈조로 슬슬 이야기를 풀어 갑니다. 이렇게 능청맞고 다소 오만해 보이기까지 하는 이 친구가 과연 욥에게 어떤 결정적 해답을 제시할지 초장부터 의심이 가는 것이 사실이지만, 그동안 크게 의식하지 못했던 차원들을 생각해 볼 수 있도록 도와주는 것만은 사실입니다. 바로 고난에 대한 교육 훈련적 혹은 목적론적 해석이지요. 하나님은 좋은 일만 통하여 역사하지 않으시고 나쁜 일을 통해서도 계시한다는 말씀입니다. 수없이 다양한 방법으로 당신을 계시하시는 하나님은 – 그 대표적인 예로 꿈과 질병을 들었지만 – 고통을 통해서도 인간과 교통하신다는 것입니다. 그 목적이 더욱 더 성숙한 인격자로서의 연단이라는 차원에서의 고통을 허락하실 수 있다는 것이지요.

사실 고통을 받지 않았을 때에는 하나님의 음성에 귀를 기울일 수 없었는데 의외로 고통 때문에 하나님의 뜻을 깨닫는 경우가 있지 않습니까? 이것을 우리는 '창조적 고통' 혹은 '건설적 고통'이라고 부를 수 있는데 이사야 선지자가 이른바 '고난받는 종'(사 52~55장)의 개념을 통하여 고난이 죄의 결과로서가 아니라 이스라엘 민족을 연단시키기 위한 교육적 방편으로 해석했습니다. 예수님도 나면서 소경된 사람이 자기 죄나 조상 죄 때문이 아니고 하나님의 영광을 드러내기 위함이라고 말씀하심으로써(요 9:1~12), 이러한 긍정적인 해석을 내리시지 않았습니까? 그렇습니다. 고통에는 뜻이 있습니다. 이제 과거에 집착해 고통의 원인과 출처만 캐는 것보다는 미래를 보면서 고통 속에서 이루시려는 하나님의 뜻을 헤아리는 것이 훨씬 바람직

할 것입니다. 또한 이렇게 해서 친구들이 물고늘어진 인과응보론의 약점도 비켜갈 수 있지 않습니까? 그러나 문제는 여전히 남습니다. 욥의 경우와 같이 의미 없는 고난, 하나님의 목적이나 섭리를 묻기에는 지나치게 가혹하고 자신이 저지른 악과 무관한 고난까지도 이런 렌즈를 통해 볼 수 있는지는 의문입니다. 지금까지 살펴 본 욥기는 이에 대해서 회의적이라는 데 문제는 계속됩니다.

엘리후의 두 번째 반박

하나님은 정의롭고 자유로우시니

| 욥 34:1~37 |

34장

1 엘리후가 욥의 세 친구에게 말하였다. 2 지혜를 자랑하시는 어른들
께서는 내 말을 들으시기 바랍니다. 아는 것이 많다고 자부하시는 세 분께서 내게 귀를 기울여
주시기 바랍니다. 3 어른들께서는 음식을 맛만 보시고도, 그 음식이 좋은 음식인지 아닌지를 아
십니다. 그러나 지혜의 말씀은 들으시고도, 잘 깨닫지 못하시는 것 같습니다. 4 이제는 우리 모
두가 무엇이 옳은 것인지를 알아보고, 진정한 선을 함께 이룩하여 볼 수 있기를 바랍니다. 5 욥
어른은 이렇게 주장하십니다. "나는 옳게 살았는데도, 하나님은 나의 옳음을 옳게 여기지 않으신
다." 6 또 욥 어른은 "내가 옳으면서도, 어찌 옳지 않다고 거짓말을 할 수 있겠느냐? 나는 심하
게 상처를 입었다. 그러나 나는 죄가 없다" 하고 말씀하십니다. 7 도대체 욥 어른과 같은 사람이
또 어디에 있겠습니까? 그는 하나님을 조롱하는 말을 물 마시듯 하고 있지 않습니까? 8 그리고
그는 나쁜 일을 하는 자들과 짝을 짓고 악한 자들과 함께 몰려다니면서 9 "사람이 하나님을 기
쁘게 해드린다 해도, 덕볼 것은 하나도 없다!" 하고 말합니다. 10 분별력이 많으신 여러분은 내
가 하는 말을 들어 보시기 바랍니다. 하나님이 악한 일을 하실 수 있습니까? 전능하신 분께서
옳지 않은 일을 하실 수 있습니까? 11 오히려 하나님은 사람에게, 사람이 한 일을 따라서 갚아
주시고, 사람이 걸어온 길에 따라서 거두게 하시는 분입니다. 12 전능하신 하나님은 악한 일이
나, 정의를 그르치는 일은, 하지 않으십니다. 13 어느 누가 하나님께 땅을 주관하는 전권을 주기
라도 하였습니까? 어느 누가 하나님께 세상의 모든 것을 맡기기라도 하였습니까? 14 만일 하나
님이 결심하시고, 생명을 주는 영을 거두어 가시면, 15 육체를 가진 모든 것은 일시에 죽어, 모
두 흙으로 돌아가고 맙니다. 16 욥 어른, 어른께서 슬기로우신 분이면, 내가 하는 이 말을 깊이
생각해 보시기 바랍니다. 내가 하는 말을 귀담아 들으시기 바랍니다. 17 욥 어른은 아직도 의로
우신 하나님을 비난하십니까? 하나님이 정의를 싫어하신다고 생각하십니까? 18 하나님만은 왕

을 보시고서 "너는 쓸모 없는 인간이다!" 하실 수 있고, 높은 사람을 보시고서도 "너는 악하다!"
하실 수 있지 않습니까? **19** 하나님은 통치자의 편을 들지도 않으시고, 부자라고 하여, 가난한
사람보다 더 우대해 주지도 않으십니다. 하나님이 손수 이 사람들을 지으셨기 때문입니다. **20**
사람은 삽시간에, 아니 한밤중에라도 죽습니다. 하나님이 사람을 치시면, 사람은 죽습니다. 아무
리 힘센 것이라고 하더라도, 하나님은 그것을 간단히 죽이실 수 있습니다. **21** 참으로 하나님의
눈은 사람의 일거수 일투족을 살피시며, 그의 발걸음을 낱낱이 지켜 보고 계십니다. **22** 악한 일
을 하는 자들이 하나님을 피하여 숨을 곳은 없습니다. 흑암 속에도 숨을 곳이 없고, 죽음의 그늘
이 드리운 곳에도 숨을 곳은 없습니다. **23** 사람이 언제 하나님 앞으로 심판을 받으러 가게 되는
지, 그 시간을 하나님은 특별히 정해 주지 않으십니다. **24** 하나님은 집권자를 바꾸실 때에도, 일
을 미리 조사하지 않으십니다. **25** 하나님은 그들이 한 일을 너무나도 잘 아시기 때문입니다. 하
나님이 그들을 하룻밤에 다 뒤엎으시니, 그들이 일시에 쓰러집니다. **26** 하나님은, 사람들이 보는
곳에서 악인들을 처벌하십니다. **27** 그들이 하나님을 따르던 길에서 벗어나고, 하나님이 지시하
시는 어느 길로도 가지 않기 때문입니다. **28** 그래서 가난한 사람들의 하소연이 하나님께 다다르
고, 살기 어려운 사람들의 부르짖음이 그분께 들리는 것입니다. **29** 그러나 하나님이 침묵하신다
고 하여, 누가 감히 하나님을 비난할 수 있겠습니까? 하나님이 숨으신다고 하여, 누가 그분을 비
판할 수 있겠습니까? **30** 경건하지 못한 사람을 왕으로 삼아서 고집 센 민족과 백성을 다스리게
하신들, 누가 하나님께 항의할 수 있겠습니까? **31** 욥 어른은 하나님께 죄를 고백하고서 다시는
죄를 짓지 않겠다고 약속하신 적이 있으십니까? **32** 잘못이 무엇인지를 일러 달라고 하나님께
요구하시면서, 다시는 악한 일을 저지르지 않겠다고 약속하신 적이 있으십니까? **33** 어른은 하
나님이 하시는 것을 반대하시면서도, 어른께서 원하시는 것을 하나님이 해주실 것이라고 기대하
십니까? 물론, 결정은 어른께서 하실 일이고, 내가 할 일이 아니지만, 지금 생각하고 계신 것을
말씀해 주시기 바랍니다. **34** 분별력이 있는 사람이면, 내 말에 분명히 동의할 것입니다. 내 말을
들었으니 지혜가 있는 사람이면, **35** 욥 어른이 알지도 못하면서 말을 하고, 기껏 한 말도 모두
뜻 없는 말뿐이었다는 것을 알 수 있을 것입니다. **36** 욥 어른이 한 말을 세 분은 곰곰이 생각해
보시기 바랍니다. 세 분께서는, 그가 말하는 것이 악한 자와 같다는 것을 아시게 될 것입니다.
37 욥 어른은 자신이 지은 죄에다가 반역까지 더하였으며, 우리가 보는 앞에서도 하나님을 모독
하였습니다.

본문은 엘리후가 욥을 향하여 직격탄을 날린 두 번째 발언입니다. 사실 엘리후의 네 차례에 걸친 발언은 욥과 욥의 친구들이 다 들으라고 한 말입니다. 양쪽에 다 문제가 있으므로 양쪽 진영의 오류를 교정해 주겠다는 의무감으로 말합니다. 그러다 보니 어떨 때에는 욥을 공박하고 또 어떨 때에는 친구들을 비판합니다. 엘리후의 말은 욥을 비판하다 보니 친구들의 주장에 많이 기운

듯한 인상을 줍니다. 하나님의 정의를 적극 옹호한다는 점에서 친구들이 전가의 보도처럼 휘둘러온 인과응보론의 일부를 수용하는 것처럼 보인다는 말이지요. 그러나 이와 동시에 하나님의 주권과 자유를 철저히 강조한다는 점에서 인과응보론의 약점을 비켜 나갑니다. 무슨 말인고 하면, 하나님께서 사람들이 행한 대로 갚아주시는 정의로운 분이라는 사실(11~12)을 주장함에 있어서는 하나님과 하나님이 통치하시는 세상의 도덕적 속성을 강조하는 인과응보론과 상통합니다. 그러나 하나님은 인간과 세계, 하나님 외부에 있는 그 어떤 것에 의해서도 간섭과 영향을 받지 않으신다는 사실(13~15, 29~30)에서는 인과율이라는 좁은 울타리를 넘어섭니다. 이제 중요한 것은 하나님의 정의와 하나님의 자유를 어떻게 모순 없이 동시에 주장할 수 있느냐 하는 점입니다.

하나님의 정의를 변호하는 엘리후(34:1~28)

새파랗게 젊은 엘리후가 까마득한 선배인 욥에게 화를 발하며 달려든 결정적인 이유는 욥의 무죄 주장에 있었습니다. 욥은 자기가 이 처절한 고통을 받을 만한 잘못을 저지른 적이 없다는 한 가지 사실에 있어서 한 치의 양보도 없었습니다. 불경스러워 보일 정도로 당당하게 자신의 결백을 줄기차게 주장했습니다. 자기는 의로운데 부당한 고통을 당한다는 생각은 결국 하나님께 모든 책임을 돌리는 일이 됩니다. 욥이 의로운데도 불구하고 불의한 고통을 당한다는 주장은 하나님께서 의롭지도 않고 심술궂은 분이시기에 고의로 악과 고통을 허락하신다고 밖에는 볼 수 없기 때문이지요. 뿐만 아니라 공의로우신 하나님이 통치하시는 이 세상은 상선벌악의 도덕적 질서가 자리 잡힌 곳이 되어야 하는데 이 마저 깨지게 됩니다. 그러므로 욥이 끈질기게 무죄 주장을 하는 것은 인과응보론이라는 전통 신학을 고수하는 친구들에게 있어서는 신성모독이 되고 맙니다. 욥이 당하는 고통은 욥에게 문제가 있는 것이 아니라 하나님께 과오가 있는 것처럼 되기 때문이지요! 사실 욥이 빠진 딜레마는 바로 여기에 있으며 자기가 저지른 일체의 죄악을 적은 소송장을 어깨에 메고 왕관처럼 쓰고 하나님 앞에 가서 따지겠다고 말합니다(31:36). 자기의 결백을 변호하고 무죄 판결을 내려주실 분은 최종적으로 하나님 한 분이라는 믿음 때문이지요.

이제 엘리후 역시 친구들과 마찬가지로 욥의 무죄 주장을 질타합니다. "욥 어른은 이렇게 주장하십니다. '나는 옳게 살았는데도, 하나님은 나의 옳음을 옳게 여기지 않으신다.' 또 욥 어른은 '내가 옳으면서도, 어찌 옳지 않다고 거짓말을 할 수 있겠느냐? 나는 심하게 상처를 입었다. 그러나 나는 죄가 없다' 하고 말씀하십니다. 도대체 욥 어른과 같은 사람이 또 어디에 있겠습니까? 그는 하나님을 조롱하는 말을 물 마시듯 하고 있지 않습니까? 그리고 그는 나쁜 일을 하는 자들과 짝을 짓고 악한 자들과 함께 몰려다니면서 '사람이 하나님을 기쁘게 해드린다 해도 덕볼 것은 하나도 없다!' 하고 말합니다"(5~9). 여기서 엘리후는 두 가지 욥의 행태를 비판합니다. 먼저 자기는 죄가 없다고 주장함으로써 하나님을 비웃는다는 것입니다. 그리고 이렇게 죄가 없음에도 불구하고 고통을 당하는 마당에 하나님 기쁘게 해 드리는 선행을 쌓는다고 할지라도 덕 볼 것이 어디 있느냐는 냉소주의에 빠진 것을 비판합니다.

엘리후가 볼 때 욥의 이러한 모습은 하나님의 공의를 뿌리째 뒤흔드는 불경죄가 아닐 수 없습니다. 그리하여 엘리후는 하나님의 대변자로 자처한 사람답게 하나님의 정의를 적극 변호하고 나섭니다. 10~12절을 보세요. "분별력이 많으신 여러분은 내가 하는 말을 들어 보시기 바랍니다. 하나님이 악한 일을 하실 수 있습니까? 전능하신 분께서 옳지 않은 일을 하실 수 있습니까? 오히려 하나님은 사람에게, 사람이 한 일을 따라서 갚아 주시고, 사람이 걸어온 길에 따라서 거두게 하시는 분입니다. 전능하신 하나님은 악한 일을 하시거나, 정의를 그르치는 일을 하시거나, 하지 않으십니다." 하나님은 절대로 악한 일을 하실 수 없으며 상선벌악의 원칙에 따라 사람을 공정하게 다루시는 하나님이시라는 것이지요. 기독교는 하나님의 속성 중에 하나님의 선성과 정의를 적극 강조하고 있습니다.

그러면서 엘리후는 16~28절에서 하나님께서 정의를 집행하시는 사례를 조목조목 들고 있습니다. 아무리 권세가 등등한 왕이라고 할지라도 사람은 못하지만 하나님은 "너는 쓸모 없는 인간이다!"라고 선언하시면서 쉽게 폐위시킬 수 있다는 것입니다(18). 하나님은 당신이 손수 지으신 인간을 차별하지 않으시고 누구든지 공평하게 대하신다는 것입니다(19). 아무리 힘센 사람이라고 할지라도 한밤중에 목숨을 거두어 가실 수 있다는 것입니다(20). 이렇게 하나님은 악행을 일삼는 자들을 다양한 방법으로 응징하시는 정의로운 하나님이시라는 사실을 강조하는 것이지요. "참으로 하나님의 눈은 사람의 일거수 일투족을 살피시며, 그의 발걸음을 낱낱이 지켜 보고 계십니다. 악한 일을 하는 자들이 하나님을 피하여 숨을 곳은 없습니다. 흑암 속에도 숨을 곳이 없고, 죽음의 그늘이 드리운 곳에도, 숨을 곳은 없습니다"(21~22). 악인의 필망이라는 친구들의 논리가 여기에서도 되풀이되고 있지 않습니까? 엘리후의 확고한 신념은 하나님께서 결단코 악하고 불의한 일을 하실 수 없다는 것(10)과 사람의 행위대로 갚아 주시는 하나님이시라는 것(11)입니다. 결국 엘리후는 자신의 결백을 주장해서 책임을 하나님께 지우는 듯한 인상을 준 욥을 신성모독 죄로 비판할 수밖에 없습니다. 이제 이렇게 함으로써 친구들은 엘리후가 자기들과 신학 노선이 같다고 적이 안심할 수도 있게 되었을 것입니다.

하나님의 자유를 변호하는 엘리후(34:29~37)

그러나 하나님의 정의뿐만 아니라 엘리후는 하나님의 자유까지 주장합니다. 이 점에서 엘리후는 친구들과 또 다른 입장을 보입니다. '토기장이와 진흙의 비유'(렘 18:1~8; 롬 9:21)가 가르쳐 주듯이 하나님은 인간과 세계에 대해서 절대적으로 자유로우신 분입니다. 이것은 33:12절에서 이미 주장한 대로 '하나님은 사람보다 크시다.' 는 대전제와도 맞물려 있습니다. 사람의 간섭을 받기에 하나님은 너무 크시다는 것이지요! "어느 누가 하나님께 땅을 주관하는 전권을 주기라도 하였습니까? 어느 누가 하나님께 세상의 모든 것을 맡기기라도 하였습니까? 만일 하나님이 결심하시고, 생명을 주는 영을 거두어 가시면, 육체를 가진 모든 것은 일시에 죽어, 모두 흙으로 돌아가고 맙니다"(13~15). 하나님은 누구로부터 권한을 부여받아서 세상을 통치하시는 하나님이 아니라는 뜻이지요. 출애굽기 3:14절의 말씀처럼 하나님은 '나는 곧 나,' 즉 '스스로 계신 분' 으로서 사람이나 세계에 의해서 하등 간섭이나 영향을 받지 않으시는 절대 주권을 갖고 자존하시는 분입니다. 이것은 욥이 아무리 무죄를 주장해도 여기에 영향 받을 분이 아니라는 말이기도 합니다! 또한 하나님은 시간적으로도 자유하신 분인데 심판 받을 시간을 미리 정해 주지 않으십니다. "사람이 언제 하나님 앞으로 심판을 받으러 가게 되는지, 그 시간을 하나님은 특별히 정해 주지 않으십니다"(23). 이것은 욥이 자기의 무죄를 주장하는 소송장을 들고 하나님 앞에 가서 소송을 걸려 해도 언제 재판을 받게 될지 알 수 없다는 말이기도 합니다.

그런 뒤 하나님의 자유와 관련해서 엘리후는 하나님의 침묵과 은닉의 자유, 그리고 불의를 허용하시는 자유까지 대담하게 말합니다. "그러나 하나님이 침묵하신다고 하여, 누가 감히 하나님을 비난할 수 있겠습니까? 하나님이 숨으신다고 하여, 누가 그분을 비판할 수 있겠습니까?"(29). 욥이 설령 아무 죄 없이 고난을 당한다고 할지라도 하나님께서 모른 척 입을 닫고 계시거나 숨어 계시는 것처럼 보인다고 해서 감히 하나님을 비판할 수 있겠느냐는 일갈이지요. 또한 하나님은 악과 불의를 일시적으로 허용하시는 듯이 보일 수도 있습니다. "[하나님은] 경건하지 못한 사람을 왕으로 삼아서 고집 센 민족과 백성을 다스리게 하신들, 누가 하나님께 항의할 수 있겠습니까?"(30). 물론 백성들을 교육 훈련시킨다는 조건이 붙지만, 하나님은 성군만 쓰시는 것이 아니라 폭군도 쓰실 수 있다는 것이지요!

그렇다면 엘리후가 하나님의 자유를 강조하는 이유는 무엇일까요? 31~33절을 보세요. "욥 어른은 하나님께 죄를 고백하고서 다시는 죄를 짓지 않겠다고 약속하신 적이 있으십니까? 잘못이 무엇인지를 일러 달라고 하나님께 요구하시면서, 다시는 악한 일을 저지르지 않겠다고 약속하신 적이 있으십니까? 어른은 하나님이 하시는 것을 반대하시면서도, 어른께서 원하시는 것을 하나님이 해주실 것이라고 기대하십니까? 물론, 결정은 어른께서 하실 일이고, 내가 할 일이 아니지만, 지금 생각하고 계신 것을 말씀해 주시기 바랍니다." 욥이 하나님의 절대 주권과 자유를 인정하고 하나님께 다시는 죄를 짓지 않겠다고 약속하는 대신에 자기의 무죄 주장만 하고 있다는 비판이지요. 이렇게 자기의만 주장하는 것은 하나님의 주권과 자유는 인정하지 않으면서 하나님께서 자기 소원만 이루어주시기 원하는 뻔뻔스러움이 된다는 것이지요. 결국 엘리후의 결론은 37절에 잘 요약되어 있습니다. "욥은 자신이 지은 죄에다가 반역까지 더하였으며, 우리가 보는 앞에서도 하나님을 모독하였습니다." '욥이 스스로 지은 죄' + '하나님에 대한 반역(rebellion) 죄' = '신성모독 죄' 라는 공식으로 표현할 수 있을 것입니다.

본문 말씀이 주는 교훈

엘리후는 확실히 친구들과는 다른 논법을 구사하고 있습니다. 친구들이 인과응보론에 집착해서 하나님의 정의만 외곬으로 주장하는 데 반해서 하나님의 자유까지 붙들려고 합니다. 그리고 이 두 가지를 다 붙들면서 욥의 무죄 주장의 뻔뻔스러움을 비판합니다. 엘리후에 따르면 하나님은 반드시 선하시며 악을 행하실 수 없으며 사람의 행위대로 갚아주시는 정의로운 분이십니다. 이것으로 그는 욥이 죄가 있다는 사실을 기정 사실화합니다.

왜냐하면 의로우신 하나님께서 까닭 없이 욥을 혼내 주실 리 만무하다는 것이지요! 바로 이 점에서 세 친구들은 엘리후가 자기편이라고 생각할 것입니다. 그러나 엘리후는 하나님의 자유를 강조함으로써 친구들의 인과응보론도 살짝 빗겨 나갑니다. 하나님은 절대 주권과 자유를 가지신 분이기에 사람이 이래라 저래라 할 수도 없고 "주님께서 옳지 못한 일을 하셨습니다." 하고 꾸짖을 사람도 없다는 것입니다(36:23). 하나님은 사람의 기대대로 로봇이나 자동 판매기처럼 움직이지 않으시고 물이 필요 없는 곳에 비를 내리실 자유가 있는 분이십니다. 욥의 경우에 만에 하나 죄가 없더라도 하나님께서 악과 고통을 주실 수 있는 자유가 있으므로 왈가왈부 하나님께 따질 수 있는 성질이 아니라는 말이지요!

이제 중요한 것은 하나님의 정의와 자유가 어떻게 조화될 수 있느냐 하는 점입니다. 욥의 경우에는 아무리 생각해도 정의로우신 하나님이 하시는 일이라고 보기 어려울 만큼 부당하고 무의미한 고통을 당하지 않습니까? 도저히 인간의 행위대로 갚으시는 하나님이라고 보기가 어렵지 않습니까? 그렇다면 이제 유일한 해결책은 하나님의 주권과 자유를 붙드는 것입니다. '엿장수 마음대로' 라는 말도 있듯이 단지 하나님께서 욥에게 악과 고통을 허락하시고 싶으신 까닭에 욥이 이 아픔을 겪는다는 것이지요. 그러나 이렇게 하나님의 자유만 붙들 경우에는 하나님이 심술궂고 변덕스러운 하나님이 되고 맙니다. 선하고 의로운 사람에게 아무 의미 없는 고통을 허용하고 계시는 하나님은 인격적이고 윤리적인 하나님이라고 말하기 어렵지 않습니까?

결국 욥이 처한 딜레마를 해결하려면 반드시 하나님의 선성과 정의와 하나님의 자유를 다 붙들어야 하는데 이런 해결책은 어떨까요? '하나님은 분명히 인간의 행위대로 갚으시는 공의의 하나님이지만 하나님의 자유의지로 일시적인 악을 허락하실 수 있다.' 이 경우 하나님의 자유가 정의보다 훨씬 더 큰 것이 되겠지요! 다시 말해 하나님은 순전히 하나님의 자유로운 의지에 의해 욥에게 무고한 고통을 허락하시지만 언젠가 반드시 정의를 회복시켜 주실 것이라는 해석입니다. 이른바 악과 고통에 대한 미래지향적 해석, 혹은 종말론적인 해석입니다. 지금 당장 엄청나게 부당한 고통을 받고 있지만 머지 않은 장래 혹은 하나님께서 우주를 심판하실 최후의 날에 필연적인 회복과 보상을 받게 된다는 논리이지요. 그러나 미래에 소망을 걸기에 현실이 견딜 수 없을 만큼 참혹한 고통을 당할 때 결국 인간에게 주어진 두 가지 가능성은 욥의 경우처럼 끝없이 항의하는 방법, 아니면 깊은 침묵 속에 빠져 들어가는 겸손의 방법입니다.

또 하나, 궁금한 것은 엘리후가 욥을 비롯한 네 사람에게 자기 발언에 대답해 보라고 다그치지만(33:5, 32; 34:33; 37:19), 욥도 친구들도 이상하게 입을 꼭꼭 다물고 있습니다. 왜 그럴까요? 엘리후의 말이 다 옳기 때문에? 대답할 가치도 없이 다 틀렸기 때문에? 대답할 기력이 다 빠져버려서? 더욱이 맨 마지막 장에 가서 욥과 친구들에 대해서는 하나님께서 '옳다, 그르다' 판단을 내리셨는데 엘리후만 빠졌습니다. 도대체 왜 그랬을까요? 이 두 가지 질문을 염두에 두고 엘리후의 발언을 계속 경청하시기 바랍니다.

엘리후의 세 번째 반박

하나님께 무슨 보탬이 되며

| 욥 35:1~16 |

35장

1 엘리후가 다시 말을 이었다. 2 욥 어른은 '하나님께서도 나를 옳다
고 하실 것이다' 하고 말씀하셨지만, 3 또 하나님께 "내가 죄를 짓는다고 하여, 그것이 하나님께
무슨 영향이라도 미칩니까? 또 제가 죄를 짓지 않는다고 하여, 내가 얻는 이익이 무엇입니까?"
하고 물으시는데, 그것도 옳지 못합니다. 4 이제 어른과 세 친구분들께 대답해 드리겠습니다. 5
욥 어른은 하늘을 보시기 바랍니다. 구름이 얼마나 높이 있습니까? 6 비록 욥 어른께서 죄를 지
었다고 한들 하나님께 무슨 손해가 가며, 어른의 죄악이 크다고 한들 하나님께 무슨 영향이 미
치겠습니까? 7 또 욥 어른께서 의로운 일을 하셨다고 한들 하나님께 무슨 보탬이 되며, 하나님
이 어른에게서 얻을 것이 무엇이 있겠습니까? 8 욥 어른께서 죄를 지었다고 해도, 어른과 다름
없는 사람에게나 손해를 입히며, 욥 어른께서 의로운 일을 했다고 해도, 그것은 다만, 사람에게
나 영향을 미칠 뿐입니다. 9 사람들은 억압이 심해지면 부르짖고, 세력이 있는 자들이 억누르면
누구에게나 구원을 청하면서 울부짖지만, 10 그들을 창조하신 하나님께로 돌아가지 않습니다.
어두운 때에도 희망을 주시는 그 창조주 하나님께로 돌아가지 않습니다. 11 하나님이 우리에게
짐승이나 새가 가진 지혜보다 더 나은 지혜를 주시는데도 하나님께로 돌아가지 않습니다. 12 그
들이 거만하고 악하므로, 하나님께 "도와주십시오" 하고 부르짖어도, 하나님은 들은 체도 않으십
니다. 13 전능하신 하나님은 악한 자들을 보지도 않으시고, 그들의 호소를 들어 주지도 않으시므
로, 그 악한 자들의 울부짖음에는 아무런 힘이 없습니다. 14 욥 어른은 하나님을 볼 수 없다고
말씀하셨습니다. 그러나 참고 기다리십시오. 어른께서 걸어 놓은 소송장이 하나님 앞에 놓여 있
습니다. 15 어른은, 하나님이 벌을 내리지 않으시고, 사람의 죄에도 별로 관심이 없다고 생각하
십니다. 16 그러나 명심하십시오. 어른께서 말씀을 계속하시는 것은, 쓸데없는 일입니다. 어른은
자기가 하는 말이 무엇인지도 모르시는 것이 분명합니다.

엘리후를 보는 데는 두 가지의 눈이 있습니다. 긍정적인 눈과 부정적인 눈입니다. 긍정의 눈은 엘리후를 욥과 세 친구들을 훈계하기 위해서 하나님이 직접 보내주신 메신저라고 봅니다. 불경스러울 정도로 한껏 자기의로 부풀어 오른 욥의 기세를 꺾어 장차 욥 앞에 나타나실 하나님을 좀 더 겸손히 영접하도록 다듬는 사명을 부여받았다고 볼 수 있지요. 이러한 해석이 설득력이 있는 것은 엘리후가 자신의 발언이 욥이나 친구들과는 달리 성령의 직접적인 인도를 받아서 나온 것이라고 주장하는 데 있습니다(32:8; 33:4 참조). 사실 엘리후는 욥이나 친구들과는 매우 색다른 주장들을 간간이 펼치기에 이러한 긍정적인 해석이 가능합니다. 아마 욥이나 친구들이 자기들보다 훨씬 어린 엘리후의 네 차례에 걸친 논박을 듣고서도 한 마디의 대꾸도 하지 않은 것이나 맨 마지막에서 가서 하나님께서 오직 엘리후 한 사람에 대해서만큼은 그 어떤 판단도 내리시지 않은 것이 하나님께서 욥과 친구들을 깨우치기 위하여 보내신 사자라는 긍정적인 해석을 가능케 하지는 않을까요?

그러나 부정의 눈도 만만치 않습니다. 무엇보다도 엘리후가 오만하고 시건방져 보이기 때문입니다. 젊은 패기 하나로 선배들을 들었다 놓았다 하는 모습이 보입니다. 게다가 고난의 목적론적 해석 혹은 교육 훈련적 해석이라는 차원을 빼 놓고서는 세 친구들의 입장과 특별한 차이를 보이지 않는다는 것도 문제입니다. 이렇게 본다면 욥은 제쳐놓고서라도 친구들이 엘리후의 발언에 일체 대응을 하지 않은 이유가 그가 자기들의 입장을 대변한다고 생각했기 때문이 아닐까요? 여하튼 엘리후가 욥기의 전개 과정에 있어서 모종의 중대한 역할을 하고 있는 것은 분명해 보이는데, 이것은 3~31장까지 진행된 욥과 친구들의 대화와 앞으로 38~41장에서 하나님이 욥에게 직접 하실 말씀을 32~37장에서 엘리후가 한 말과 일일이 대조해서 어느 쪽이 더 하나님의 말씀에 가까운가에 따라서 종합적으로 평가할 문제라고 봅니다.

본문 말씀은 매우 흥미롭고도 중요한 두 가지 주제를 다룹니다. 선악 간에 인간의 행실이 하나님께 어떤 영향을 미치는가 하는 문제와 하나님께 기도해도 왜 응답을 주시지 않는가 하는 문제입니다. 전자는 욥의 행위가 하나님의 초연성 혹은 초월적 자유에 아무런 영향을 미치지 못한다는 사실을 강조하고, 후자는 욥이 악인이기 때문에 아무리 울부짖어도 하나님이 침묵하신다는 식으로 은근히 비난하는 데 그 목적이 있습니다.

인간의 행위와 하나님의 초월성(35:1~8)

이제 세 번째 발언에서 엘리후는 욥의 무죄 주장을 또 물고 늘어집니다. 2~3절을 보세요. "욥 어른은 '하나님께서도 나를 옳다고 하실 것이다' 하고 말씀하셨지만, 또 하나님께 '내가 죄를 짓는다고 하여, 그것이 하나님께 무슨 영향이라도 미칩니까? 또 제가 죄를 짓지 않는다고 하여, 내가 얻는 이익이 무엇입니까?' 하고 물으시는데, 그것도 옳지 못합니다.'" 여기에서 2절은 번역상에 논란이 많습니다. 새번역 하단 주에 보면 '내 의는 하나님의 의보다 더하다.' 라는 또 다른 번역을 소개합니다. 사실 욥이 여러 차례 자기의를 주장한 적이 있지만 자신의 의가 하나님의 의보다 더 하다고 직접적으로 말하지는 않았습니다. 그렇다면 욥이야말로 신성모독 죄를 스스로 범하는 것이 되겠지요! 결국 이렇게 강한 의미로 번역할 경우 엘리후가 욥의 지나친 자기의를 강조하기 위한 과장법으로 봐야 할 것입니다.

이렇게 욥의 지나친 자기의 주장에 이의를 제기한 엘리후는 욥의 또 다른 발언들을 문제삼습니다. 욥은 7:20절에서 "주님, 내가 죄를 지었다고 하여 주님께서 무슨 해라도 입으십니까?" 하고 항의한 적이 있습니다. 9:22절에서 "하나님께서 흠이 없는 사람이나, 악한 사람이나, 다 한 가지로 심판하신다." 라고 하나님의 정의에 의문을 던진 적도 있습니다. 또한 엘리후의 입을 통해서 욥이 한 말로 되어 있는 34:9절에 보면, 욥은 "사람이 하나님을 기쁘게 해 드린다고 해도, 덕 볼 것은 하나도 없다!"(34:9)고 말했다는 것입니다. 물론 이것은 욥이 상선벌악의 원칙이 적용되지 않는 부조리한 현실을 개탄하며 하나님의 정의에 이의를 제기한 것을 엘리후가 과장해서 말한 것으로 풀이할 수 있습니다. 그러나 욥의 이러한 주장의 이면에는 하나님께서 인간의 행위대로 갚아 주시지 않는다는 불만이 스며 있습니다. 즉, 자기처럼 의롭게 사는 사람은 고통을 받지 말아야 하며, 불의한 사람들이 고통을 받아야 마땅한데 세상이 거꾸로인 경우가 많다는 항의이지요. 자기가 아무리 의롭게 살아도 이 같은 고통을 당하는 마당에 죄를 짓든 말든 하나님께 아무런 영향도 미치지 못할 것이며 또 자기에게도 아무 유익이 없을 것이라는 냉소 섞인 한탄이지요. 인생사를 살 때 흔히 경험하는 물음입니다. 선하게 사는 나는 하는 일마다 실패하고 재난은 꼬리를 물고 일어나는데, 악하게 사는 남은 하는 일마다 성공하고 좋은 일이 연달아 일어나는 모습을 목도할 때, "착하게 살아서 뭐하나?" 이런 냉소와 자조가 절로 나오지 않겠습니까?

엘리후는 이 문제에 대해서 어떤 해결책을 제시합니까? 일단 엘리후는 이와 같은 냉소적인 질문 자체가 옳지 못하다고 단언합니다. 그러면서 뜬금 없이 하늘의 구름을 쳐다보라는 것입니다. 왜 구름을 쳐다보라고 했을까요? 우리가 무슨 일을 하든지 구름은 저 멀리 높이 떠 있기 때문에 우리의 행위에 전혀 영향을 받지 않고 초연히 흘러간다는 것이지요. 막말로 "개는 짖어라. 기차는 간다."는 식이지요. 이렇게 엘리후는 인간이 하는 선악 간의 행위가 인간을 절대적으로 초월해 계시는 하나님께 아무런 영향도 줄 수 없다는 사실을 강조합니다.

이제 6~8절을 보세요. "비록 욥 어른께서 죄를 지었다고 한들 하나님께 무슨 손해가 가며, 어른의 죄악이 크다고 한들 하나님께 무슨 영향이 미치겠습니까? 또 욥 어른께서 의로운 일을 하셨다고 한들 하나님께 무슨 보탬이 되며, 하나님이 어른에게서 얻을 것이 무엇이 있겠습니까? 욥 어른께서 죄를 지었다고 해도, 어른과 다름없는 사람에게나 손해를 입히며, 욥 어른께서 의로운 일을 했다고 해도, 그것은 다만, 사람에게나 영향을 미칠 뿐입니다." 엘리후의 요점은 단순합니다. 욥의 선행이나 악행, 정의나 불의가 구름이 인간과 아무 상관 없이 저 너머 있듯이 인간사를 까마득하게 초월해 계시는 하나님께 그 어떤 영향도 미칠 수 없으며 겨우 사람들에게나 손익을 줄 뿐이라는 것입니다. 이미 엘리바스에게서 나온 상투적인 말이지요. 인간보다 훨씬 더 위대한, 초월적 하나님 앞에서 인간이 아무리 선하고 의롭게 살아도, 반대로 아무리 무거운 죄악을 저지른다고 할지라도, 하등 영향을 미칠 수 없다는 하나님의 절대적 초월성을 강조하는 말입니다!

그렇다면 엘리후가 말한 이 논리의 약점은 무엇일까요? 물론 약점을 지적하기 전에 엘리후가 이 말을 끄집어낸 독특한 배경이 더 중요하겠지요. 두말할 필요도 없이 엘리후는 욥의 지나친 무죄 주장을 비판하기 위해서 하나님의 초월성을 강조합니다. 다시 말해 "무죄한 가운데에도 이 고통을 당하니 선하게 사나 악하게 사나 무슨 소용이 있나?" 하면서 냉소주의 혹은 도덕적 패배주의 혹은 방종주의에 빠진 것을 질타하면서 하나님의 주권을 변호하려고 한 말이지요. 그러나 엘리후의 이 말이야말로 'begging the question,' 계속해서 질문이나 구걸하며 헛바퀴나 돌리는 무익한 발언이 아닐 수 없습니다! 하나님은 초월적인 분이신 동시에 내재적인 분이십니다. 또한 하나님은 인간과 세계를 뛰어넘어 초연히 계시기도 하거니와 아버지와 자녀처럼 인간과 인격적이고 윤리적인 사귐을 이루어 가시는 분이십니다. 하나님은 물론 인간의 행위에 따라 좌우되시는 분은 아니지만 인간의 행위를 낱낱이 살피시는 분이 틀림없습니다. 하나님의 주권과 자유가 인간의 행위에 의해 제한 받지 않지만, 그럼에도 불구하고 인간의 행위를 엄중히 살피십니다. 만일 엘리후가 욥의 지나친 결백성 주장을 꾸짖기 위하여 이렇게 하나님의 초월성만 강조할 경우 인간이 도덕적 방종주의에 빠지거나 냉소주의 혹은 허무주의에 빠지는 것을 어떻게 막을 수 있을는지요? 엘리후는 자기가 말한 덫에 스스로 빠지는 자가당착에 직면해 있지 않습니까?

울부짖어도 응답 없는 기도의 이유(35:9~16)

이상과 같이 욥의 무죄 주장에 하나님의 초월성으로 맞받아친 엘리후는 이제 악인의 기도에 대해서 언급합니다. 악인의 응답 받지 못하는 기도 문제를 거론하기 전에 엘리후는 은근히 욥이 하나님께 기도하지 않는다며 비꼽니다. 9~11절을 보세요. "사람들은 억압이 심해지면 부르짖고, 세력이 있는 자들이 억누르면, 누구에게나 구원을 청하면서 울부짖지만, 그들을 창조하신 하나님께로 돌아가지 않습니다. 어두운 때에도, 희망을 주시는 그 창조주 하나님께로 돌아가지 않습니다. 하나님이 우리에게 짐승이나 새가 가진 지혜보다 더 나은 지혜를 주시는데도 하나님께로 돌아가지 않습니다." 두말할 필요도 없이 욥이 어려운 일을 만나도 사람에게나 기웃거리지 창조주 하나님께 기도하지 않는다며 은근히 비난하는 말이지요.

그러면서 엘리후는 욥이 만에 하나 울부짖으며 기도해도 응답되지 않는 이유도 설명합니다. "그들이 거만하고 악하므로, 하나님께 '도와주십시오' 하고 부르짖어도, 하나님은 들은 체도 않으십니다. 전능하신 하나님은 악한 자들을 보지도 않으시고, 그들의 호소를 들어 주지도 않으시므로, 그 악한 자들의 울부짖음에는 아무런 힘이 없습니다"(12~13). 기도를 안 하는 것도 문제이지만 기도해도 메아리만 치는, 공허한 기도가 있다는 것이지요. 바로 거만하고 악한 사람들이 울부짖는 기도라는 것입니다. 다분히 욥을 겨냥한 말이지요! 욥이 위급한 일을 만나 지혜가 없어 하나님께 울부짖지 않는 것도 문제이지만, 설령 도와달라며 기도한다고 할지라도 악인이므로 아무 응답이 없을 것이라는 말입니다. 이렇게 악한 자의 기도에 대한 하나님의 침묵은 곧바로 욥의 울부짖음에 하나님께서 입과 귀를 닫고 계신 현실과 연결되는 것이지요!

기도에 대한 엘리후의 말 또한 그 자체로서는 문제가 없어 보이지만 욥이 처한 상황에 적합지 않다는 것이 문제입니다. 첫째, 욥이 그 실상에 있어서 기도를 안 한 것이 아니고 계속해서 하나님을 향하여 울부짖었음에도 응답이 없다는 차가운 현실을 엘리후는 간과했습니다. 둘째, 만일 욥이 기도했더라도 하나님께서 묵묵부답으로 일관하셨다면 이거야말로 욥이 악인이라는 사실을 반증한다는 엘리후의 말도 옳지 않습니다. 왜냐하면 하나님의 자유는 의인의 기도에 침묵하시는 자유도 포함하기 때문이지요. 결국 욥이 처한 극한 상황은 고려하지 않은 채 하나님의 초월성과 기도에 대하여 원론적인 입장만 되풀이하는 엘리후는 욥의 세 친구들과 하등 다를 바가 없는 돌팔이 의사(13:4)에 지나지 않습니다!

본문 말씀이 주는 교훈

엘리후의 세 번째 말은 대단히 부정적인 인상을 심어 주기에 족합니다. 친구들과 비슷한 내용의 이야기를 비슷한 스타일로 떠벌리고 있기 때문입니다. 세 친구가 세 번씩 돌아가며 대동소이한 논리로 자신을 심문하고 정죄했는데 이제 엘리후마저 벌써 세 번째, 친구들과 비슷한 논조로 자기를 공박하니 욥은 기가 막힐 것입니다. 그것도 욥이 했던 말을 크게 부풀려서 욥을 도덕적 냉소주의자요 방종주의자요 허무주의자로 몰아붙이지를 않나, 아예 기도가 응답되지 않는 이유가 악인인 까닭이라고 단정을 하지 않나, 얼마나 괴로울까요? 이렇게 본다면 욥이 엘리후의 말에 일절 대응하지 않은 이유는 엘리후의 말이 옳았기 때문이 아니라 일고의 가치도 없기 때문이라는 사실이 드러납니다. 적어도 35장의 세 번째 발언에서 드러난 엘리후의 말은 욥의 처절한 상황을 전혀 고려하지 않은 매우 비정하고 잔혹한 언사라고 볼 수 있습니다.

이미 여러 차례 말씀드린 적이 있지만 옳은 말이라고 해서 다 적절한 말은 아닙니다. 엘리후가 내뱉은 말도 옳은 말이기는 하지만 욥의 가슴을 더 후벼파는 말이었습니다. 오래 전에 연합 통신(AP)이 미국에서 일어난 촌극한 토막을 보도한 적이 있습니다. 어떤 병원의 간호사가 이식 수술을 위하여 제거된 아직 살아 있는 심장을 운반하다가 땅바닥에 떨어뜨리게 되었습니다. 아직 팔딱팔딱 살아서 숨쉬는 심장이었지만 흠집이 생기자 처벌이 두려운 나머지 쓰레기통에다 버리고서는 허위 보고서를 작성했습니다. 나중에 간호사의 비리가 발각되어 이 간호사는 250불의 벌금을 물고서 해직을 당했습니다. 그런데 이 간호사에게 부과된 공식적인 죄목이 무엇인지 아십니까? 'inappropriate handling of a human heart,' 즉 '사람의 심장을 잘못 간수했음.' 저는 이 기사를 읽으면서 한 사람의 목회자로서 'human heart,' 즉 '인간의 마음'을 잘못 다루는 죄를 저질러서는 안 되겠구나 생각한 적이 있습니다. 엘리후의 경우도 마찬가지입니다. 분명히 하나님이 직접 욥 앞에 발현하시기 전에 엘리후가 모종의 긍정적인 역할을 하는 것만은 사실입니다. 이제 36~37장의 네 번째 발언에서 살펴보겠지만 고난의 교육훈련적 해석은 엘리후만의 공헌이라 말할 수 있기에 분명히 좋은 면이 있습니다. 그러나 35장 말씀을 통하여 나타난 엘리후는 친구들과 진배없이 상처 난 욥의 마음을 아주 부적절하게 다루는 돌팔이 의사였습니다.

엘리후의 네 번째 반박

의로운 사람도 고통 받을 수 있나니

| 욥 36:1~37:24 |

36장

1 다시 엘리후가 말을 이었다. 2 조금만 더 참고 들으시기 바랍니다.
아직도 하나님을 대신하여 드릴 말씀이 있습니다. 3 나는 내가 가진 지혜를 모두 다 짜내서라도
나를 지으신 하나님이 의로우시다는 것을 밝히겠습니다. 4 내가 하는 이 말에는 거짓이 전혀 없
습니다. 건전한 지식을 가진 사람이 지금 욥 어른과 더불어 말하고 있습니다. 5 하나님은 큰 힘
을 가지고 계시지만, 흠이 없는 사람을 멸시하지 않으십니다. 또 지혜가 무궁무진하시므로, 6 악
한 사람을 살려 두지 않으시고, 고난받는 사람들의 권리를 옹호하십니다. 7 의로운 사람들을 외
면하지 않으시며, 그들을 보좌에 앉은 왕들과 함께 자리를 길이 같이하게 하시고, 그들이 존경을
받게 하십니다. 8 그러나 의로운 사람이라도 하나님께 복종하지 않으면, 쇠사슬에 묶이게 하시
고, 고통의 줄에 얽매여서 벗어나지 못하게 하십니다. 그러는 동안에 9 하나님은 그들에게 그들
이 한 일을 밝히시며, 그들이 교만하게 지은 죄를 알리십니다. 10 하나님은 또한, 그들의 귀를
열어서 경고를 듣게 하시고, 그들이 악을 버리고 돌아오도록 명하십니다. 11 만일 그들이 하나님
께 순종하고, 그분을 섬기면, 그들은 나날이 행복하게 살고, 평생을 즐겁게 지낼 것입니다. 12 그
러나 그들이 귀담아 듣지 않으면 결국 죽음의 세계로 내려갈 것이고, 아무도 그들이 왜 죽었는
지를 모를 것입니다. 13 불경스러운 자들은 하나님께 형벌을 받을 때에, 오히려 하나님을 원망하
면서 도와주시기를 간구하지 않습니다. 14 그들은 한창 젊은 나이에 죽고, 남창들처럼 요절하고
말 것입니다. 15 그러나 사람이 받는 고통은, 하나님이 사람을 가르치시는 기회이기도 합니다.
사람이 고통을 받을 때에 하나님은 그 사람의 귀를 열어서 경고를 듣게 하십니다. 16 하나님은
욥 어른을 보호하셔서, 고통을 받지 않게 하셨습니다. 평안을 누리면서 살게 하시고, 식탁에는
언제나 기름진 것으로 가득 차려 주셨습니다. 17 그러나 이제 욥 어른은 마땅히 받으셔야 할 형
벌을 받고 계십니다. 심판과 벌을 면할 길이 없게 되었습니다. 18 욥 어른은 뇌물을 바쳐서 용서

받을 생각은 아예 하지 마십시오. 속전을 많이 바친다고 하여 용서받는 것은 아닙니다. 19 재산이 많다고 하여 속죄받을 수 없고, 돈과 권력으로도 속죄를 받지 못합니다. 20 밤이 된다고 하여 이 형벌에서 벗어나는 것이 아니니, 밤을 기다리지도 마십시오. 21 악한 마음을 품지 않도록 조심하십시오. 어른께서는 지금 고통을 겪고 계십니다마는, 이 고통이 어른을 악한 길로 빠지지 않도록 지켜 줄 것입니다. 22 하나님의 능력이 얼마나 큰지를 기억하십시오. 하나님은 우리 모두에게 위대한 스승이십니다. 23 하나님께 이래라 저래라 할 사람도 없고, "주님께서 옳지 못한 일을 하셨습니다" 하고 하나님을 꾸짖을 사람도 없습니다. 24 하나님의 업적은 늘 찬양받아 왔습니다. 욥 어른도 하나님이 하신 일을 찬양하셔야 합니다. 25 온 인류가 하나님이 하신 일을 보았습니다. 사람은 멀리서 하나님이 하신 일을 봅니다. 26 그렇습니다! 하나님은 위대하셔서, 우리의 지식으로는 그분을 알 수 없고, 그분의 햇수가 얼마인지도 감히 헤아려 알 길이 없습니다. 27 물을 증발시켜서 끌어올리시고, 그것으로 빗방울을 만드시며, 28 구름 속에 싸 두셨다가 뭇 사람에게 비로 내려 주십니다. 29 하나님이 구름을 어떻게 펴시는지는 아무도 알지 못하며, 그 계신 곳 하늘에서 나는 천둥소리가 어떻게 해서 생기는지 아무도 모릅니다. 30 온 하늘에 번개를 보내십니다. 그러나 바다 밑 깊은 곳은 어두운 채로 두십니다. 31 이런 방법으로 사람을 기르시고, 먹거리를 넉넉하게 주십니다. 32 두 손으로 번개를 쥐시고서, 목표물을 치게 하십니다. 33 천둥은 폭풍이 접근하여 옴을 알립니다. 동물은 폭풍이 오는 것을 미리 압니다.

37장

1 폭풍이 나의 마음을 거세게 칩니다. 2 네 분은 모두 하나님의 음성을 들으십시오. 그분의 입에서 나오는 천둥과 같은 소리를 들으십시오. 3 하나님이 하늘을 가로지르시면서, 번개를 땅 이 끝에서 저 끝으로 가로지르게 하십니다. 4 천둥과 같은 하나님의 음성이 들립니다. 번갯불이 번쩍이고 나면, 그 위엄찬 천둥소리가 울립니다. 5 하나님이 명하시면, 놀라운 일들이 벌어집니다. 도저히 이해할 수 없는 신기한 일들이 일어납니다. 6 눈에게 명하시면 땅에 눈이 내리고, 소나기에게 명하시면 땅이 소나기로 젖습니다. 7 눈이나 비가 내리면, 사람들은 하던 일을 멈추고 하나님이 하시는 일을 봅니다. 8 짐승들도 굴로 들어가서, 거기에서 눈비를 피합니다. 9 남풍은 폭풍을 몰고 오고, 북풍은 찬바람을 몰고 옵니다. 10 하나님이 쉬시는 숨으로 물이 얼고, 넓은 바다까지도 꽁꽁 얼어 버립니다. 11 그가 또 짙은 구름에 물기를 가득 실어서, 구름 속에서 번갯불이 번쩍이게 하십니다. 12 구름은 하나님의 명을 따라서 뭉게뭉게 떠다니며, 하나님이 명하신 모든 것을 이 땅 위의 어디에서든지 이루려고 합니다. 13 하나님은 땅에 물을 주시려고 비를 내리십니다. 사람을 벌하실 때에도 비를 내리시고, 사람에게 은총을 베푸실 때에도 비를 내리십니다. 14 욥 어른은 이 말을 귀담아 들으십시오. 정신을 가다듬어서, 하나님이 하시는 신기한 일들을 곰곰이 생각해 보십시오. 15 하나님이 어떻게 명하시는지, 그 구름 속에서 어떻게 번갯불이 번쩍이게 하시는지를 아십니까? 16 구름이 어떻게 하늘에 떠 있는지를 아십니까? 하나님의 이 놀라운 솜씨를 알기라도 하십니까? 17 모르실 것입니다. 뜨거운 남풍이 땅을 말릴 때에, 그 더위 때문에 고통스러워하신 것이 고작일 것입니다. 18 어른께서 하나님을 도와서 하늘을 펴실 수 있습니까? 하늘을 번쩍이는 놋거울처럼 만드실 수 있습니까? 19 어디

한 번 말씀하여 보십시오. 하나님께 뭐라고 말씀드려야 할지를 우리에게 가르쳐 주십시오. 우리는 무지몽매하여 하나님께 드릴 말씀이 없습니다. **20** 내가 하고 싶은 말이라고 하여, 다 할 수 있겠습니까? 어찌하여 하나님께 나를 멸하실 기회를 드린단 말입니까? **21** 이제 하늘에서 빛나는 빛이 눈부십니다. 쳐다볼 수 없을 만큼 밝습니다. 바람이 불어서 하늘이 맑아졌습니다. **22** 북쪽에는 금빛 찬란한 빛이 보이고, 하나님의 위엄찬 영광이 우리를 두렵게 합니다. **23** 하나님의 권능이 가장 크시니, 우리가 전능하신 그분께 가까이 나아갈 수 없습니다. 사람을 대하실 때에, 의롭게 대하시고, 정의롭게 대하여 주십니다. **24** 그러므로 사람이 하나님을 경외해야 하는 것은 당연합니다. 하나님은 스스로 지혜롭다고 하는 사람을 무시하십니다.

엘리후는 생각할수록 신비한 인물입니다. 도대체 엘리후가 어떤 역할을 하기 위해 욥의 최후 발언과 하나님의 발현 사이에 끼어 있는지 궁금합니다. 이제 엘리후의 마지막 발언을 듣게 되었습니다. 이 네 번째 말에서 엘리후는 예전과 달리 한결 부드러워졌고 번뜩이는 통찰력도 보여줍니다. 어떻게 보면 엘리후는 그 동안 욥과 친구들 사이에 전개되어 온 논쟁의 모든 요점들을 한꺼번에 총정리해 주는 동시에 인간의 이성으로 고통의 의미에 대해 해명할 수 있는 가장 그럴 듯한 해석, 즉 고통에 대한 교육 훈련적 해석을 제시한 후 흔적도 없이 사라지고 맙니다. 엘리후는 세 번째 발언에 이르기까지 이미 욥의 친구들이 제기했던 이슈들, 즉 하나님의 위대성과 정의, 절대 주권과 초월적 자유 등등을 거의 다 언급했습니다. 또한 어떻게 보면 엘리후는 친구들이 주장했던 인과응보론을 가감 없이 되풀이하는 듯한 인상도 주었습니다.

36~37장의 봉독한 말씀도 35장에서 주장했던 하나님의 공의와 권능을 이어서 강조합니다. 그러나 네 번째 발언에 와서 욥은 고통이 하나님께서 인간을 깨우치고 연단시키는 수단이 될 수 있다는 매우 고무적인 사실을 언급합니다. 주로 세 친구들과 같은 노선에 서서 욥의 자기의 주장에 대해 강력한 비판을 가하던 엘리후는 친구들의 발언에서 이미 미미하게나마 흘러나온 고통의 교육적 해석을 심화시킨 뒤, 하나님의 우주창조 행위에서 드러난 절대적 위엄과 권능을 앞세우며 욥에게 무죄 주장을 접고 겸손해질 것을 요구합니다. 놀

랍게도 37:24절에 나타난 엘리후의 결론은 지혜의 송가 28장의 결론부와 너무나 흡사합니다. 그때 욥은 '주님을 경외하고 악을 멀리하는 것'(28:28)이 지혜라고 했는데, 엘리후의 결론도 하나님을 경외하는 것이 마땅하며 하나님은 스스로 지혜롭다 하는 사람을 돌아보지 않는다는 것입니다. 지나친 자기의(自己義) 주장으로 충만한 욥이 겸손해져서 하나님의 임재를 준비하라는 충고이지요!

이처럼 우리가 볼 때 엘리후는 결코 욥의 경우에는 부적절한 인과응보의 신학과 하나님의 정의와 주권과 자유에 대한 강조 등을 통과해서, 적어도 인간의 눈으로 볼 때 가장 타당성이 높은 고통의 교육적 해석을 거쳐, 마침내 겸손히 하나님을 경외해야 한다는 실천적 지혜에까지 도달하여 욥으로 하여금 한껏 마음을 낮춘 자세로 하나님을 대면하도록 안내합니다. 이런 점에서 엘리후는 욥을 겸손하게 만들어 하나님 앞에 직접 서서 하나님의 말씀을 듣도록 이끄는 안내자의 역할을 톡톡히 해내고 있다고 볼 수 있습니다. 그러나 여전히 중요한 과제는 엘리후의 말이 과연 하나님께서 욥에게 하시는 말씀에 얼마나 근사한지를 판단하는 일입니다. 예컨대 고난의 교육적 해석이 과연 하나님께서 뜻하시는 해법인지 아닌지 분별할 필요가 있다는 말입니다. 바로 이 점에 있어서 젠첸이 지적하듯이 엘리후는 아담과 하와에게 하나님의 참 말씀과 자기의 말을 선택하도록 유도한 뱀과 같은 선택 제시자로서의 역할을 하고 있다고도 볼 수 있습니다.

하나님의 공의를 다시 변론하는 엘리후(36:1~21)

엘리후는 자기의 모든 지혜를 짜내서라도 하나님이 의로우시다는 사실을 밝히려고 합니다(3). 누차 강조했지만 이것은 욥이 자기의에 집착하는 것을 반박하기 위함입니다. 욥이 자신의 무죄를 주장할수록 하나님의 의는 경감될 뿐 아니라 결국 불의한 고통을 당하는 모든 책임이 하나님께로 전가됩니다. 바꾸어 말하면 하나님이 의롭지 못하신 까닭에 의로운 욥에게 부당한 고통을 내리시게 된다는 것이지요. 욥의 세 친구들이나 엘리후에게 있어서 이것은 신성모독을 의미하기에 필사적으로 하나님의 정의를 강조할 수밖에 없는 것이지요. 엘리후에 따르면 하나님은 전지전능하시지만 흠이 없는 사람을 멸하시지 않습니다(5). 악한 사람을 살려 두지 않으시고 고난받는 사람들의 권리를 옹호하십니다(6). 이렇게 하나님의 공의를 적극 변호함으로써 욥이 결코 부당한 고통을 당하는 것이 아니라는 사실을 은연중에 강조한 뒤 엘리후는 깊이 새겨들어야 할, 아주 중요한 말을 합니다. 의로운 사람도 고난받을 수 있다는 것이지요!

36:8~12절을 보세요. "그러나 의로운 사람이라도 하나님께 복종하지 않으면, 쇠사슬에 묶이게 하시고, 고통의 줄에 얽매여서 벗어나지 못하게 하십니다. 그러는 동안에 하나님은 그들에게 그들이 한 일을 밝히시며, 그들이 교만하게 지은 죄를 알리십니다. 하나님은 또한, 그들의 귀를 열어서 경고를 듣게 하시고, 그들이 악을 버리고 돌아오도록 명하십니다. 만일 그들이 하나님께 순종하고, 그분을 섬기면, 그들은 나날이 행복하게 살고, 평생을 즐겁게 지낼 것입니다. 그러나 그들이 귀담아 듣지 않으면, 결국 죽음의 세계로 내려가고, 아무도 그들이 왜 죽었는지를 모를 것입니다."

여기에서 엘리후는 처음으로 의인의 고통 가능성을 언급함으로써 우리의 주목을 끕니다. 그렇다면 의인이 고통 당하는 이유는 무엇일까요? 엘리후에게 있어서 하나님의 공의는 욥의 무죄 주장을 비판하기 위해 양보할 수 없는 대전제입니다. 하나님이 의로운 사람에게 고통을 내리신다면 하나님의 공의에 손상이 가지 않습니까? 그 까닭에 엘리후는 고난이 연단의 기회가 된다는 교육적 해석을 시도함으로써 하나님의 정의를 보존하려고 합니다. 8절에서 엘리후는 의인이라고 할지라도 하나님께 복종하지 않으면 고통의 줄에 얽매여 벗어나지 못하게 하신다고 말합니다. 욥이 비록 의인이었다고 할지라도 지금 고통의 사슬에 매인 이유는 불순종 때문이라는 것이지요! 그런데 의인의 고난에는 목적이 있습니다. 첫째로, 하나님께서 그들이 했던 일과 교만해서 저지른 죄악을 깨닫게 하십니다. 둘째로, 귀를 열어 하나님의 경고를 듣게 하시고 악을 버리고 하나님께 되돌아오도록 명하십니다. 여기에서 의인이 아무 이유 없이 고난을 당하는 것이 아니라 죄와 교만 때문에 일시적으로 넘어진 상태에서 그렇게 된다는 사실이 중요합니다. 그러므로 욥이 주장한 바 자신의 경우처럼 순전히 의로움을 지키는 상태에서, 즉 무흠한 처지에서 부당한 고난을 당하는 것은 여전히 불가능한 것이 됩니다. 그렇다면 교만 때문에 일시적으로 넘어진 상태에서 고통의 줄에 매이게 될 때 풀려나는 방법은 하나입니다. 하나님께 순종하고 하나님을 섬기면 됩니다(11). 그러나 귀를 막고 듣지 않으면 죽음의 세계로 끌려가 알지도 못한 채 멸망당하게 됩니다(12). 그러니 욥도 빨리 뉘우쳐 하나님의 음성을 듣고 순종하면 살 것이고 그렇지 않으면 죽게 된다는 경고이지요!

그러면서 엘리후는 하나님을 경외하지 않는 사람들의 공통적인 특징이 있음도 언급합니다. 고통 당할 때 회개하지 않고 거꾸로 하나님을 원망하면서 도와 달라고 간구조차 하지 않는다는 것입니다(13). 이것은 분명히 욥을 겨냥한 말로서 욥이 고통을 당하는 것이 하나님께서 그를 경고하시기 위한 수단임에도 불구하고 욥이 깨닫지 못하고 있다는 비난이지요! 그 다음에 엘리후는 고난의 교육적 효과에 대해서 이렇게 말합니다. "그러나 사람이 받는 고통은, 하나님이 사람을 가르치시는 기회이기도 합니다. 사람이 고통을 받을 때에 하나님은 그 사람의 귀를 열어서 경고를 듣게 하십니다"(15). 불행이 무익하고 무의미한 징벌만이 아니라 하나님의 인간 교육과 훈련의 유익하고 의미 있는 기회가 된다는 것입니다. 이 말이 대부분의 사람들에게는 매우 어필할 수 있으며 고통의 의미와 목적을 물을 때 결정적인 해법도 될 수 있지만, 그러나 역시 욥에게는 '해당 무' 가 됩니다. 왜냐하면 욥은 의로웠다가 교만해져서 이 고통을 당하고 있는 것이 아니기 때문이지요! 결국 고통이 하나님께서 사람을 가르치시는 기회가 되고 경고를 듣고 깨우치는 수단이 된다는 엘리후의 가르침은 욥에게만큼은 적용되지 않습니다! 바로 여기에서 엘리후의 제안도 욥의 딜레마를 풀지 못합니다.

이제 욥이 마땅히 받아야 할 형벌과 심판을 받고 있다면 어떻게 용서받을 수 있을까요? 엘리후에 따르면 뇌물을 바쳐도 안 되고 속전을 많이 바쳐도 안 되고 돈과 권력으로도 안 됩니다(18~19). 심지어 밤이 찾아와 어둠으로 뒤덮인다고 해도 죄악까지 뒤덮이는 것은 아니라고 말합니다(20). 비록 엘리후가 명시적으로 언급하고 있지는 않지만 유일한 방법은 고통이 하나님의 경고인줄로 깨닫고 회개하고 순종하는 길밖에 없습니다. 우리가 천국 가는 것이 돈으로도 안 되고 명예와 권세로도 안 되고 오직 그리스도를 믿음으로 된다는 이치와 마찬가지이지요! 결국 의인의 고통과 관련된 엘리후의 결론은 간단합니다. 본래 욥이 의인이었다고 할지라도 어느 순간 교만에 빠졌기 때문에 현재의 고통을 당하는 것이고 이 고통은 결코 나쁜 것이 아니라 하나님께서 연단시키기 위한 좋은 기회가 되며, 욥이 장차 더 나쁜 길로 빠져들 수 있는 위험성을 사전에 차단해 준다는 것입니다.(21)

하나님의 권능을 변론하는 엘리후(36:22~37:24)

이상과 같이 욥이 당하는 고통의 의미와 목적을 설명한 뒤 엘리후는 하나님의 창조 행위를 열거하며 하나님의 권능을 찬양합니다. 36:22~37:24절은 바로 뒤이어 38장에서 폭풍 속에서 나타나시는 하나님의 장엄한 출현을 미리 예고라도 하듯이 갖가지 기상 현상들을 열거함으로써 온 우주만물을 주관하시는 하나님의 오묘하신 섭리와 권능을 노래하고 있습니다. 그러므로 이 부분과 38장은 매우 부드럽게 연결된다는 점이 주목됩니다. 엘리후는 구름 비 천둥과 번개 눈 남풍 폭풍 얼음 해 등등의 대기권의 신비한 현상을 조목조목 들면서 하나님 창조의 권능과 신비를 강조합니다. 예컨대 하나님은 "물을 증발시켜서 끌어올리시고, 그것으로 빗방울을 만드시며, 구름 속에 싸 두셨다가 뭇 사람에게 비로 내려 주십니다"(36:27~28). 이른바 증발, 응결, 강수 등의 단계를 거쳐 물이 순환되는 과정을 묘사한 것이지요. 또한 천둥이 어떻게 치는지 번개가 어떻게 번쩍거리는지도 사람이 모릅니다(36:29~33). 눈이 내리고 소나기가 내려 대지를 적시는 일이며 갖가지 바람이 부는 것이며 넓은 바다가 꽁꽁 얼어붙는 이치도 다 하나님이 하시는 일입니다(37:6~10). 하나님은 번쩍이는 놋거울처럼 하늘도 펴서 만드셨습니다(37:18). 이제 중요한 것은 엘리후가 오늘로 치면 기상학이나 해양학에서나 다룰 수 있는 자연의 신비를 아름다운 시어로 서술하고 있는 이유를 묻는 것입니다.

오늘의 자연과학적 지식으로 보면 별 것 아닐지 몰라도 욥이 살던 시대에는 이와 같은 자연의 조화나 기상 이변이 사람의 힘으로 도저히 깨달을 수 없는 바, 전적인 하나님의 주권과 위엄 아래 이루어진 신비로 알았습니다. 그러므로 엘리후의 의도는 너무나 선명합니다. 온 우주 만물을 지배하시고 통치하시는 하나님의 주권과 위엄, 그리고 놀라운 신비 앞에서 인간이 아무것도 아니라는 사실을 강조하는 것입니다. 하나님의 무궁무진한 지혜에 비해 인간의 지혜는 너무나 알량하다는 것이지요! "그렇습니다! 하나님은 위대하셔서, 우리의 지식으로는 그분을 알 수 없고, 그분의 햇수가 얼마인지도 감히 헤아려 알 길이 없습니다"(36:26). "하나님이 명하시면, 놀라운 일들이 벌어집니다. 도저히 이해할 수 없는 신기한 일들이 일어납니다"(37:5). 장엄하기 짝이 없는 하나님의 창조 신비 앞에 인간이 감히 무슨 정의와 지혜를 주장할 수 있느냐는 뜻이지요. 그리하여 인간은 아무도 하나님께 이래라 저래라 할 수도 없고 "주님께서 옳지 못한 일을 하셨습니다!" 하고 하나님을 꾸짖을 자격도 없습니다(36:23). 다 욥을 겨냥하는 말이지요! 하나님께서 일으키시는 기상 변화의 이치도 모르는 주제에 무슨 자기의를 주장하며 지혜롭다고 까불거리냐는 것이지요!

결국 엘리후의 결론은 37:23~24절에 나타납니다. "하나님의 권능이 가장 크시니, 우리가 전능하신 그분께 가까이 나아갈 수 없습니다. 사람을 대하실 때에, 의롭게 대하시고, 정의롭게 대하여 주십니다. 그러므로 사람이 하나님을 경외해야 하는 것은 당연합니다. 하나님은 스스로 지혜롭다고 하는 사람을 무시하십니다." 두 가지가 강조됩니다. 첫째, 우주만물을 신비하게 다루시는 하나님에 대해서 하나도 알지 못하는 주제에 하나님의 정의로운 통치를 의심하지 말라는 일갈입니다. 둘째, 그러므로 스스로 지혜있는 척 우쭐하지 말며 겸손히 하나님을 경외하라는 충고입니다.

본문 말씀이 주는 교훈

엘리후의 네 번째 발언의 후반부에서 하나님 창조의 권능과 신비는 인간의 미약함과 대비시키기 위하여 38장 이후의 하나님 말씀에서도 그대로 재현되기 때문에 그때 그 의미를 살펴보면 될 것입니다. 다만 한 가지 여기에서 새겨들어야 할 교훈은 고통이 하나님의 교육 훈련용으로서 긍정적이고 창조적으로 사용될 수 있다는 해석입니다. 이른바 '창조적 고통,' 혹은 '건설적 고통'의 가능성이지요. 사실 우리가 당하는 대부분의 고통은 하나님께서 우리를 연단시키기 위하여 사용하시는 의미 있는 고통입니다. 우리가 한때 의롭게 살다가도 순간적으로 교만해지면 그 교만을 깨시기 위하여 하나님은 고통을 허락하실 수 있습니다. 그리하여 하나님의 경고의 음성을 듣고 빨리 깨달아 하나님께 순종하기만 하면 우리의 고통은 더욱 더 빛나는 열매와 축복으로 바뀝니다. 흔히 하는 말대로 '고난 = 변장된 축복'이라는 등식이 성립되는 것이지요. 또한 고난 중에 있을 때 하나님이 경고하시는 음성에 귀를 기울이면 더 큰 위험에 빠져들지 않게 됩니다. 이렇게 하나님은 우리의 교만을 치시고 더 큰 교만과 이로 인한 더 큰 형벌을 예방하기 위하여 일시적인 고통을 주실 수 있다는 말이지요. 고통당하지 않았을 때에는 하나님의 소리가 아주 세미하게 들리다가도 극심한 고통을 당할 때에는 확성기로 듣듯이 더욱 크게 들릴 수 있기에 엘리후의 말은 틀린 말이 아닙니다.

그러나 이러한 해석이 과연 욥의 경우에도 적용될 수 있느냐가 문제입니다. 욥은 서막의 1~2장 어느 곳을 읽어봐도 교만하고 악하고 불의해서 고통을 당했다는 말이 없습니다. 겸손하고 선하고 의로웠음에도 불구하고 부당한 고통을 당하고 있습니다. 그렇다면 교만에 대한 징벌로 교만을 깨우치기 위하여 고통을 받는다는 말은 적어도 욥의 경우에는 해당되지 않습니다. 엘리후의 논리대로 본다면 한 가지 가능성이 남아 있는데, 욥이 비록 하나님을 경외하고 악에서 떠난 의인이었지만 앞으로 교만해져서 하나님을 떠나 악을 범하지 않도록 사전에 경고하기 위하여, 어떤 예방 차원에서 고통을 당한다고 해석할 수 있지 않을까요? 하나님은 당신이 결심하신 것은 무엇이든지 다 하실 수 있는 절대 자유가 있으므로, 이 경우 하나님의 정의도 덜 손상되고 욥의 고난이 아주 의미 없는 고난도 되지 않을 수 있으므로 어느 정도 설득력이 있어 보이는 것이 사실입니다. 다만 한 가지, 그렇다고 해도 미래에 일어날 악을 막기 위한 교육 예방용으로서는 욥이 현재 당하고 있는 고난이 그 한계를 훨씬 넘어섰다는 데 문제가 있을 것입니다. 결국 엘리후가 말한 것처럼 고통의 신비는 인간이 자기 지혜를 의지하지 말고 겸손한 마음으로 하나님을 경외함으로써 해결될 수밖에 없습니다. 그러므로 욥이 하나님을 만나지 않고 고난의 신비는 해결될 수 없습니다!

VII

욥을 향한 하나님의 말씀과 욥의 응답

그토록 기다렸던 하나님이 마침내 욥 앞에 나타나 말씀하십니다. 욥의 문제는 하나님 신앙에 대한 문제였기에 하나님께서 말씀해 주시지 않으면 풀리지 않습니다. 하나님은 욥에게 두 차례씩이나 말씀을 하시지만 욥이 그토록 목말라했던 질문에 대해서는 일체 언급하지 않으십니다. 그 대신에 아주 궁극적이고 근본적인 질문, "도대체 네가 누구냐?" 고 물으십니다.

하나님의 첫 번째 말씀 I

네가 누구이기에?

| 욥 38:1~38 |

38장

1 그 때에 주님께서 욥에게 폭풍이 몰아치는 가운데서 대답하셨다. 2
"네가 누구이기에 무지하고 헛된 말로 내 지혜를 의심하느냐? 3 이제 허리를 동이고 대장부답
게 일어서서, 묻는 말에 대답해 보아라. 4 내가 땅의 기초를 놓을 때에, 네가 거기에 있기라도
하였느냐? 네가 그처럼 많이 알면, 내 물음에 대답해 보아라. 5 누가 이 땅을 설계하였는지, 너
는 아느냐? 누가 그 위에 측량줄을 띄웠는지, 너는 아느냐? 6 무엇이 땅을 버티는 기둥을 잡고
있느냐? 누가 땅의 주춧돌을 놓았느냐? 7 그 날 새벽에 별들이 함께 노래하였고, 천사들은 모두
기쁨으로 소리를 질렀다. 8 바닷물이 땅 속 모태에서 터져 나올 때에, 누가 문을 닫아 바다를 가
두었느냐? 9 구름으로 바다를 덮고, 흑암으로 바다를 감싼 것은, 바로 나다. 10 바다가 넘지 못
하게 금을 그어 놓고, 바다를 가두고 문 빗장을 지른 것은, 바로 나다. 11 "여기까지는 와도 된
다. 그러나 더 넘어서지는 말아라! 도도한 물결을 여기에서 멈추어라!" 하고 바다에게 명한 것이
바로 나다. 12 네가 지금까지 살아오면서 네가 아침에게 명령하여, 동이 트게 해 본 일이 있느
냐? 새벽에게 명령하여, 새벽이 제자리를 지키게 한 일이 있느냐? 13 또 새벽에게 명령하여, 땅
을 옷깃 휘어잡듯이 거머쥐고 마구 흔들어서 악한 자들을 털어 내게 한 일이 있느냐? 14 대낮의
광명은 언덕과 계곡을 옷의 주름처럼, 토판에 찍은 도장처럼, 뚜렷하게 보이게 한다. 15 대낮의
광명은 너무나도 밝아서, 악한 자들의 폭행을 훤히 밝힌다. 16 바다 속 깊은 곳에 있는 물 근원
에까지 들어가 보았느냐? 그 밑바닥 깊은 곳을 거닐어 본 일이 있느냐? 17 죽은 자가 들어가는
문을 들여다본 일이 있느냐? 그 죽음의 그늘이 드리운 문을 본 일이 있느냐? 18 세상이 얼마나
큰지 짐작이나 할 수 있겠느냐? 이 모든 것을 알고 있다면, 어디 네 말 한 번 들어 보자. 19 빛
이 어디에서 오는지 아느냐? 어둠의 근원이 어디에 있는지 아느냐? 20 빛과 어둠이 있는 그 곳
이 얼마나 먼 곳에 있는지, 그 곳을 보여 줄 수 있느냐? 빛과 어둠이 있는 그 곳에 이르는 길을

아느냐? **21** 암, 알고 말고. 너는 알 것이다. 내가 이 세상을 만들 때부터 지금까지 네가 살아왔고, 내가 세상 만드는 것을 네가 보았다면, 네가 오죽이나 잘 알겠느냐! **22** 눈을 쌓아 둔 창고에 들어간 일이 있느냐? 우박 창고를 들여다본 일이 있느냐? **23** 이것들은 내가 환난이 생겼을 때에 쓰려고 간직해 두었고, 전쟁할 때에 쓰려고 준비해 두었다. **24** 해가 뜨는 곳에 가 본 적이 있느냐? 동풍이 불어오는 그 시발점에 가 본 적이 있느냐? **25** 쏟아진 폭우가 시내가 되어서 흐르도록 개울을 낸 이가 누구냐? 천둥과 번개가 가는 길을 낸 이가 누구냐? **26** 사람이 없는 땅, 인기척이 없는 광야에 비를 내리는 이가 누구냐? **27** 메마른 거친 땅을 적시며, 굳은 땅에서 풀이 돋아나게 하는 이가 누구냐? **28** 비에게 아버지가 있느냐? 누가 이슬 방울을 낳기라도 하였느냐? **29** 얼음은 어느 모태에서 나왔으며, 하늘에서 내리는 서리는 누가 낳았느냐? **30** 물을 돌같이 굳게 얼리는 이, 바다의 수면도 얼게 하는 이가 누구냐? **31** 네가 북두칠성의 별 떼를 한데 묶을 수 있으며, 오리온 성좌를 묶은 띠를 풀 수 있느냐? **32** 네가 철을 따라서 성좌들을 이끌어 낼 수 있으며, 큰곰자리와 그 별 떼를 인도하여 낼 수 있느냐? **33** 하늘을 다스리는 질서가 무엇인지 아느냐? 또 그런 법칙을 땅에 적용할 수 있느냐? **34** 네 소리를 높여서, 구름에게까지 명령을 내릴 수 있느냐? 구름에게 명령하여, 너를 흠뻑 적시게 할 수 있느냐? **35** 번개를 내보내어, 번쩍이게 할 수 있느냐? 그 번개가 네게로 와서 "우리는 명령만 기다립니다" 하고 말하느냐? **36** 강물이 범람할 것이라고 알리는 따오기에게 나일 강이 넘칠 것이라고 말해 주는 이가 누구냐? 비가 오기 전에 우는 수탉에게 비가 온다고 말해 주는 이가 누구냐? **37** 누가 구름을 셀 만큼 지혜로우냐? 누가 하늘의 물 주머니를 기울여서 비를 내리고, **38** 누가 지혜로워서, 티끌을 진흙덩이로 만들고, 그 진흙덩이들을 서로 달라붙게 할 수 있느냐?

엘리후의 발언이 끝나자 하나님께서 욥에게 나타나십니다. 그토록 기다렸던 하나님이 마침내 욥 앞에 나타나 말씀하십니다. 1~2장의 서막에서 욥에 관하여(about) 말씀하시던 하나님이 이제 욥에게(to) 직접 말씀을 주십니다. 하나님이 욥과 직접 대화를 나누시는 까닭에 하나님과 욥은 객체가 아니라 대화의 주체가 되었습니다. 하나님과 욥 사이에 끼어 있던 사탄도, 세 친구들도, 엘리후도 다 사라지고 하나님과 욥만이 남았습니다. 욥의 문제는 하나님 신앙에 대한 문제였기에 하나님께서 말씀해 주시지 않으면 풀리지 않습니다. 하나님은 욥에게 두 차례씩이나(38:1~39:30; 40:1~42:6) 말씀을 하시지만 욥이 그토록 목말라했던 질문들에 대해서는 일체 언급하지 않으십니다. 예컨대 인과응보론이 옳은지 그른지, 의인이 고난받고 악인이 번성하는 이유가 무엇인지, 자기가 의로움에도 불구하고 왜 불의한 고통을 당해야 하는지에 대해서 일언반구 말씀이 없으십니다. 그 대신에 아주 궁극적이고 근본적인 질문들 – 즉 "네가 어디에 있었느냐?," "네가 아느냐?," "네가 감히 할 수 있느냐?" – 을 물으십니다. 이 물음은 "도대체 네가 누구냐?"라는 질문으로 요약됩니다. 물론 이 질문들에 대해서 하나님께서 욥에게 기대하시는 대답들은 "저는 거기에 없었습니다.," "저는 모릅니다.," "저는 할 수 없습니다."입니다. 부재와 무지와 무능으로 표현되는 철저한 피조성과 유한성입니다. "저는 아무것도 아니라는 것"이지요! 이제 욥은 하나님께 따지고 질문하는 자에서 거꾸로 집요하게 따짐과 질문을 당하는 자가 되었습니다!

하나님은 첫 번째 말씀에서 창조주와 창조성, 그리고 피조물과 관련된 일련의 질문들을 통하여 욥이 피조물로서 조물주 하나님 앞에 어떻게 서야 하는가 하는 근본적인 자세를 가르치십니다. 자기의, 즉 독선이 아니라 겸손과 순종을 가르치시는 것이지요. 사실 욥이 자신의 무죄와 결백을 주장하는 것까지는 좋았는데 그 정도가 지나쳐서 나중에는 "하나님, 저는 잘못한 것이 없는데도 이 고통을 당하니 결국 하나님이 잘못된 것 아닙니까?" 하면서 책임을 하나님께 떠맡기는 듯한 인상까지 주었습니다. 이런 욥의 독선적인 태도에 대해서 엘리후가 상당 부분 손을 봐준 것은 사실이지만 하나님은 더욱더 철저하게 욥에게 남아 있는 일말의 자기의라도 사정없이 깨부수십니다.

하나님의 첫 번째 말씀은 욥으로 하여금 창조의 신비 앞에 서게 해서 자신의 부족함을 자인하게 만듭니다. 먼저 오늘 말씀에서 창조 세계의 위대함, 즉 지구의 기초와 설계, 바다의 경계와 통제, 아침 노을의 신비, 바다 속 신비, 빛과 어둠의 관계, 기후와 성좌의 신비, 기상 현상 등등 우주 자연의 신비와 장엄함을 언급함으로써 욥의 부재와 무지, 무능을 극명하게 대비시킵니다. 다음에 살펴볼 말씀에서는 각종 들짐승들과 날짐승들의 야생적 본능과 습성을 열거함으로써 짐승들조차 자유롭게 통제하지 못하는 인간의 연약함을 인식하게 만듭니다.

정교한 건축가에 의해 지어진 창조 세계(38:1~21)

욥기에 있어서 문학적으로 가장 뛰어난 부분은 욥의 발언과 하나님의 말씀이라고 합니다. 그만큼 저자가 공을 들였기에 문학적으로도 백미(白眉)에 해당된다는 것이지요. 38:1절은 이렇게 시작합니다. "그 때에 주님께서 욥에게, 폭풍이 몰아치는 가운데서 대답하셨다." 여기서 여호와, 혹은 야훼, 즉 주님의 구체적인 이름이 명시되어 있습니다. 야훼는 이스라엘 민족이 하나님과 계약을 맺은 백성으로서 하나님을 부르는 칭호입니다. 막연한 하나님이 아니라 이스라엘 민족의 구체적 하나님 야훼께서 욥에게 계시된 것입니다. 그 다음에 이 말씀의 청자로서 욥의 이름이 명시되어 있습니다. 하나님은 욥에 관하여 제 3자 다루듯이 하지 않으시고 욥에게 직접 말씀을 건네신다는 것이지요. 또한 폭풍, 곧 회리 바람은 하나님 현현 시에 흔히 발생하는 자연적 신비로서 성경에 묘사되고 있기 때문에(출 19:16~19; 겔 1:4; 슥 9:14) 하나님의 응답이 단지 발언으로 된 것만이 아니고 구체적인 임재 속에서 이루어진 사건임을 보여줍니다.

그렇다면 야훼 하나님께서 욥에게 주시는 말씀의 내용은 무엇입니까? 2~3절을 보세요. "네가 누구이기에, 무지하고 헛된 말로 내 지혜를 의심하느냐? 이제 허리를 동이고 대장부답게 일어서서, 묻는 말에 대답해 보아라." 하나님께서 욥을 향하여 포문을 여신 첫 질문입니다. 과연 너라는 녀석이 누구이기에 잘 알지고 못하고 허탄한 말로 하나님께서 세계를 이끌어 가시는 섭리와 계획에 대해서 의심하느냐는 일갈이지요! 욥이 계속 자신의 옳음만 주장하면서 하나님께 따지고 드니까 하나님께서 질책부터 먼저 하시는 것입니다. 하나님의 무궁무진한 지혜와 능력을 잘 알지도 못하는 주제에 지금 자기가 주장하는 것만 다 옳고 하나님은 틀리단 말이냐 하면서 욥에게 핀잔을 주시는 것이지요. '허리를 동인다'는 말은 싸울 채비를 한다는 히브리적 표현입니다. "이제 어디 네가 과연 얼마나 지혜가 뛰어나고 잘나서 너만 옳고 나는 그르다."고 하는지 한번 하나님과 맞장을 떠보자는 것이지요.

그러면서 하나님은 욥에게 우주 만물이 시작된 태고의 시간과 장소로 화제를 시작하십니다. "내가 땅의 기초를 놓을 때에, 네가 거기에 있기라도 하였느냐? 네가 그처럼 많이 알면 내 물음에 대답해 보아라. 누가 이 땅을 설계하였는지, 너는 아느냐? 누가 그 위에 측량줄을 띄웠는지, 너는 아느냐? 무엇이 땅을 버티는 기둥을 잡고 있느냐? 누가 땅의 주춧돌을 놓았느냐?"(4~6). 여기 보면, 우주의 기초에 관하여 계속 "거기 있었느냐?," "네가 아느냐?"는 질문을 던집니다. 창조주 하나님께서 우주를 완벽하게 설계하고 측정하고 공정하실 때 욥은 그 자리에 없었다는 것이며, 그 놀라운 신비를 모른다는 것입니다. 욥이나 친구들이 안다는 것이 착한 사람에게는 상주고 악한 사람에게는 벌주기 위하여, 즉 인과응보의 법칙이 실현되는 장소로 이 세상이 만들어졌다는 사실뿐입니다. 이같이 짧은 지식에 묶여서 우주 창조의 엄청난 계획을 알지 못하는 것을 비판하는 것이지요.

8~11절에서 하나님은 바다의 경계를 설정하여서 혼란과 악으로 상징되는 바닷물의 오만스러운 힘을 제어하신 분이 당신이라고 말씀하십니다. 12~15절에서 하나님은 욥이 아침을 명해서 동이 트게 한 적이 없음을 지적하면서 욥의 무능을 또 한번 드러내십니다. 흥미로운 것은 13절인데 하나님께서 활동하시는 시간인 새벽에 악한 자들을 털어낸 적이 없으며 그들 위에도 새벽빛을 주셨다는 것입니다. 창조가 상선벌악과는 무관한 하나님의 자유에 의해 이루어졌다는 사실을 암시하지 않습니까? 16~21절에서는 세계의 가장 먼 경계까지, 즉 바다 속 깊은 곳과 죽음의 세계의 깊이, 빛과 어둠의 근원이 시작되는 자리에 이르기까지 창조 세계의 장엄함에 대해서 말씀하십니다. 욥은 바다 속 깊은 곳에 들어가 본 적이 없으며(16), 죽은 자가 들어가는 문을 들여다 본 적

도 없으며(17), 세상이 얼마나 큰지 짐작조차 못한다(18)는 것입니다. 빛과 어둠이 어디에서부터 시작되는지에 대해서도 무지합니다(19). 그러면서 하나님은 욥의 무지와 무능을 빈정거리십니다. "암, 알고 말고, 너는 알 것이다. 내가 이 세상을 만들 때부터 지금까지 네가 살아왔고, 내가 세상 만드는 것을 네가 보았다면, 네가 오죽이나 잘 알겠느냐!"(21). 전형적인 반어법이죠! 물론 욥은 창조 시에 없었고 창조 세계의 깊이와 넓이에 대해서 아는 것이 없습니다. 욥은 하나님께서 창조하신 우주 질서의 신비를 모릅니다. 그것도 모르는 주제에 왜 그렇게 너만 옳고 너만 잘났다고 내세우냐고 힐문하는 것이지요!

하나님의 은총과 자유로 지어진 창조 세계(38:22~38)

4~21절에서 우주의 네 영역, 즉 땅(4~7)과 바다(8~11)와 하늘(12~15)과 지하, 즉 바다 속(16~18)에 초점을 맞추었다면, 이제 22~38절에서는 이 영역에 내주하는 피조물의 현상을 다룹니다. 다시 말해 우주의 설계와 건축이라는 주제로부터 우주의 운행과 질서라는 주제로 전환하고 있습니다. 하나님은 먼저 눈, 우박, 바람, 비, 이슬, 얼음, 서리와 같은 다양한 기상 현상들을 언급하신 후(22~30), 별자리의 신비와 기후의 조절에 대해서 말씀하십니다(31~38). 계속해서 우주의 기원과 출처에 대한 욥의 부재와 무지, 무능을 폭로합니다.

욥은 눈을 쌓아 둔 창고나 우박 창고 안에 들어가 본 적이 없습니다(22). 해가 뜨는 곳에 가 본 적도 없으며 동풍이 불어오는 시발점에 가 본 적도 없습니다(24). 비가 개울을 만들고 천둥과 번개가 치는 신비나, 풀이 돋는 이치나 얼음이 얼고 서리가 내리는 원리는 다 욥이 관여한 것이 아닙니다(25~30). 여기서 하나님의 자유를 암시하는 또 한 구절이 있습니다. "사람이 없는 땅, 인기척이 없는 광야에 비를 내리는 이가 누구냐?"(26). 무인지경(無人之境), 비가 아무 쓸데없는 곳에도 비를 주시는 하나님, 창조가 엄격한 도덕 질서 속에서가 아닌 값없이 주시는 하나님의 은총과 자유로부터 비롯되었다는 것이지요! 별

자리를 배치하고 관리하시는 분도 하나님이신데 여기에 대해 욥은 무지하고 무능합니다(31~33). 기후와 관련해서 번개와 폭우 현상, 그리고 강물의 범람도 다 하나님께서 주관하시는 것이지 욥은 아무것도 할 수 없습니다(34~38). 이렇게 하나님은 피조물인 인간의 인식을 훨씬 뛰어넘는 창조 세계의 비밀과 신비를 욥에게 똑똑히 보여줍니다. 욥의 부재와 무지와 무능을 폭로하는 것이지요! 거기에 없었으면서도, 알지도 못하면서, 하지도 못하면서, 한 마디로 아무것도 아닌 주제에 왜 홀로 잘난 척 하느냐는 질책입니다!

본문 말씀이 주는 교훈

욥이 끝까지 자신의 무죄 주장을 굽히지 않는 고집 센 모습을 보신 하나님은 "도대체 네가 창조주냐? 내가 창조주냐?"를 물으십니다. 우주 만물 속에 나타난 하나님의 지혜와 권능을 열거하며 욥의 아무것도 아님을 드러내십니다. 따지고 불평하고 탄식했던 욥이 정신이 번쩍 나도록 매섭게 몰아붙이십니다. 사실 욥이 억울한 피해자인 것은 명백하나 다른 사람은 다 잘못되었고 자기만 옳다고 하는 주장, 심지어 하나님께도 원망과 불평을 쏟아놓는 태도는 이해는 되지만 결코 아름다운 모습은 아니었습니다. 왜냐하면 자기의, 즉 독선의 모습이 어른거렸기 때문입니다. 자기가 명백히 옳더라도 한 번쯤 자기를 찬찬히 돌아보고 성찰할 줄 아는 지혜와 여유가 필요합니다. 옳은 것만 가지고 세상일이 다 해결되는 것은 아니기 때문입니다.

욥기가 우리에게 도전하는 것은 정의 그 이상을 추구하라는 것입니다. 내가 이만큼 잘했으니 여기에 상응하는 상을 받고 이만큼 잘못했으니 거기에 비례하는 벌을 받아야 한다는 상선벌악, 즉 인과응보의 법칙 그 이상을 바라보라는 것이지요. 사실 욥이 죄없이 부당한 고통을 받는다고 줄기차게 주장하는 한 그 역시 인과응보론의 한계를 벗어나지 못합니다. 왜냐하면 욥 역시 이 우주는 하나님의 상선벌악의 계획이 어김없이 실현되는 장소라는 편협한 시각을 벗어나지 못하기 때문에 자기의에 사로잡혀 있었던 것이지요. "내가 잘못한 것이 없음에도 불구하고 고통 받을 수도 있다." 하나님은 이 인생의 신비를 깨닫기 원하십니다. 이런 점에서 욥기는 예수 그리스도의 무고하고 신비한 고통을 미리 보여주는 책입니다. 예수님도 아무 잘못 없이 고난을 당하셨지만 불평하거나 원망하시지 않았습니다. 그리고 그 무고한 고통이 정의와 엄격한 도덕 질서로만 움직여나가는 이 세상의 한계를 뛰어넘어 사랑과 용서의 세계로 나아가게 했습니다.

하나님의 첫 번째 말씀 Ⅱ

네가 야생 동물의 왕국을 아느냐?

| 욥 38:39~39:30 |

38장

39 네가 사자의 먹이를 계속하여 댈 수 있느냐? 굶주린 사자 새끼들
의 식욕을 채워 줄 수 있느냐? **40** 그것들은 언제나 굴 속에 웅크리고 있거나, 드러나지 않는 곳
에 숨어 있다가 덮친다. **41** 까마귀 떼가 먹이가 없어서 헤맬 때에, 그 새끼들이 나에게 먹이를
달라고 조를 때에, 그 까마귀 떼에게 먹이를 마련하여 주는 이가 누구냐?

39장

1 너는 산에 사는 염소가 언제 새끼를 치는지 아느냐? 들사슴이 새끼
를 낳는 것을 지켜 본 일이 있느냐? **2** 들사슴이 몇 달 만에 만삭이 되는지 아느냐? 언제 새끼를
낳는지 아느냐? **3** 언제 구푸려서 새끼를 낳는지를 아느냐? 낳은 새끼를 언제 광야에다가 풀어
놓는지를 아느냐? **4** 그 새끼들은 튼튼하게 자라나면, 어미 곁을 떠나가서 다시 돌아오지 않는
다. **5** 누가 들나귀를 놓아 주어서 자유롭게 해주었느냐? 누가 날쌘 나귀에게 매인 줄을 풀어 주
어서, 마음대로 뛰놀게 하였느냐? **6** 들판을 집으로 삼게 하고 소금기 있는 땅을 살 곳으로 삼게
한 것은, 바로 나다. **7** 들나귀가 시끄러운 성읍에서 멀리 떨어져 있으므로, 아무도 들나귀를 길
들이지 못하고, 일을 시키지도 못한다. **8** 산은 들나귀가 마음껏 풀을 뜯는 초장이다. 푸른 풀은
들나귀가 찾는 먹이다. **9** 들소가 네 일을 거들어 주겠느냐? 들소가 네 외양간에서 잠을 자겠느
냐? **10** 네가 들소에게 쟁기를 매어 주어서, 밭을 갈게 할 수 있느냐? 들소들이 네 말을 따라서
밭을 갈겠느냐? **11** 들소가 힘이 센 것은 사실이지만, 네가 하기 힘든 일을 들소에게 떠맡길 수
있겠느냐? **12** 들소가, 심은 것을 거두어들여서 타작 마당에 쌓아 줄 것 같으냐? **13** 타조가 날개
를 재빠르게 치기는 하지만, 황새처럼 날지는 못한다. **14** 타조가 땅바닥에다가 알을 낳는 것은,
흙이 그 알을 따스하게 해주기를 바라기 때문이다. **15** 그러나 그 알이 발에 밟혀서 깨어질 수

있음을 알지 못한다. 들짐승이 그 알을 짓밟을 수도 있음을 알지 못한다. 16 타조는 알을 거칠게
다루기를 마치 제가 낳은 알이 아닌 것같이 하고, 알을 낳는 일이 헛수고가 되지나 않을까 하고
걱정도 하지 못하니, 17 이것은 나 하나님이 타조를 어리석은 짐승으로 만들고, 지혜를 주지 않
았기 때문이다. 18 그러나 타조가 한 번 날개를 치면서 달리기만 하면, 말이나 말 탄 사람쯤은
우습게 여긴다. 19 욥은 대답해 보아라. 말에게 강한 힘을 준 것이 너냐? 그 목에 흩날리는 갈기
를 달아 준 것이 너냐? 20 네가 말을 메뚜기처럼 뛰게 만들었느냐? 사람을 두렵게 하는 그 위
세 당당한 콧소리를 네가 만들어 주었느냐? 21 앞 발굽으로 땅을 마구 파 대면서 힘껏 앞으로
나가서 싸운다. 22 그것들은 두려움이라는 것을 모른다. 칼 앞에서도 돌아서지 않는다. 23 말을
탄 용사의 화살통이 덜커덕 소리를 내며, 긴 창과 짧은 창이 햇빛에 번쩍인다. 24 나팔 소리만
들으면 머물러 서 있지 않고, 흥분하여, 성난 모습으로 땅을 박차면서 내달린다. 25 나팔을 불
때마다, "힝힝" 하고 콧김을 뿜으며, 멀리서 벌어지는 전쟁 냄새를 맡고, 멀리서도 지휘관들의
호령과 고함 소리를 듣는다. 26 매가 높이 솟아올라서 남쪽으로 날개를 펴고 날아가는 것이 네
게서 배운 것이냐? 27 독수리가 하늘 높이 떠서 높은 곳에 보금자리를 만드는 것이 네 명령을
따른 것이냐? 28 독수리는 바위에 집을 짓고 거기에서 자고, 험한 바위와 요새 위에 살면서, 29
거기에서 먹이를 살핀다. 그의 눈은 멀리서도 먹이를 알아본다. 30 독수리 새끼는 피를 빨아먹
고 산다. 주검이 있는 곳에 독수리가 있다.

욥기를 읽을 때마다 저자의 해박한 지식에 놀랍니다. 광물학, 해양학, 기상학, 천문학 등에 관하여 매우 풍부한 지식을 자랑합니다. 28:15~19절이 욥기의 보석목록이라고 한다면 본문 말씀은 욥기의 동물목록이라 할 만합니다. 하나님은 우주 자연 세계의 신비에 대해서 말씀하신 후 대표적인 동물 10마리에 대해서 언급하십니다. 즉, 사자 까마귀 산염소 들사슴 들나귀 들소 타조 말 매 독수리 등의 본능과 습성에 대해서 아주 세밀하게 묘사하십니다. 그런데 이 동물들의 공통점은 다 인간에 의해 쉽게 길들여지지 않는다는 야생성입니다. 이에 반하여 하나님은 이 야생 동물들을 쉽게 제어하시고 길들이십니다. 이렇게 하나님은 동물 세계의 신비까지 관장하시는 분으로서 욥의 무능과 무지를 대비시키려는 의도를 가집니다. 동물 세계에 대해서까지도 욥의 인간중심적 사고를 통렬히 비판하는 것이지요.

사자 까마귀 산염소 들사슴 들나귀의 생태(38:39~39:8)

하나님은 동물의 왕국에 대한 찬양이라 할 만치 동물 생태계의 신비를 칭송하십니다. 먼저 들짐승 중에 백수의 왕 사자와 날짐승 중 연약한 축에 끼이는 까마귀를 언급하십니다. 하나님께서 가장 강한 들짐승에서부터 연약한 날짐승에 이르기까지 모든 동물 세계를 주관하신다는 의미이지요. 사자가 굶주린 새끼를 먹이기 위하여 교묘한 사냥을 하는데 욥은 먹이감을 계속 조달할 수 없습니다(38:39). 하나님은 까마귀 새끼들이 필요한 먹이도 마련해주십니다(38:41). 산염소나 들사슴은 바위가 많은 광야나 황무지에 주로 서식했으므로 접근이 용이하지 않았습니다. 그리하여 산염소가 언제 새끼를 낳는지 아는 사람이 없었으며 들사슴이 언제 새끼를 낳는지, 그 새끼를 어떻게 길러서 광야로 풀어놓는지도 몰랐습니다(39:1~2). 들나귀는 주로 초지에서 자생하는 짐승으로서 사납고 자유분방합니다. 그리하여 들나귀가 들판으로 집을 삼고 소금기 있는 땅을 살 곳으로 지정하신 분이 하나님이십니다(39:5~8). 욥을 비롯한 인간들은 들나귀의 생태에 대해서도 무지합니다.

들소 타조 말 매 독수리의 생태(39:9~30)

들소는 집에서 기르는 소와 달리 매우 거칠고 공격적입니다. 그러므로 욥이 길들이기가 몹시 어렵습니다. 들소가 욥의 일을 거들어 주거나 외양간에 잠을 자거나 쟁기를 매어 주어서 밭을 갈게 하는 일이 다 무리라는 것입니다(9~12). 타조가 가장 흥미로운 동물입니다. 타조는 몸집에 비해 머리가 작기 때문에 흔히 어리석은 동물의 대명사로 알려져 있지요. 누가 공격해 올 때 시속 50~70킬로미터까지 도망치다가 머리를 모래 속에 처박고서는 이제 됐다고 생각한다고 합니다. 새 중에 가장 클 뿐 아니라 타조알도 새알 중에서는 제일 크다고 합니다. 타조는 날지 못하는 새이지만 달리기 속도는 얼룩말보다도 더 빠릅니다. 하나님은 타조가 날개를 뽐내면서도 황새처럼 날지 못하고 누가 밟아서 깨질지도 모르고 아무 생각 없이 알을 땅에 내버려두는 미련한 새라고 하십니다(13~16). 그러면서도 하나님은 타조의 이중성을 이렇게 말씀하십니다. "이것은 나 하나님이 타조를 어리석은 짐승으로 만들고, 지혜를 주지 않았기 때문이다. 그러나 타조가 한 번 날개를 치면서 달리기만 하면, 말이나 말 탄 사람쯤은 우습게 여긴다"(17~18). 타조가 어리석은 것은 하나님이 그렇게 만드셨기 때문이며, 말보다 더 빨리 달릴 수 있는 것 역시 하나님의 솜씨라는 것이지요. 타조야말로 어리석음과 강함이 뒤범벅이 된 이중적 짐승이며 욥의 자화상(30:29)을 그대로 보여줍니다!

다음에 등장하는 말이 열 가지 동물 중에서 아마 유일하게 길들여진 짐승일 것입니다. 그러나 이 말도 집에서 기르는 말이 아니라 전쟁터에서 기병들이 사용하는 전마입니다. 하나님은 전마의 용맹스러움과 빠르게 질주하는 모습을 매우 생동감 있게 묘사하십니다. 갈기를 흩날리며 '힝힝' 콧김을 뿜으며 앞 발굽으로 땅을 마구 파대면서 성난 모습으로 전쟁터를 향해 돌진하는 모습이 사실적으로 그려져 있습니다(19~25). 마지막으로 매와 독수리는 하늘 높이까지 올라가 보금자리를 만들고 매서운 눈매로 먹이감을 살핍니다(26~30).

본문 말씀이 주는 교훈

지금까지 살펴본 대로 하나님은 들짐승 여섯 마리, 날짐승 네 마리 등 대표적인 동물들의 생태 환경을 생생하게 묘사하십니다. 이들 짐승들의 공통점이 하나 있습니다. 말을 제외하고서는 – 물론 이 경우에도 전마이기 때문에 꼭 그런 것은 아니지만 – 모두 인간이 길들이기 어렵고 자기 나름대로 야생적인 자유를 만끽하는 짐승들입니다. 인간의 통제를 받지 않고 하나님의 지혜와 권능으로 지음을 받고 돌봄을 받는 야생성 짐승들입니다. 하나님은 이 짐승들이 만끽하는 자유의 표상을 통하여 욥이 동물의 세계와 관련해서 가져온 인습적인 사고, 즉 자기중심적인 사고에 경종을 울리고자 하십니다. 동물의 세계까지도 네 중심적으로 생각하지 말라는 충고이지요!

사실, 사람들은 짐승의 좋고 나쁨을 인간의 목적과 유용성에 합당하게 길들일 수 있는가를 기준으로 삼습니다. 야생 동물들은 언제나 위험과 불안의 대상입니다. 그리하여 인간의 역사는 야생 동물들을 포획하고 길들여 인간의 이기적 목적에 맞게 정복하고 착취하는 쪽으로, 즉 사냥을 중심으로 해서 발전해 왔습니다. 이러한 동물의 왕국에 대한 포획과 살상의 신학적 근거는 주로 "바다의 고기와 공중의 새와 땅 위의 모든 생물을 다스리라."는 창세기 1:26절과 28절에 의존해왔던 것이 사실입니다. 이런 관점에서 본다면 본문을 통하여 주시는 하나님의 말씀은 다분히 인간중심적인 동물관을 비판하고 교정하는 역할을 합니다. 존재하는 모든 생물 세계, 그것이 동물이든 식물이든지 간에 인간의 유용성과 이기적 목적을 위하여 지음 받은 것이 아니고 창조주 하나님의 은총과 자유와 기쁨을 표현하고 있다는 말씀이지요. 하나님께서 어리석기 짝이 없는 타조도 기뻐하시는데 하물며 아직 미련하여 자기의만 주장하는 욥도 사랑하신다는 것을 빗대기도 하지요. 그러므로 우리는 동물을 비롯한 자연 세계를 인간의 유용성과 이기성이라는 좁은 잣대에 따라 약탈과 착취, 즉 사냥 일변도로 삼을 것이 아니라 하나님께서 좋다고 여기시고 기쁘시게 여기신다는 단순한 사실을 먼저 숙고해야 합니다. 바로 이 점에 있어서 이사야 선지자가 보여주는 종말론적인 비전은 앞으로 우리가 동물의 세계와 어떤 관계를 가져야 하는가를 적시해줍니다.

"그 때에는, 이리가 어린 양과 함께 살며, 표범이 새끼 염소와 함께 누우며, 송아지와 새끼 사자와 살진 짐승이 어린 아이가 그것들을 이끌고 다닌다. 암소와 곰이 서로 벗이 되며, 그것들의 새끼가 함께 누우며, 사자가 소처럼 풀을 먹는다. 젖먹는 아이가 독사의 구멍곁에서 장난하고, 젖뗀 아이가 살무사의 굴에 손을 넣는다. '나의 거룩한 산 모든 곳에서, 서로 해치거나 파괴하는 일이 없다.' 물이 바다를 채우듯, 주님을 아는 지식이 땅에 가득하기 때문이다"(사 11:6~9). "들짐승들도 나를 공경할 것이다. 이리와 타조도 나를 찬양할 것이다. 내가 택한 내 백성에게 물을 마시게 하려고, 광야에 물을 대고, 사막에 강을 내었기 때문이다."(사 43:20)

욥의 첫 번째 답변과 하나님의 두 번째 말씀 I

네가 한 번 하나님이 돼 볼래?

| 욥 40:1~14 |

40장

1 주님께서 또 욥에게 말씀하셨다. 2 전능한 하나님과 다투는 욥아,
네가 나를 꾸짖을 셈이냐? 네가 나를 비난하니, 어디, 나에게 대답해 보아라. 3 그 때에 욥이 주
님께 대답하였다. 4 저는 비천한 사람입니다. 제가 무엇이라고 감히 주님께 대답할 수 있겠습니
까? 다만 손으로 입을 막을 뿐입니다. 5 이미 말을 너무 많이 했습니다. 더 할 말이 없습니다. 6
그러자 주님께서 폭풍 가운데서 다시 말씀하셨다. 7 이제 허리를 동이고 대장부답게 일어서서,
내가 묻는 말에 대답하여라. 8 아직도 너는 내 판결을 비난하려느냐? 네가 자신을 옳다고 하려
고, 내게 잘못을 덮어씌우려느냐? 9 네 팔이 하나님의 팔만큼 힘이 있느냐? 네가 하나님처럼 천
둥소리 같은 우렁찬 소리를 낼 수 있느냐? 10 어디 한 번 위엄과 존귀를 갖추고, 영광과 영화를
갖추고, 11 교만한 자들을 노려보며, 네 끓어오르는 분노를 그들에게 쏟아 내고, 그들의 기백을
꺾어 보아라. 12 모든 교만한 자를 살펴서 그들을 비천하게 하고, 악한 자들을 그 서 있는 자리
에서 짓밟아서 13 모두 땅에 묻어 보아라. 모두 얼굴을 천으로 감아서 무덤에 뉘어 보아라. 14 그
렇게만 할 수 있다면, 나는 너를 찬양하고, 네가 승리하였다는 것을 내가 인정하겠다. 15 베헤
못을 보아라. 내가 너를 만든 것처럼, 그것도 내가 만들었다. 그것이 소처럼 풀을 뜯지만,

본문 말씀은 하나님의 첫 번째 말씀에 대한 욥의 대답과 두 번째 말씀의 전반부입니다. 첫 번째 발언에서 지배적으로 나타난 주제는 우주 자연을 만들고 운행하시는 하나님의 신비한 계획입니다. 하나님의 창조 사업에서 나타난 계

획은 욥이 의심하는 것처럼 무의미하거나 혼란과 흑암으로 가득 찬, 부조리한 것만이 아닙니다. 의미와 가치가 있고, 무엇보다도 무상으로 베푸시는 하나님의 은총과 사랑, 기쁨이 충만한 세계입니다. 이러한 신비하고도 장엄한 창조 세계 앞에 하나님은 욥을 세우시고 욥의 부재와 무지와 무능을 여지없이 폭로하심으로써 욥의 인간 중심적인 세계관을 마구 흔들어놓으셨습니다. 그런 뒤 이제 두 번째 발언에서 하나님은 이 세상에 대한 인간식이 아니라 하나님식의 정의로운 통치 방식을 언급하십니다. 인과응보라는 좁은 렌즈로 조망했던 세계의 정의가 아니라 무상으로 베푸시는 하나님의 은총과 자유에 기초한 우주적 정의, 즉 인간의 자유를 침해하지 않으면서 사랑으로 완성하는 정의의 세계로 인도하십니다. 하나님의 첫 번째 말씀이 주로 자연사와 관련하여 하나님의 지혜를 강조했다면, 두 번째 말씀은 주로 인간 역사에 초점을 맞추어 하나님의 권능을 부각시키고 있습니다.

하나님의 첫 번째 말씀의 결론과 이에 대한 욥의 대답(40:1~5)

하나님은 첫 번째 말씀을 매우 단호하고 직설적으로 마무리지으십니다. "전능한 하나님과 다투는 욥아, 네가 나를 꾸짖을 셈이냐? 네가 나를 비난하니, 어디, 나에게 대답해 보아라"(2). 이 말씀은 하나님께서 욥에게 하신 첫 번째 말씀을 요약해줍니다. 여기서 욥은 전능하신 하나님과 다투는 사람으로서 규정됩니다. 욥은 그 동안 자신의 무죄를 철석 같이 믿으며 하나님을 향하여 이의를 제기하며 항의했습니다. 그러나 자신의 무죄와 결백에만 지나치게 몰두하다보니 어느새 자기만 옳고 하나님은 그르다는 생각에까지 미치게 되어 하나님을 비난하는 지경까지 갔습니다. 이와 같이 상선벌악, 인과응보 법칙의 편협한 시야를 벗어 던지지 못하니 무죄한 자기에게 고통을 내리시는 하나님, 악한 자들을 번성하게 하시는 하나님은 분명히 뭔가 잘못이 있다는 쪽으로 나갔던 것이지요. 바로 이런 이유 때문에 하나님은 창조 세계의 신비와 장엄함을 열거하시면서 하나님의 우주 설계와 통치 방식에 대한 욥의 무지와 무능을 밝히 드러나게 하셨습니다. 자기 중심적이고 인간 중심적인 틀에서 벗어나 하나님 중심적으로 세상을 보라는 뜻이지요!

욥의 대답은 예전과 달리 비굴하리 만큼 순종적입니다. "저는 비천한 사람입니다. 제가 무엇이라고 감히 주님께 대답할 수 있겠습니까? 다만 손으로 입을 막을 뿐입니다. 이미 말을 너무 많이 했습니다. 더 할 말이 없습니다"(4~5). 더 이상 예전의 도전적이고 반항적인 욥이 아닙니다. 자신의 무죄 주장을 위해 그토록 말을 많이 했던 욥이 단 두줄 밖에 말하지 않습니다. 우주 창조의 계획과 신비 앞에서 자신의 부재와 무지와 무능을 절실히 깨달은 욥이 마침내 자신이 아무것도 아니라는 사실을 깨달은 것이지요. 감히 하나님 앞에서 이의를 제기할 수 없을 정도로 부족한 자신을 발견한 것입니다. 우주 만물이 인간을 섬기기 위하여 창조된 것이 아니고 하나님의 자유에서 우러나온 은총과 기쁨으로 이루어진 하나님의 걸작품임을 알게 되었습니다. 그리하여 손으로 입을 막겠다는 표현은 입을 닫고 더 이상 반론을 제기하지 않겠다는 표시입니다. 자신의 무죄를 하나님 앞에 가서 따지겠다던 법정 소송 자체를 포기하겠다는 선언입니다! 그러나 그 어디에서도 욥은 자신의 유죄를 인정하지는 않습니다. 하나님 앞에서 겸손해진 것뿐이지요.

욥이 하나님이 되어 보라고 말씀하시는 하나님(40:6~14)

하나님은 두 번째 말씀을 시작하실 때에도 첫 번째와 똑같이(38:1, 3), 폭풍 가운데서 현현하셔서 욥으로 하여금 '대장부답게 허리를 동이고' 당신이 물으시는 말씀에 대답하라고 요구하십니다(6~7). 여기서 하나님은 욥기에서 다루는 가장 핵심적인 질문 중에 하나, 즉 하나님의 정의에 대해서 말씀하십니다. "아직도 너는 내 판결을 비난하려느냐? 네가 자신을 옳다고 하려고, 내게 잘못을 덮어씌우려느냐?"(8). 빌닷이 전능하신 하나님께서 심판을 잘못 하실

리 없으며 공의를 거짓으로 판단하실 리 없다고 주장했을 때(8:3) 욥의 응답은 매우 비관적이고 냉소적이었습니다. 욥의 현실 경험으로 볼 때 하나님은 악인이나 의인이나 다 한가지로 심판하시는 불의한 분이었습니다(9:22). 이렇게 욥은 친구들과의 논쟁에서 자신이 부당하게 고통을 받고 있다는 확신 때문에 하나님의 정의로운 세상 통치 방식에 강한 의혹을 보여 온 것이 사실입니다(13:18; 16:11; 21:7; 24:1~24; 31:6; 34:5 참조). 바로 이런 점에서 욥 자신도 그토록 혐오감을 보이며 완강하게 저항했던 친구들의 인과응보론이라는, 당시 가장 영향력 있었던 정통 신학에서 자유롭지 못했습니다. 자기가 무죄하니 고난을 당해서 안 되고 악인이 번성하는 것(21:7~13), 역시 용납할 수 없다는 태도가 욥이 벗어나기 원했던 그 함정에 자신도 빠졌다는 것을 보여줍니다. 욥은 이처럼 현실 경험에서 일어나는 부조리와 모순에 매달리다보니 점차 자기의에 깊숙이 경도되어 하나님께 책임을 전가하는 쪽으로 나갔습니다. 하나님은 이와 같이 자기 중심적이고 인간 중심적인 정의관에 사로잡힌 욥의 모습을 통렬히 비판하십니다. "네가 자신을 옳다고 하려고, 내게 잘못을 덮어씌우려 하느냐?" 자신의 무죄를 주장하기 위해 하나님의 유죄를 주장한다는 반박이지요!

그러면서 하나님은 네가 한번 하나님이 되어 보겠느냐는 지극히 풍자적이고 반어법적인 질문을 던지십니다. 아마 욥기에서 나오는 가장 흥미로운 구절이 9~14절일 것입니다. "네 팔이 하나님의 팔만큼 힘이 있느냐? 네가 하나님처럼 천둥소리 같은 우렁찬 소리를 낼 수 있느냐? 어디 한 번 위엄과 존귀를 갖추고, 영광과 영화를 갖추고, 교만한 자들을 노려보며, 네 끓어오르는 분노를 그들에게 쏟아 내고, 그들의 기백을 꺾어 보아라. 모든 교만한 자를 살펴서 그들을 비천하게 하고, 악한 자들을 그 서 있는 자리에서 짓밟아서 모두 땅에 묻어 보아라. 모두 얼굴을 천으로 감아서 무덤에 뉘어 보아라. 그렇게만 할 수 있다면, 나는 너를 찬양하고 네가 승리하였다는 것을 내가 인정하겠다."

아이로니컬하지요! 네가 그렇게 잘났고 그렇게 공의롭다면 네가 한 번 하나님이 되어서 세상을 의롭게 통치해 보라는 풍자입니다! 여기서 하나님의 자격으로서 '힘있는 팔'과 '천둥소리 같이 우렁찬 소리'가 제시됩니다. 성경에서 '팔'은 주로 하나님의 능력을 나타내며(출 15:16; 신 5:15; 시 77:15; 사 53:1), 천둥소리는 하나님의 장엄함을 상징합니다(시 29:3; 사 29:6; 렘 25:30). 하나님이 세상을 지배하는 방식이 싫다면 이제 네가 한 번 하나님이 되어서 공의롭게 통치한다는 사실을 입증해 보라는 것입니다. 즉, 교만한 자들에게 하나님의 분노를 쏟아 붓고 그들의 기백을 꺾어보라는 것이지요. 네가 그토록 공의로운 하나님이 될 수만 있다면 교만한 자들을 비천하게 만들어보고 악한 자들을 짓밟아서 땅에 묻어보라는 것입니다. 네가 그토록 악인들의 번성에 대해서 눈꼴사나워서 보지 못하겠다면 어디 네가 한 번 하나님 자리에 올라가서 그들을 멋지게 심판하고 손 좀 봐주라는 일갈이지요! 그런데 흥미롭게도 하나님은 의인이 당하는 고통으로부터 건져내는 활동은 언급하지 않으십니다. 이제 하나님의 결론은 간단합니다. 네가 인과응보에 따라 척척 기계적으로 돌아가는 윤리적인 세상을 그토록 희구한다면 어디 네가 한 번 권능과 위엄과 영광을 갖추어서 악인을 남김 없이 축출하고 섬멸하는, 공의로 충만한 하나님이 되어보라는 주문입니다! 만일 욥이 그렇게만 할 수 있다면 하나님은 욥을 찬양하고 욥이 승리했다는 사실을 기꺼이 인정하시겠다고 결론을 맺습니다(14).

하나님에게도 불가능한 일을 욥이 할 수만 있다면 하나님께서 욥을 당신 대신 하나님으로 대접하시겠다는 발상. 아, 얼마나 통렬한 풍자인지요! 욥의 자기 중심적인 세계관을 이렇게 뒤흔드는 반어법이 또 어디에 있을까요? 이 세상이 욥이나 세 친구들이 생각하는 것처럼 인과응보의 법칙에 따라 상선벌악이 기계적으로 반복되는 세상이 아님을 보여주는 말씀이지요! 잘 알지도 못하고 하지도 못하고 아무 것도 아닌 주제에 하나님의 정의로운 세상 통치 방식에 이의를 제기하는 욥의 교만과 인간 중심의 짧은 안목을 정면으로 비판하시는 것이지요! 이제 내일 읽을 말씀을 보면 기괴하기 짝이 없는 신비 동물로서 욥보다는 훨씬 더 강하지만 하나님의 전적인 통제하에 있는 베헤못과 리워야단을 소개함으로써 욥의 아무것도 아님을 다시 한번 드러내십니다.

본문 말씀이 주는 교훈

내가 10분만이라도 하나님이 된다면 이 세상은 어떻게 될까요? 하나님이 하시는 일에 불만이 있을 때마다 이런 질문을 한 번 던져보세요. 아마 우리는 단 1초도 이 세상을 공평하게 통치하기 어려울 것입니다! 신학적으로 말해서 40:8~14절은 욥기에서도 가장 흥미로운 신정론적인 질문을 내포합니다. 하나님은 왜 욥이 생각하는 것처럼 의인은 어김없이 상주시고 악인은 빈틈없이 벌주시지 않을까요? 불의하시기 때문에? 무능하시기 때문에? 심술궂으시기 때문에?

사실 욥이 제시한 하나님의 정의는 의인이 고통받고 악인이 번영하는 부조리한 세상에 하나님께서 독재자처럼 일방적이고 강압적인 힘을 행사해서라도 세상 질서를 바로 잡아야 한다는 인간적인 강박감에서 나온 것입니다. 다시 말해 하나님이 공의로우시다는 사실은 하나님이 모든 불의를 반드시 뿌리뽑고 의와 선에 대해서는 무조건 보상을 해주어야 한다는 어떤 강압성을 전제하는 것입니다. 그런데 바로 이 강압성이야말로 하나님의 주권과 자유, 값없이 주시는 은총과 정면충돌합니다. 하나님은 인간을 자유 의지를 가진 선택할 수 있는 존재로 만드셨습니다. 하나님의 의지에 따라 기계적으로 움직이는 로봇으로 만들지 않으셨습니다. 그러므로 하나님은 인간이 가지고 있는 생득적 자유 의지를 깨부수면서까지 하나님의 공의를 일방적으로 행사하기 원치 않으십니다. 의로운 사람에게 즉각적으로 보상하지 않으시는 이유는 그가 자유 의지를 갖고 미래에 타락할 수 있는 가능성이 열려 있기 때문입니다. 거꾸로 사악한 사람을 금방 벌하지 않으시는 이유도 그들이 자유를 가졌기 때문에 언젠가 회개하고 변화될 수 있는 가능성이 있기 때문이기도 합니다. 바로 이 점에 있어서 하나님의 자유는 인간의 자유를 존중하지 침해하지 않습니다.

그렇다면 욥이나 친구들이나, 아니 엘리후까지도 그 문제점이 무엇입니까? 인간 중심주의의 한계를 벗어나지 못하고 있다는 사실이 아닐까요! 인과응보론, 혹은 고난의 교육적 해석이라는 좁은 틀로 하나님의 공의와 세상의 경영 이치를 다 재단할 수 있다면 이야말로 하나님의 자유를 인정하지 않을 뿐 아니라 인간의 이론으로 하나님의 자리까지 찬탈하는 것에 다름 아닐 것입니다! 놀랍게도 하나님의 말씀은 인간의 이성으로 볼 때 가장 그럴듯한 해석, 즉 엘리후가 주장한 고난의 교육적이며 목적론적 해석까지도 일체 언급하지 않으십니다. 그 것 역시 인간의 생각에서 나온 한 견해일 뿐이라는 것이지요!

결국 인과응보론은 자기들의 윤리 정의관으로 하나님을 조종하고 길들이려 할 뿐 아니라 하나님을 자신의 필요에 따라 움직이기 원하는 하나의 우상으로 전락시키게 됩니다. 자동 판매기에 얼마 만큼의 돈을 넣으면 자기가 원하는 과자나 음료수가 정확하게 튀어나오기를 기대하는 것처럼, 내가 이만큼 의롭게 살았으니 이 정도의 보상을 받아야 한다든지, 내가 이만큼 죄를 지었으니 거기에 비례하는 징벌을 받아야 한다는, 인간의 기대와 필요에 따라 움직이는 우상 제조기로 전락하는 것이지요. 하나님은 얼마든지 세상을 인과응보와 상선벌악의 원칙에 따라 통치하실 수 있지만 당신의 형상을 따라 지으신 인간의 자유를 존중하는 까닭에 그렇게 기계적으로 일방적으로 하지 않으십니다. 그러므로 하나님의 자유야말로 정의를 뛰어넘어 값없이 주시는 하나님의 사랑과 은총을 가능케 해주는 핵심입니다. 원수를 사랑하고, 오른 뺨을 치면 왼 편 뺨을 돌리라고 가르치셨으며, 창기와 세리의 친구가 되신 사랑과 용서의 하나님, 그 하나님이 무상으로 은혜를 베푸시는 절대 자유의 하나님이십니다. 하나님의 사랑과 은총은 하나님의 정의보다 훨씬 더 큽니다! 욥이 만난 하나님은 파스칼의 말대로 철학자들이나 신학자들의 하나님이 아닌, 아브라함과 이삭과 야곱의 하나님, 우리를 인격적으로 만나시는 하나님의 진면목을 일러줍니다! 머리와 관념으로 이해된 하나님이 아니라 구체적인 삶 한가운데서 온몸으로 체험한 살아 계신 하나님 말입니다!

하나님의 두 번째 말씀 Ⅱ

누가 그것들과 맞서겠느냐?

| 욥 40:15~41:34 |

40장

16 허리에서 나오는 저 억센 힘과, 배에서 뻗쳐 나오는 저 놀라운 기
운을 보아라. 17 꼬리는 백향목처럼 뻗고, 넓적다리는 힘줄로 단단하게 감쌌다. 18 뼈대는 놋처
럼 강하고, 갈비뼈는 쇠빗장과 같다. 19 그것은, 내가 만든 피조물 가운데서 으뜸가는 것, 내 무
기를 들고 다니라고 만든 것이다. 20 모든 들짐승이 즐겁게 뛰노는 푸른 산에서 자라는 푸른 풀
은 그것의 먹이다. 21 그것은 연꽃잎 아래에 눕고, 갈대밭 그늘진 곳이나 늪 속에다가 몸을 숨긴
다. 22 연꽃잎 그늘이 그것을 가리고, 냇가의 버드나무들이 그것을 둘러싼다. 23 강물이 넘쳐도
놀라지 않으며, 요단 강의 물이 불어서 입에 차도 태연하다. 24 누가 그것의 눈을 감겨서 잡을
수 있으며, 누가 그 코에 갈고리를 꿸 수 있느냐?

41장

1 네가 낚시로 리워야단을 낚을 수 있으며, 끈으로 그 혀를 맬 수 있
느냐? 2 그 코를 줄로 꿸 수 있으며, 갈고리로 그 턱을 꿸 수 있느냐? 3 그것이 네게 살려 달라
고 애원할 것 같으냐? 그것이 네게 자비를 베풀어 달라고 빌 것 같으냐? 4 그것이 너와 언약을
맺기라도 하여, 영원히 네 종이 되겠다고 약속이라도 할 것 같으냐? 5 네가 그것을 새처럼 길들
여서 데리고 놀 수 있겠으며, 또 그것을 끈으로 매어서 여종들의 노리개로 삼을 수 있겠느냐? 6
어부들이 그것을 가지고 흥정하고, 그것을 토막 내어 상인들에게 팔 수 있겠느냐? 7 네가 창으
로 그것의 가죽을 꿰뚫을 수 있으며, 작살로 그 머리를 찌를 수 있겠느냐? 8 손으로 한 번 만져
만 보아도, 그것과 싸울 생각은 못할 것이다. 9 리워야단을 보는 사람은, 쳐다보기만 해도 기가
꺾이고, 땅에 고꾸라진다. 10 그것이 흥분하면 얼마나 난폭하겠느냐? 누가 그것과 맞서겠느냐?
11 그것에게 덤벼 들고 그 어느 누가 무사하겠느냐? 이 세상에는 그럴 사람이 없다. 12 리워야

단의 다리 이야기를 어찌 빼놓을 수 있겠느냐? 그 용맹을 어찌 말하지 않을 수 있겠느냐? 그 늠
름한 체구를 어찌 말하지 않고 지나겠느냐? **13** 누가 그것의 가죽을 벗길 수 있겠느냐? 누가 두
겹 갑옷 같은 비늘 사이를 뚫을 수 있겠느냐? **14** 누가 그것의 턱을 벌릴 수 있겠느냐? 빙 둘러
돋아 있는 이빨은 보기만 해도 소름이 끼친다. **15** 등비늘은, 그것이 자랑할 만한 것, 빽빽하게
짜여 있어서 돌처럼 단단하다. **16** 그 비늘 하나하나가 서로 이어 있어서, 그 틈으로는 바람도 들
어가지 못한다. **17** 비늘이 서로 연결되어 꽉 달라붙어서, 그 얽힌 데가 떨어지지도 않는다. **18**
재채기를 하면 불빛이 번쩍거리고, 눈을 뜨면 그 눈꺼풀이 치켜 올라가는 모양이 동이 트는 것
과 같다. **19** 입에서는 횃불이 나오고, 불똥이 튄다. **20** 콧구멍에서 펑펑 쏟아지는 연기는, 끓는
가마 밑에서 타는 갈대 연기와 같다. **21** 그 숨결은 숯불을 피울 만하고, 입에서는 불꽃이 나온
다. **22** 목에는 억센 힘이 들어 있어서, 보는 사람마다 겁에 질리고 만다. **23** 살갗은 쇠로 입힌
듯이, 약한 곳이 전혀 없다. **24** 심장이 돌처럼 단단하니, 그 단단하기가 맷돌 아래짝과 같다. **25**
일어나기만 하면 아무리 힘센 자도 벌벌 떨며, 그 몸부림 치는 소리에 기가 꺾인다. **26** 칼을 들
이댄다 하여도 소용이 없고, 창이나 화살이나 표창도 맥을 쓰지 못한다. **27** 쇠도 지푸라기로 여
기고, 놋은 썩은 나무 정도로 생각하니, **28** 그것을 쏘아서 도망 치게 할 화살도 없고, 무릿매 돌
도 아예 바람에 날리는 겨와 같다. **29** 몽둥이는 지푸라기쯤으로 생각하며, 창이 날아오는 소리
에는 코웃음만 친다. **30** 뱃가죽은 날카로운 질그릇 조각과 같아서, 타작기가 할퀸 진흙 바닥처
럼, 지나간 흔적을 남긴다. **31** 물에 뛰어들면, 깊은 물을 가마솥의 물처럼 끓게 하고, 바다를 기
름 가마처럼 휘젓는다. **32** 한 번 지나가면 그 자취가 번쩍번쩍 빛을 내니, 깊은 바다가 백발을
휘날리는 것처럼 보인다. **33** 땅 위에는 그것과 겨룰 만한 것이 없으며, 그것은 처음부터 겁이
없는 것으로 지음을 받았다. **34** 모든 교만한 것들을 우습게 보고, 그 거만한 모든 것 앞에서 왕
노릇을 한다.

본문은 하나님께서 욥에게 주신 두 번째 말씀의 후반부입니다. 두 번째 말씀의 전반부에서 하나님은 욥이 의혹을 품었던 하나님의 정의가 크게 잘못 인식되었다는 사실을 풍자적으로 책망하셨습니다. 욥이 생각했던 하나님의 정의는 선에는 무조건 보상을, 악에는 무조건 징벌을 내려야 한다는 인과응보적인 틀을 벗어나지 못한 것이었습니다. 그리하여 하나님은 욥이 하나님 자리에 올라가 교만하고 사악한 자들을 뿌리뽑아서 하나님으로서의 공의를 입증해보라고 빈정거리십니다. 그런 뒤 이제 하나님은 대단히 기괴하기 짝이 없는 신비의 동물들, 즉 육지 짐승 베헤못, 즉 하마와 바다 짐승 리워야단, 즉 악어의 생태 습성에 대해서 세밀하게 묘사하십니다. 베헤못과 리워야단은 교만과 악,

혼돈과 허무의 대명사로 간주되었는데 욥이 하나님이 되더라도 악을 뿌리뽑지 못하거늘, 이런 짐승들 앞에서 더더욱 왜소하기 짝이 없다는 사실을 보여주고자 합니다. 다시 말해 가공할 만한 괴력을 가진 이 짐승들과 욥의 무지와 무능을 날카롭게 대조시키는 동시에 이런 짐승들까지도 하나님의 피조물이며 당신의 전적인 통제 아래 있음을 드러내고자 하는 것이지요. 사실 욥이 끊임없이 제기했던 질문 중에 하나가 자기와 같은 선인은 고통을 받고 거꾸로 악인은 번성하기에 세상이 암흑과 허무로 가득찬 혼돈에 처해 있다는 탄식이 아닙니까? 바로 이런 맥락에서 하나님이 암흑과 혼돈과 악의 상징물로 여겨진 베헤못과 리워야단을 언급하신 이유는 하나님께서 이런 세력들, 즉 악의 세계까지도 장악하고 또 허용하신다는 사실을 보여주려는 것입니다.

한 가지 흥미로운 것은 하나님께서 욥에게 주신 첫 번째 말씀의 후반부도 열 가지 야생 짐승들의 본능과 습성에 대한 치밀한 묘사로 끝났는데, 두 번째 말씀의 후반부 역시 훨씬 더 야생적이고 무시무시한 짐승 두 마리에 대한 정밀 묘사로 끝을 맺습니다. 다만 한 가지 중대한 차이가 있다면, 첫 번째 말씀에서 거론된 열 가지 짐승들은 단순히 인간에 의해서 길들여지지 않는 데 반하여 두 번째 말씀에서 등장하는 두 짐승들은 길들일 수 없는 것은 물론이고 인간에 대하여 철저히 적대적이라는 점입니다. 하나님은 이와 같이 인간에게 적대감과 공포심만 안겨주는 짐승들까지도 만드셨고(40:15), 쉽게 길들여서 장난감처럼 가지고 놀 수 있는(41:5) 분이십니다. 그런데 욥은 못한다는 것이지요! 욥의 마지막 남은 자존심까지 뒤흔들어서 하나님 앞에 낮추게 하시려는 의도입니다!

육지 짐승 베헤못의 세계(40:15~24)

'베헤못' 이라는 히브리어는 '짐승' 을 뜻하는 '베헤마' 의 복수형이라고 합니다. 베헤못은 하마나 코끼리로 해석하거나 하마나 코끼리의 중간 형태, 혹은 아예 신화적인 가공의 짐승으로 해석하기도 합니다. 그러나 본문 말씀의 세밀한 묘사로 보건대 하마로 봐도 무리가 없을 듯 싶습니다. 하마는 몸길이가 3.7~4.6미터나 되고 몸무게는 2.7톤이나 됩니다. 육중하기로 말한다면 코끼리와 더불어 따를 짐승이 없지요. 그렇다면 하나님은 베헤못에 대해서 어떻게 설명하십니까?

베헤못의 생김새나 습성은 생략하고 베헤못과 관련해서 하나님께서 유독 강조하시는 특징만 살펴보겠습니다. 먼저 15절에 보면 하나님께서 욥을 만드신 것처럼 베헤못도 만드셨다는 것입니다. 이렇게 욥과 베헤못이 함께 나누는 공유적 속성은 피조성입니다. 베헤못이 아무리 육중하고 기괴하다고 할지라도 하나님께서 만드신 피조물에 불과합니다. 그러므로 하나님의 손아귀에 있습니다. 그 다음에 19절에 보면 베헤못은 하나님이 만드신 피조물 가운데 으뜸가는 짐승이요, 하나님의 무기를 들고 다니는 무기 당번병이라고까지 했습니다. 베헤못이 최고의 걸작품이라는 사실은 23절 말씀을 통하여서 다시 확인됩니다. 강물이 넘쳐도 놀라지 않으며, 요단 강의 물이 불어서 입에 차도 태연하기만 합니다. 느긋하고도 의연한 하마를 연상하면 이 말씀은 금방 이해가 될 것입니다. 아마도 하나님은 하마의 이처럼 태연자약한 성격을 욥의 성 마르고 조급한 모습과 대조시키는 듯 싶습니다. 중요한 것은 24절 말씀입니다. "누가 그것의 눈을 감겨서 잡을 수 있으며, 누가 그 코에 갈고리를 꿸 수 있느냐?" 지금이야 인간이 하마를 쉽게 포획할 수 있지만 욥의 시대에는 꿈도 꿀 수 없었을 것입니다. 다시 욥의 할 수 없음, 무능이 폭로됩니다!

바다 짐승 리워야단의 세계(41:1~34)

성경에서 한 짐승에 대한 묘사 치고 가장 길고 정확하게 묘사된 짐승이 리워야단이라고 합니다. 리워야단은 영어로 'leviathan' 으로 음역이 되는데 물 속에 사는 해수(海獸)를 일컫는 말입니다. 개역 성경에는 악어로 번역되었는데 비슷한 짐승들로는 용이나 고래가 있습니다. 리워야단은 혼돈과 허무, 암흑, 악을 상징하는 부정적이고 파괴적인 세력의 대명사입니다. 그렇다면 베헤못에서와 마찬가지로 하나님께서 욥을 깨우치시려는 목적과 관련된 리워야단의 특징은 무엇일까요?

41:1~11절에서 하나님은 리워야단이 인간이 통제하기 어려운 동물이라는 사실을 강조하십니다. 지금이야 악어 사냥이 어렵지 않지만 욥의 시대에는 거의 불가능했을 것입니다. 리워야단을 낚시로 낚거나 끈으로 그 혀를 매거나 코를 줄로 꿰거나 갈고리로 그 턱을 꿰는 일이 불가능합니다(1~2). 더욱이 리워야단을 잡아서 애완용으로 길들인다는 것은 상상조차 어렵습니다. "네가 그것을 새처럼 길들여서 데리고 놀 수 있겠으며, 또 그것을 끈으로 매어서 여종들의 노리개로 삼을 수 있느냐?"(5). 하나님은 이렇게 리워야단의 포획과 조련이 불가능함은 물론이고 아예 인간이 당해낼 수 없다는 사실을 이렇게 말씀하십니다. "손으로 한 번 만져만 보아도, 그것과 싸울 생각은 못할 것이다. 리워야단을 보는 사람은, 쳐다보기만 해도 기가 꺾이고, 땅에 고꾸라진다. 그것이 흥분하면 얼마나 난폭하겠느냐? 누가 그것과 맞서겠느냐? 그것에게 덤벼 들고 그 어느 누가 무사하겠느냐? 이 세상에서 그럴 사람이 없다"(8~11). 그렇다면 리워야단을 당해내지 못하는 인간이 리워야단을 만드신 하나님께 대적한다는 것은 말이 안 됩니다!

12~34절에서 계속해서 리워야단의 기괴하고 웅장한 자태를 세밀하게 묘사합니다. 리워야단의 튼튼한 다리, 늠름한 체구, 아무도 뚫을 수 없는 가죽, 보기만 해도 소름이 끼치는 이빨, 돌처럼 단단한 등비늘(12~17) 등을 묘사하면서 누가 감히 리워야단에게 대항할 수 있는가를 거듭 묻습니다. 리워야단, 즉 악어가 물 속을 헤집고 다니며 재채기 할 때마다 불빛이 번쩍거리고 입에서 횃불이 나오고 콧김을 내뿜을 때마다 쏟아지는 연기 하며, 장관입니다(18~21). 그리하여 리워야단을 보는 사람마다 겁에 질리고 맙니다(22). 어느 정도인고

하면, “일어나기만 하면 아무리 힘센 자도 벌벌 떨며, 그 몸부림 치는 소리에 기가 꺾인다. 칼을 들이댄다 하여도 소용이 없고, 창이나 화살이나 표창도 맥을 쓰지 못한다. 쇠도 지푸라기로 여기고, 놋은 썩은 나무 정도로 생각하니, 그것을 쏘아서 도망치게 할 화살도 없고, 무릿매 돌도 아예 바람에 날리는 겨와 같다. 몽둥이는 지푸라기쯤으로 생각하며, 창이 날아오는 소리에는 코웃음만 친다”(25~28). 동방불패요, 천하무적이라는 것이지요!

이제 하나님의 결론은 예상할 수 있는 그대로입니다. “땅 위에는 그것과 겨룰 만한 것이 없으며, 그것은 처음부터 겁이 없는 것으로 지음을 받았다. 모든 교만한 것들을 우습게 보고, 그 거만한 모든 것 앞에서 왕노릇을 한다”(33~34). 리워야단은 모든 생물계를 우습게 보는, 모든 교만한 것들의 왕이라는 것입니다. “이런 리워야단을 홀로 의로운 척 하는 너 욥아 대적할 수 있느냐?” “네가 나를 의롭지 못하다고 불평하는데 어디 네가 한 번 하나님이 되어서 베헤못이나 리워야단 같은 교만과 사악의 왕들을 다스려보겠느냐?” 도전하는 것입니다. 하나님께서는 욥이 꼼짝도 못하는 베헤못이나 리워야단을 지으셨을 뿐 아니라 장난감처럼 가지고 놀 수 있다는 것입니다. “그러니 너 욥아, 우주 자연의 신비와 동물 세계의 신비 앞에 잠잠할지어다!” 이것이 하나님의 결론입니다.

본문 말씀이 주는 교훈

하나님은 첫 번째 말씀의 전반부에서 바람, 바다, 눈, 우박, 천둥 번개, 별자리 등등의 우주 자연의 신비를 말씀하신 뒤, 후반부에서 열 가지 야생동물의 생태 습성을 언급하셨습니다. 두 번째 말씀의 전반부에서는 욥이 하나님의 정의를 의심한다는 사실을 질책하시면서 네가 한 번 하나님이 되어서 악인들을 추방하고 섬멸해서 공의를 실천해보라고 빈정거리십니다. 그러다가 두 번째 말씀의 후반부에서 다시 두 가지 동물들의 기괴한 모습을 묘사하심으로써 욥의 왜소함과 무지, 무능을 또 한 번 드러나게 하십니다. 하나님은 욥의 콧대를 꺾기 위하여 욥이 피부로 그 두려움을 가까이 느낄 수 있는 영역으로 점점 더 강도를 높이는 것을 봅니다. 사실 천체 자연은 멀리 떨어져 있는 것이기에 직접 땅이나 공중에서 볼 수 있는 야생 짐승들에 비하면 현실감이 떨어지고, 이 야생 짐승들은 하마나 악어와 같이 육중한 짐승들에 비기면 또 신비감이나 두려움이 떨어집니다. 점점 더 소름끼치는 가까운 현실 영역으로 끌어들이면서 욥의 자기의(自己義) 주장을 흔들고 계시는 것입니다. 욥은 감히 접근조차 못하지만 가장 소름끼치는 이 짐승들조차도 하나님의 손에 붙들려 있다는 것이지요.

구띠에레스는 베헤못과 리워야단에 대한 말씀을 이렇게 읽어냅니다. 하나님은 베헤못과 리워야단으로 상징되는 혼돈과 허무와 악의 세계를 통제하고는 계시지만 이와 동시에 그들의 존재를 제거하지 않으신다는 것입니다. "이 짐승들은, 말하자면, 세상 우주가 혼돈으로부터 생겨났던 바로 그 혼돈의 잔존물들이다. 자신의 부당한 고통 때문에 욥은 실존을 혼돈, 즉 본래 있었던 무질서가 계속되는 것으로 본다. 하나님은 당신의 힘이 이와 같은 혼돈의 세력들을 통제하고 있다는 사실을 욥에게 보여주시려고 애쓰는 동시에 이러한 세력들이 파괴되지 않을 것이라고도 말씀하신다. 이 짐승들은 하나님께서 방금 말씀하셨던 사악한 자들을 대변한다(40:11~13). 또한 이들은 이 세계 안에 존재하는 세력들이기도 하다. 하나님은 욥 자신이 그 속에 내동댕이쳐져 있다고 느껴왔던 바, 이러한 원초적인 혼돈의 잔여물들을 즉각적으로 끝장내시지는 않지만 이들을 통제하시고는 있다. 이 세상 안에 악은 있지만 세상이 악인 것은 아니다. 우주 내부에 혼돈의 세력들이 있지만 우주가 혼돈인 것은 아니다"(*On Job*, 80쪽, 필자 졸역).

결국 악과 고통의 존재는 하나님의 자유로 설명될 수밖에 없습니다. 하나님은 얼마든지 악과 고통을 제어하고 계시지만 동시에 허용도 하신다는 것이지요. 베헤못과 리워야단을 통하여 하나님께서 욥으로 하여금 깨우치시려는 의도도 분명히 하나님은 이 혼돈과 허무와 악을 상징하는 두 짐승의 세계를 손안에 넣고 계시지만 그들의 존재를 허락하신다는 것입니다. 이제 분명해진 것은 인간이 베헤못과 리워야단에 맞서거나 다스릴 수 없듯이 악과 고통은 인간이 파악하거나 통제할 수 있는 성질의 것이 아니라는 사실입니다. 자연악이나 도덕악이나 여하한 종류의 악이나 고통도 다 하나님의 통제하에 있지만 하나님의 자유로 이 세상 안에 허용을 하십니다. 이것은 인간의 이성적 파악의 범주 너머에 있습니다. 그러므로 욥이나 우리 모두에게 요청되는 자세는 자기중심적인 편협한 고통관을 버리고 신비 그 자체이신 하나님의 주권과 자유에 겸손히 순종하는 것입니다.

욥의 두 번째 답변과 욥의 회복

귀로 듣다가 눈으로 주님을 뵈오니

| 욥 42:1~17 |

42장

1 욥이 주님께 대답하였다. 2 주님께서는 못하시는 일이 없으시다는
것을, 이제 저는 알았습니다. 주님의 계획은 어김없이 이루어진다는 것도, 저는 깨달았습니다. 3
잘 알지도 못하면서, 감히 주님의 뜻을 흐려 놓으려 한 자가 바로 저입니다. 깨닫지도 못하면서,
함부로 말을 하였습니다. 제가 알기에는, 너무나 신기한 일들이었습니다. 4 주님께서 말씀하셨습
니다. "들어라. 내가 말하겠다. 내가 물을 터이니, 내게 대답하여라" 하셨습니다. 5 주님이 어떤
분이시라는 것을, 지금까지는 제가 귀로만 들었습니다. 그러나 이제는 제가 제 눈으로 주님을 뵙
습니다. 6 그러므로 저는 제 주장을 거두어들이고, 티끌과 잿더미 위에 앉아서 회개합니다. 7 주
님께서는 욥에게 말씀을 마치신 다음에, 데만 사람 엘리바스에게 이렇게 말씀하셨다. "내가 너와
네 두 친구에게 분노한 것은, 너희가 나를 두고 말을 할 때에, 내 종 욥처럼 옳게 말하지 못하였
기 때문이다. 8 그러므로 이제 너희는, 수송아지 일곱 마리와 숫양 일곱 마리를 마련하여, 내 종
욥에게 가지고 가서, 너희가 용서받을 수 있도록 번제를 드려라. 내 종 욥이 너희를 용서하여 달
라고 빌면, 내가 그의 기도를 들어줄 것이다. 너희가 나를 두고 말을 할 때에, 내 종 욥처럼 옳게
말하지 않고, 어리석게 말하였지만, 내가 그대로 갚지는 않을 것이다." 9 그래서 데만 사람 엘리
바스와 수아 사람 빌닷과 나아마 사람 소발이 가서, 주님께서 그들에게 말씀하신 대로 하니, 주
님께서 욥의 기도를 들어주셨다. 10 욥이 주님께, 자기 친구들을 용서해 달라고 기도를 드리고
난 다음에, 주님께서 욥의 재산을 회복시켜 주셨는데, 욥이 이전에 가졌던 모든 것보다 배나 더
돌려주셨다. 11 그러자 그의 모든 형제와 자매와 전부터 그를 아는 친구들이 다 그를 찾아와, 그
의 집에서 그와 함께 기뻐하면서, 먹고 마셨다. 그들은 주님께서 그에게 내리신 그 모든 재앙을
생각하면서, 그를 동정하기도 하고, 또 위로하기도 하였다. 그러면서 그들은 저마다, 그에게 돈을
주기도 하고, 금반지를 끼워 주기도 하였다. 12 주님께서 욥의 말년에 이전보다 더 많은 복을 주

셔서, 욥이, 양을 만 사천 마리, 낙타를 육천 마리, 소를 천 겨리, 나귀를 천 마리나 거느리게 하셨다. **13** 그리고 그는 아들 일곱과 딸 셋을 낳았다. **14** 첫째 딸은 여미마, 둘째 딸은 긋시아, 셋째 딸은 게렌합북이라고 불렀다. **15** 땅 위의 어디에서도 욥의 딸들처럼 아리따운 여자를 찾아볼 수 없었다. 더욱이 그들의 아버지는, 오라비들에게 준 것과 똑같이, 딸들에게도 유산을 물려주었다. **16** 그 뒤에 욥은 백사십 년을 살면서, 그의 아들과 손자 사 대를 보았다. **17** 욥은 이렇게 오래 살다가 세상을 떠났다.

드디어 욥기는 대단원의 막을 내리게 되었습니다. 서막에 해당되는 1~2장과 종장에 해당되는 42:7~17절을 산문으로 되어 있는 틀 이야기라고 부릅니다. 그 동안 그 사이에 끼어 있는 시문으로 된 욥의 탄식과 세 친구들과의 뜨거운 설전, 엘리후의 말, 그리고 하나님의 말씀과 욥의 답변을 거쳐 마침내 결론에 이르게 되었습니다. 하나님의 말씀에서 특이한 것은 왜 의로운 욥이 불의한 고통을 당해야 하는지 그 이유와 목적을 명확하게 대답하시지 않는다는 사실입니다. 다시 말해 인과응보적인 해석이 옳은지 틀린지 직답을 하지 않으실 뿐 아니라 엘리후가 제기했던 고난의 목적론적 해석, 즉 교육적 해석에 대해서도 일체 언급이 없습니다. 만일 욥기의 저자가 고난의 신비에 대한 하나님의 입장을 명쾌하게 진술하는 것으로 끝을 맺었다면 욥기는 아주 밋밋한 책이 되고 말았을 것입니다. 불가지론 혹은 허무주의라고 할 수 있을 만큼 고난의 의미와 목적이 미궁 속에 빠지기에 욥기는 더욱 더 불후의 고전이 되었습니다. 욥기에는 그 대신에 하나님의 자유와 은총이 크게 부각되었고 그 하나님의 자유와 은총 앞에 선 인간의 근본적인 자세, 즉 겸손과 순종이 강조되고 있습니다. 그리하여 욥기가 위대한 것은 인류사에 인간이 계속해서 겪게 될 고난의 신비에 대해서 다양한 해석의 가능성을 열어두게 되었다는 점입니다.

본문 말씀은 크게 세 부분으로 나뉩니다. 첫째, 1~6절에서 욥은 하나님의 두 번째 말씀에 대해 두 번째 답변을 하고 있습니다. 첫 번째 답변에서 욥은 자신의 미천함에 대해서 겸허히 인정했는데 두 번째 답변에서는 한 단계 더 나아가 그의 사고와 자세에 있어서 획기적인 변화를 보이고 있습니다. 둘째, 7~9절은 그 동안 첨예하게 대립했던 욥과 친구들 사이의 논쟁에 대한 하나님의 최종 판결과 더불어 친구들을 위한 욥의 중보기도가 나옵니다. 하나님은 놀랍게도 친구들이 하나님에 대해서 옳게 말하지 못했다고 평가하십니다. 그러므로 논쟁의 최후 승자로서 욥의 팔을 들어주십니다. 셋째, 10~17절은 욥이 회복되어 갑절의 축복을 받았다고 말합니다. 욥기가 해피엔딩으로 끝난다는 사실을 보여주는 것이지요.

하나님의 두 번째 말씀에 대한 욥의 답변(42:1~6)

하나님은 두 차례의 말씀을 통하여 욥의 독선을 완전히 꺾어 놓으셨습니다. 먼저 욥의 짧은 지혜와 능력으로 하나님의 세계 창조의 신비를 헤아리기에는 도저히 역부족이라는 사실을 깨닫게 하셨습니다. 그리하여 욥은 첫 번째 답변에서 매우 겸손해졌습니다. 미천한 자기가 감히 하나님께 무슨 대답을 할 수 있겠느냐며 다만 손으로 입을 막을 뿐이라고 했습니다(40:4~5). 여기에서 욥은 하나님의 권능과 지혜에 비해 아무 것도 아닌 자신의 무능하고 무지한 모습에 초점을 맞추었습니다. 하나님은 그 다음에 혼돈과 허무와 악을 상징하는 괴수(怪獸) 베헤못과 리워야단도 장악하고 계신다는 사실을 강조하심으로 욥이 이해하지 못하는 악과 고통의 혼란스러운 세계까지도 당신의 손안에 있음을 보여주셨습니다. 이제 두 번째 대답에서 욥은 자기로부터 벗어나 하나님께 초점을 맞추면서 보다 적극적으로 하나님의 주권과 자유를 인정하는 동시에 자신의 과오를 뉘우치는 데까지 나아갔습니다. 욥의 변화를 보여주는 대목이지요.

두 번째 답변에서 가장 눈에 띄는 특징은 욥이 하나님의 말씀에 전적으로 동의해서 하나님과 화해한다는 사실입니다. 욥이 하나님의 말씀을 직접 듣기 전까지는 거의 대부분이 의견 불일치로 일관했습니다. 자신의 무죄체험과 인과응보 사이의 괴리감 때문에 욥은 하나님의 공의로우심에 동의할 수 없었던 것이지요. 그리하여 친구들과는 물론이고 하나님께도 끊임없이 불평과 원망을 토로했습니다. 그런데 그러던 욥이 지금부터는 하나님의 뜻에 자신을 일치시켜 자신의 과오를 고백하게 됩니다.

먼저 2~3절을 보세요. "주님께서는 못하시는 일이 없으시다는 것을, 이제 저는 알았습니다. 주님의 계획은 어김없이 이루어진다는 것도, 저는 깨달았습니다. 잘 알지도 못하면서, 감히 주님의 뜻을 흐려 놓으려 한 자가 바로 저입니다. 깨닫지도 못하면서, 함부로 말을 하였습니다. 제가 알기에는 너무나 신기한 일들이었습니다." 하나님께서 두 차례씩이나 자기에게 주신 말씀을 통하여 욥은 자신의 고난이 하나님의 놀라운 자유와 섭리 속에서 이루어지고 있다는 사실을 깨닫기 시작합니다. 그 동안 욥은 의로운 자신이 왜 불의한 고통을 당하는가를 물으며 하나님의 정의에 강한 이의를 제기했었습니다. 자신의 이성으로, 즉 인과응보 신학으로서는 자기에게 일어나는 부당한 고통을 이해할 수 없었으며, 바로 그 까닭에 부당한 고통을 통한 하나님의 계획 같은 것은 아예 없다고 단정해버렸습니다. 그러던 그가 이제 자신이 겪는 부조리한 고통 역시 하나님의 자유와 창조 섭리 한가운데 일어난 신비한 계획 중의 일부라고 인정합니다. 그래서 하나님의 뜻, 하나님의 계획을 잘 알지도 못하면서 하나님께 도전했다고 사과하며 자신의 과오를 뉘우칩니다. 사실 욥은 그토록 혐오하고 벗어나기 원했던 인과응보의 좁은 틀 안에 자신도 갇혀 있는 가운데, 오로지 그 원리의 잣대로만 자신의 고통 속에 있는 하나님의 계획을 헤아리려고 하다보니 하나님의 계획은 최선으로는 혼돈이요, 최악으로는 무(無)라는 결론에 도달했었습니다. 그러나 하나님의 말씀을 들은 뒤 이제야 자신이 현재 당하는 고통이 자신의 이성으로는 도저히 이해할 수 없는 바, 하나님의 자유롭고 신비한 계획 안에서 일어나는 '너무나 신기한 일들' 이라는 사실을 깨닫게 된 것이지요!

4절에서 주님의 말씀을 인용한 뒤 욥은 5~6절에서 아주 중요한 고백을 합니다. "주님이 어떤 분이시라는 것을, 지금까지는 제가 귀로만 들었습니다. 그러나 이제는 제가 제 눈으로 주님을 뵙습니다. 그러므로 저는 제 주장을 거두어들이고, 티끌과 잿더미 위에 앉아서 회개합니다." 욥이 귀로만 듣던 하나님을 눈으로 직접 보게 되었다는 고백이 중요합니다! '귀로만 듣던 하나님'은 친구들이 일러주는 말이나 소문을 통하여 간접적으로 안 하나님입니다. 사실 욥은 세 친구들과 엘리후를 통하여 하나님에 관하여 수없이 들었습니다. 거기에는 정말 위대한 교리와 교훈도 있었고 금과옥조와 같은 지혜와 지식도 있었습니다. 그야말로 하나님에 관한 위대한 정통 신학이었지요! 그런데 '들은 하나님'은 욥에게 어떤 위로나 해결책도 제시하지 못했습니다. 오히려 답답함과 고통과 혼란만 가중시켰습니다. 그런데 이제 하나님의 말씀을 통하여 자유와 은총으로 세상을 창조하시고 통치하시는 하나님의 지혜와 권능을 직접 체험했습니다. 얼굴과 얼굴을 맞대고 자신이 직접 하나님을 보게 된 것이지요! 새로운 시야가 활짝 열리는 체험을 하게 된 것입니다! 요즈음 교인들이 천국에 가면 귀와 입만 둥둥 떠다닌다는 야유가 이를 두고 나온 말이지요. 유명한 목사님들의 주옥같은 말씀을 하도 많이 들어서 귀가 엄청나게 크고 말도 청산유수로 잘합니다. 그러나 체험과 실천이 없습니다. 우리는 욥과 같이 '듣는 하나님'에서 '보는 하나님'으로까지 나아가야 합니다!

6절 말씀은 번역상 논란이 심한 구절입니다. 이 말씀을 "티끌과 잿더미를 거부하고 포기합니다."라고 번역하기도 합니다. 신음과 탄식을 상징하는 티끌과 잿더미에 대한 생각을 버리고 고통에 대한 새로운 사고를 갖게 되었다는 '깨달음'을 강조하는 번역이지요. 그러나 우리는 현재 새번역 성경 그대로 욥이 자신의 과거 주장을 철회하고 겸손한 회개를 상징하는 티끌과 잿더미 위에서 뉘우치는 것으로 봅니다. 그러므로 중요한 것은 욥의 변화입니다. 그 동안 하나님께 항의하고 불평했던 자세에서 벗어나 사탄이 그토록 집요하게 의심했던, '아무 바라는 것 없이도 하나님을 경외할 수 있음'(1:9)을 보여주는 것입니다.

하나님의 최종 판결과 욥의 중보 기도(42:7~9)

42:7절부터 다시 산문으로 돌아옵니다. 결론부가 시작되었음을 보여줍니다. 욥기의 몸통 부분을 이루는 욥과 세 친구들 사이의 세 차례에 걸친 대화에 있어서 과연 어느 쪽이 하나님에 대하여 옳게 이야기했는지에 대한 하나님의 판결이 나옵니다. 7절을 보세요. "주님께서는 욥에게 말씀을 마치신 다음에, 데만 사람 엘리바스에게 이렇게 말씀하셨다. '내가 너와 네 두 친구에게 분노한 것은, 너희가 나를 두고 말을 할 때에, 내 종 욥처럼 옳게 말하지 못하였기 때문이다.'" 엘리후가 욥과 세 친구들을 향하여 노를 발한 것처럼(32:2~5), 하나님 역시 친구들에게 분노하셨습니다. 분노한 이유는 그들이 하나님의 종 욥처럼 하나님에 대하여 옳게 말하지 못했기 때문이라는 것입니다. 쉽게 말하면 욥의 말이 옳았고, 친구들의 말이 틀렸기 때문이라는 것이지요.

이것은 무엇을 의미할까요? 하나님의 이 말씀은 국부적인 판단이 아니라 욥기에서 전개되어 온 모든 발언에 대한 종합적인 판단으로 봐야 하기에 욥이 하나님의 말씀을 두 번 듣고 나서 두 차례 말한 답변만 생각해서는 안 됩니다. 그 동안 탄식하며 도전하며 불평했던, 비신앙적으로 보이기까지 했던 일체의 언어를 두고 하신 말씀입니다. 즉, 도전적이고 불순종적이고 심지어 비신앙적인 것처럼 보였던 욥의 모든 발언을 하나님께서 옳게 여기신다는 것이지요. 이렇게 본다면 욥의 회개는 자기의 죄과를 인정하는 회개가 아니라 자기중심적인 시각에서 창조주의 시각으로 전환해서 세계와 정의를 보게 된 시각의 변화를 뜻합니다.

이에 반하여 친구들의 발언이 겉으로는 신앙적이며 모범적이며 정통적인 것처럼 보였지만 정당하지 않다는 것입니다. 하나님은 친구들에 대하여 왜 이런 판결을 내리셨을까요? 제일 먼저 욥은 진실한 체험에서 우러나온 하나님 이야기를 했지만 친구들은 관념과 이데올로기적인 이야기를 했다는 차이가 있습니다. 온몸에서 우러나온 체험적 하나님 이야기가 아니라 귀와 머리로 하는 이론적 하나님 이야기를 했기 때문이지요. 즉, 이들은 하나님에 관하여 혹은 하나님을 대신하여 말했을 뿐 하나님을 향하여, 하나님께 직접 말하지 못했기 때문입니다. 이들은 욥이 현재 당하는 고난이 악행의 결과로서 온 것이라는 신념을 가지고 오로지 욥의 죄악을 추궁하고 회개를 종용하는 데 몰두했습니다. 하나님의 정의를 변호한다는 명목으로 선대로부터 전승되어온 인과응보론이라는 정통 신학을 정당화시키려고만 했습니다. 몸집이 커서 옷이 맞지 않음에도 불구하고 억지로 옷을 껴입히려는 것과 마찬가지이지요! 욥의 고통은 아랑곳하지 않고 하나님을 변호하는 것과 자기들의 신학을 고수하는 것이 훨씬 더 중요했던 것이지요! 그러나 하나님은 친구들의 변호를 받아야 할 만큼 약한 분이 아니시며 신학이 체험에 우선하지 않습니다! 욥은 자신의 고통 경험에서부터 출발하여 진지하게 하나님을 향하여 말했습니다. 더더욱 중요한 것은 하나님께서 욥이 비록 의인이었음에도 불구하고 악과 고통을 허용하실 수 있는 자유를 가지듯이, 욥 역시 보상이나 징벌을 두려워하지 않고 하나님을 향하여 마음껏 탄식하고 항의할 수 있는 자유를 가졌습니다. 하나님의 크고도 넓은 자유는 이러한 인간의 자유까지도 용납하신다는 것이지요! 그러므로 그 형식이 탄식이나 항의나 불평 원망이 된다고 할지라도 우리의 진실한 경험으로부터 하나님을 향하여 말할 때 그 말은 옳다 인정받을 수 있을 것입니다.

이제 친구들이 하나님에 대하여 그릇되게 말했다면 대가를 치러야 합니다. 8~9절을 보세요. "'그러므로 이제 너희는, 수송아지 일곱 마리와 숫양 일곱 마리를 마련하여, 내 종 욥에게 가지고 가서, 너희가 용서받을 수 있도록 번제를 드려라. 내 종 욥이 너희를 용서하여 달라고 빌면, 내가 그의 기도를 들어줄 것이다. 너희가 나를 두고 말을 할 때에는 내 종 욥처럼 옳게 말하지 않고, 어리석게 말하였지만, 내가 그대로 갚지는 않을 것이다.' 그래서 데만 사람 엘리바스와 수아 사람 빌닷과 나아마 사람 소발이 가서, 주님께서 그들에게 말씀하신 대로 하니, 주님께서 욥의 기도를 들어주셨다." 욥이 친구들의 잘못을 씻기 위하여 대신 번제를 드리라는 명령이지요. 흥미로운 것은 그 동안 친구들이 하나님을 대신하여 욥의 죄악을 추궁하고 회개를 종용했지만 입장이 바뀌었습니다. 욥이 하나님을 대신하여 친구들의 과오에 대한 용서를 구하게 되었습니다! 이렇게 해서 엘리바스와 빌닷과 소발이 번제물을 갖고 욥에게 가서 자기들을 대신하여 죄의 용서를 비는 번제를 드려달라고 요청했고 욥이 그대로 해서 이들의 죄는 용서받았습니다. 욥은 사탄을 이긴 것뿐만 아니라 이렇게 친구들과의 대결에서도 최종 승자가 되었습니다! 이제 주목할 만한 것은 그 동안 심각하게 균열되고 소외되었던 욥의 사회적 관계도 서서히 회복되기 시작한다는 사실입니다. 먼저 하나님과 화해하게 되니 세 친구들과도 화해하게 되었고 이를 필두로 해서 주변 사람들과의 관계도 하나 둘 복원되기 시작합니다.

욥의 회복(42:10~17)

욥이 친구들을 위하여 중보 기도를 드렸는데 가장 먼저 욥의 재산이 회복되었습니다(10). 여기서 중요한 것은 하나님께서 그냥 욥의 재산을 회복시키신 것이 아니라 욥이 친구들을 용서해달라고 중보 기도한 다음에 이런 일이 일어났다는 사실입니다. 욥은 자기를 괴롭혔던 친구들을 위하여 중보 기도를 할 수도 있고 안 할 수도 있는 자유가 있습니다. 하나님 역시 욥의 재산을 회복시킬 수도 안 시킬 수도 있는 자유가 있습니다. 그러므로 욥이 친구들을 위하여 기도하기로 마음먹은 것이나 하나님께서 욥의 재산을 회복시켜주기로 결정하신 것이나 어떤 강압이나 부담감 때문이 아닌, 인격 존재가 누릴 수 있는 참 자유에서 비롯된 것입니다. 그러므로 욥의 회복과 축복을 인과응보론적으로 해석하는 것, 즉 중보 기도했기 때문에 재산 회복이 되었다는 해석이야말로 욥기에 대한 모독이 될 수 있습니다!

이렇게 하여 물질의 회복은 진정한 회복의 서막에 불과합니다. 진짜 회복은 공동체적인 것이며 관계적인 것입니다. 욥기에서 주목할 만한 것은 공동체적이고 사회 윤리적인 측면입니다. 욥의 회복은 단지 개인 신상의 회복에 그친 것이 아니고 주변 사람들과의 단절되고 소외된 관계의 회복을 의미합니다. 그러므로 욥의 회복은 자신의 건강이나 재산이나 자녀들의 회복에 그치지 않고 이웃과의 회복으로 점차 확대됩니다. 11절을 보세요. "그러자 그의 모든 형제와 자매와 전부터 그를 아는 친구들이 다 그를 찾아와, 그의 집에서 그와 함께 기뻐하면서, 먹고 마셨다. 그들은 주께서 그에게 내리신 그 모든 재앙을 생각하면서, 그를 동정하기도 하고, 또 위로하기도 하였다. 그러면서 그들은 저마다, 그에게 돈을 주기도 하고, 금반지를 끼워 주기도 하였다." 욥은 전염성이 있는 악성 피부병에 걸려 공동체로부터 추방당한 뒤 교외의 쓰레기장 잿더미 위에 앉아있었습니다(2:8). 사회적 죽음, 이것이 더욱 더 견디기 어려운 고통이었을 것입니다. 그런데 욥을 멀리하고 조롱했던 일가친척과 이웃들이 하나 둘 욥의 집에 찾아와 위로하며 귀한 선물까지 주었습니다. 물질과 건강의 회복보다 훨씬 더 중요한 관계의 회복이 일어난 것이지요!

재산 회복과 이웃과의 관계 회복은 마침내 자녀 회복과 자신의 건강 회복으로까지 확대되었습니다. 욥은 예전과 마찬가지로 일곱 아들과, 세 딸을 얻었습니다(13~14). 흥미롭기 짝이 없는 것은 아들들의 이름은 밝히지 않는데 딸들의 이름은 구체적으로 열거되어있습니다. '잉꼬 비둘기' 를 뜻하는 여미마, '육계화' 를 뜻하는 긋시아, 그리고 '눈화장용 도구' 를 의미하는 게렌합북입니다. 모두 빼어나게 아름답다는 것을 암시하는 이름들이지요. 더 놀라운 것은 남자들과 똑같이 여자들도 동등한 유산을 물려받습니다(15). 유대 율법에 따르면 오라비들이 없는 경우에만 예외적으로 딸이 유산을 상속받을 수 있다고 규정했는데(민 27:1~11), 딸들이 아들들과 완전히 동등한 상속자로 간주되었다는 사실이 특별합니다. 가부장제가 그 어떤 사회보다 심했을 유대 사회에서 아들들의 이름은 빼고 오히려 딸들의 이름을 명기했다는 사실 하며, 상속에 관해서도 양성 평등적 시각을 보여준 것은 매우 예외적인 현상이 아닐 수 없습니다! 저는 욥기에 사회 윤리적이며 사회 평등적인 요소가 강하게 드러난다는 사실을 지적한 적이 있습니다. 욥이 하나님을 경외하고 악을 멀리했다는 사실은 이렇게 당시 가장 천대받기 쉬웠던 취약 그룹들, 즉 종이나 고아와 과부, 나그네, 소작농, 여성들과의 구체적 관계에서 그리했다는 것이지요. 그러므로 욥의 회복은 예전의 자비와 정의의 단순한 회복을 넘어서 양성 평등의 이상을 실천할 만큼 '새로운 존재'(new being)로의 변화라는 사실을 암시해줍니다!

마침내 욥은 자신의 건강까지 회복해서 140년이나 더 살았다고 합니다(16). 회복된 그 때의 나이가 얼마인지 알 수 없지만 시편 90:10절에서 말하는 인간 수명에서 두 배를 더 산 셈이 됩니다. 욥은 아브라함처럼 아들과 손자와 증손까지 사대를 보면서 오래오래 살다가 세상을 떠났습니다(17). 더 이상 여한이 없이 천수를 누렸다는 말이지요! 결론으로 욥이 회복되는 과정을 눈여겨보면 흥미로운 사실이 하나 관찰됩니다. 욥이 자기를 괴롭혔던 친구들을 위하여 중보 기도를 드렸고(10) → 하나님께서 욥의 재산을 회복시켜주셨으며(10) → 이웃이 욥과 단절된 관계를 회복했으며(11) → 하나님께서 욥의 재산과 자녀들을 회복시켜주셨으며(12~13) → 욥이 자녀들, 특히 딸들에게 양성 평등적 상속을 허락했으며(14~15) → 하나님께서 욥에게 장수와 온전한 삶을 허락해주셨습니다(16~17). 여기에서 이 모든 회복과 축복의 과정이 인과응보로 일어난 일로 해석해서는 안 됩니다! 인간 편에서의 행동이든, 하나님 편에서의 행위이든지 간에, 결과가 원인을 물고 있는 사슬 관계로서가 아니라 인격적인 자유에 의해서 일어난 일로 해석해야 한다는 것입니다. 인간 편에서 그렇게 할 수도 있고 안 할 수도 있었으며, 하나님 역시 회복시킬 수도 회복 안 시킬 수도 있었습니다. 그러므로 이 모든 일은 인과율에 상관없이 하나님과 인간의 자유에 따라 자연스럽게 이루어졌다고 볼 때 욥기 해석은 완결됩니다!

본문 말씀이 주는 교훈

욥기서는 가히 혁명적인 책입니다. 욥기를 심층적으로 연구하고 묵상하면서 회개한 것이 한 두 가지가 아닙니다. 잘 알지도 못하면서 욥기에 대하여 편견을 가진 것, 전체적인 맥락에서가 아니라 한 두 부분을 발췌하여 설교했던 일, 욥이 말할 수 없는 고난을 믿음으로 잘 참아냈더니 갑절의 축복을 받았다고 인과응보적으로 해석한 일, 고난을 당한 교인들을 찾아가 세 친구들처럼 위로하고 권면했던 일 등등 많은 반성을 하였습니다. 욥기 구석구석을 훑어본다고 했지만 놓친 부분이 적지 않을 것입니다. 그럼에도 불구하고 우리는 욥기에 대한 피상적인 해석을 뛰어 넘어 욥기를 가장 심도 있게 파고들었다는 자부심을 갖게 되었습니다.

욥기가 말하려는 주제가 여러 가지이겠지만 '정의와 은총의 관계' 한 가지만 말씀을 드리고 '욥기 대장정' 을 마칩니다. 욥기에서 끈덕지게 도전하는 주제는 인과응보론, 즉 정의론입니다. 공의로우신 하나님이 지으시고 다스리시는 세상은 상선벌악의 도덕적 질서가 자리잡힌 곳이라는 견해이지요. 욥기는 우리가 과연 인과응보, 즉 정의가 어김없이 척척 실현되는 좁은 세계관의 틀을 벗어나 의롭고 선하신 하나님을 경외할 수 있느냐고 묻습니다. 이것은 천상 회의가 열렸을 때 이미 사탄이 제기한 물음이었는데 사탄은 하나님과의 내기에서 욥이 저렇게 신앙 생활 잘하는 것이 다 이유가 있기 때문이라고 했습니다. 자신의 선행에 대한 축복의 기대와 과오에 대한 징벌이 두렵기 때문에 저렇게 하는 것이지 아무 까닭 없이, 바라는 것 없이 그럴 리 만무하다고 주장했습니다. 그러나 두 번에 걸친 내기에서 사탄은 완전 K.O. 패를 당하고 말았습니다. 욥은 재산과 자식들을 잃고 마침내 건강마저 잃고 생명이 위태로울 때조차도 하나님을 저주하거나 욕하지 않았습니다(1:22; 2:10). 문제는 멀리서 욥을 위로하겠다고 찾아 온 친구들까지도 사탄과 보조를 같이 했다는 데 있습니다. 이들은 그 당시 가장 널리 유행했던 인과응보의 정통 신학을 가지고 욥을 괴롭히기 시작했습니다. 공의로우신 하나님께서 다스리시는 세상은 도덕 질서가 완벽하게 자리 잡힌 곳이기에 악인은 반드시 망하고 선인은 반드시 흥한다는 주장이었지요. 그러므로 이들에게 있어서 욥의 고난은 까닭 없는 일이 아니었습니다. 욥이 현재의 고난을 당하는 것은 반드시 과거에 저지른 죄악 때문이므로 빨리 회개하고 하나님께로 돌아와야지만 미래의 회복을 장담할 수 있다는 것입니다. 욥기는 이와 같이 편협한 정의에 기반을 둔 세계관, 즉 다분히 인간 중심적인 세계관을 뒤흔드는 데 모든 노력을 집중합니다.

신앙 생활은 주는 것만큼 받는 'give & take'가 아닙니다. 은총이 선악간의 우리 행위에 대한 대가로 주어지는 것이 될 때 이미 은총이 아닙니다. 내가 이 만큼 착한 일을 했기 때문에 상을 받고 이 만큼 나쁜 일을 했기 때문에 징벌을 당한다는 생각은 하나님의 값없이 주시는 선물로서의 은총에 부합되지 않습니다. 그러나 친구들이나 엘리후, 심지어 욥까지도 이러한 생각을 벗어 던지지 못했습니다. 준 만큼 되받는다는 식의 정의가 하나님의 통치 방식의 전부인 줄로 착각했던 것이지요! 그리하여 이들은 주님의 뜻을 잘 알지도 못하면서 함부로 말을 했습니다.(42:3)

이들은 하나님이 세상을 통치하시는 방식이 정의만이 아니라 사랑과 은총도 있다는 사실을 충분히 깨닫지 못했던 것이지요. 사랑과 은혜는 부담을 주고 강요당한 상태에서는 일어나기 어렵습니다. 오직 자유가 주어질 때에만 저절로 일어날 수 있지요! 하나님은 욥이 인과응보라는 정의관에서부터 벗어나 더 넓고 자유로운 세계, 즉 하나님의 은총과 사랑의 영역으로 들어가기 원하셨습니다. 의로우신 하나님은 당연히 우리가 의롭게 살기를 원하십니다. 그러나 우리의 정의 실천은 더욱 더 넓은 세계, 즉 하나님의 은총과 사랑의 영역 안에서 이루어질 때 의미가 있습니다. “눈에는 눈, 이에는 이”(출 21:24)라는 차원의 정의 실천은 여전히 우리의 행위와 공로 의식에 뿌리박고 있기에 온전하지 못하며 끝없는 정의 요구를 불러옵니다. 오직 아무 바라는 것이나 이유나 조건 없이 베푸시는 하나님의 은총과 사랑 안에 있을 때 우리의 정의는 어떤 보상이나 징벌 의식 등의 부담감 없이 즐거운 마음으로, 보다 더 성숙한 차원에서 수행될 수 있습니다.

인과응보론에 사로잡혀 있던 세 친구들의 사고는 나중에 가면 바리새인들이나 서기관들과 같은 율법주의자들의 경직된 위선주의와 만나게 되고 욥은 예수 그리스도와 만나게 됩니다. 율법주의자들이 죄인들을 볼 때 그들의 천하와도 바꿀 수 없는 인격성이 아닌 단지 죄를 지었다는 결과만이 눈에 들어왔습니다. 죄를 지었기 때문에 거기에 상응하는 벌을 받아야 한다는 인과응보론적 시각을 가졌던 것이지요. 그래서 그들은 자기들의 율법적인 기준에 미치지 못하는 사람들은 누구든지 함부로 정죄하고 심판했습니다. 반면에 예수님은 욥과 마찬가지로 의로우면서도 불의한 고난을 당하셨으며, 하나님의 사랑이 하나님의 정의보다 훨씬 더 크다는 사실도 깨달으셨습니다. “나의 하나님, 나의 하나님, 어찌하여 나를 버리시나이까?”(막 15:34) 탄식하면서 당신의 불의한 고통 한가운데에서 의로우신 하나님의 통치에 대하여 항의하신 것도 비슷합니다. 그러나 예수님은 마침내 부당한 고통이 상선벌악, 즉 인과응보라는 인간의 편협한 시야를 통하여 결코 헤아릴 수 없는 하나님의 자유와 은총의 신비 안에서, 하나님의 구속 계획의 일부로서 일어난다는 사실을 깨달았다는 점에서도 비슷합니다.

만일 세 친구들이나 율법주의자들이 주장하는 것처럼 선에는 보상이,

악에는 징벌이 어김없이 척척 수행되어야만 하는 윤리 도덕적인 곳이 이 세상의 전부라면 창기나 세리들, 죄인들이 설자리는 과연 어디였을까요? 예수님의 지상 최후의 동반자요 천국 최초의 동반자였던 강도 한 사람의 운명은 어떻게 되었을까요? 탕자의 운명은 어떻게 되었을까요? 현장에서 간음하다 잡힌 여인은 어떻게 되었으며, 세리장 삭개오의 운명 또한 어떻게 되었을까요? 우리의 행위와 아무 상관없이 우리가 죄인이며 자격 없음에도 불구하고 무상으로 주어지는 하나님의 사랑과 은총과 용서는 이런 죄인들까지 다 품는 포괄적이고 무제약적인 것입니다. 욥기는 분명히 정의에 대해서 아주 예민한 관심을 가지지만 이렇게 정의의 차원을 훨씬 뛰어넘는 사랑과 은총의 하나님을 우리에게 제시하고 있습니다.

오늘 한국 사회 곳곳에서도 대립과 반목으로 얼룩진 총체적 위기와 난국이 해소되지 않고 연일 되풀이되는 이유가 무엇일까요? 오직 정의 실현에만 눈이 어둡기 때문은 아닐까요? 때로 내가 손해보는 것 같아도 양보하고, 원수라고 할지라도 용서하고, 부당한 고난이라고 할지라도 한 번 참아보려 하고, 그렇게 할 때 이 세상은 한결 더 살만한 세상이 되지 않을까요? 결국 욥기서는 "하나님의 자유와 인간의 자유가 만나는 책"이라는 구띠에레스의 말은 옳습니다. 하나님은 자유 때문에 인간의 선악 간의 행위에 따라 그대로 갚아주신다는 강박감에서 벗어나실 수 있고, 인간 역시 자유 의지로 상선벌악에 대한 기대나 부담감을 갖지 않고 신앙 생활할 수 있는 동시에 하나님께 불평과 원망할 수도 있음을 보여주는 책이지요. 결국 제가 발견한 욥기의 진수는 오늘 한국 교회 곳곳에 뿌리 깊이 만연해 있는 일체의 물물 교환식, 'give & take' 식의 값싼 기복주의 신앙으로부터 유대 기독교 신앙을 구분시켜 주는 책이라는 데 있습니다!

| 서 평 |

하나님의 주권적 자유와 욥의 신앙적 반응의 역동적 관계를 잘 드러낸 욥기강해서

욥기를 전공했다는 이유로 욥기에 관한 강좌를 맡거나 욥기에 관한 글 쓰는 일에 자주 초청된다. 내가 이러한 부름에 기꺼이 응하는 것은 그 동안 왜곡되거나 편파적인 욥기이해를 바로잡는 데 조금이라도 도움이 되고자 하는 일종의 사명감 때문이다.

욥기에 대한 설교는 서막과 종장의 내용을 통해 욥의 인내하는 신앙과 그러한 신앙을 통해 두 배의 축복을 받았다는 사실을 강조하는 것에 집중된다. 이와는 달리 분량 면에서 보아도 절대 다수를 차지하는 욥과 친구들의 대화와 하나님의 응답이 서술된 '시문부'(3:1~42:6)는 매우 간헐적이고 제한적으로 다루어진다. 그러다보니 본문의 맥락은 전혀 고려하지 않고 마치 마법의 주문처럼 본문을 인용하기도 하고(예컨대, 8:7; 23:10), 욥의 탄식이나 친구들의 발언을 피상적으로 이해하여 욥기 전체의 구조 속에서 말하려는 바를 제대로 전달하지 못하는 경우를 흔히 볼 수 있다. 물론 이러한 현상이 나타나는 일차적인 이유는 욥기 자체에 내재된 난해함과 복잡성에 있을 것이다. 또한 그 난해함을 잘 풀어서 설명해 주어야 하는 성서학자들이나 그 난해함 속에 담겨 있는 깊이 있는 말씀의 의미를 탐구하여 전달해야 하는 설교자들이 그 책임을 제대로 잘 감당하지 못한 결과이기도 할 것이다.

이러한 상황을 고려할 때 필자는 저자로부터 욥기강해를 시도하고 있다는 소식에 신선한 충격을 받았다. 욥기의 본문 전체를 가지고 설교하는 일은 결코 쉽지 않은 일임을 누구보다 잘 알고 있었기 때문이다. 그런데 저자에게서 욥기강해 원고를 받아 읽었을 때는 신선한 충격 이상으로 큰 감동이 되었다. 한국교회의 강단에서도 욥기를 제대로 설교할 수 있구나 하는 희망과 가능성을 확인할 수 있었다.

나는 이 책의 내용에서 다음과 같은 특징을 발견한다. 첫째, 이 책은 본문 주석이 돋보이는 강해설교를 담고 있다. 강해설교의 본질이 본문의 구조와 내용을 충실히 반영하는 것일 터인데 그렇지 않은 경우가 많다. 그런데 이 책에서는 난해한 본문이라고 피해가지 않고 그 내용을 다양한 입장들과 함께 충실하게 전달하고 있다. 둘째, 이 책은 신학적 통찰과 현실 적용이 뛰어난 설교의 내용을 담고 있다. 전통적인 지혜가 통하지 않는 욥의 상황에 대한 공방을 제대로 이해하려면 깊이 있는 신학적 성찰과 통찰이 요구된다. 이 책은 기존의 구약신학적인 전통, 즉 시편, 예언, 지혜 등의 전통과 시각들이 뒤집혀진 상황에서 생성된 욥기의 내용을 잘 파악하고 있다. 더 나아가 얻어진 신학적 통찰이 삶에 이어지도록 현실 적용에 대한 구체적인 설명을 하고 있다. 셋째, 이 책에는 신학과 교회를 모두 중요시하는 설교자의 뚜렷한 문제의식이 들어 있다. 욥의 시대와 같이 여전히 '역설과 모순, 부조리가 가득한 현실' 에서 신학과 교회가 만나지 않으면 교회 없는 '탁상의 담론' 에 그치든지 아니면 신학 없는 '혼돈의 미궁' 으로 빠질 수밖에 없을 것이다. 그러나 저자는 성서의 내용을 바탕으로 '교회를 위한 신학' 과 '신학 있는 교회' 라는 균형 있는 목적의식을 가지고 본문에 접근하고 있으며, 그러한 시도를 훌륭하게 해 내고 있다. 따라서 나는 욥기를 설교하려는 목회자나 욥기의 내용을 깊이 있게 이해하고자 하는 신학생과 평신도들에게 이 책을 적극 추천한다.

욥기는 여러 가지 측면에서 하나님과 인간의 모습 가운데 나타나는 복합

성과 역동성을 나타낸다. 욥기 안에는 복을 주시는 하나님과 고통 속으로 몰아넣는 하나님의 상반된 모습이 있고, 이해할 수 없는 고난의 상황에서도 순응하고 찬송하는 인내자 욥과 자기 현실의 부당함을 호소하며 하나님의 응답과 만남을 위해 울부짖는 탄식자 욥의 모습이 그려진다. 이러한 상반된 모습들 가운데 하나님의 주권적 자유와 욥의 신앙적 반응이 잘 드러난다. 욥은 암흑과 같은 고통의 과정 끝에 하나님을 만나고 하나님의 응답을 경험한다.

저자에 따르면 이 책이 부흥회 이틀을 합하면 40일, 빼면 38일 간에 걸친 대장정 가운데 이루어졌다고 한다. 책의 저술과정이 이스라엘의 광야유랑을 떠올리게 한다. 광야의 유랑 후에는 젖과 꿀이 흐르는 약속의 땅이 있다. 이 책을 읽는 독자들에게 동일한 유비가 적용될 수 있으리라. 독자들이 이 책을 통해 보석과 같이 빛나는 욥의 신앙을 배우며 암흑과 같은 고통 속에서도 여전히 함께 하시는 하나님을 만남으로 약속의 땅에서만 누릴 수 있는 신앙의 기쁨을 맛볼 수 있기를 바란다.

하경택 교수(서울장신대, 구약학)

욥기 강해

귀로 듣다가 눈으로 뵈오니

초판 1쇄　2007년 3월 1일
초판 2쇄　2007년 4월 24일

김홍규 지음

발 행 인 | 신경하
편 집 인 | 김광덕
편　　집 | 박영신 성민혜

펴 낸 곳 | 도서출판 kmc
등록번호 | 제2-1607호
등록일자 | 1993년 9월 4일

(100-101) 서울특별시 중구 태평로1가 64-8 감리회관 16층
(재)기독교대한감리회 홍보출판국

대표전화 | 02-399-2008 팩스 | 02-399-2085
홈페이지 | http://www.kmcmall.co.kr
http://www.kmc.or.kr

디자인 · 인쇄 | 리더스 커뮤니케이션

값 13,000원
ISBN 978-89-8430-339-3 03230